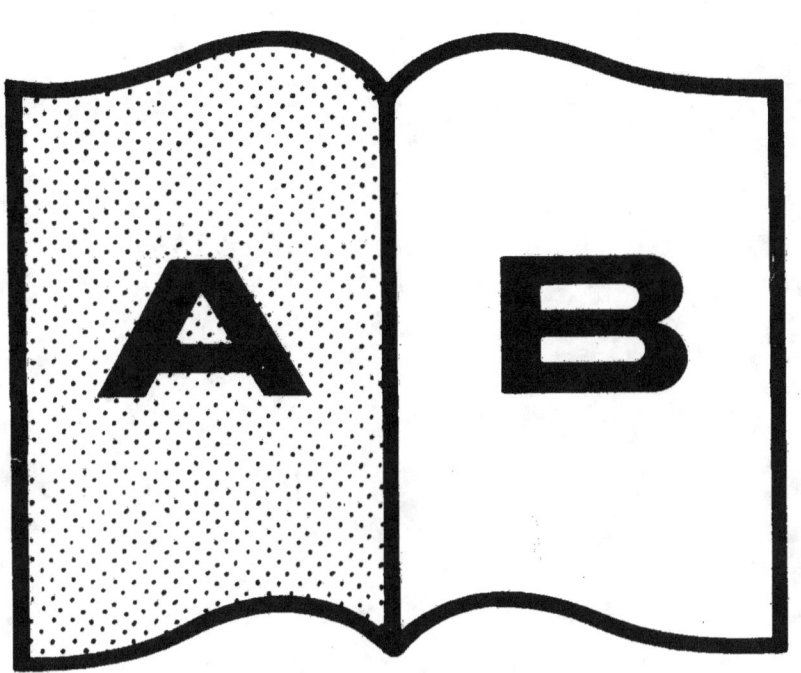

Contraste insuffisant
NF Z 43-120-14

V

40800

GUIDE

DE

L'ART CHRÉTIEN.

POITIERS. — TYPOGRAPHIE DE HENRI OUDIN.

T. I P. I

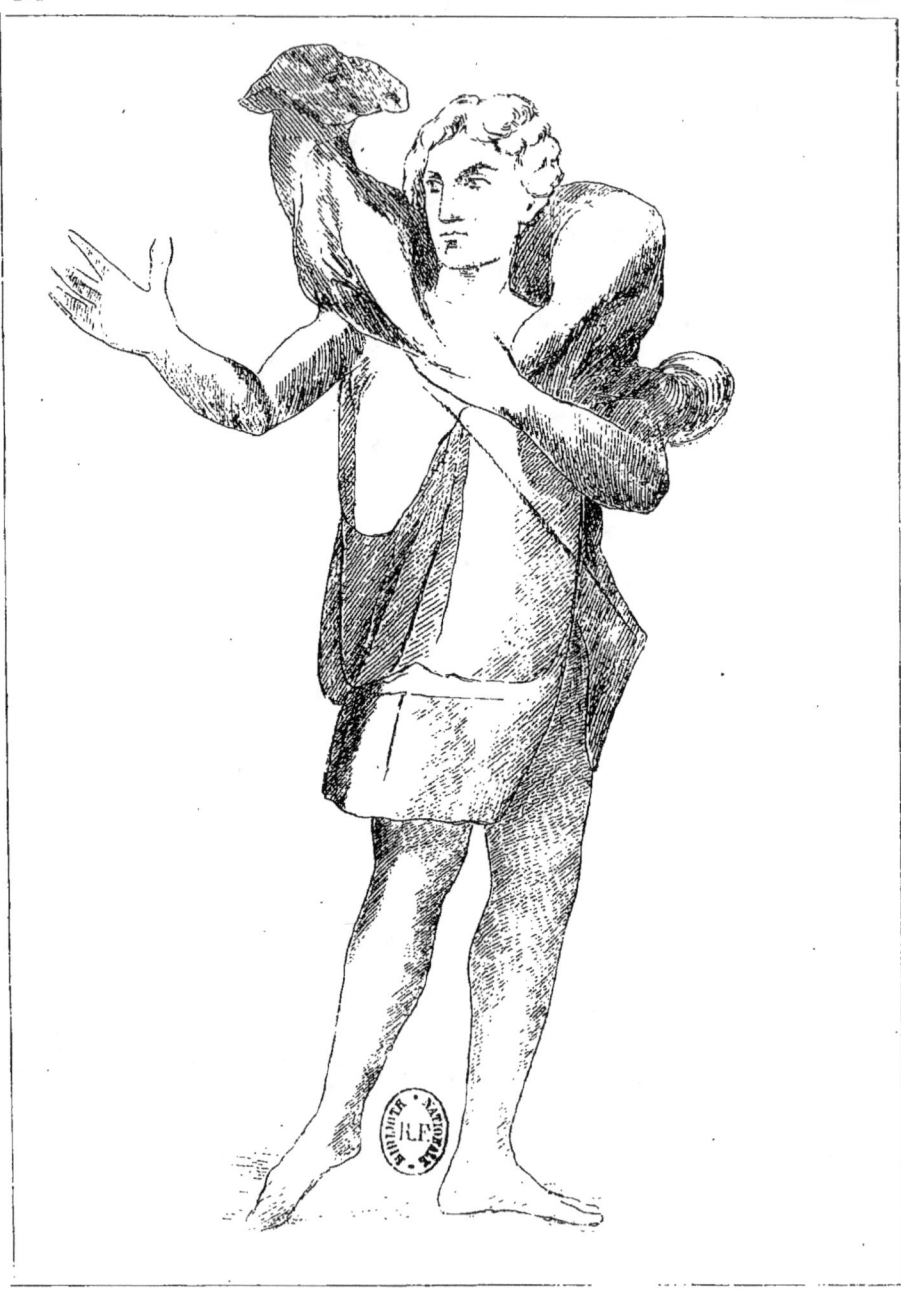

DESSIN DE M. CH. DESCEMET — GRAVÉ PAR L. GAUCHEREL

BON PASTEUR
fin du 1er siècle.

GUIDE

DE

L'ART CHRÉTIEN

ÉTUDES

D'ESTHÉTIQUE ET D'ICONOGRAPHIE

PAR

LE Cte DE GRIMOÜARD DE SAINT-LAURENT.

TOME I.

PARIS
LIBRAIRIE ARCHÉOLOGIQUE DE DIDRON
RUE SAINT-DOMINIQUE-SAINT-GERMAIN, 23.

POITIERS
HENRI OUDIN, LIBRAIRE-ÉDITEUR
RUE DE L'ÉPERON, 4.

1872

A MONSEIGNEUR

JACQUES-MARIE-JOSEPH BAILLÈS

Ancien Évêque de Luçon, Assistant au Trône pontifical,
Consulteur des Sacrées Congrégations de l'Index et des Rites, etc. etc. etc.

Son premier inspirateur, son conseil, son soutien, son consolateur pendant tout le cours d'une laborieuse entreprise.

Hommage filial de l'auteur,

GRIMOÜARD DE SAINT-LAURENT

Membre de l'Académie de religion catholique, à Rome.

Hommage aussi à Monseigneur Gustave GALLOT, Camérier d'honneur de Sa Sainteté, ancien Vicaire général de Luçon, Chanoine honoraire, Consulteur de la Sacrée Congrégation des Évêques et Réguliers, etc., etc., qui, toujours inséparable de l'inspirateur de ce livre, en a plus qu'aucun autre secondé l'exécution.

PRÉFACE.

Les deux titres de ce livre disent, le premier, ce qu'il aurait voulu être : *Un guide de l'Art chrétien ;* le second, ce qu'il contient effectivement : des *Etudes d'ésthétique et d'iconographie.* L'auteur a étudié, pour se guider lui-même dans l'appréciation des œuvres de *l'art chrétien ;* il offre ses *Etudes* à tous ceux qui peuvent éprouver un pareil besoin, afin que leurs pensées, leurs observations et les siennes puissent se compléter les unes par les autres. Il s'adresse aux artistes appelés à la pratique de l'art au point de vue chrétien ; à tous ceux qui peuvent, dans ce sens, avoir à leur donner une direction par leurs commandes et leurs conseils ; à ceux aussi qui veulent apprendre à puiser dans les œuvres de l'art tout ce qui enrichit et élève les âmes.

La première pensée de ce livre remonte à vingt ans bientôt. Les études ou plutôt les méditations de l'auteur, jusque-là, s'étaient portées beaucoup plus sur d'autres matières, sur l'histoire et le droit public principalement. Il n'était pas resté étranger au mouvement qui s'était opéré, pour renouer le fil brisé des traditions chrétiennes, dans la pratique et l'intelligence de l'art ; mais il y avait participé comme spectateur sympathique, sans entrer dans la lice, sans avoir la pensée qu'il pourrait y entrer un jour. Ses voyages en Italie, en Angleterre et sur les bords du Rhin, ceux-ci très-rapides, ceux-là relativement courts eux-mêmes, avaient été surtout des pèlerinages. Le tombeau des Apôtres d'une part, les noms de *Belgrave Square* en 1844, de Wiesbaden en 1850, diront suffisamment quel en était le double caractère et le but principal. Ce que l'auteur aurait voulu surtout observer au passage, c'eût été les institutions, les mœurs, l'état des esprits; mais il ne s'était pas dissimulé que, sans accès dans les familles, sans la fréquentation des hommes mêlés aux affaires, il ne pourrait, dans des excursions rapides, en suivant les voies fréquentées par le commun des touristes, rien voir de sérieux dans un semblable ordre d'idées, et que son attention devait surtout s'attacher à ce qui est à la portée de tous : les monuments.

Lors de son premier départ pour l'Italie, en 1841, les conseils d'un ami lui avaient mis entre les mains Valery, comme étant le *Guide* le plus complet pour diriger ses observations. Par des voies en apparence plus fortuites, le livre de M. Rio, accompagné du commentaire de M. de Montalembert, était venu s'y joindre. Son choix avait été bientôt fait. Ce titre même que, depuis, M. Rio a trouvé trop obscur : *Poésie chrétienne, Forme de la peinture*, annonçant un plan plus vaste, était un attrait de plus pour un esprit neuf, qui, par nécessité, avait, pendant plusieurs années, beaucoup plus pensé qu'il n'avait pu voir et qu'il n'avait pu lire. Et dans son état de jet spontané, ce livre était peut-être plus fait pour le prosélytisme, que corrigé comme il l'a été, depuis, de ses imperfections, sous le titre plus précis d'*Art chrétien*. D'ailleurs, l'auteur, averti, vit par lui-même, et il peut se rendre ce témoignage, qu'aucune de ses impressions n'eut plus besoin de lui être suggérée. Dès lors, d'un autre côté, il vit Overbeck et ses œuvres. Une excursion dans le Tyrol lui avait montré sur des physionomies vivantes, à Caltern et à Capriana, la béatitude extatique, et la sérénité dans l'excès des souffrances, par assimilation au mystère de la croix. En Angleterre, il avait été initié au mouvement artistique dont Welby Pugni était le principal instigateur. Il avait entrevu l'art des catacombes, à la suite du P. Marchi. Il avait été le disciple de M. de Caumont, dès l'apparition de son premier livre, et il était l'abonné des *Annales archéologiques* depuis leur fondation.

Les choses en étaient là ; l'auteur, toujours porté à l'étude et à la réflexion, n'avait pas délaissé les voies favorites où la soif du vrai et du juste l'avait tout d'abord engagé, avec de Maistre et de Bonald pour premiers maîtres. Il y voyait le salut de la société, et d'autant plus que les événements aidaient à son inexpérience, et que les faits lui apprenaient à dégager les théories de formules trop systématiques. Mais, de plus en plus, il voyait aussi l'esprit du siècle se jeter dans une direction opposée, et, tout en pressentant des abîmes, il sentait aussi l'impuissance où il serait même de se faire écouter, s'il essayait de prendre la parole. Avide de lire, de voir, de connaître, aimant le travail, accoutumé à réfléchir, mais peu familiarisé au maniement de la plume, sans relations littéraires, l'auteur allait descendre le second versant de la vie, sans avoir rien produit, sans savoir s'il produirait rien de sérieux, sans but déterminé, mais apte à recevoir toute direction où il verrait un bien à faire, une vérité à mettre en lumière. Alors Monseigneur Baillès était évêque de Luçon : il essayait de fonder, dans son diocèse, une Société d'archéologie chrétienne, dont le premier effet fût de mettre en rapports plus intimes et plus habituels tous ceux qui, dans notre Vendée, sentaient le besoin de se dire que sa vieille foi et ses sentiments chevaleresques n'étaient pas chez eux des impressions irréfléchies, et qu'au besoin ils sauraient comment les justifier et les défendre.

Un des moyens que prit le vénérable évêque pour utiliser la bonne volonté des membres de la nouvelle association, fut de leur proposer l'examen de divers ouvrages, bons ou mauvais, afin d'être fixé sur l'importance des uns et de savoir pourquoi et comment les autres devaient être combattus et condamnés. Ce fut dans ces conditions que le livre d'un théologien espagnol du xviie siècle, Iterian de Ayala, *Pictor christianus eruditus*, fut confié à l'auteur de cet autre livre qui en est quelque peu dérivé, dans la mesure que fera connaître la lettre suivante, écrite le 10 octobre 1853 :

Monseigneur,

Ce n'est pas sans vous faire tous mes remercîments, que j'ai l'honneur de vous renvoyer l'important ouvrage dont vous avez bien voulu vous dessaisir en ma faveur, pendant quinze grands jours. Pour répondre à votre confiance, il eût fallu n'en perdre aucun moment ; tandis qu'au contraire, trop souvent détourné par d'autres occupations, je n'ai pu trouver le temps que de parcourir un livre que je ne pourrais bien comprendre qu'avec l'étude et de la méditation.

J'en ai pris une idée : si, après le témoignage de Benoît XIV, dont je vous dois la connaissance, Monseigneur, elle n'eût pas été favorable, je n'aurais pu en accuser que ma propre insuffisance ; j'y ai pressenti une doctrine toujours saine, une science solide, de la maturité, de la raison. Pour étendre plus en détail mes observations, j'ai besoin de me sentir encouragé par vos indulgentes invitations.

Ayala, par le titre même de son livre, me semble avoir parfaitement défini quel était son but; il ne s'en est point écarté, et, dans un certain sens, ce titre résume plus particulièrement le caractère qui lui est propre : *Pictor eruditus*. Si je me contentais de traduire le *peintre instruit*, je ne rendrais pas toute ma pensée : en suivant l'auteur, on deviendrait ce que nous appellerions plus proprement un *érudit ;* on serait non-seulement le fidèle observateur des règles que doivent imposer la foi et la morale chrétienne, mais encore on saurait se conformer aux moindres détails d'usages, de costumes, selon les temps et les lieux, avec une exactitude scrupuleuse.

Il faut dire que ce sont les questions sur lesquelles il aime à s'étendre, sur lesquelles il revient avec le plus de complaisance. Je citerai, à l'appui de cette remarque, ce qu'il répète, en toute occasion, des dispositions du temple de Jérusalem, si différentes de nos monuments religieux, de la position que prenaient les anciens dans leurs repas, où ils étaient couchés, et non pas assis comme nous près de la table.

En considérant l'extension qu'il donne aux études de ce genre, les longues citations dont il les entremêle, je considérerais que, surtout précieux au point de vue fondamental de la doctrine, sur lequel a dû principalement porter l'éminente approbation d'un grand pape, ce livre doit avoir une utilité toute spéciale pour ceux qui veulent pénétrer à fond cette branche importante des connaissances nécessaires à la direction de l'art chrétien, plus encore, quoique un très-grand nombre de ses solutions soient d'une application vraiment facile et immédiate, qu'il ne peut être un guide complet, toujours pratique et d'un usage journalier.

Ce guide, dont la grande utilité ne saurait être contestée, n'existe pas, que je sache, d'une manière qui ne laisse rien à désirer ni à tenter. Qui aurait à entreprendre de le créer, ne manquerait pas de matériaux ; le livre d'Ayala lui pourrait servir de base, et il devrait souvent l'invoquer comme une grande autorité.

Les saintes images sont une langue : par rapport à cette langue comme à toutes les autres, l'usage est susceptible d'acquérir sa part légitime d'autorité.

Il ne suffirait pas de penser qu'étant destinées à reproduire ce qui se passe sous les yeux, elles empruntent toute leur signification des choses qu'elles représentent.

comme si on était transporté aux temps et aux lieux où elles se sont produites ; car, pour arriver à cette représentation dans un espace resserré, qui exclut toute succession, il faut de toute nécessité des moyens de convention : les écoles les plus naturalistes ne peuvent s'en affranchir, d'autant qu'il faut souvent rendre sensibles des choses qui n'ont pas de corps, et entrer ainsi dans les voies plus ou moins avancées du symbolisme.

En ce qui concerne les saintes images, les questions de doctrine elles-mêmes sont donc jusqu'à un certain point subordonnées à la connaissance des termes d'une langue, à leur propriété, à la portée qu'ils peuvent avoir, à leurs modifications, à plus forte raison s'il s'agit de questions historiques et géographiques.

Qu'un saint évêque appartenant à une époque, à des lieux où la mitre n'était pas en usage, ait cependant la tête recouverte de cet ornement pontifical, ce n'est pas toujours ignorance, mais souvent le moyen le plus simple, le plus clair de dire à la foule des spectateurs qu'il s'agit d'un évêque. Assurément, tous les peintres qui, dans la dernière cène, ont représenté Notre-Seigneur et ses apôtres assis, n'ignoraient pas qu'en réalité ils étaient couchés ; mais, se proposant d'exprimer la substance de la chose plutôt que des circonstances dont la science la plus minutieuse ne saurait dire le dernier mot dans toutes ses particularités, ils ont eu égard à la composition qui s'accordait le mieux avec la pratique de leur art ou qui était d'une intelligence plus facile. Je ne dis pas qu'ils n'eussent pas mieux fait, surtout par rapport aux circonstances relatives à saint Jean, qui ne s'expliquent pas sans cela, de tenter des combinaisons conformes à la rigueur des données historiques : mais ce n'eût pas été leur principal mérite; et malgré toutes les grandes qualités artistiques du Poussin, qui s'y est assujetti, je trouverai toujours plus d'aliment à la piété dans l'œuvre si pathétique de Léonard de Vinci, et plus encore dans ces compositions archaïques des vieux maîtres, nonobstant la pose invraisemblable qu'ils ont préféré donner à saint Jean plutôt que de le séparer du sein de son divin Maître, non qu'ils supposassent ainsi rendre les choses comme elles s'étaient passées, mais parce qu'ils tenaient à ne pas laisser inaperçue une circonstance aussi touchante de l'institution de ce mystère d'amour.

Le Beato Angelico, l'ami et le disciple de saint Antonin, qu'Ayala cite pour sa sévérité contre certaines erreurs fréquentes parmi les peintres de son temps, doit-il être taxé d'ignorance, quand, plus indépendant encore des données historiques, il a représenté les apôtres à genoux pour recevoir, des mains mêmes de leur divin Maître, son corps sacré dans les formes mêmes où nous pouvons le recevoir tous les jours ? N'était-ce pas plutôt afin que le spectacle édifiant qu'il nous met sous les yeux nous fût plus sensible, et que nous puissions nous pénétrer des mêmes sentiments dont nous voyons animés ces saints personnages, quand nous faisons identiquement la même action, que nous avons le même bonheur ?

De même que, dans les lettres, la poésie épique ou lyrique a, aussi bien que l'histoire, le genre de vérité qui lui est propre ; que l'apologue a aussi la sienne ; que même le récit le plus rigoureusement en rapport avec la réalité des faits ne se présente pas sans quelques métaphores ou quelques autres expressions plus ou moins figurées, de même les arts peuvent prendre, au service de l'Église, une infinie variété de ton, sans jamais s'affranchir des règles rigoureuses dont ils se sont trop écartés.

Ce qui importerait à cet égard, c'est d'être fixé sur les limites de la liberté que l'on peut se permettre, de savoir quand et comment il faut rester dans la lettre historique, quand et comment l'on peut ou l'on doit même n'en prendre que l'esprit. Il faut surtout, dans l'un et l'autre cas, rejeter tout ce qui repose sur un fondement faux ou trop hasardé : c'est incontestablement à quoi doit beaucoup servir la saine critique d'Ayala.

Ce qui lui manque vient surtout de l'époque où il a vécu, où l'on s'était affranchi, dans la pratique des arts chrétiens, presque de toute idée traditionnelle. Il ne paraît connaître comme coryphées de cet art que des hommes classiques alors, comme Michel-Ange, Rubens, qui n'ont presque toujours employé leur prodigieux génie qu'à flatter les sens, subordonnant à des mérites tout matériels, à des tours de force propres tout au plus à faire ressortir leurs talents, les admirables pensées qu'ils étaient chargés d'exprimer. Aussi est-il trop dans la bonne voie pour avoir à les citer autrement que pour les critiquer, tout en se confondant en protestations d'estime pour eux, comme si l'œuvre dont il s'agit n'eût été qu'une exception, tandis que, dans tous leurs nombreux ouvrages, difficilement trouverait-il une seule partie qui fût conforme aux conditions qu'il exige avec tant de raison des artistes chrétiens. En remontant plus haut, au contraire, il eût trouvé de fréquentes applications de ses plus importantes maximes.

Je ne veux pas dire que tout ce qui était admis dans les écoles antérieures à la Renaissance le doive être sans examen ; il y avait alors toute une source particulière d'erreurs : je veux parler de celles qui tiraient leur origine des livres apocryphes ; mais, en cela même, on retrouve, quoique accidentellement mal appliquée, l'idée fondamentale d'une tradition chrétienne à laquelle, au temps où l'auteur écrivait, s'étaient substitués les caprices des imaginations tout individuelles.

Toute la science de l'auteur, par exemple, qui aurait pu facilement le mettre en rapport avec les actes de sainte Cécile, dont l'authenticité devient si plausible après les explications qu'en a données dom Guéranger, ne lui a pourtant pas appris ce que Raphaël a su faire dans le temps où son génie, séduit par la mode du siècle, voguait à pleines voiles dans les mers sensuelles du monde, après avoir rompu avec les pieux errements qui, nés dans l'Église, avaient inspiré sa jeunesse, parce qu'il en avait conservé quelques souvenirs. Ayala veut que sainte Cécile soit représentée chantant les louanges de Dieu et s'accompagnant d'un instrument de musique : idée belle sans doute et dont il puise la justification dans une hymne de l'Église. Mais Raphaël l'a représentée laissant retomber l'instrument qu'elle tient à la main, et attentive seulement aux concerts des Anges ; et, en se mettant ainsi en conformité avec l'histoire, qui ne sent quel parfum de poésie plus suave encore il a exprimé ! Ce n'est pas parce qu'elle était musicienne que l'Église a offert sainte Cécile pour patronne aux musiciens, mais parce qu'elle dédaignait les harmonies de la terre, les plaisirs par lesquels on prétendait célébrer ses noces terrestres. Son cœur, ses oreilles et ses yeux nous sont représentés, par l'auteur de ses actes, tout entiers dirigés déjà vers le ciel où, avec bien d'autres joies et d'autres harmonies, se célébrait son union avec le céleste Époux.

PRÉFACE.   XIII

Je me hâte de l'ajouter, ce n'est de la part de l'auteur qu'une exception, et encore ne porte-t-elle que sur une nuance délicate ; la science ecclésiastique, le sens vraiment chrétien qui le guident peuvent laisser des lacunes, mais elles le doivent préserver de tout écart sérieux.

En résumé, complet sous le rapport de la doctrine, sinon pour l'infinie variété des applications, du moins en ce qui concerne les principes ; étendu, sage, plein de sagacité sur les matières d'érudition ecclésiastique, il n'est pas dépourvu de connaissances relativement à l'iconographie, que l'on peut définir la science des arts figurés, considérés comme langage. C'est cependant sous ce rapport que l'on pourrait, avec le moins de témérité, tout en le dégageant de beaucoup de dissertations d'une utilité douteuse, ajouter beaucoup à son ouvrage, et élargir le champ qu'il lui arrive quelquefois, il me semble, de circonscrire un peu trop. Pour cela, il faudrait étudier les arts chrétiens dans les temps antérieurs à la Renaissance, où ils étaient encore dominés par la pensée qui les avait inspirés, en les éclairant du flambeau de cette même critique dont il nous donne un excellent modèle ; il faudrait avoir le sentiment de leurs exquises beautés, à laquelle il paraît étranger, étant plus exact que poëte, et y joindre des connaissances de la partie technique de l'art qu'il ne prend peut-être pas non plus toujours assez en considération.

J'ai sous les yeux un savant traité d'iconographie chrétienne, par M. l'abbé Crosnier, chanoine de Nevers, extrait du *Bulletin monumental* de M. de Caumont. Combiné avec Ayala, j'entrevois qu'il atteindrait en grande partie le but dont je parle, étant déjà par lui-même un guide pratique, qui, propre surtout à l'intelligence des anciens monuments, peut fréquemment diriger dans l'exécution des nouveaux ; mais, par là même que l'on pourrait le combiner avec un autre, cet ouvrage laisse donc lui-même aussi quelque chose à faire, surtout par rapport à un but qui n'est pas directement le sien. On ferait plus encore si, au lieu de cette double combinaison, on puisait en outre au point de vue doctrinal dans Molanus, et au point de vue iconographique dans les ouvrages de M. Didron, dans le Dictionnaire iconographique de M. l'abbé Migne [1].

Toutes ces considérations me font vous demander, Monseigneur, si notre association catholique ne pourrait pas, sous votre direction, entreprendre là-dessus quelque travail qui, sans dépasser ses forces, pourrait avoir sa part d'utilité. Pour ne pas rester trop absolument dans le rôle de simples compilateurs, chacun de nous s'efforcerait d'apporter à l'œuvre commune son tribut d'observations et d'études personnelles, suivant sa spécialité, d'après un programme où nous pourrions tous juger quels sont les points où nous aurions quelque compétence.

Il y a lieu de considérer, relativement aux saintes images, ce qu'elles doivent exprimer, comment elles le doivent exprimer.

Ce qu'elles doivent exprimer, ce sont les vérités chrétiennes, les enseignements de l'Église, les faits contenus dans l'Ancien et le Nouveau Testament, tout ce qui se rapporte surtout à Notre-Seigneur Jésus-Christ ou à sa divine Mère, soit qu'il provienne de cette source, soit qu'il nous soit transmis par la tradition de l'Église ; ce sont les circonstances de son histoire, celles de la vie des Saints, leurs dangers,

---

1. Par M. Guénebault.

leurs combats, leurs vertus, leurs triomphes, leurs espérances, les caractères qui les ont distingués, les pieux sentiments qui ont élevé leur cœur ; c'est, sous une autre forme, tout ce qu'exprime la sainte liturgie. Voilà donc un champ bien vaste pour le théologien, pour l'historien, pour celui qui se livre à l'étude de l'Écriture sainte, ou qui aime à pénétrer les mystères de la vie ascétique.

Dans Ayala et ailleurs se trouvent indiqués des ouvrages qu'il faudrait faire en sorte de se procurer, et dont le dépouillement occuperait seul plusieurs membres de bonne volonté. J'ai remarqué les actes du second concile de Nicée, les ouvrages de saint Antonin de Florence : *Ambrosius Catherinus, de Cultu imag.* ; *Luisius de la Cerda, de Excellentiâ cœlestium Spirituum* ; *Andreas Gillius Fabrianus, Dialogo Italico de abusibus Pictoribus* ; *de Theoria Picturæ*, par don Antonio Palomiano, etc., etc.

Relativement au second point, de savoir comment les saintes images doivent exprimer les vérités dont je viens de donner un aperçu, une nombreuse collaboration ne serait pas moins utile. Il n'est personne qui, dans le cours de ses excursions, ne puisse remarquer quelques tableaux, quelques sculptures, et en rendre compte. On aurait égard aux idées encore plus qu'au mérite de l'exécution ; tout devrait être signalé, soit comme pouvant servir de modèle, soit comme abus à critiquer. Il y en aurait pour tout le monde ; tous les traités d'iconographie, de peinture, les vies des peintres, mériteraient à leur tour d'être dépouillés, comme œuvres d'une certaine importance dans ce genre. J'ai entre les mains Vasari et un ouvrage récent du marquis Selvatico, professeur à l'Université de Padoue. Des travaux comme ceux des PP. Cahier et Martin, sur les vitraux de la cathédrale de Bourges, ne devraient pas manquer d'être mis à contribution, aussi bien que leurs *Mélanges d'Archéologie*, que j'ai aussi en ma possession.

Sans admettre que, pour donner cours à cette idée, tous les membres de notre association dussent se mettre en mouvement, ne suffirait-il pas du concours de quelques-uns pour arriver à quelque chose de passable ? Si vous en jugiez ainsi, Monseigneur, je vous offrirais toute la participation dont je suis capable.

Vous avez pu vous apercevoir que c'était pendant même que j'avais l'honneur de vous écrire, que mes idées prenaient graduellement, dans le sens de cette conclusion, un cours que je n'avais fait d'abord qu'entrevoir. Vous voudrez bien avoir la bonté de m'excuser si, non content de vous soumettre mes idées, je vous fais ainsi assister à leur enfantement.

Veuillez recevoir l'assurance du profond respect et de tout le dévouement avec lequel j'ai l'honneur d'être,

Monseigneur,

Votre très-humble et très-obéissant serviteur,

HENRI DE SAINT-LAURENT.

En réponse à cette lettre, l'auteur fut invité à faire le livre auquel seulement il s'offrait de collaborer. Il promit d'y travailler, non de le mener à son terme. En effet, c'était un bien pour lui d'avoir enfin une direction déterminée, et il en résulta quelques articles publiés successivement dans la *Revue de l'art chrétien*, dans les *Mémoires des Antiquaires de l'Ouest*, dans les *Annales archéologiques*. Mais voici comment, quelques années après, il envisageait encore sa tâche : « L'œuvre à laquelle nous avons essayé « de mettre la main demanderait un savant théologien, possédant « à fond les saintes Écritures, les saints Pères et les langues « savantes ; solidement pieux, homme de goût, au courant de « la pratique des arts, qui, avec de la santé, des ressources pécu- « niaires considérables, d'importantes collaborations, consa- « crerait vingt ans de sa vie à voyager, à étudier la liturgie, les « antiquités ecclésiastiques, la vie des saints, les monuments de « toute sorte. »

C'est-à-dire qu'en avançant, la pensée d'arriver s'évanouissait de plus en plus : aussi l'auteur ne s'était pas fait scrupule, suivant les circonstances, de porter sur d'autres points les efforts de sa plume, sans cesser toutefois de revenir aussitôt après à son objet déterminé. Il ne pouvait lui aller de s'en tenir à une simple compilation, comme il en avait eu d'abord l'idée, quant à la chose, et non quant à lui-même. D'ailleurs, il s'était bientôt aperçu qu'il y aurait d'immenses lacunes à remplir, entre les travaux de M. le commandeur de Rossi sur les antiquités chrétiennes, tout ce qui avait été écrit chez nous sur l'archéologie du moyen âge, et l'art chrétien du xive et du xve siècle en Italie, tel que M. Rio en avait révélé les beautés ; sans compter que le besoin de juger par lui-même lui ôtait la possibilité de dépouiller un ensemble si considérable de documents. Il s'attachait à une question, la faisant bénéficier des observations qu'il pouvait faire dans quelques nouveaux voyages toujours courts, à Rome principalement, où il fut appelé par de tout autres motifs, à plusieurs reprises. Il sentait qu'avec cela il n'avait pu les traiter à fond, et il y en aurait eu des centaines de semblables à éclaircir.

Dix ans ainsi s'étaient passés, quand ses relations devinrent plus intimes, avec un prêtre éminent par son intelligence et sa piété, que Monseigneur l'évêque de Poitiers lui avait donné pour conseil, dans quelques autres de ses entreprises littéraires plus modestes. Il lui dit quel était le principal emploi de son temps, le livre auquel il travaillait ; mais qu'il ne le ferait pas. « Il faut le faire », lui fut-il répondu. Cette parole, dite avec assurance de la part d'un juge très-compétent, parut à l'auteur venir de Dieu même, et il répliqua : « Vous le voulez, je le ferai !... »

Mais c'était à la condition de le ramener à la mesure de ses forces. Il fallait que l'ouvrage fût plus volumineux qu'il n'aurait dû l'être, si les matières en avaient pu être mieux étudiées, et que, se contentant de ce qu'il avait pu en savoir sans les approfondir davantage, l'auteur les jetât comme des jalons, qui pourraient servir de guide à ceux qui s'engageraient dans les mêmes voies après lui, confirmant ses données quand elles se trouveraient être tombées juste, par l'effet du coup d'œil plutôt que par celui du savoir, les rectifiant quand elles auraient besoin de rectification, les complétant et les émondant.

On voit ainsi ce qui a été fait, ce qui a été tenté, ce qui reste à faire ; pourquoi l'auteur, étant hardi, n'a pas été trop téméraire ; pourquoi il est en droit de demander de l'indulgence, et pourquoi, cependant, il ne désespère pas de pouvoir être utile.

INTRODUCTION.

I.

L'ART BIBLIQUE ET L'ART CHRÉTIEN.

Le premier temple de Dieu fut le temple de la nature; Dieu lui-même en fut l'architecte. Dans ce temple le sanctuaire est partout; il a pour colonnes les grands arbres, et les rochers pour autels; les fleurs des champs en sont la parure; le soleil et tous les astres l'éclairent de mille et mille flambeaux.

Lorsque la noble simplicité du culte patriarcal ne suffit plus aux besoins des générations accumulées, Dieu voulut bien que la main de l'homme lui élevât un temple. Il fit plus, il lui promit d'y habiter; et, jusque-là seul artiste, il se chargea d'ouvrir la première école où l'art fut enseigné selon toute la grandeur de sa légitime mission. Il ne dédaigna même pas d'en être le premier maître.

« Voici », dit le Seigneur à Moïse, « Béséléel, fils d'Uri, fils de Hur
« de la tribu de Juda; je l'ai rempli de l'esprit de Dieu, de sagesse, d'in-
« telligence, de science pour concevoir ou exécuter tout ouvrage qui
« peut se faire en or, en argent, en airain, en marbres, avec des pierres
« précieuses, et toutes sortes de bois. Je lui ai associé Ooliab, fils
« d'Achisamech, de la tribu de Dan; je les ai instruits de tout ce qu'ils
« devaient savoir; j'ai mis dans leur cœur tout ce qu'il faut posséder
« pour faire les ouvrages que je t'ai commandés : le tabernacle de
« l'alliance, l'arche du témoignage, le propitiatoire, tous les vases sacrés,
« les autels, le candélabre, les vêtements sacerdotaux [1]. »

---

1. Exod., XXXI, 2.

Béséléel et Ooliab, guidés par l'inspiration divine, accomplirent avec une perfection qui a mérité les louanges de l'Esprit-Saint l'œuvre qui leur était confiée.

L'art, élevé dès lors à une si haute dignité, ne devait cependant prendre, ni dans ce premier temple du vrai Dieu, ni dans le temple de Salomon qui lui succéda, les développements auxquels il était appelé dans les églises chrétiennes.

Dieu unique, dans un temps où les hommes voulaient se faire autant de dieux qu'ils avaient de temples, qu'ils se fabriquaient d'images, il voulut n'avoir qu'un seul temple, et n'y avoir pas d'image.

Dieu invisible, il voulut dans ce temple, à la place qu'il avait choisie pour y habiter spécialement, par un privilége ineffable, et précisément parce qu'il se l'était réservée, qu'aucune image n'y manifestât sa présence sur les lames d'or du propitiatoire.

C'est un besoin cependant de notre nature de nous représenter sous des formes sensibles les choses qui, accessibles à notre intelligence, ne le sont pas à notre vue.

Dieu tient compte de tous nos besoins. Dans l'ancienne loi elle-même, il eut égard à celui-ci : on le voit par les figures de chérubins qui, placées au-dessus de l'arche, l'ombrageaient de leurs ailes ; par les figures du même genre qui, en grand nombre, ornèrent le temple de Salomon. Avec un peuple aussi enclin que l'étaient les Juifs à suivre la pente générale qui entraînait tous les hommes vers l'idolâtrie, Dieu trouva prudent de ne pas permettre de multiplier parmi eux les images, indépendamment de la défense absolue de représenter la divinité sous des formes visibles. Il voulait cependant que son peuple le sentît près de lui, et, afin d'en être plus facilement compris, à défaut de ces images peintes ou sculptées, il ne lui épargna pas les figures de langage : lui-même il a des yeux, il entend comme s'il avait des oreilles, il parle comme s'il avait une bouche, son bras se lève, sa main s'appesantit. Dans les visions de ses prophètes, ces figures prennent une apparence corporelle, et il se montre à eux comme un majestueux vieillard.

La poésie des livres saints contient les germes d'un art qui l'aurait emporté, s'il lui eût été loisible de se développer, sur les chefs-d'œuvre de l'art grec, de toute la supériorité qu'eurent Moïse et David sur Homère et Pindare.

Ce que les Juifs ne firent pas, les chrétiens, leurs héritiers, étaient destinés à le faire. Disciples d'un Dieu fait homme, pour eux devaient être enlevées toutes les entraves qui, sous l'empire de l'ancienne loi, avaient enu l'art enchaîné. Il leur appartenait de faire jaillir du sein des livres sacrés, selon l'expression de Joseph de Maistre, un beau céleste, destiné à faire pâlir tout ce que la Grèce avait enfanté de plus idéal.

Avant d'aborder l'étude des règles et des représentations consacrées par l'usage, qui doivent servir à diriger l'art chrétien, nous avons jugé utile d'offrir un résumé historique de ses développements et de ses vicissitudes. On ne saurait, en effet, avancer dans cette étude sans reconnaître bientôt que la manière d'entendre ces règles et ces représentations a singulièrement varié suivant les temps.

L'art chrétien eut d'abord à se dégager des errements de l'art tout imprégné de paganisme, au sein duquel il prit naissance, comme l'Eglise au milieu des Gentils. Il eut aussi alors besoin de cacher, du moins aux profanes, les pensées ineffables qu'il avait cependant mission d'exprimer : pensées de vie, de salut, de délivrance, qui l'alimentent tout entier pendant ses premières périodes. Ces pensées conservent une couleur de douceur et de paix que nous pourrons appeler pastorale, et qui, en effet, a pour type l'image du Bon Pasteur pendant l'ère tout entière des persécutions. Après la conversion de Constantin, elles prennent un ton de victoire, de triomphe, qui trouve sa plus haute et sa plus habituelle expression dans l'image du Christ triomphant.

Un trait commun aussi à ces premières périodes, c'est la prédominance des idées sur les sentiments; des vérités fondamentales sur leurs applications. Cette sorte de suprématie ne leur est sérieusement disputée qu'au cœur du moyen âge. Au XIIIe siècle, à cette époque de vie et d'épanouissement, la pensée se concentre moins et s'épanche beaucoup plus; la séve chrétienne est vive, abondante; ses produits sont plus variés; l'imagination s'y mêle davantage. Puis, l'on veut moins admirer, pour songer un peu plus à s'attendrir; c'est le moment où le Christ souffrant, le crucifix conçu dans le sentiment de la douleur, deviendra le type caractéristique de l'art chrétien.

A cette époque de transition, le passé et l'avenir se donnent la main : le passé est un ancêtre consulté, écouté avec un souverain respect; et voilà déjà l'avenir qui demande à prendre son essor, à s'élancer avec une vie pleine d'indépendance.

Deux enfants, si on peut le dire, naquirent bientôt, au sein de l'art, du travail des esprits : le naturalisme et le mysticisme. Liés d'abord par des rapports intimes, ou plutôt entremêlés en des œuvres qui leur furent longtemps plus ou moins communes, ils ne commencèrent à se séparer qu'aux approches de la Renaissance. Leur séparation, consommée alors, a été trop jugée d'après ce qu'elle fut depuis.

Dans la nature il y a les affections et les sensations : le naturalisme tendait à faire descendre l'art dans la région trop humaine de celles-ci, le mysticisme le relevait sur les sommets où s'idéalisent celles-là, dans un atmosphère tout divin.

L'affaiblissement de la foi et l'affranchissement des traditions coïncidèrent, au XVIe siècle, avec le plus parfait développement de l'art sous le rapport purement plastique. L'art put faire des œuvres chrétiennes, et les revêtir de tout l'éclat qu'il avait acquis; mais il n'était plus *l'art chrétien*. Tandis que, dans les régions supérieures de l'art, la poursuite trop exclusive des satisfactions sensuelles ou seulement de l'imitation naturelle aboutit à ce résultat ; les sentiments de la piété chrétienne arrivent facilement, dans les régions inférieures, à n'avoir plus pour expression qu'une imagerie alambiquée, sans naturel et sans goût.

L'art chrétien avait besoin de se relever. Il s'est relevé de nos jours, et il s'est soutenu avec l'appui des études archéologiques. Nous obéissons nous-mêmes au mouvement que nous constatons, en essayant d'éclairer sa marche.

Telle est, en peu de mots, l'histoire des évolutions de l'art chrétien. Les proportions de notre travail ne nous permettent pas de les approfondir ; mais nous recueillerons quelque lumière sur chacune d'elles, pour bien apprécier les œuvres, qui leur appartiennent, et que nous devons rencontrer dans le cours de ces études.

II.

ORIGINE DE L'ART CHRÉTIEN.

Réduits aux seules conjectures sur l'origine de l'art chrétien, nous dirions : les premiers chrétiens, même dès les temps apostoliques, peignirent et sculptèrent. Ils le firent par cela seul qu'il ne leur était pas défendu de le faire ; ils le firent parce que l'usage des images, conforme à notre nature, s'adapte on ne peut mieux à la religion d'un Dieu fait homme. Dès lors que nous ne nous mettons pas sur le terrain de la controverse avec ceux qui n'acceptent pas les décisions de l'Eglise, il nous suffit de ces décisions mêmes ; et, puisqu'il est de foi que l'usage des images, loin d'être contraire à l'essence du christianisme, est utile aux chrétiens, comment croirions-nous, sans preuve positive, qu'ils se soient jamais absolument privés de leurs secours ?

Le plus ancien des peintres chrétiens, si l'on en croit des traditions admises dans le concile même où fut tranchée la question de la légitimité des images et du culte qu'on leur rend, aurait été saint Luc. Saint Luc était médecin ; mais un médecin de profession peut parfaitement avoir, comme amateur, quelque talent en peinture ; et la supériorité de son intelligence, accoutumée à recevoir les inspirations du Saint-Esprit, a pu suppléer à ce qui aurait manqué à son savoir artistique. Rien donc ne s'oppose à ce que le saint évangéliste soit, en effet, l'auteur d'un ou de plusieurs portraits de la Mère de Dieu, dont seraient provenues, par voie d'imitation, les meilleures des antiques images qui portent son nom. Ces images sont empreintes d'ailleurs d'un cachet de beauté peu remarqué de la plupart des hommes, parce que l'élévation du type et la saveur extraordinaire de l'expression n'y sont pas assez mises en relief par la vigueur du pinceau; mais selon nous, et nous espérons pouvoir justifier cette pensée, il n'est pas de modèles plus convenables pour apprendre à peindre Marie d'une manière digne d'elle, autant, du moins, qu'il appartient à notre infirmité de le faire.

Sans prétendre déterminer la valeur des traditions qui s'attachent aussi à Nicodème, nous ne les repousserons pas non plus; et il ne nous paraît nullement invraisemblable que le saint docteur qui, d'abord, disciple timide et caché du Sauveur, se montra plus tard si courageux quand il fallut l'embaumer et l'ensevelir, ait employé à le représenter sur la croix une certaine pratique de la sculpture qu'il aurait cultivée comme amusement. Tout ce que nous pourrons recueillir relativement au *Santo Volto* de Lucques, qu'on lui attribue, est plus favorable que contraire à ces traditions.

Ce n'est point cependant par les images de ce genre, encore moins par celles qui, formées miraculeusement, ne seraient pas dues à la main des hommes, que nous ferons commencer l'histoire de l'art chrétien dont nous nous proposons de tracer un aperçu. Les traditions qui se rapportent à ces images ont à nos yeux une grande importance, et nous y reviendrons; mais nous pouvons prendre comme point de départ une base incontestable. Aux termes de la critique la plus rigoureuse, on peut affirmer que, parmi les peintures chrétiennes des Catacombes, il en est qui remontent certainement au commencement du second siècle de notre ère, et probablement même au premier.

Déjà d'Agincourt avait établi, par la seule comparaison des styles, que diverses peintures chrétiennes étaient contemporaines de celles des thermes de Titus et du sépulcre des Nasons [1]. Mais nous nous prévalons surtout des nouvelles découvertes de M. le chevalier de Rossi; de l'ensemble de preuves, vraiment décisives, qui résultent chez lui de l'étude combinée des caractères iconographiques, de l'épigraphie et de la succession des fouilles, pour assurer cette antiquité aux premières peintures des Catacombes; notamment aux deux chambres sépulcrales de la

---

1. D'Agincourt, *Hist. de l'art par les monuments*, 6 vol. grand in-fol. Paris, 1823, T. II, p. 20. T. III, p. 4. T. V, Peinture, pl. vi.

crypte de sainte Lucine, rattachée aujourd'hui au cimetière de Saint-Calixte [1].

Il n'était pas dans la nature des choses humaines que cet art naissant acquît instantanément sa perfection ; mais dès ses premiers essais, on y voit jaillir une supériorité de pensée qui l'élève bien au-dessus de tout ce qu'il était possible d'exécuter ou de concevoir sous l'empire du paganisme.

Pour établir cette supériorité, il n'est pas besoin de rabaisser l'art antique. Cet art fut véritablement grand par la perfection des formes, et plus encore par l'élévation des idées. Au service même des passions, il conserva presque toujours une empreinte de noblesse et de retenue qui mérita de passer au service de la vérité et de la vertu, lorsque l'art chrétien recueillit son héritage. Entre les deux, en effet, les rapports de filiation ne sont pas douteux ; mais ce ne fut pas au moyen des chefs-d'œuvres de la Grèce que le lien s'établit. Appelé à tout régénérer, le christianisme ne rattacha même pas l'art qu'il allait fonder aux sommités de l'art contemporain : il le prit plus bas pour l'élever plus haut.

L'art chrétien eut à subir d'abord toutes les conditions sociales où se trouvaient les fidèles eux-mêmes. Gentils convertis, renouvelés selon l'homme intérieur par la grâce du baptême, ils continuèrent, en toutes les choses où la conscience n'était pas directement engagée, à vivre conformément aux usages au sein desquels ils avaient vécu jusque-là. Leurs artistes, quant aux formes, aux couleurs, à la manière et au style, ne devaient pas, à leur point de départ, se distinguer, ou, du moins, ne pouvaient se distinguer que faiblement des écoles qu'ils venaient de quitter.

On a cru pendant longtemps que les chrétiens s'étaient principalement recrutés dans les classes inférieures de la société, parmi les déshérités de ce monde. Aujourd'hui, au contraire, on ne peut douter, après les études de M. le chevalier de Rossi, qu'un grand nombre de familles patriciennes du plus haut parage n'aient été à Rome, dès le principe, conquises à la foi ; et ce fut sous le puissant patronage des Pudens, des Cornéliens, des Céciliens, des Flaviens, même de la famille impériale, à la faveur de leur situation territoriale et de leurs priviléges sociaux, que l'Église dut, en grande partie, de pouvoir vivre au milieu des persécutions, de s'asseoir puissamment sur le sol, et d'y prendre dès lors une organisation d'une consistance extraordinaire. On ne voit point cependant qu'elle ait compté aussitôt dans ses rangs quelque artiste de renom. Ces hommes à grands succès, enivrés des applaudissements, accoutumés aux jouissances, mal disposés à em-

---

[1]. De Rossi, *Roma sotterranea*, gr. in-4°. Roma, 1864, T. I, p. 346, pl. IX, X et suiv.

brasser une vie d'humilité et d'abnégation, étaient, plus que d'autres, rivés aux vieilles superstitions, occupés qu'ils avaient été, en forgeant des dieux, à trouver la fortune et la gloire dans l'art même où, une fois chrétiens, ils ne devaient plus avoir en perspective que la ruine ou la mort.

Aucun compromis, en ce temps, n'était possible entre les disciples de Jésus-Christ et une mythologie foncièrement impure, qui, alors même qu'elle ne favorisait pas l'idolâtrie, couvrait d'un voile religieux cette sorte de culte que l'on rend au démon par la corruption des mœurs.

En fait, parmi les nouveaux convertis, l'on compte de grands écrivains, des orateurs, des savants, des philosophes : on ne cite aucun chrétien du même temps qui ait mérité d'avoir un nom dans les arts.

Quelques martyrs sont connus pour avoir été artistes; mais on ne dit point qu'ils aient été artistes distingués; on ne voit point surtout qu'ils l'aient été au profit de leur nouvelle croyance; il semblerait plutôt qu'ils lui ont fait le sacrifice de leur talent et de leur vie.

III.

COMMENT L'ART CHRÉTIEN SE DÉGAGE DE L'ART DU PAGANISME.

Au moment où le christianisme s'introduisait dans le monde pour le renouveler, l'art était entré dans une période pratique, abondante et facile, jugée aujourd'hui inférieure, l'antiquité étant mieux connue, à la sève vigoureuse, au génie créateur qui caractérise l'époque de Phidias.

Nous avons admiré, nous admirons toujours l'Apollon du Belvédère, le Laocoon. Là, nous ne voyons pas seulement la noblesse un peu théâtrale de la pose, la grâce et la souplesse du modelé; ici l'habile tension des muscles, l'horreur d'un sombre désespoir : nous y voyons, d'une part, une élévation surhumaine, de l'autre, sinon le sentiment et l'idée de la vertu, tels que l'éducation chrétienne nous les a fait comprendre, du moins quelque chose de grand par la dignité dans le supplice. Et, dans leur nudité, les plus belles Vénus du même temps n'ont-elles pas vraiment une pudeur dont sont bien éloignées leurs imitations modernes ?

Pour apprécier cependant le niveau religieux et moral auquel s'est élevé l'art antique de la Grèce au siècle de Périclès, on ne peut plus s'en tenir à ces œuvres dont Rome fut peuplée postérieurement au siècle d'Auguste, œuvres, non de décadence, mais d'un art à son dernier terme d'épanouissement. Dans sa phase la plus grande, nouvellement dégagé de l'enfance, l'art antique alliait, sans parti pris, plus d'énergie juvénile à la plénitude de sa virilité. Moins sobre de mouvement dans l'action, il était plus hiératique quant à l'idée; et, dire qu'alors ses Vénus étaient vêtues, n'est-ce pas faire comprendre suffisamment dans quelles régions il avait recherché le beau?

Né en Grèce dans les temples, comme il est né partout, l'art s'y était élevé, autant que pouvaient le permettre les ombres du paganisme, à la conception la plus haute de la perfection et de la grandeur dans les images de la divinité : formes accomplies, noble modération de mouvement et d'impression, sobriété dans les détails, puissante concentration quant au trait décisif : voilà encore ce que l'on observe dans les meilleurs des marbres, même aux époques postérieures qui peuplent en si grand nombre nos musées, tant fut profonde l'impression primitive.

Il ne nous est rien parvenu des chefs-d'œuvre de la peinture antique qui nous permette d'en juger au même degré. Cependant les témoignages de sa perfection ne nous manquent pas; et les peintures murales d'un ordre secondaire que l'antiquité romaine nous a transmises en très-grand nombre, et qui en sont probablement des imitations, nous en peuvent faire connaître la manière.

Les grands peintres de la belle époque grecque avaient généralement peint sur bois des tableaux de petite ou de moyenne dimension destinés à être offerts et suspendus dans les temples.

Lorsqu'ils en sortirent par la conquête pour venir s'accumuler à Rome dans les riches demeures des patriciens, ces chefs-d'œuvre de l'art perdirent de leur caractère sacré pour devenir des objets d'ostentation et de luxe.

Bientôt, au lieu de suspendre des tableaux le long des murs, on trouva plus simple de peindre les murs eux-mêmes, et la peinture devint presque uniquement un moyen de décoration : Pline le déplorait.

C'est cependant à cet usage que nous devons tout ce qui nous est parvenu de la peinture des anciens. Tandis que leurs tableaux ont disparu sans retour, les murs de Pompéi sont encore tapissés de peintures. Leur profusion dans une ville de second ou de troisième ordre tout au plus, nous donne à comprendre quelle dut être la vogue obtenue alors par ce genre de luxe. A défaut même de ces importantes découvertes les spécimens n'en seraient pas d'une grande rareté. On en retrouve des débris partout où s'étendit l'empire romain. Il y a peu d'années jusque sur les bords de la petite rivière dont notre Vendée a tiré son nom, on a découvert, dans les ruines d'une antique villa gallo-romaine, des restes de peintures, et le tombeau d'une femme peintre, ensevelie avec tous les ustensiles de sa profession [1].

Œuvres de praticiens qui voulaient aller vite autant qu'ils tenaient à bien faire, ces peintures toutes décoratives ont souvent une touche aussi lâche que facile, dont on ne se ferait pas une idée si on les jugeait, par exemple, d'après les gravures de Bartholi ; et aucune d'elles ne justifie mieux cette observation que la plus célèbre de toutes, connue sous le nom de *Noces Aldobrandines*, si l'on considère l'original, et non ses imitations. Mais, sous cette exécution rapide, on reconnaît, en général, et dans la fameuse composition dont nous parlons, tout particulièrement, une telle grandeur de style, une si sérieuse élévation d'idées, que, très-probablement, lorsque ces peintures ont été faites, des modèles, en tout points supérieurs, n'étaient pas éloignés. Ils ont dû être imités, sinon copiés ; il a suffi de raffermir les lignes des copies qui nous restent, de leur donner plus de correction, pour les mettre en état de soutenir le parallèle avec les plus beaux marbres antiques : n'est-ce pas la preuve que, par ce moyen, on s'est effectivement rapproché du caractère qui appartenait aux véritables originaux ?

De même il n'est pas improbable que les premiers chrétiens aient eu des tableaux sur bois d'un mérite supérieur à tout ce qui nous est parvenu de leurs œuvres, et que tous ces tableaux aient péri sans retour, comme tous les monuments du même genre de l'antiquité payenne. Mais, sans nous arrêter à des conjectures qui seraient sans objet, nous devons d'autant mieux nous en tenir, pour apprécier leurs premiers essais dans les arts, aux peintures des catacombes, que nous y trouverons éminemment ce qui leur donne tant de valeur : la supériorité de la pensée.

Considérées dans leur physionomie superficielle, on voit que ces peintures procèdent directement, quant au style et au mode d'exécution, des écoles de peintres décorateurs dont nous venons de parler. Dans leurs dispositions elles s'assimilent, à s'y méprendre, avec l'agencement des arabesques et des scènes mythologiques en usage pour décorer l'intérieur d'un tombeau payen, ou une salle d'établissement thermal. Les sujets purement chrétiens eux-mêmes y sont choisis et rendus avec une telle réserve qu'il faut en pénétrer le sens pour en saisir toute la portée, et, pour le pénétrer, il fallait d'avance être chrétien.

---

1. B. Fillon, *Description de la villa et du tombeau d'une femme artiste*, br. in-4°. Fontenay, 1849.

Mais, pour les initiés, quelle supériorité dans la pensée chrétienne ! Elle est incommensurable de pensée à pensée, partout où l'on en voit une dans les représentations payennes; et chez les chrétiens elle est plus grande encore peut-être, si l'on considère le rôle bien déterminé fait à la pensée dans leurs représentations. Les scènes mythologiques et héroïques, dans l'art antique, n'étaient pas assurément de pure fantaisie ni jetées aux yeux uniquement pour les amuser. Sous ce rapport et sous bien d'autres, elles étaient moralement au-dessus de nos arts modernes, quand ils se séparent du christianisme. Mais comment, au milieu des fluctuations de l'esprit humain, auraient-elles exprimé avec précision ce que nul ne savait penser avec fixité, ce que nul ne pouvait croire comme lui étant enseigné avec certitude? Du vrai au faux, du bien au mal, la pensée dans l'art, jusque-là, demeurait flottante.

Le chrétien croit et il sait; il sait d'où il vient, où il va; il sait ce qu'il est, ce qu'il veut. A l'origine même du christianisme, la situation apparaissait bien plus tranchée qu'elle ne l'a été depuis, entre les ombres d'où sortaient les fidèles et la lumière où ils venaient d'entrer. L'idée du salut et de la régénération, l'idée d'une vie nouvelle dominait toutes les pensées du chrétien. Non-seulement il avait en vue cette vie nouvelle qui consiste dans un usage mieux réglé des choses de ce monde; mais surtout cette autre vie qui, acquise par le baptême, se continue sans interruption pendant toute l'éternité: la vie de la grâce, en un mot, dont la vie de la gloire, qui en est le complément, ne lui paraissait point séparée. La mort, n'étant plus qu'une porte ouverte pour mener de l'une à l'autre sans solution de continuité, était volontiers passée sous silence, et l'observation que nous en faisons est d'autant plus remarquable que les monuments sur lesquels elle s'appuie sont tous des tombeaux.

Les sujets les plus anciennement adoptés et les plus constamment maintenus dans l'art chrétien pendant toute la période primitive sont le Bon Pasteur portant sur ses épaules la brebis égarée, et la femme en prière, debout, les bras étendus et levés, connue sous le nom d'Orante.

Ces deux sujets avaient, plus qu'aucun autre, l'avantage de pouvoir passer facilement inaperçus ou incompris aux yeux des profanes, à une époque où les fidèles étaient tenus de s'envelopper des voiles du mystère. Il n'est pas sans exemple que l'on trouve, parmi les scènes pastorales en usage sur les monuments profanes, un berger chargé d'un chevreau, d'une manière qui n'est pas sans rapport extérieur avec le sujet tout chrétien du Bon Pasteur. D'un autre côté, aux quatre angles d'une voûte des thermes de Titus (reproduite par d'Agincourt[1] et rapprochée de diverses peintures

---

1. D'Agincourt, *Peintures*, T. V, pl. VI. (*Voir* notre pl. III, fig. 2.)

T. I.   PL. II.

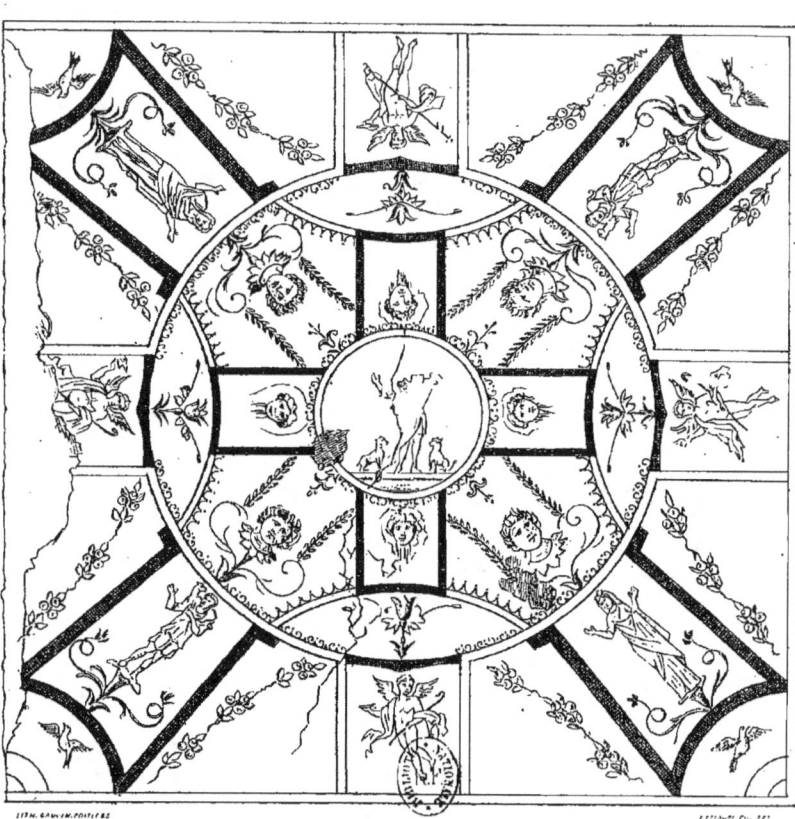

VOUTE DE LA CRYPTE DE S.te LUCINE.

contemporaines des Catacombes, précisément pour mettre en évidence leur similitude, quant au mode d'exécution), l'on voit quatre figures de nymphes ou de femmes, toutes de fantaisie, qui ont beaucoup d'analogie avec les Orantes chrétiennes. Levant les bras pour soutenir des guirlandes, elles ressemblent surtout aux deux Orantes entremêlées de deux Bons Pasteurs, que l'on voit également aux quatre angles de la voûte, dans le cubiculum de la crypte de sainte Lucine [1].

Considérez d'ailleurs l'ensemble de ce pieux monument : qu'y verrez-vous ensuite ? Quatre Génies représentant les quatre saisons, légèrement jetés entre les figures des angles ; puis uniquement des fleurs, des oiseaux, des arabesques, des têtes de fantaisie, dont l'intention, s'il y en a une, ne va pas au delà, en dehors de leur emploi tout décoratif, d'une pensée générale de grâce et de fraîcheur ; tout cela s'agençant autour d'une figure centrale du Bon Pasteur.

Dans la position correspondante, la voûte des thermes de Titus montre la figure d'un beau jeune homme, élevant d'une de ses mains une corne d'abondance ; il soutient de chacune d'elles les extrémités d'une draperie qui ondule gracieusement derrière lui sans rien dissimuler de sa nudité ; autour de lui rayonnent, outre les quatre figures de nymphes debout dans les angles, quatre autres figures de femmes, demi-assises, demi-couchées avec non moins de grâce, dans les compartiments intermédiaires, où elles correspondent aux génies des quatre saisons de la peinture chrétienne : elles portent pour attributs un vase, un thyrse ou un sceptre, un miroir et une flèche. Que ce soient des bacchantes ou qu'elles se rapportent à d'autres allégories, on ne peut nier qu'elles n'aient dans leur attitude rien que de convenable, et l'on peut croire qu'elles expriment cette juste modération dans les jouissances qui constituait la vertu, selon le système d'Epicure [2]. Elles concourent, dans tous les cas, avec la figure principale, et tous les accessoires qui les entourent, à représenter la vie temporelle et sensuelle sous ses couleurs les plus riantes. Et que pourrait-on de mieux, après l'avoir envisagée ainsi, que d'oublier sa fin prochaine, ou de souhaiter voir la vie renaître toujours la même ?

Que ces pensées sont loin de celles des chrétiens ! Ici, au milieu aussi

---

1. De Rossi, *Roma sotterranea*, T. I, pl. x. (*Voir* notre pl. II.) Nous donnons (pl. I) séparément l'un des Bons Pasteurs, d'après un dessin original de M. Charles Descemet.

2. Les esprits étaient alors tournés à tel point vers cette sorte de morale que tous les livres trouvés à Pompéi et déchiffrés avec tant de sollicitude, d'adresse et de persévérance dans l'espoir de retrouver quelques-uns des ouvrages perdus de la haute littérature grecque ou romaine, n'ont offert jusqu'ici que des traités de ce genre. Ce n'est pas l'épicuréisme tirant ses dernières conséquences, mais luttant infructueusement pour les éviter.

d'un riant entourage, que ne dit pas cette simple, chaste et touchante image de la brebis perdue et recouvrée! L'humanité s'était égarée loin des sources de la vie; le divin Pasteur la porte sur ses épaules et l'y ramène : idée de renouvellement et de paix, avec laquelle s'associe parfaitement le souvenir allégorique des saisons, car là est le rétablissement de l'ordre dans la nature ; là, est la vie encore; non plus la vie d'illusions, dont les douceurs si fugitives glissent des fleurs d'une sage jouissance, aux fanges du vice insatiable; mais la vie véritable, la vie pure et qui ne doit pas finir. Et voulez-vous savoir en quoi elle consiste? Voyez les autres figures, liées par des rapports si étroits avec celle du Bon Pasteur, que leur association est pour ainsi dire toujours sous-entendue quand elle n'est pas formellement exprimée : ces Orantes ont, avons-nous dit, quelque ressemblance avec les figures de femmes qui, dans la peinture des thermes de Titus, soulèvent les bras pour soutenir des guirlandes ; mais au fond quelle différence! Non-seulement elles prient, mais elles sont en quelque sorte la prière même et l'union avec Dieu personnifiées. Et si vous étudiez quels sont les emblèmes associés le plus volontiers aux figures d'Orantes, vous verrez que ce sont la colombe et l'olivier, qui correspondent aux brebis et aux palmiers, attribués au Bon Pasteur. L'âme est réconciliée avec Dieu, elle est rentrée en paix avec lui, elle lui est unie, et l'union avec Dieu... c'est la vie.

La mort était entrée dans le monde par la faute de la première femme. L'Orante, c'est la nouvelle Ève ; comme Jésus, personnifié sous la figure du Bon Pasteur, est le nouvel Adam. Elle est la femme, l'épouse, par excellence, et, en conséquence, tour à tour la Très-Sainte Vierge, l'Eglise personnifiée, la vierge chrétienne en général, ou une vierge chrétienne vouée à Dieu, prise en particulier, ou l'âme chrétienne prise plus généralement encore? Ces diverses significations sont applicables préférablement les unes aux autres, suivant les points de vue auxquels l'Orante est considérée, points de vue quelquefois déterminés par les termes mêmes de la représentation; mais souvent aussi laissés dans une sorte d'indécision, qui permet à l'esprit, dans un même moment, de les choisir à son gré, de s'en tenir à ce qu'ils ont de commun, ou de s'attacher à ce qui les distingue.

Ces figures du Bon Pasteur et de l'Orante, pouvant être prises pour une profession de foi, pour une exhortation, pour un mot d'ordre, pour une invocation, on comprend qu'elles aient été répétées dans une même composition, comme les invocations d'une litanie. L'image de la miséricorde divine, représentée par le Bon Pasteur, équivalant à ces mots : *Miserere nobis*; l'Orante peut, jusqu'à un certain point, correspondre à ceux-ci : *Ora pro nobis*; surtout si on la considère comme représentant la Sainte Vierge d'une manière plus spéciale.

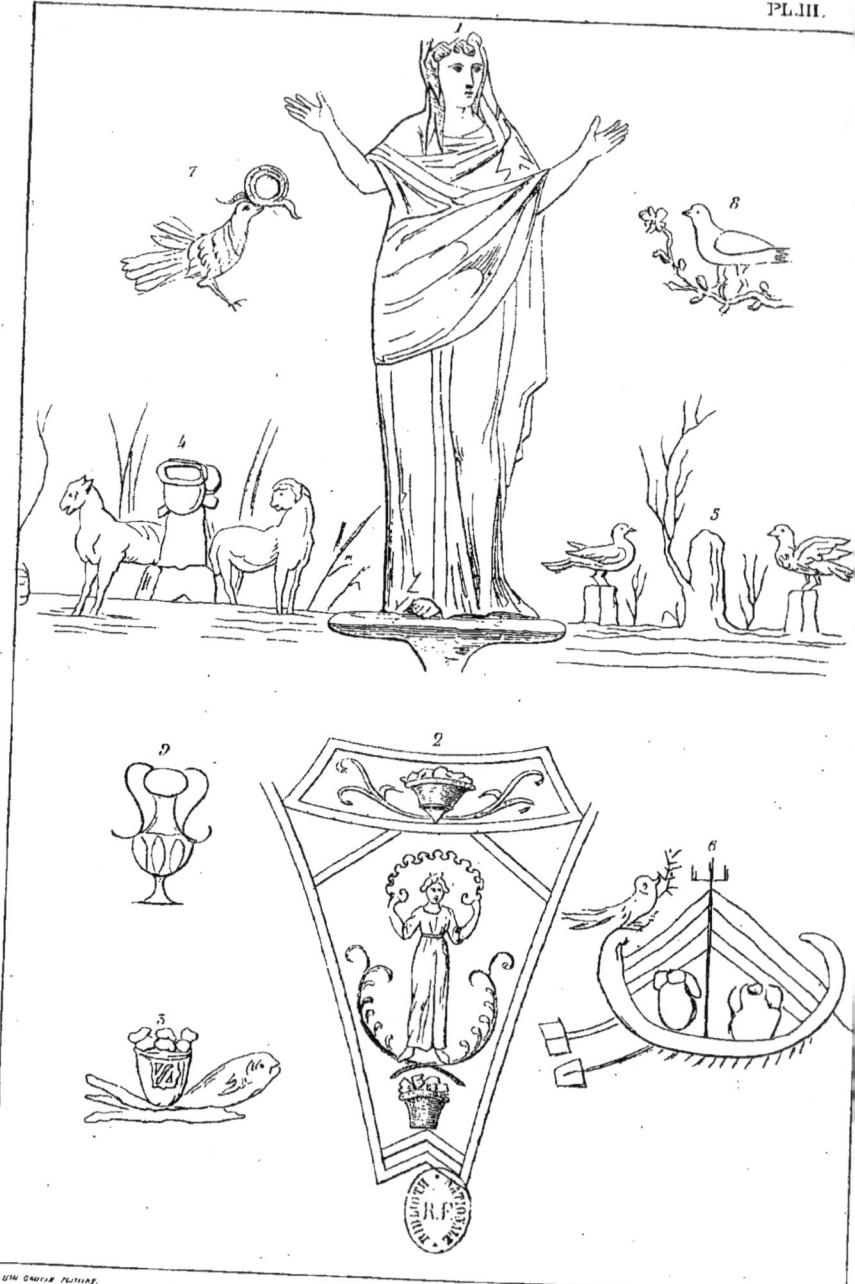

FIGURES DES CATACOMBES.

1, Orante. 2, Peinture du temps de Titus. 3, 4, 5, Peintures du cimetière de Caliste. 6, 7, 8, 9, Figures gravées sur les Tituli.

La répétition seule des figures d'Orantes pourrait s'entendre, et doit s'entendre dans certains cas, de la commémoration personnelle de plusieurs vierges, de plusieurs saintes réputées en union avec Dieu ; mais celle du Bon Pasteur ne pouvant se plier à une pareille interprétation, leur répétition simultanée a évidemment ou la signification proposée, ou une signification analogue.

Si nous voulons maintenant nous rendre compte du caractère de ces peintures sous le rapport des formes et de la touche, nous verrons qu'il s'accuse précisément dans les figures d'Orantes. Sous leur facture rapide et négligée, on reconnaît une main formée à une école pleine encore du bon style de l'antiquité ; et dans leurs formes élancées, leur dessin presque vaporeux, joint à leur tenue si chaste, est-ce une illusion de voir, comme élément nouveau, un parfum de pureté et un certain élan qui tend à spiritualiser l'art ? (Pl. III, fig. 1).

IV.

L'ART DANS LES CATACOMBES.

Nous nous sommes volontiers arrêté à l'étude de cette simple voûte d'une cellule funéraire, non-seulement parce que ses peintures sont de celles dont l'ancienneté primordiale est le mieux démontrée; mais encore parce qu'elle nous rend, on ne peut mieux, l'esprit qui continua de régner dans l'iconographie chrétienne pendant toute sa période primitive. Les fidèles étaient autorisés à se servir librement de tous les emblèmes, de toutes les formules allégoriques, de la partie même la plus saine de la mythologie en usage dans les écoles où leurs artistes avaient dû chercher des maîtres, à la condition que tous ces moyens d'expression fussent susceptibles au moins d'une interprétation indifférente, exempts de toute empreinte superstitieuse, et de toute teinte d'idolâtrie. Ils y recoururent volontiers, non-seulement parce qu'ils y trouvaient des motifs de décoration, mais parce qu'ils surent y attacher des significations toujours bonnes, souvent élevées. Les saisons, par exemple, ne leur rappelaient les vicissitudes de la vie présente que pour mieux les attacher à cette vie où les fleurs du printemps doivent pour toujours s'associer aux moissons de l'été et aux fruits de l'automne, où l'hiver n'est plus que la saison du repos et des récompenses éternelles. En effet, cette saison dernière est figurée par des guirlandes de laurier au sommet d'un arcosolium du cimetière de Prétextat, où des guirlandes de roses, d'épis et de vignes représentent les trois autres saisons [1].

---

[1]. De Rossi, *Bull. d'Arch. chrét.*, 1863, p. 3.

La récolte des olives, les vendanges dirigeaient l'esprit vers des pensées analogues. Un repas rappelait la table eucharistique et le festin des noces célestes; un combat, une chasse symbolisaient les péripéties qui mènent au triomphe, au milieu des épreuves et des dangers de la vie présente. Ulysse, attaché au mât de son vaisseau pour résister aux séductions des sirènes, disait comment, attaché à la croix, on résiste à celles de ce monde; Orphée surtout, charmant les bêtes féroces par les accords de sa lyre, devenait une image saisissante du Sauveur ramenant les hommes dans les voies de la justice et de leur véritable destinée. Cependant, au début des études que nous essayons de poursuivre, la singulière impression produite par la rencontre de ces sortes de sujets dans les monuments chrétiens avait fait exagérer la place qu'ils avaient tenue dans notre iconographie primitive, et M. Raoul Rochette, dans son *Tableau des Catacombes*, avait glissé sur cette pente comme il ne serait plus permis de le faire aujourd'hui.

Nous ne parlerons pas de certaines peintures qui étonnaient bien plus par leur mélanges de paganisme, parce qu'on les croyait chrétiennes; car il est démontré qu'elles étaient purement payennes. On s'y était mépris, les trouvant dans le voisinage de tel ou tel cimetière chrétien. Des percées faites d'une fouille souterraine à une autre, qui originairement en était complétement distincte et séparée, avaient causé cette erreur. On est en droit de croire, au contraire, que le christianisme provoqua une réaction au sein de certaines sectes payennes, et amena de leur part des efforts pour se reconstituer d'une manière plus rationnelle, en faisant quelques emprunts aux vérités contre lesquelles elles voulaient se défendre : de là le syncrétisme phrygien, et les peintures représentant l'apothéose de Vibia, dont le génie semble un bon ange, associé dans son ministère à celui de Mercure, pour la conduire au tribunal de Pluton et de Proserpine, et au festin des joies immortelles [1].

Quant aux sujets mixtes véritablement adoptés par les chrétiens, il est essentiel de relever d'importantes distinctions faites par M. de Rossi. Pour les sarcophages sculptés dans les ateliers publics, ils se contentèrent, jusqu'à Constantin, de fixer leurs choix conformément aux règles ci-dessus établies. Après le triomphe du christianisme, par un effet de l'habitude, les sarcophages en porphyre de sainte Hélène et de sainte Constance sont encore conçus dans le même système, représentant des chasses et des scènes de récolte; mais bientôt après on ne représenta presque plus sur ces monuments que des sujets absolument chrétiens, comme dans les pein-

---

1. *Mélanges d'Archéologie,* article du R. P. Garucci, T.IV, p. 1.

tures des Catacombes. Et dans celles-ci, les sujets allégoriques et mythologiques adaptés à la pensée chrétienne ne figurent en tout temps que dans une très-faible proportion. Nous n'avons rencontré aucun des sujets de cette sorte dans le cercle de nos observations, au delà de cinq à six fois; nous avons trouvé, au contraire, en abondance, les scènes de la Résurrection de Lazare, de la multiplication des pains, de Moïse faisant jaillir l'eau du rocher, de Jonas dans les différentes circonstances de son histoire, etc., etc. De part et d'autre, d'ailleurs, ce sont des idées de renouvellement, de délivrance, de manifestation, de glorification, d'union fraternelle, de nourriture vivifiante, de joie dans l'abondance finale, de salut enfin, qui se reproduisent sous toutes les formes.

Observons les figures qui, dans les deux plus anciennes chambres funéraires de la crypte de Sainte-Lucine, viennent accompagner sur les murs latéraux les sujets principaux du bon Pasteur et des Orantes qui occupent les voûtes : ici, c'est la corbeille de pain portée sur un poisson, (pl. III, fig. 3), et laissant apercevoir à travers le treillage, parmi les pains, un verre de vin, image frappante de l'Eucharistie; le poisson était devenu, comme on le sait, l'emblème de Notre-Seigneur Jésus-Christ à raison de l'anagramme bien connu Ιχθυς, poisson, formé avec les premières lettres des mots grecs qui signifient Jésus-Christ, Fils de Dieu, sauveur. Cet emblème se combinait avec le souvenir des eaux du baptême et toutes les significations mystérieuses attachées soit à cet élément, soit au poisson lui-même. Plus loin sont deux brebis groupées près d'un vase de lait (pl. III fig. 4), mises en parallèle avec un autre groupe formé de deux oiseaux (pl. III, fig. 5) en présence d'un arbre, sur un sol jonché de fleurs; double image des grâces de la vie présente et des joies de la vie future : deux explications non arbitraires, mais puisées par M. de Rossi dans l'étude comparative des monuments analogues. Voici encore Jonas, représenté sous la figure d'un homme nu, rapproché seulement (dans deux compartiments superposés), d'un monstre fantastique. On ne peut cependant s'empêcher de reconnaître le prophète, pour peu qu'on ait quelque connaissance du fréquent emploi que les chrétiens ont fait de ces symboles de la résurrection. La grâce vivifiante du baptême est ici rappelée directement par le baptême de Notre-Seigneur, par lequel il sanctifia les eaux destinées à devenir la matière du sacrement de la régénération, et préluda à son établissement. La représentation d'ailleurs est réduite à sa plus simple expression : un homme nu est aidé par un autre personnage à sortir de l'eau, où il était plongé, et un oiseau vole négligemment au-dessus. Vu le lieu et l'entourage, rien de plus clair pour un chrétien, et cependant rien qui fût intelligible, si l'initiation faisait défaut.

Si nous nous attachons à des peintures un peu postérieures (à l'une de celles, par exemple, que d'Agincourt a rapprochées de la voûte des thermes de Titus dont nous avons parlé), nous observons sur une voûte, autour de la figure centrale du bon Pasteur, Job qui attend son rédempteur, sachant qu'il est vivant ; Lazare sortant du tombeau à la voix du Sauveur ; Moïse faisant jaillir du rocher une eau vivifiante ; Jésus posant la main sur la tête d'un enfant pour le bénir ou plutôt de l'aveugle né pour lui rendre la vue : c'est-à-dire qu'à l'homme il n'était resté qu'un tas d'ordures pour s'y asseoir, et que le divin Rédempteur lui rend le double de ce qu'il avait perdu ; il était mort et en putréfaction, le Sauveur le rappelle à la vie et à la santé. Pour entretenir cette vie, du sein même de ce Dieu fait homme, à la parole de ses ministres, jaillissent avec surabondance les grâces des sacrements ; car il est la pierre dont Moïse ne frappa que la figure ; il est la lumière qui guérit de tout aveuglement, aussi bien que la voie par laquelle l'homme, redevenu petit enfant, doit recommencer sa vie.

Que le chrétien désormais vive ou qu'il meure, que lui importe ? Les supplices assureront son triomphe, et nulle part mieux que sur sa tombe ne seront à leur place les images de la vie !

Qui ne comprend pas combien la sublime réalité de ces pensées élevait, du premier jet, l'art chrétien au-dessus de tout ce que les Grecs enfantèrent de plus parfait, n'est apte à saisir que la superficie de l'art.

Que la forme vienne à se dégager des liens où la retient la double étreinte de la décadence et de la pauvreté ; vienne une civilisation toute chrétienne où la science et le génie se forment à l'ombre de l'Evangile, et travaillent à son service ; et vous verrez naître des types plus divins, des œuvres plus parfaites que ne purent jamais en connaître ou le Capitole ou le Parthénon. Les sujets que nous venons de décrire, compris comme ils l'étaient, contenaient le germe d'un art si sublime que par aucune de nos paroles nous ne saurions en rien dire de trop. Mais la civilisation chrétienne, l'art qui en dérive, ne triomphent jamais définitivement en ce monde, des éléments de mort et d'altération incessamment renouvelés contre lesquels ils ont toujours à lutter. Ils luttent d'abord contre une décadence et une corruption résultant d'un ramollissement sensuel, qui certes ne sont pas de leur fait ; puis contre une barbarie qu'ils n'ont pas amenée ; et quand, par mille efforts, ils arrivent au moment de se dégager de ses restes, il renaîtra un paganisme moderne, contre lequel il faudra se défendre de nouveau. Pour juger de la sublimité de l'art chrétien, on est réduit, le plus souvent, à ne considérer que ses aspirations !

Dans les Catacombes, sous le rapport de l'exécution, la décadence suit son cours ; la pensée se maintient à son premier degré d'élévation, et le mode de composition demeure également toujours foncièrement le même [1]. On voit en quoi il consistait : les sujets y sont rendus d'une manière que nous croyons pouvoir appeler hiéroglyphique, (en expliquant, comme nous allons le faire, cette expression,) et associés selon l'ordre des idées, et non selon celui des faits.

Quand nous nous servons du terme d'hiéroglyphe, nous sommes bien éloignés de l'entendre dans le sens strict d'une assimilation avec l'écriture égyptienne et ses signes purement graphiques, incapables de s'élever jusqu'au caractère de l'art. Dans le système dont nous parlons, on ne se contente pas d'un signe, on représente une action, mais une action résumée sous une forme sommaire et, jusqu'à un certain point, conventionelle. Ainsi, s'agit-il de mettre en scène la Multiplication des pains, le miracle de Cana, deux des sujets en vogue dans ce cycle de l'art, il sera suffisant de représenter un personnage debout entre deux autres, qui lui présentent des pains et des poissons, ou, simplement, au milieu d'une rangée de corbeilles de pains, souvent au nombre de sept ou de douze, quelquefois en nombre indéterminé, si l'espace manque, au milieu d'un certain nombre de vases ; l'artiste représentera de plus le personnage commandant quelque chose relativement à ces objets.

Dans ces conditions il y a place pour l'art, quant aux formes plastiques, quant aussi à l'expression, autant qu'elle doit correspondre à la situation prise dans sa généralité ; mais on ne voit point qu'on ait voulu aller jusqu'à exprimer aucun caractère personnel. L'action ainsi rendue rappelle le fait ; au fait est attachée l'idée, et les faits sont groupés en raison des idées qui s'y rattachent : les faits de l'ancien Testament entremêlés avec les faits évangéliques, les uns et les autres au même titre, d'après leur signification, mais non pas précisément comme dans un autre cours de pensées iconographiques, où l'on oppose les figures à leur réalisation.

Ce système, que nous ferons mieux comprendre à mesure que nous en rencontrerons des applications dans le cours de nos études, passa des peintures des Catacombes aux sculptures des sarcophages, quand celles-ci, au quatrième siècle, purent être traitées sans restriction selon l'esprit

---

1. M. le comte Desbassayns de Richemont, dans ses *Nouvelles Études sur les Catacombes* (in-8°, Paris, 1870), vient d'établir d'une manière convaincante, d'après les travaux de M. de Rossi, l'ordre de succession et de développement des sujets chrétiens pendant les trois premiers siècles de notre ère. Tout en reconnaissant la vérité de ces modifications, nous croyons pouvoir laisser subsister les termes généraux dont nous nous étions servis avant d'avoir approfondi ce détail, comme nous avons pu le faire depuis.

chrétien. Il fut même appliqué aux fonds de verre à figures dorées, aux diptyques, et à tous les autres genres de monuments figurés, où il se maintint jusqu'aux septième et huitième siècles. Toutefois il ne régna pas sans partage durant toute cette période, puisque, dès le cinquième siècle au moins, nous verrons se produire parallèlement d'autres genres, nous pourrions dire d'autres cycles de compositions, comme conséquence de l'affranchissement de l'Eglise.

V.

L'ART DANS LES BASILIQUES.

La direction première de l'iconographie chrétienne fut motivée par la situation du christianisme. Le christianisme était obligé de se cacher ; la pensée chrétienne se voilait aussi dans l'art qu'elle enfantait ; et cependant, sous ces voiles, elle se concentrait et prenait une intensité qu'elle a rarement atteinte et n'a jamais dépassée depuis.

La pensée mère qui domine ce cycle primitif de l'art chrétien, c'est le mystère de la rédemption attaché par-dessus tout à la personne du Souverain Rédempteur considéré expressément comme tel et servant de terme à un culte d'amour et de parfaite confiance. C'est vers cette personne sacrée, représentée sous de douces images ou voilée sous de mystérieux symboles, souvent indiquée seulement par un signe, quelquefois plus mystérieusement sous-entendu, que viennent converger toutes les figures, toutes les idées, toutes les affections. D'autre part, c'est de Notre-Seigneur Jésus-Christ que tout procède dans ces représentations, et on y exprime ce qu'il est, ce que nous sommes, ce que nous pouvons être en lui, par lui, pour lui, et avec lui, tout ce qu'il nous a donné : sa doctrine, sa grâce, ses sacrements, tous les moyens de sanctification qui tendent au salut, le salut même.

La figure du Sauveur cependant, selon qu'on la considère avant ou après l'époque décisive qui partage en deux périodes l'ère primitive de l'art chrétien, apparaît principalement avec un caractère de paix avant la conversion de Constantin, et principalement avec un caractère de triomphe après ce grand événement.

Pendant la première période, l'état des chrétiens était, il est vrai, un état de guerre, mais d'une guerre où ils se défendaient en recevant la mort sans jamais la donner. D'ailleurs leur divin Chef était venu en ce monde pour apporter la paix et, assurés de l'avoir reçue, ils voulaient que l'on vît surtout en lui le Prince de la paix. Tandis qu'il était si fortement combattu, c'était sous l'image pacifique du Bon Pasteur qu'ils aimaient à le représenter, et l'on peut dire que l'iconographie tout entière des Catacombes conserve une teinte pastorale.

Dès lors la pensée du triomphe ne leur était pas étrangère : nous n'en voulons pour preuves que les palmes inscrites sur les tombes comme témoignages du martyre. Mais le signal pour le célébrer plus hautement fut donné du ciel par l'annonce de cette victoire, que le premier empereur chrétien ne devait remporter que pour y faire participer l'Église tout entière : *Voici le signe de la victoire! In hoc signo vinces;* et le signe, c'était le nom même de Jésus-Christ, associé avec l'image de la croix, dans ce *chrisme* ☧ dont l'usage aussitôt devint général. Il fut entendu que Constantin, vainqueur, c'était Jésus-Christ qui avait vaincu ; que Constantin seul empereur, c'était Jésus-Christ qui régnait : *Christus vincit, regnat, imperat.*

Alors, dans les représentations de l'art, l'image du Christ triomphant prit le pas sur toute autre figure. On la mit, préférablement à toute autre, au point culminant, au centre d'honneur de tous les monuments peints ou sculptés ; mais, nulle part ailleurs, elle ne trouva une place plus digne d'elle qu'au sommet de la voûte absidiale dans les nouvelles basiliques chrétiennes.

L'édifice matériel destiné à contenir l'assemblée des fidèles est la figure de cette assemblée même sous l'autorité de ses pasteurs, l'image de la cité sainte, de l'Église sur laquelle régner c'est avoir l'empire définitif et universel. Représenter le Christ trônant dans la gloire au sommet de cet édifice, au-dessus de l'autel, en vue de l'assemblée tout entière, c'était l'exalter autant que l'art est capable de le faire.

Rien n'indique mieux le changement de ton que tendit à prendre alors l'iconographie chrétienne, que la large part donnée aussitôt dans les compositions, étalées en de semblable lieux, aux grandes images de l'Apocalypse. A la retombée de la voûte absidiale (vu le système de construction adopté pour ces monuments,) se joignait, comme espace offert au développement des idées de gloire et de royauté qu'il s'agissait d'exprimer, le champ laissé libre sur le mur perpendiculaire qui donne entrée de la nef dans le sanctuaire.

Ces deux espaces susceptibles d'être embrassés d'un même coup d'œil purent être considérés comme ne faisant qu'un, et ce fut le second qui bientôt fut réservé de préférence pour les symboles apocalyptiques, principalement pour les quatre animaux évangéliques et les vingt-quatre vieillards : ils saluaient le Fils de Dieu, que l'on voyait un peu plus loin au milieu de sa cour, c'est-à-dire des Apôtres et des saints (pl. IV)[1].

Il ne s'agissait nullement de rendre le livre inspiré de saint Jean, même en saisissant au travers de ses merveilleuses complications quelques-uns des caractères principaux, choisis pour en offrir le résumé. Des pensées et des tentatives de ce genre viendront en d'autres temps ; mais alors, on se contentait plutôt de lui emprunter quelques-uns de ses éléments le mieux en rapport avec l'idée du triomphe et de l'empire, idée que l'on voulait exprimer pour elle-même. De là leur combinaison avec d'autres éléments de composition qui ne se rapportent pas à la marche suivie par le saint évangéliste, ou ne peuvent s'y rapporter que très-indirectement.

Nous parlons d'une impulsion donnée dès le IVe sièle. En effet, dans la mosaïque de Sainte-Pudentienne, dont les meilleures études contemporaines, celles de M. de Rossi surtout, ont ramené l'exécution à cette époque, les figures des quatre animaux représentées sur la voûte absidiale elle-même planent au-dessus de la scène où le Sauveur apparaît entouré de ses disciples ; et dans les mosaïques de Saint-Paul-hors-les-Murs, dont l'origine se rapporte au Ve siècle et au grand Pape saint Léon, on voit autour de l'arc triomphal, dit arc de Placidie, se dessiner les vingt-quatre vieillards et les quatre animaux acclamant le Dieu Sauveur, dont la figure domine toute la scène. Cependant nous descendons jusqu'au VIe siècle pour observer un monument qui nous montre dans toute sa conservation et avec tout son développement un ensemble de composition qui réponde aux conditions que nous venons d'exprimer.

La petite église de Saint-Cosme et Saint-Damien à Rome nous offrira ce type. Formée de la réunion de diverses constructions antiques, parmi lesquelles on compte le temple de Romulus et Rémus, elle mérite d'attirer l'attention sous bien des rapports, mais ce sont surtout ses mosaïques qui nous ont ramené plus d'une fois près de ses autels, trop souvent solitaires. Comme exécution, ces mosaïques sentent complétement la décadence ; mais c'était surtout des idées que nous avions à leur demander. Le Sauveur s'y montre en pied, élevé sur les nuages du ciel ; il lève la main droite pour annoncer toute vérité et donner toute bénédiction ; de la gauche il tient le volume de la loi nouvelle, de la

---

[1]. La mosaïque de Saint-Cosme et Saint-Damien, donnée comme spécimen, a été tronquée par des réparations ; on ne voit que les bras de deux des vingt-quatre vieillards. Nous en donnons deux empruntés à la mosaïque de Sainte-Praxède, qui est conçue dans le même système (pl. IV, fig. 3).

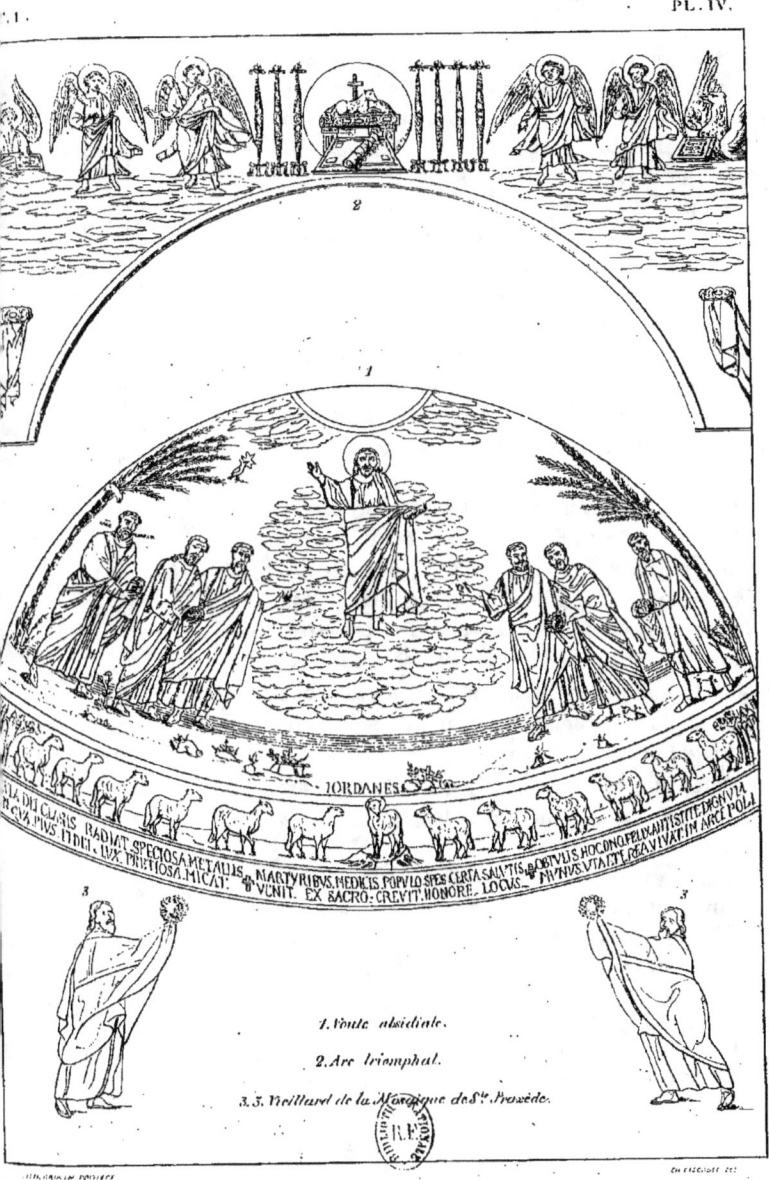

1. Voûte absidiale.
2. Arc triomphal.
3.3. Vieillard de la Mosaïque de S¹ᵉ Praxède.

MOSAÏQUES DE S¹ COME ET S¹ DAMIEN.
(VIᵉ Siècle.)

doctrine vivifiante donnée à son Église ; et, au-dessus de sa tête, au milieu de cercles irisés, la main du Père céleste tient suspendue une splendide couronne. A ses côtés sont les princes des apôtres, saint Pierre et saint Paul ; on les reconnaît à leurs types : le premier est à gauche, par des raisons encore mystérieuses, qui ne nous paraissent pas être sans rapports avec le livre même de la loi évangélique tenu de ce côté, et dont saint Pierre, comme unique chef de l'Église, a reçu le dépôt. Le second est à droite, non sans quelque corrélation probable avec l'éclat de sa conversion et la fécondité de ses prédications ; tous les deux représentent l'Église ou dans son principe d'autorité ou dans quelques-unes de ses prérogatives [1]. Viennent ensuite les titulaires du sanctuaire particulier, saint Cosme et saint Damien, présentés au Sauveur par saint Pierre et saint Paul, et pouvant rappeler, avec saint Théodore qui figure à leur suite, aussi pour quelque raison particulière, toute l'assemblée des élus.

La série des personnages rangés immédiatement à la suite du Sauveur est terminée par le pape Félix IV, auteur de la mosaïque, et au-dessus de lui s'élève le palmier et le phénix, double emblème de la résurrection [2].

Au-dessous de cet ensemble de composition, une autre série de figures emblématiques viennent en développer le sens : une large bande azurée rappelle, sous le nom de Jourdain qui lui est donné, tout le mystère des eaux régénératrices. L'on voit ensuite, au milieu, l'Agneau divin sur la montagne, d'où s'écoulent les quatre fleuves du paradis terrestre, figures des quatre évangélistes. Les douze brebis qui s'avancent à droite et à gauche représentent soit les douze apôtres, soit les douze tribus d'Israël, image de la généralité du peuple fidèle, ou plutôt elles se rapportent à l'une et à l'autre de ces deux idées ; puis les deux cités, Jérusalem et Bethléem, la cité des Juifs et la cité des Gentils, en souvenir des mages, pour dire que l'Église s'est recrutée chez les uns et chez les autres.

Enfin, comme complément de ces deux séries, apparaît la troisième, tout apocalyptique. Elle les surmonte, étant rangée tout autour de l'arc triomphal. Elle comprend les vingt-quatre vieillards [3] avec leurs couronnes à la main, les quatre animaux, les sept candélabres, quatre anges

1. Ces questions ont été, de la part de l'auteur, l'objet d'études spéciales, qui reparaîtront dans le cours de cet ouvrage, avec de nouveaux éclaircissements.
2. Dans cette mosaïque le palmier est répété de l'autre côté, mais le phénix ne l'est pas ; et le palmier lui-même, s'il n'est représenté qu'une fois sur d'autres monuments, l'est toujours du côté droit.
3. La série tronquée à Saints-Cosme-et-Damien est restée complète à Saint-Paul, à Sainte-Praxède, etc.

représentant toute la milice céleste, et, au point culminant, qui est aussi le centre général, une nouvelle figure de l'Agneau. Au bas de la mosaïque absidiale, il était debout sur la montagne ; maintenant il est couché sur l'autel, *tanquam occisus ;* sous l'apparence de la mort eucharistique, non-seulement il est vivant, mais il vivifie, et la mort même, rappelée dans de pareilles circonstances, fait souvenir qu'il a triomphé d'elle, qu'il a triomphé par elle.

Ces représentations répétées de Notre Seigneur, où, dans un même ensemble de composition, il apparaît soit en personne, soit en figure, permettent de l'envisager presque simultanément sous les aspects les plus variés, et de dire, avec une très-grande largeur, tout ce que l'on doit penser de lui, tout ce qu'on peut en attendre. Fortement enraciné dans l'art pendant les hautes époques, ce procédé iconographique se maintint pendant tout le moyen âge et dans toutes sortes de monuments.

Une croix, une médaille, un dyptique, vous montreront le Sauveur, ou l'un de ses symboles, son monogramme, sa croix, tous signes qui pour le représenter ont iconographiquement la même valeur que son image, non-seulement à la fois sur leurs deux faces, sur leurs diverses feuilles, mais en haut, en bas, au milieu de la même face, de la même feuille, tour à tour victime, hostie, docteur, roi, seigneur et souverain juge : ici crucifié, immédiatement au-dessus, sur le champ même de la croix, il reparaîtra vainqueur. Sur chacun de ces aspects, si l'espace le permettait, on verrait s'étaler des accessoires en rapport avec la signification du sujet.

On le verra aussi enfant, dans les bras de sa sainte mère ; mais, selon l'esprit du temps, ce sera aussitôt pour s'attacher aux idées générales d'incarnation, d'avénement, de maternité divine, rendues dans un sentiment de dignité, bien plutôt que pour entrer encore dans la phase des tendres affections.

Marie est associée à Jésus dans l'œuvre de la rédemption. Ce qu'il est venu nous apporter en se faisant homme, elle l'a reçu dans sa plénitude, et non pas seulement pour elle, mais pour nous le communiquer. L'image de Marie, ce n'est plus Jésus sous l'une de ses faces, mais elle nous représente tous les dons de ce divin Sauveur, sous un point de vue qui lui est particulier ; et Marie, à ce titre, sans même porter actuellement son divin Enfant entre ses bras, représentée par exemple en Orante, c'est-à-dire en union parfaite avec Dieu, remplit dans l'iconographie chrétienne un rôle fort analogue à celui de la répétition d'une figure de Jésus lui-même.

De l'image de la Mère de Dieu aux figures propres à représenter l'Eglise, dans le système iconographique dont nous parlons, il n'y a qu'un pas ;

nous dirions même souvent à peine une nuance. L'Eglise, autant que Marie, a reçu la plénitude des dons divins, puisque dans son sein elle possède Marie; elle est l'Epouse et le corps mystique du Sauveur; d'où il résulte que des représentations se rapportant directement à l'Eglise et, par elle, à son divin Auteur, ont pu aussi être substituées aux propres images de Notre-Seigneur, sans changer l'ordre des idées; et la progression dans ce genre pourra aller sans beaucoup d'efforts jusqu'à lui substituer, dans certains cas, saint Pierre, son représentant comme chef visible de l'Eglise.

Il ne faut ensuite qu'une légère évolution de la pensée pour nous amener aux martyrs, aux saints patrons que l'on voit figurer à leur tour à la partie centrale de certains monuments, dès les hautes époques [1]. Eux-mêmes ils y représentent l'Eglise à quelques égards ou plutôt à titre particulier et local, c'est-à-dire qu'alors même l'intention particulière est absorbée par une idée générale : idée générale qui, sous des formes diverses, revient toujours foncièrement à l'idée du Sauveur, ou à ce qui dérive immédialement de lui, à ce qui met en participation avec lui, ses grâces, sa doctrine, son Eglise. Et alors il n'y eut peut-être pas de monument figuré dont la composition, bien comprise, ne doive se rapporter à une idée dominante, à une image centrale, exprimée ou sous-entendue, qui, dans sa généralité, ne revienne en quelque manière à Jésus-Christ, la source première, l'objet définitif, auquel tout en effet doit revenir et dont l'on doit tout attendre.

VI.

L'ORDRE DES FAITS ET L'ORDRE DES IDÉES.

La décoration des nouvelles basiliques donna lieu à un autre genre de composition qui est trop dans la nature pour avoir dû tarder à se produire sous la main des chrétiens, après qu'ils avaient cessé d'être aussi rigoureusement astreints à la loi du mystère, dont une domination hostile leur avait fait une nécessité. Nous voulons parler des compositions purement historiques, où les faits sont rangés selon l'ordre qui leur est propre.

Qui ne serait pas un peu familiarisé avec les antiquités chrétiennes

---

1. Garrucci, *Vetri ornati di figure in oro*. Roma, 1858, pl. XX, XXI, XXII.

s'étonnerait qu'on ait jamais pu, pour des faits de cette nature, accorder la préférence à un autre ordre de représentation ; mais on s'aperçoit bientôt, quand on étudie les temps les plus primitifs, que tous les faits représentés y sont rangés uniquement selon l'ordre des idées; et cet ordre fut longtemps préféré encore en des séries entières de monuments, tels que les sarcophages, après les exemples du contraire, qui furent donnés dans les basiliques au IVe et au Ve siècle.

Au ve siècle, saint Paulin fit représenter, dans les basiliques de Nole, celle qu'il fit construire et celle qui avait été plus anciennement dédiée à saint Félix : ici, l'histoire du Nouveau Testament ; là, les récits de Moïse, des livres de Josué et de Ruth [1]. Au ve siècle, Sainte-Marie-Majeure, à Rome, fut ornée, sur les murs latéraux, dans toute la longueur de la nef, d'une série de tableaux en mosaïque, représentant toute l'histoire de l'Ancien Testament, à partir d'Abraham, et, en face des fidèles, tout autour de l'arc triomphal, furent représentés, en l'honneur de la Mère de Dieu, les traits principaux de l'enfance du Sauveur.

On n'avait pas néanmoins, indépendamment du monogramme sacré compris dans la bordure, renoncé à faire figurer, au sommet de cet arc, une représentation d'un caractère tout synthétique. Elle se rapporte, sinon à la personne du Sauveur directement, du moins à l'efficacité de son perpétuel sacrifice, au mystère résolu par sa divine intervention : vous y voyez le livre aux sept sceaux, reposant sur l'autel, la croix qui se dresse au-dessus, les apôtres saint Pierre et saint Paul se tenant à ses côtés pour représenter l'Eglise, et les quatre animaux planant sur l'ensemble de la composition. Notez, en outre, que les figures symboliques des deux Cités terminent, de chaque côté, la série des représentations historiques, et que ces représentations, ainsi encadrées, portent elles-mêmes, comme nous le verrons dans la suite, une forte empreinte de synthèse.

Le caractère purement narratif n'en est que plus sensible dans les tableaux bibliques de la nef. Ces tableaux sont conçus et enchaînés, les personnages y sont groupés à la manière des bas-reliefs de la colonne Trajane; et, nonobstant la grande infériorité du dessin, ceux-ci, jusqu'à un certain point, doivent leur avoir servi de modèle.

Le VIe siècle, dans l'église de Saint-Apollinaire-le-Neuf, à Ravenne, nous a aussi légué une série de tableaux en mosaïque, où un choix de traits évangéliques occupe, dans la longueur de la nef, la partie supé-

---

1. Sancti Paulini *Opera*. Ed. Migne, *Vita*, col. 98, 100 ; *Poemata*, col. 663, 668.

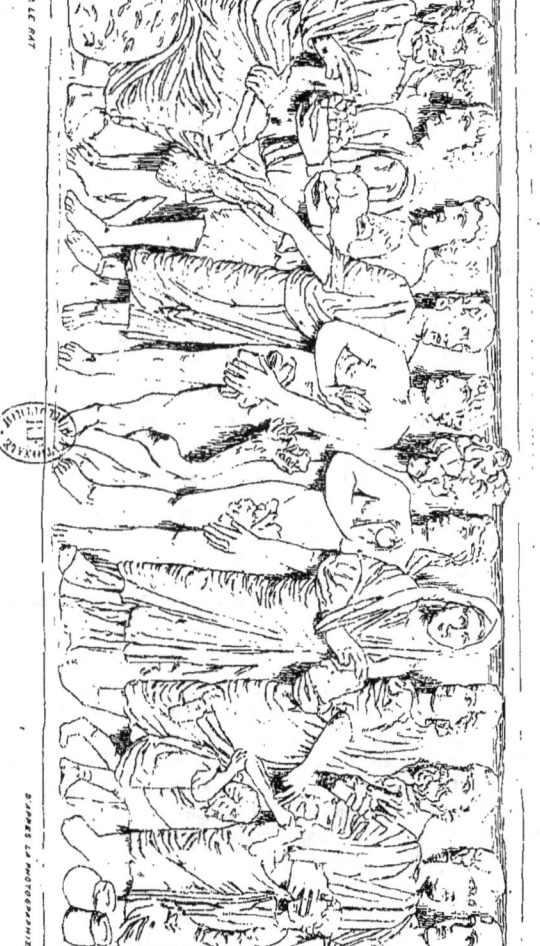

PARTIE DE SARCOPHAGE
au Musée de Latran
IIe ou Ier Siècle

rieure des murs latéraux, plutôt dans l'ordre du récit que dans celui des idées.

Dans les monuments où l'on suit cet ordre tout didactique, on se borne communément à un certain nombre de faits consacrés par une pratique iconographique continue, pour signifier les mystères que l'on entend ainsi représenter [1]. Ces faits sont, dans l'Ancien Testament, outre ceux que nous avons rencontrés dans les descriptions précédentes, Daniel dans la fosse aux lions, le sacrifice d'Abraham, Adam et Ève, ou condamnés ou recevant les divines promesses; Noé dans l'arche et le retour de la colombe; Moïse recevant les tables de la loi; les jeunes Hébreux dans la fournaise, ou refusant d'adorer la statue de Nabuchodonosor; le passage de la mer Rouge, la création de la première femme, Daniel empoisonnant le dragon, Caïn et Abel faisant leurs offrandes, Moïse se déchaussant, Elie enlevé, Suzanne résistant aux suggestions des vieillards. Dans le Nouveau Testament ce sont : la guérison du paralytique, l'adoration des mages, la guérison de l'hémoroïsse, la comparution de Jésus devant Pilate, son entrée à Jérusalem, sa Nativité, la Samaritaine, et, par-dessus tout, la prédiction du reniement de saint Pierre, représentée isolément ou associée avec deux sujets complémentaires : son arrestation, et l'eau qu'il fait jaillir du rocher sous la figure de Moïse. Cette énumération n'est pas complète. Nous ne pensons même pas qu'aucun sujet évangélique ou biblique fût exclu expressément du genre d'association dont nous parlons. Nous sommes persuadé, au contraire, qu'aucun fait rapporté dans les saintes Écritures ne se refusant à de semblables interprétations, il n'en est aucun qui n'ait pu figurer s'il n'a figuré réellement une ou plusieurs fois, au gré des artistes, dans le cycle qu'elles servent à caractériser.

1. Dans cet ordre d'idées, nous verrons les jeunes Hébreux, refusant d'adorer la statue de Nabuchodonosor, se lier, par des rapports très-étroits, avec l'adoration des Mages ; Adam et Ève recevant l'épi et la brebis, signes du travail, auquel ils sont condamnés; Caïn et Abel offrant les mêmes emblèmes comme matière de leurs sacrifices, rappellent bien plus les mystères eucharistiques que la situation propre aux acteurs. Caïn généralement porte une gerbe ou un épi de blé sur le sarcophage du musée de Latran, que nous donnons dans sa plus grande partie (pl. v) ; il tient une grappe de raisin. On remarquera qu'Ève est rapprochée de la femme portant un livre qui, au centre du monument, représente l'Église. De l'autre côté, l'on voit successivement la guérison du paralytique, celle de l'aveugle-né, le miracle de Cana et la résurrection de Lazare.

Ce monument, au point de vue de l'exécution, est un assez bon spécimen de la sculpture des IV° et V° siècles.

Ces sujets inusités n'en portent pas moins un caractère d'exception, comparativement à la pratique habituelle qui, s'attachant aux termes plus constamment employés dans le langage iconographique, était assurée, par là même, de se faire plus immédiatement et plus universellement comprendre.

Les exceptions deviennent plus fréquentes à mesure que l'on descend de la cime des hautes époques. On s'en aperçoit surtout en portant ses observations sur les sarcophages répandus dans les provinces méridionales de nos anciennes Gaules. Et cependant, tel était l'empire de la tradition sur les sculpteurs de ces monuments funéraires, que le trait essentiel de l'association des groupes, selon l'ordre des idées, continua de s'y maintenir tant qu'ils furent en usage, ou du moins tant qu'ils furent en vogue.

La transition de la manière que nous appelons symbolique ou didactique à la manière narrative se montre beaucoup plus tôt sur les diptyques chrétiens et autres menus monuments sculptés en métal ou en ivoire dans des conditions analogues. Les plus anciens qui nous soient parvenus sont composés, sans réserve, conformément à la première de ces manières : telles sont les tablettes en ivoire, couvertures d'évangéliaire qui probablement appartenaient au monastère de Saint-Michel de Muriano, près de Venise, lorsque Gori les a publiées[1]; et les boîtes à eulogies, ou ciboires primitifs, que l'on peut observer, soit dans les planches supplémentaires ajoutées au recueil de cet auteur[2], soit au musée de Cluny qui en possède deux. (N° 385,386.)

Le Christ triomphant assis sur un trône, le volume sacré à la main, occupe le centre de la tablette de Muriano, entre saint Pierre et saint Paul ; il est accompagné par derrière de deux figures imberbes, qui pourraient représenter deux autres apôtres, qui sont plutôt les archanges saint Michel et saint Gabriel. Au-dessus de lui, la croix triomphante elle-même, renfermée dans une couronne, est soulevée par deux anges suspendus sur leurs ailes entre deux autres anges debout, comme pour former sa garde. La croix reparaît entre les mains de ceux-ci portée en guise de lance, avec un globe, en guise de bouclier. Plus immédiatement au-dessous de la composition centrale et compris dans le même encadrement, on voit les trois jeunes israélites dans la fournaise, et un ange plongeant la croix dans les flammes pour les rendre impuissantes à leur nuire. Sur les côtés, quatre compartiments sont consacrés à la guérison

---

1. *Thes. vet. dipt.* T. III, pl. VIII.
2. A la fin du *Thes. vet. dipt.* : *Mon. sacr. eburnea*, pl. XXIV, XXV.)

T. 1. PL. VI.

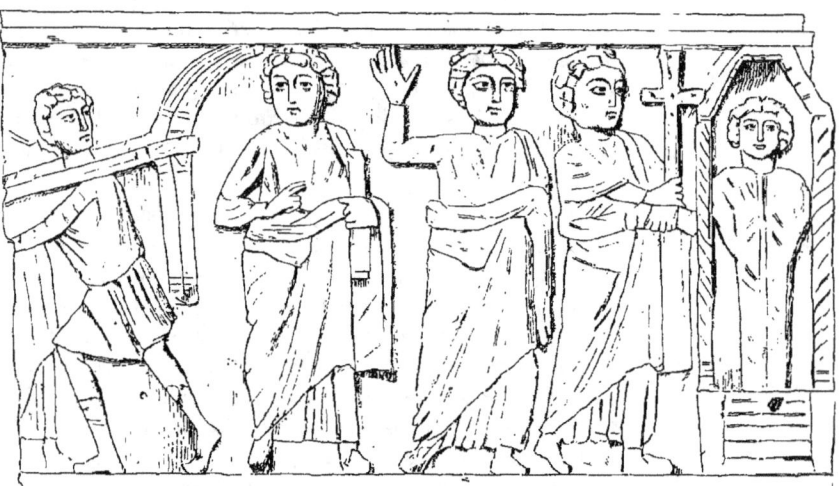

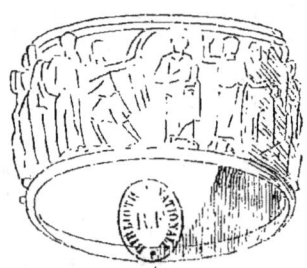

BOITE A EULOGIES EN IVOIRE.
Musée de Cluny, V.^e ou VIe Siècle.

de l'aveugle, à la délivrance du possédé, à la résurrection de Lazare et à la guérison du paralytique. Notre-Seigneur y apparaît presque constamment dans une position identique, la croix à la main. Enfin, Jonas est doublement représenté dans la zone inférieure, tour à tour jeté en proie au monstre marin et mis en présence d'un ange qui a présidé à sa délivrance.

On voit que la pensée d'ensemble dans ce monument est de représenter le triomphe du Christ par la croix, en tant que la croix est le principe et le signe de sa gloire, le principe et le signe de notre salut, de notre régénération; et les faits sont associés en conséquence, sans nul égard pour l'ordre de leur production.

De même, sur l'une des boîtes d'ivoire du musée de Cluny comme sur l'une de celles du supplément de Gori [1], on voit la guérison du paralytique, celle de l'aveugle et la résurrection de Lazare, associés sans nul autre ordre que celui de leurs significations (pl. VI).

L'absence du nimbe sur ces monuments concourt avec d'autres signes à prouver leur antiquité. L'intervention angélique, le développement donné à l'intervention de la croix, tendent, au contraire, à les faire juger moins anciens. Sans prétendre assigner leur date, nous ne serions pas étonné qu'ils pussent remonter à la fin du Ve siècle; mais nous les croirions plutôt du VIe, et s'ils vont au delà, c'est qu'ils ont été copiés sur des types plus anciens, de telle sorte qu'ils se posent avec une antériorité de principe, sinon avec une antériorité de fait, en regard des autres monuments du même genre que nous voulons leur comparer.

M. Federico Odorici a publié, en 1845, une boîte en ivoire, du musée de Brescia, et destinée à servir de reliquaire [2]. Elle mérita l'attention de l'Académie, en France, et fut considérée par M. Raoul Rochette, alors son secrétaire, comme l'un des monuments les plus précieux qu'il ait pu découvrir. Pour nous, le motif que nous avons de nous y attacher tient surtout à l'agencement des sujets et au système mixte qu'il présente entre l'ordre des faits et l'ordre des idées.

Bien que ce reliquaire soit démonté, on reconnaît facilement la position destinée à chacune des cinq plaques d'ivoire qui le composaient, et pour l'objet que nous nous proposons, il suffira de décrire celle qui en formait la face, et d'indiquer quelques-uns des sujets sculptés sur les autres tablettes.

1. *Mon. sac. eb.*, pl. XXIV. On remarquera que les mêmes sujets se suivent sur le sarcophage précédent (pl. V).
2. *Monumenti Cristiani di Brescia*, in-fol. Brescia, 1845.

La composition centrale représente Notre-Seigneur dans le temple, au milieu des docteurs, mais nullement dans les conditions historiques du fait. Il est imberbe, comme toutes les fois qu'il est figuré sur ce petit monument, et du reste pleinement adulte. Puis, laissant les docteurs derrière lui, il est posé en avant et déploie aux regards des fidèles un long volume, pour dire qu'il les initie aux mystères de la doctrine évangélique. Il reparaît en buste entre saint Pierre, saint Paul et deux autres apôtres, dans la frise supérieure, où ils occupent chacun le champ d'un écusson circulaire ; les autres apôtres sont rangés de même sur le surplus des plaques qui formaient le tour du reliquaire. De chaque côté de la composition centrale on voit, d'une part, la guérison de l'hémoroïsse, de l'autre, le Bon Pasteur défendant sa bergerie contre un loup, puis allant à la poursuite de la brebis égarée. Le premier sujet est accosté, dans un compartiment, du poisson symbolique, principe de toute guérison ; le second, d'une figure de coq, emblème de la vigilance pastorale, figure répétée de la composition voisine placée sur le couvercle et représentant le reniement de saint Pierre. Ces deux figures du poisson et du coq sont placées dans un encadrement qui, régnant tout autour des trois scènes principales, donne place, dans le haut, au-dessous de la frise supérieure, à deux figures de Jonas, englouti et délivré, et dans le bas, à l'histoire de Suzanne, d'abord représentée en Orante entre les deux vieillards, puis emmenée devant Daniel, enfin à Daniel lui-même dans la fosse aux lions.

Bien qu'il y ait quelque suite historique dans l'enchaînement de ces trois derniers groupes, on ne peut méconnaître que l'agencement général de ces sujets est tout didactique. Suzanne, d'ailleurs, figure de l'Eglise, comme nous le verrons plus amplement dans la suite, est en corrélation avec une Orante isolée et une tour qui la représentent également sur l'autre face : l'Orante mise en regard de Daniel qui empoisonne le dragon ; la tour, de Judas qui s'est pendu. Sur l'un des bouts, l'emploi du même système est encore rendu plus évident par l'association de la guérison de l'aveugle et de la résurrection de Lazare.

Sur le couvercle, au contraire, les scènes de l'arrestation au jardin des Olives, du reniement de saint Pierre, de la comparution devant Anne et Caïphe, ensuite devant Pilate, forment une série entièrement conforme à la succession des faits ; mais de telle sorte cependant que cette série ne soit que le développement de la scène de la comparution devant Pilate, fort usitée sur les sarcophages, où elle est employée dans le système, sans mélange de l'association des faits selon l'ordre des idées.

Sur les deux tablettes de la belle couverture d'évangéliaire, en ivoire, avec figures centrales émaillées, qui, conservées à Milan, ont été moulées par la Société d'Arundel (4ᵉ classe, nº 1) et paraissent appartenir à la fin du vıᵉ siècle, il y a encore combinaison des deux systèmes.

Les figures centrales, celle de la croix sur une face, celle de l'agneau sur l'autre, sont également représentées avec la pensée du triomphe. Les figures des quatres évangélistes et de leur quatre emblèmes apparaissent, ceux-ci aux angles supérieurs, ceux-là aux angles inférieurs des deux plaques; la nativité de Notre-Seigneur, au sommet de l'une, répond à l'adoration des mages qui occupe le sommet de l'autre; le massacre des Innocents et Joseph en présence de ses frères, menaçant de faire retenir Benjamin avant de se faire reconnaître, se correspondent de même dans les compartiments inférieurs, correspondance qui semble se rattacher aux paroles de l'Évangile, attribuant à Rachel la douleur des mères dont Hérode fait massacrer les enfants.

Les compositions latérales, au nombre de six sur chaque tablette, s'ordonnent ensuite selon une marche qui leur est propre. L'Annonciation, l'apparition de l'étoile aux mages, le baptême de Notre-Seigneur, son entrée à Jerusalem, sa comparution devant un de ses juges, l'annonce de sa résurrection par un ange à l'une des saintes femmes, se voient d'une part. La rencontre des deux aveugles de Jéricho, la guérison du paralytique et la résurrection de Lazare, reprennent de l'autre, suivies d'une scène d'interprétation douteuse, où un personnage, assis, vu de profil sur un globe, s'adresse à trois autres, peut-être pour les juger; puis viennent un repas et une distribution de couronnes par Notre-Seigneur, encore assis sur un globe.

Cette manière de reprendre à part, en dehors de la première série de l'histoire évangélique, les miracles du Sauveur dont la représentation était la plus usitée dans le système de l'association des idées d'illumination, de renouvellement, d'appel à une nouvelle vie revient sensiblement au système didactique. Et ces images de béatitude et de récompenses finales donnent encore plus de corps à cette pensée.

On en retrouve des traces en des monuments bien postérieurs. Nous citerons un fragment des fresques découvertes il y a peu d'années, parmi les restes de l'ancienne église de Saint-Clément [1], à Rome, enfouis au xɪɪɪᵉ siècle sous l'église actuelle, fresques attribuées par le R. P. Mullooly, prieur des Dominicains anglais de Saint-Clément, au vɪɪɪᵉ siècle, réputées plus modernes par d'autres interprètes, mais de telle sorte qu'on puisse difficilement les faire descendre au xɪᵉ. Nous avons fait publier, dans les

---

1. *S. Clement and his Basilica*, in-8º. Rome, 1869.

Annales archéologiques [1], le fragment dont nous parlons. Il représente le crucifiement, et au retour d'angle du mur voisin, dans des compartiments contigus, la descente aux limbes et les saintes femmes au tombeau après la résurrection, afin de ne pas séparer l'idée de la délivrance et celle du sacrifice; puis, dans un compartiment inférieur, le miracle de Cana leur est associé. D'où on peut conclure qu'un autre espace semblable, laissé au-dessous du crucifiement, où il ne reste que des débris informes de peintures, était rempli d'une manière analogue, c'est-à-dire par un sujet évangélique, lié, comme le miracle de Cana lui-même, selon l'ordre des idées, avec le sacrifice de la croix, et usité comme lui pour exprimer l'effusion de la grâce et en général les résultats de la rédemption.

VII.

ÉVOLUTIONS DE L'ICONOGRAPHIE CHRÉTIENNE DU Ve AU IXe SIÈCLE.

L'ordre historique cependant, depuis le ve et le vi^e siècle, s'était non-seulement de plus en plus propagé, quant à la distribution des faits de l'ancien et du nouveau Testament; mais on avait vu les légendes des Saints occuper sur quelques monuments une place considérable, tandis que les faits de l'Écriture sainte étaient, sur d'autres encore, plus ou moins représentés selon l'esprit primitif.

Ainsi, au ixe siècle, sur le parement d'autel en argent de Saint-Ambroise, à Milan, les bas-reliefs de la face antérieure sont consacrés à l'histoire évangélique, tandis que, sur la face postérieure, toute l'histoire du saint docteur est distribuée en douze compartiments [2]. Nous constatons par cet exemple qu'il s'était accompli sur un autre point une évolution considérable dans la marche de l'iconographie chrétienne.

Dans l'antiquité primitive, la vénération pour les Saints n'était certes pas moindre ; à certains égards, elle était, s'il est possible, plus grande encore ; mais alors cette idée, comme toutes les autres, tendait à se généraliser.

---

1. *Annales archéologiques*, T. XXVI, novembre, décembre 1869.
2. Ferrario, *Monum. di San Ambrogio*, in-fol. Milano, 1824, p. 116.

Il semble, par exemple, qu'en représentant saint Laurent la tête ornée du monogramme sacré, ou assis entre saint Pierre et saint Paul [1], on avait en vue, en général, l'excellence du martyre, dont il était un type privilégié. On en peut dire autant de sainte Agnès, considérée comme un type de la virginité qui fleurit dans l'Eglise, lorsque, sur divers fonds de verre, elle était aussi représentée entre saint Pierre et saint Paul [2]. La médaille en bronze, qui a été l'objet des commentaires de M. de Rossi, et qui portait sur chacune de ses faces la légende SUCESSA VIVAS, inscrite tour à tour au-dessus de la scène où saint Laurent est martyrisé, et au-dessus de son tombeau, donne lieu à la même observation; et de plus, elle offre une des plus anciens exemples qui soient venus jusqu'à nous, d'une représentation de martyre où soit donné le spectacle du supplice [3]. M. de Rossi l'attribue au ve siècle.

Tant qu'avaient duré les persécutions, l'idée du martyre n'était offerte aux fidèles que sous une couleur de triomphe, la palme en était le signe : les trois Hébreux en prière dans la fournaise, Daniel élevant de même les bras au ciel entre les lions paisiblement couchés à ses pieds : voilà sous quelles images l'assistance divine leur était toujours présente, sous quelles images ils envisageaient ce qu'ils étaient journellement exposés à souffrir. Mais, au ive siècle, il n'est pas douteux qu'on ait commencé à représenter les martyrs chrétiens aux prises avec les tourments. Saint Basile exaltait le prix de l'art qui fait revivre les combats des martyrs, et il s'avouait vaincu par la peinture [4]. Ailleurs, voyant combien elle excite à les imiter, il ne craint pas de l'égaler à l'éloquence [5]. Saint Asterius, évêque d'Amasée, se complaît à rappeler les impressions qu'à produites sur lui une peinture représentant le martyre de sainte Euphémie. « L'art lui-même, quand il le veut, peut se mettre en colère, » s'écrie-t-il, au souvenir de ce juge à l'air haineux et méchant, qu'il a vu y figurer; il suit les combats de l'héroïne, et quand il se la rappelle au milieu des flammes, insensible à la douleur et triomphante, on voit que lui-même il triomphe avec elle [6].

Prudence, à son tour, comparant la peinture à l'histoire, dans plusieurs

---

1. Garucci, *Vetri ornati*, pl. XX, fig. 1.
2. *Id.*, pl. XXI.
3. *Bulletin d'Archéol. chrét.*, 1869, mai-juin. Nous reproduirons cette médaille.
4. *Œuvres de saint Basile*, Sermon sur saint Barlaam.
5. *Id.*, Sermon sur les quarante martyrs.
6. *Collect. des Conciles*, T. XIX, 2e concile de Nicée, Actio IV, p. 221.

de ses hymnes, exalte la vivacité d'action avec laquelle il lui voit célébrer les martyrs [1].

C'était aussi le tableau d'un martyre, celui de saint Etienne, qui avait surtout le don d'émouvoir saint Augustin, et de produire en son âme les plus douces impressions [2].

Sur les sarcophages, cependant, on continua à mettre beaucoup de réserve dans la représentation du martyre. Nous en apercevons une raison qui serait bien belle : ces monuments étant des tombeaux, ne voulait-on pas tout spécialement continuer d'y faire dominer les idées de vie qui étaient entrées si avant dans l'esprit des premiers chrétiens ? Quand il s'agissait plutôt de célébrer les martyrs, on pouvait aimer à les montrer au milieu des combats dont ils étaient sortis victorieux. Sur les sarcophages, pour rappeler la Passion de Notre-Seigneur, on se contente de le mettre en présence de Pilate ; pour rappeler le martyre de saint Pierre, de le représenter au milieu de deux gardes qui l'emmènent. Hors de ce sujet, ceux qui se rapportent à quelque autre martyre sont très-rares, et ils ont ordinairement quelques rapports avec lui. Ainsi, sur un sarcophage du musée de Latran, en regard de saint Pierre ainsi emmené, on voit saint Paul au moment où il va être décapité [3]. Sur quelques-uns des sarcophages du Midi de la France, qui pourraient appartenir au VIe siècle, on rencontre le martyre de saint Étienne, succinctement représenté, et de telle sorte que, placé entre deux personnages qui lèvent les mains, prêts à le lapider, il ressemble beaucoup à saint Pierre entre ses deux satellites, comme s'il ne s'agissait que de faire subir une transformation à la même idée. Toutes ces représentations sont traitées de la manière non-seulement la plus propre à écarter la crainte, mais encore à exciter la confiance bien préférablement à la compassion.

Il devait en être généralement ainsi, même de ces peintures de martyres que nous font connaître les Pères. La composition du martyre de saint Laurent sur la médaille de *Sucessa* autorise à le croire : le saint est sur le gril, mais la figure qui domine dans la composition est celle d'une Orante représentant son âme, sur la tête de laquelle la main divine suspend une couronne. Là où il souffre, il est surmonté du monogramme sacré, pour dire que ses souffrances sont en union avec celles du Sauveur ; là où son âme triomphe, elle est accompagnée de

---

1. *Prud.*, Hymn. de saint Cassien, de saint Hippolyte.
2. *August. contra Faustum*, Lib. XXII, cap. LXXIII.
3. Nous publierons ce sarcophage.

l'A et de l'Ω, c'est-à-dire de Jésus-Christ encore, son principe et sa fin.

La pensée du triomphe domine, dans l'art chrétien, pendant toute la première période du moyen âge. Après avoir, évité jusqu'au vi° siècle, d'attacher le Sauveur à la croix, longtemps encore on entendit, sinon la donner toujours, comme le trophée de ses victoires et le trône de sa gloire, tout au moins la présenter comme l'instrument souverainement efficace de notre salut. La pensée de se servir du crucifix pour nous attendrir sur les souffrances de Jésus, pour provoquer chez nous la componction et les larmes, est le propre d'une toute autre tendance de l'ascétisme : où, entré dans la phase des affections plus sensibles, il s'engagera, entraînant l'art avec lui, sur la pente des temps modernes. Cette tendance ne se manifeste pas d'une manière bien décidée avant la fin du xi° siècle, et nous aurons à dire quelle part y prit saint François d'Assise. Jusque-là, ce fut par degrés insensibles que l'art descendit du ton de dignité qu'il s'était imposé, ne l'abaissant parfois un peu plus que pour le reprendre bientôt après avec plus de rigidité.

Selon que l'on remonte vers l'antiquité chrétienne, l'art se fait remarquer par plus ou moins de simplicité dans ses moyens d'expression, dans ses procédés de composition : le symbolisme des temps primitifs, attaché aux faits eux-mêmes, ne demande pas qu'on invente aucune nouvelle figure pour rendre les idées. S'il se sert de figures allégoriques, elles sont depuis longtemps usuelles et empruntées aux courants les plus épurés, issus de l'iconographie payenne; puis elles lui viennent directement des saintes Écritures; telles sont : l'agneau, le Bon Pasteur, les quatre fleuves, les animaux évangéliques, les vingt-quatre vieillards. Vers la fin du ix° siècle, il se manifeste un autre tour d'idées dans la création des deux figures contraires de l'Église et de la Synagogue : l'Église est personnifiée dans l'Apocalypse; l'une des principales missions des Orantes, si multipliées dans l'art chrétien primitif, était de la figurer. Elle était plus spécialement représentée par Suzanne, inaccessible, dans sa prière continue, aux criminelles suggestions des vieillards. Il n'en est pas moins vrai que sous ces figures où elle est représentée en opposition avec la Synagogue, on voit poindre un cycle tout à fait distinct, quoiqu'il ne son pas sans liaison avec ce qui précède.

Plus anciennement, pour dire que l'Église s'était recrutée parmi les Juifs et les Gentils, on mettait en regard les deux cités, Jérusalem et Bethléem : ECCLESIA EX CIRCVMCISIONE, ECCLESIA EX GENTIBUS, « l'Église préparée par la Circoncision, et l'Église tirée de la Gentilité, » comme il est dit dans l'ancienne mosaïque de Sainte-Sabine, à Rome, où elles sont personnifiées par deux figures de femme, portant chacune un livre à la main [1]. Dans le nouveau cycle de l'art, ce ne sont plus les Juifs convertis que l'on se propose de représenter sous la figure de la Synagogue, mais bien au contraire ceux qui, restés Juifs, et refusant de recueillir les fruits de la promesse qui leur était spécialement adressée, sont devenus le type de l'endurcissement et de l'obstination, par lesquels l'on se soustrait au bienfait évangélique.

La figure opposée de l'Eglise se distingue des représentations, qui lui avaient été précédemment consacrées, dans le sens qui distingue précisément la direction nouvelle de l'iconographie chrétienne. Au lieu de demeurer toujours dans une attitude et des situations uniformes, elle sera mise successivement en scène, dans les conditions jugées diversement propres à exprimer tout ce que l'artiste voudra dire de son prototype Observation justifiée par ce seul fait que, représentée près du Christ, en croix, elle recueille le sang qui jaillit de son côté, car cette manière de la faire agir n'est calquée, ni sur les descriptions de la sainte Ecriture, ni sur la marche antérieure de l'art; elle s'y rattache légitimement, mais seulement par les racines.

En même temps l'on voit naître toute une série de procédés analogues qui, insensiblement, changeront la physionomie de l'iconographie chrétienne. Et en l'observant hors de ses périodes de transition, à des époques aussi distinctes que le sont, par exemple, le IVe et le Ve siècle, d'une part, le XIIIe siècle de l'autre, il n'y a plus aucune incertitude, et l'on reconnaît évidemment que, nonobstant une filiation, non douteuse, d'une période à l'autre, elles offrent entre elles de profondes différences. Appliquant aux arts figurés les termes employés, chez nous, pour désigner aux époques correspondantes les systèmes de l'architecture, c'est-à-dire de l'art fondamental, nous dirons que l'on passe graduellement de la période latine à la période romane, et de celle-ci à la période ogivale; et que les changements de tons se tranchent vivement, si l'on compare, sans intermédiaire, les périodes extrêmes.

C'est, en effet, ce que nous nous proposons surtout de faire, car il ne s'agit pas ici, pour nous, d'écrire une histoire complète de l'art chrétien et d'en suivre toutes les vicissitudes, mais seulement d'en esquisser, à grands traits, les phases principales, et cela, dans le seul but de préparer nos lecteurs à comprendre à quels points de vue divers et sous combien de formes variées on a pu représenter les sujets les plus constamment appelés à entretenir la piété des fidèles, à enflammer le génie des artistes; à devenir ainsi le plus précieux ornement de nos édifices religieux.

---

1. Ciampini, *Vetera Monimenta*. Rome, 1690, T. I, pl. XLVIII. Cette mosaïque était du Ve siècle.

Quelles que soient les limites dans lesquelles nous avons dû nous restreindre, nous ne franchissons pas d'un bond les six ou sept siècles écoulés entre les deux époques que nous voulons mettre principalement en regard, et avant d'aborder le xiiie siècle, nous devons dire un mot du style artistique qui s'était formé dans l'intervalle et jeter un coup d'œil rapide sur les événements qui, pendant le même espace de temps, sont venus entraver ou favoriser la marche de l'art.

VIII.

STYLE BYZANTIN.

A son début, l'art chrétien, calqué quant au style, sur la manière régnante dans le milieu social, où il avait pris naissance, n'a pas une originalité qui lui soit propre, et l'on dirait qu'il attendait d'être libre pour l'acquérir. Affranchi par la conversion de Constantin, il semble que bientôt après il se soit cherché lui-même. Il vint un temps où il prit, en effet, même sous le rapport extérieur, une physionomie qui le distingue et l'éloigne sensiblement des monuments de l'antiquité païenne. Le style qui se forma, de la sorte, a pris le nom de *byzantin*, et le nom est bien loin d'exprimer l'idée d'une perfection plastique ; mais ne jugeons pas seulement du style byzantin par ses côtés faibles, et voyons à quelles circonstances en revient la responsabilité. Faisons observer aussi que ce nom n'indique pas qu'il tire son origine de la cité où Constantin transporta le siége politique de l'empire ; mais il lui a été donné, parce que ce fut à Byzance, devenue Constantinople, que l'art, déjà imprégné des tendances qui caractériseront ce style, trouva son principal refuge lors des dislocations qui ne tardèrent pas à atteindre l'empire d'Occident.

Le style byzantin, originairement, nous paraît provenir d'un effort de l'art pour réagir contre les allures trop molles de la manière antique, dégénérée, et pour mettre les formes et les attitudes en rapport avec des aspirations de dignité, de grandeur. Mais cet effort se ressent de la situation. Depuis qu'il n'y a plus de danger à se dire chrétien, beaucoup en ont pris le nom sans en prendre l'esprit. Rome ne s'est pas laissée assez christianiser dans ses éléments sociaux pour les préserver d'une décadence continue. Voilà les barbares qui pressent et pénètrent de toutes parts cette civilisation décrépite. Ils sont destinés providentiellement à la renouveler, mais non sans la faire passer par les phases d'un âpre enfantement, et, une certaine mesure d'énergique barbarie se mêlant à tout, l'art en subit l'empreinte.

Au IVe siècle, grâce à l'impulsion d'un mouvement ascendant qui, sous cette forme, fut de courte durée, il avait, dans la mosaïque de Sainte-Pudentienne [1], allié la dignité au naturel, à l'aisance. Il n'avait pas craint, pour leur donner plus de vie, de varier, avec un certain pittoresque, les expressions et les attitudes des apôtres, rangés autour du Christ. C'est peut-être au point que l'intensité de leurs sentiments en fut diminuée, si on la compare à l'élan uniforme, parce qu'il est unanime, qui enlève les vingt-quatre vieillards des compositions postérieures, dans le sentiment de son exaltation.

La sécheresse, la roideur, la disproportion, l'aspect hagard des visages, dans le style byzantin, tiennent à l'inhabileté des artistes, dans l'état semi-barbare de la société, mais non sans faire entrevoir le caractère de beauté, vraiment supérieure, qu'ils voudraient poursuivre.

Au milieu des craquements de l'empire en dissolution, toutes les fois qu'il renaissait, quelque part, une période momentanée d'ordre et de paix, on y voyait refleurir l'art chrétien. Mais il était incessamment arrêté dans sa marche, sinon quant à la spontanéité des idées, du moins quant aux études, dont le prolongement est nécessaire, pour obtenir de la régularité et de la souplesse dans l'exécution.

L'empire d'Orient conservait son autonomie. Dans une étendue de provinces, vastes encore, l'élément barbare s'y infiltrait, mais n'y dominait pas. Mais aussi, incessamment livré à des révolutions de palais, où le pouvoir se transmettait par la fraude et la violence, sans acquérir aucune fixité héréditaire, s'il offrait un refuge aux beaux-arts, il ne leur assurait pas ordinairement le calme et la protection éclairée dont ils ont besoin pour fleurir. Les prospérités du règne de Justinien et sa protection ouvrirent une voie, où il leur fut donné de se relever avec plus de succès. Ce fut ainsi, à Byzance, qu'on se préserva le mieux et le plus longtemps des défauts mêmes, considérés trop facilement comme traits caractéristiques du style auquel cette ville a donné son nom.

Toutes les fois que l'art trouvait à se relever de son infériorité d'exécution, il cherchait à le faire, en recourant à l'antique [2], pour y chercher des modèles; mais il les imita de telle sorte, toutefois, qu'il conserva son

---

1. Labarte, *Histoire des arts industriels*. Paris, 1864, T. II, Planches, pl. CXVIII.
2. *Arts industriels*, T. I, Texte, p. 30 et suiv.

caractère profondément distinct. Le type byzantin s'améliore; mais il se reconnaît toujours, avec sa majestueuse fixité, un peu rude. Rien ne met mieux à même d'en juger que les réparations de l'architecte Fossati, qui ont rendu le jour aux mosaïques de Sainte-Sophie, à Constantinople. Les Turcs, qui au temps de la conquête, au lieu de les détruire, s'étaient heureusement contentés de les masquer sous un épais badigeon, étaient en 1847, lors des réparations dont nous venons de parler, quelque peu gagnés à l'esprit plus éclairé du reste de l'Europe; à cet esprit qui sait apprécier, au point de vue de l'art et de l'histoire, des monuments étrangers et contraires à nos croyances; esprit mêlé, il faut en convenir, dans les régions où s'opère le contact, d'une dose plus ou moins forte d'indifférence dogmatique. Ils ont donc souffert que ces belles productions de l'art du VIe siècle, demeurent à découvert [1]. D'ailleurs, elles ne sont pas tellement isolées dans les qualités qui les distinguent, qu'on ne retrouve des qualités analogues dans les meilleures des œuvres de l'art byzantin, dans tous les genres. en d'autres lieux et à des époques très-différentes.

On doit à cet art des ivoires sculptés d'un sérieux mérite. Nous n'en voudrions, pour preuve, que le beau diptyque du musée chrétien, au Vatican, représentant Notre-Seigneur sur son trône, accompagné de deux anges, de la sainte Vierge, de saint Jean-Baptiste, et, sur deux rangées, d'un grand nombre d'autres saints [2], et la tablette, aussi en ivoire, de la Bibliothèque nationale, à Paris, qui représente le Christ couronnant l'impératrice Eudoxie et son mari, l'empereur Romain Diogène [3]. Ces exemples nous font descendre aux Xe et XIe siècles; mais, par là-même, ils prouvent mieux la persistance, au sein du foyer artistique, des éléments propres à caractériser le style qui, considéré parmi les traits communs aux différentes écoles et aux différents âges, régna presque généralement dans le monde chrétien du Ve au XIIIe siècle.

Si l'on veut d'ailleurs une moyenne entre les œuvres qui participent du style byzantin, sans pour cela être considérées comme produites par des artistes venus de Constantinople, la mosaïque exécutée à Rome, au VIIe siècle, dans l'oratoire de Saint-Venance, attenant au baptistère de Saint-Jean-de-Latran, nous en offre un heureux exemple, et nous en publions la partie centrale. Si on la met en regard des

---

1. *Arts industriels*, Texte, T. I, p. 34; Planches, T. II, pl. CXVIII.
2. Gori, *Thesaurus veter. dyptiq.*, in-fol. Florence, 1769, T. III, pl. XXIV.
3. *Annales arch.*, T. XVIII, p. 197. Cet ivoire a été longtemps à Besançon; il avait été publié fort imparfaitement par Chiflet, *De Linteis sepulcralibus Christi*, p. 62, et un peu moins mal par Gori, *Op. cit.*, T. III, pl. I.

peintures primitives des Catacombes, on verra comment elles s'en éloignent, dans la figure en buste de Notre-Seigneur, placée à son sommet entre deux anges, comparée aux figures du Bon-Pasteur. On verra aussi par où elles y tiennent, dans la figure de la sainte Vierge, représentée en Orante au-dessous, comparée aux Orantes des premiers siècles. (Pl. vii).

Il est faux que jamais, pendant le long règne du style byzantin, aucune école se soit fait un système du laid, par un esprit d'ascétisme mal entendu, principalement pour représenter Notre-Seigneur Jésus-Christ, sur le fondement de la prophétie d'Isaïe, qui annonce ses humiliations et ses opprobres. Les œuvres capables d'entretenir une telle pensée, le doivent à la rudesse des mains auxquelles elles étaient confiées. Elles cherchaient à faire beau, à leur manière ; si elles n'y ont pas réussi, c'est, de leur part, pure impuissance. Le système byzantin bien entendu n'exclut aucune tentative pour se retremper, soit par l'imitation de la nature, soit par l'étude des bons modèles plastiques ; mais à la condition d'une direction dans les choix, parfaitement conforme au but mâle et élevé qu'il se propose.

C'est directement de la nature que notre art national, au xiiie siècle, emprunta, sous le rapport du style des figures, ce qui le distingue du style byzantin proprement dit, et cependant il s'en sépara d'autant moins, que, toujours en liaisons intimes avec l'architecture, ces figures conservèrent une fixité monumentale, en rapport avec l'austérité des formes consacrées dans les âges précédents.

On voit comment ce n'est pas, dans l'art chrétien, le style le plus primitif qui, en se perpétuant, a jamais pris une teinte d'archaïsme. Il semblerait plutôt que ce style conserva toujours, dans son aspect, quelque chose de jeune et de transitoire. Le style qui lui succéda, au contraire, prolongea longtemps son règne, et il eut le temps de vieillir. Prenant naissance alors que toutes les forces vives de la société, devenue chrétienne, avaient à lutter contre le flot toujours renaissant de la barbarie, il s'imposa d'autant mieux que, pendant toute la durée de ces luttes, jusqu'à l'enfantement de la civilisation moderne, il y eut longtemps, hors du sein de l'Église, auquel il était lié lui-même comme un fils à sa mère, impossibilité d'entretenir aucun autre foyer de culture intellectuelle ou artistique. C'est pourquoi il fut aussi tout hiératique, bien plus que le style primitif, auquel nous le comparons.

On n'oubliera pas qu'il s'agit du style en ce moment, et non plus des idées exprimées. Leur portée dogmatique et la signification toute religieuse des compositions de l'art atteignirent, au contraire, avant l'appa-

T.1. PL. VII.

MOSAIQUE DE St VENANCE. (VII s.º)

Partie centrale.

rition du style byzantin, un tel degré de profondeur et d'élévation, que, sous les formes qui le distinguent, il a été impossible de les rendre plus exclusivement chrétiennes.

IX.

SITUATION DE L'ART DEPUIS L'INVASION DES BARBARES JUSQU'AU XIII° SIÈCLE.

La culture des arts demande de la paix ; ordinairement leur niveau s'élève ou s'abaisse, en raison des prospérités ou des déchirements de l'ordre social, de telle sorte, cependant, qu'une longue prospérité, trop énervante pour les âmes, les livre eux-mêmes à l'énervement. Les grandes époques artistiques ou littéraires s'ouvrent presque toujours au sortir de quelques luttes vigoureuses, où toute une génération s'est trempée.

Forte dans la paix de tout ce qu'il lui a fallu d'efforts pour la conquérir, cette ère brillante ne sera pas non plus d'abord sans rudesse ; mais, dans les arts, quand le poli arrive, la floriture menace. L'infirmité humaine se rachète difficilement d'un défaut, si elle ne le paie au prix d'un autre défaut. L'art, depuis le moment où il se fit chrétien, jusqu'à la Renaissance, où il cessa de l'être aussi pleinement, ne se serait probablement pas conservé au degré d'élévation morale et intellectuelle que nous lui voyons jusque-là, s'il avait pu progresser sans obstacle dans la voie des perfectionnements de formes auxquels il aspire toujours.

L'art chrétien eut une lueur d'épanouissement au IV° siècle, après que la paix eut été donnée à l'Eglise : la mosaïque de Sainte-Pudentienne, à Rome, les bas-reliefs dont Théodose fit orner la base de l'obélisque élevé dans l'hippodrome de Constantinople, témoignent qu'à la fin de ce siècle, il y avait encore des artistes capables de réagir contre la décadence, et en disposition de le tenter.

Les barbares, bientôt après, vinrent couper court à toute marche ascendante. L'ancienne civilisation, si elle ne fut pas détruite, envahie par un flot toujours renaissant, encombrée d'alluvions successives, fut, dans beaucoup de ses parties, enfouie au milieu du bouleversement général. Ce qui en fut conservé, ramené à l'état de germe, fut appelé, avant de reprendre tout son éclat, à repasser par tous les âges d'une croissance nouvelle.

Constantinople fut préservée de l'inondation, mais non sans être singulièrement troublée par son reflux ; et ce fut au milieu d'un empire disloqué qu'elle put conserver dans son sein un foyer artistique. Les succès de Justinien et de ses généraux ramenant un peu plus de paix dans cette ville, les arts s'y relevèrent davantage ; le mouvement se fit sentir en Italie, principalement dans l'Exarchat, demeuré sous le gouvernement des empereurs d'Orient. Ravenne doit à ces circonstances les mosaïques qui la recommandent aujourd'hui, presque seules, à l'intérêt du voyageur.

A Rome, les arts eurent plus à souffrir, mais ils ne furent pas abandonnés, et les sanctuaires des Catacombes, toujours visités par les pèlerins, continuèrent d'être ornés de peintures, jusqu'à l'arrivée des Lombards, qui les saccagèrent.

Un autre genre d'épreuves attendait l'art chrétien ; et, dans ce même empire d'Orient, où jusque-là il avait trouvé son principal refuge, un soldat moitié barbare, devenu empereur, entreprit de l'atteindre dans sa source, en proscrivant les saintes images. Atteindre le Sauveur dans son image, c'est une manière de l'atteindre lui-même dans la vénération qui lui est due ; et toutes les hérésies qui jusque-là avaient tenté d'atteindre sa divinité trouvaient leur dernier mot dans cette profanation. Les images eurent à souffrir, mais en dernier résultat nous verrons que la persécution tourna à leur profit. Sur le lieu de l'orage, dans le fort de la tourmente, le niveau de l'art dut descendre, faute de culture ; mais, obligés de s'enfuir pour exercer librement leur profession, les artistes, refoulés en Italie, lui rendirent de ce côté autant qu'il perdait de l'autre ; et plus encore, si l'on considère quels fruits l'avenir promettait aux germes qu'ils y déposèrent.

La protection de Charlemagne favorisa ce réveil de l'art, en Occident ; mais son prodigieux empire fut de courte durée, et fécond surtout par ses résultats éloignés. Quand la main du puissant empereur cessa de le soutenir, il céda bientôt lui-même aux flots d'une barbarie qui n'avait été que refoulée.

Tandis que les Normands et les Sarrasins, par leurs déprédations, remettaient tout en question chez nous ; tandis que l'Italie était morcelée par mille petits tyrans, ce fut encore à Constantinople que l'art, délivré de la fureur des iconoclastes, trouva un refuge. Quand Didier, abbé du Mont-Cassin, voulut reconstruire son église au XIe siècle, puis l'orner de mosaïques, il fit venir des artistes de cette ville.

L'Allemagne, sous le gouvernement des Othons, avait eu moins à souffrir que le reste de l'Europe des calamités du Xe siècle. Par ses relations avec Constantinople, surtout par le mariage d'Othon II avec

Théophanie, fille de l'empereur Romain le jeune (972), qui fut régente pendant la minorité d'Othon III, leur fils, la culture de l'art s'y était relevé plus tôt. De là, les écoles rhénanes ; de là, l'école d'Hildesheim, fondée par saint Bernwald, évêque de cette ville ; de là, le mouvement artistique qui rayonne autour de l'empereur saint Henri [1].

Saisissons cette occasion pour faire remarquer le rôle capital des saints dans l'histoire de l'art : le goût céleste qui les porte vers les beautés incréées, leur en fait avidement rechercher les images : tout ce qui élève l'âme, tout ce qui la purifie, tout ce qui la détache des soins trop grossiers de cette vie a pour eux de l'attrait ; et quant à la direction de l'art, ils la lui impriment des plus nobles. Ils le préservent des germes de frivolité et de boursouflage, de corruption et de décadence, que ne manquent pas de jeter en son sein, tout en le favorisant de leur impulsion, l'esprit d'ostentation, le désir de briller, et l'attache trop sensuelle au plaisir des yeux.

En France, le grand mouvement artistique du XIIe et du XIIIe siècle prend son point de départ dans les monastères, c'est-à-dire dans les lieux les plus fortement imprégnés de l'esprit des Saints. A Cluny, Pierre le Vénérable ; Suger, à Saint-Denis, doivent compter au nombre des principaux promoteurs de l'art. Cîteaux, cependant, se présente comme une grave objection : Suger était un grand homme, mais on ne peut le compter au nombre des Saints, et si l'abbé de Cluny en était un, on doit considérer qu'ils eurent pour adversaire, au point de vue dont nous parlons, saint Bernard, c'est-à-dire le plus grand saint et le plus grand homme de leur temps.

L'Eglise, dans sa lutte perpétuelle avec l'esprit du monde, lui résiste et travaille à le diriger. Parmi les saints, il y en a qui sont principalement des hommes de résistance, d'autres qui ont principalement pour mission de se mettre à la tête du mouvement social afin de le mener à bien ; les premiers ne résisteraient pas s'ils ne prenaient de l'empire sur les âmes, et ne creusaient aux passions qui les entraînent un lit où elles puissent s'amortir en coulant d'un cours régulier ; les seconds ne les dirigeraient pas si, au flot des passions, ils n'opposaient un frein suffisant. C'est à tel point, qu'à le bien considérer, il règne entre eux un même esprit ; toute la différence se réduit, au fond, à des nuances, et cependant elle se fait vivement sentir, si on s'attache aux situations qui la déterminent.

Tout n'était pas chrétien dans la vive impulsion de l'art à l'époque dont nous parlons : ces chimères, ces chasses, ces entrelacs d'animaux

---

1. Voir, pour plus de détails, l'*Histoire des arts industriels*, par M. Labarte, T. II.

fantastiques, qu'accuse le rigide abbé de Clairvaux, en sont la preuve. Des interprètes complaisants venaient en sous-œuvre, nous le savons, et ils trouvaient lieu d'appliquer à chacune de ces figures un symbolisme édifiant : telles d'entre elles représentaient le but qu'il fallait poursuivre, telles montraient, sous des figures hideuses, les vices qu'il fallait honnir. C'était, sous l'une de ses faces, l'esprit du temps : il voulait tout symboliser, et, chrétien comme il l'était, il réussissait à tout voir, et dans les œuvres du présent et dans les œuvres du passé, selon le jour favorable qu'il entendait leur donner. Mais est-ce à dire qu'elles eussent été toutes également conçues dans un esprit aussi irréprochable ?

Sous le nom de Cathares, de Vaudois, d'Albigeois, etc., combien de sectes pullulaient alors, ou allaient pulluler, menaçant d'une corruption prématurée la société chrétienne tout entière, au sein même de l'Eglise, qui l'avait enfantée. Auraient-elles été sans aucune prise sur les imagiers? Au sein de l'atelier, devenu moins ecclésiastique, le rire respectait-il toujours les choses saintes, et des pensées plus que profanes n'y trouvaient-elles pas, quelquefois, un trop facile accès? Le spectacle du vice, dans le grossier déshabillé qu'on lui voit jusqu'au portail de quelques églises, fut-il jamais une utile leçon de vertu ?

Passons.... Quelque part qu'on les prenne, les œuvres humaines ont toujours leurs bas-fonds ; il est beau de voir, dans le jet des colonnes, le cœur qui s'élance ; dans les vastes et somptueux édifices, l'image des grandeurs de la cité céleste ; mais, aux sommités même de l'art, de la part des gardiens du sanctuaire, le patronage fut-il toujours exercé sans de trop vaines prétentions, sans de trop faciles complaisances, et dans la somptuosité des édifices religieux, l'éclat terrestre, que l'on se flatte d'attacher à son nom, ne s'est-il jamais substitué aux aspirations qui élèvent sans détour vers le ciel ?

La mission de Citeaux était tout ce qu'il y avait de plus austère ; il s'agissait de trancher au vif jusque dans la vie monastique, et de ne laisser rien subsister, par delà les nécessités de la nature, de ce qui pouvait être un refuge, même un prétexte, pour les convoitises.

Cette réforme était entreprise dans un seul but de sanctification personnelle, pour une élite de religieux, et saint Bernard, en l'embrassant, ne voulait qu'y ensevelir son génie. S'il souleva la chrétienté, c'est que la chrétienté vint à lui. Menacée plutôt encore qu'elle n'était atteinte par des germes destructeurs, elle aspirait vivement, sincèrement, au milieu des passions qui l'agitaient, au plus pur esprit de l'Evangile. Qui en paraissait inspiré était assuré d'avoir de l'action sur elle. Le lui montrer dans sa plus haute élévation, c'était lui en donner l'attrait, sans l'effrayer de ses aspérités.

Il est cependant dans la vie chrétienne des remèdes héroïques, qui ne peuvent être de règle commune. Dans le cloître, l'on coupe, l'on retranche, jusqu'aux dernières limites du possible tout ce qui devient dans le monde un aliment au péché. Le cloître est dans son rôle, et le monde entre dans les meilleures voies qui lui soient accessibles en se mettant en garde contre tout ce que le cloître retranche. Le retrancher pour tous, ce serait non-seulement demander au plus grand nombre plus que leur devoir, au delà de leur aptitude, et de leurs forces, ce serait rendre le bien impossible sous beaucoup de ses formes, destinées à figurer avec harmonie dans le concert universel.

Les uns se privent de l'instrument, à cause de son danger ; les autres, avertis de son danger, s'en servent avec précaution. Plus la privation est rude, plus l'avertissement est efficace, et le moine empêche d'éclater dans les mains du soldat qui s'en sert, l'arme dont il évite de se servir. L'on se complète, l'on se corrige les uns par les autres, bien plus que notre œil de chair ne saurait le voir.

Bonnes pour Cîteaux, les maximes de saint Bernard, appliquées à la lettre, auraient été exagérées pour Cluny. Mais quand il y aurait eu quelques singes et quelques centaures de moins parmi les arabesques et les peintures dont abondait la riche abbaye, et quand même on aurait supprimé toutes ces figures fantastiques, quelle perte y pouvait faire, nous ne dirons pas seulement l'art chrétien, entendu comme tel, mais l'art, le grand art, pris dans sa plus générale acception ?

Vienne un vent impétueux, il semble fait pour tout emporter ; il n'emporte rien de solide, et l'air est purifié : telle fut, par rapport aux beaux-arts, la mission de saint Bernard. L'équilibre s'établit : d'une part, l'on sonda ses propres intentions, de l'autre on s'humanisa ; comprimé par en-bas, l'essor se prit plus haut, et le XIIIe siècle arrive avec son épanouissement splendide.

X.

LE XIIIe SIÈCLE ET SAINT FRANÇOIS.

Le xiiie siècle fut, pour toutes les parties de l'art chrétien, une époque d'incroyable activité.

Le mouvement dont nous parlons n'est pas tel qu'il provienne d'une seule impulsion, et qu'il ne poursuive, d'emblée, qu'un seul but : jamais les ressorts qui font mouvoir les hommes ne furent plus variés et plus complexes. L'unité de cette grande époque est dans l'esprit supérieur qui la domine, et qui oblige les ennemis mêmes du christianisme à prendre ses livrées : l'impie Frédéric II, par exemple, se donne des airs de chevalier ; il feint une croisade, une conquête de Jérusalem. Cette unité roule sur de grands saints, les véritables vainqueurs des sectes impures, qui menaçaient d'envelopper le monde de leurs réseaux secrets. Le fer de Montfort, en effet, aurait vainement atteint quelques groupes de leurs adeptes, prématurément déclarés, si l'amour de Dieu et de la pauvreté, l'arme de la parole et des saints exemples, n'étaient venus, par les mains de saint François et de saint Dominique, fournir des moyens plus efficaces pour les combattre.

Ces grands saints, comme tous les grands hommes, étaient essentiellement des hommes de leur siècle ; ils l'étaient, comme il le faut être pour compter parmi les saints, c'est-à-dire qu'ils furent les adversaires de ses erreurs, un soutien contre ses faiblesses ; qu'ils pansèrent ses plaies ; mais aussi ils en prirent la couleur et la forme. Le bien et le beau s'adaptent à toutes les situations, et le problème de l'art, comme celui de la vertu, consiste à tirer de la situation même où l'on se trouve, tout ce qu'elle comporte de beau et de bon : de là, des aspects nouveaux, un air de fraîcheur et de progrès dans les œuvres, qu'un siècle caresse comme les enfants de son propre génie.

L'art chrétien primitif était issu de l'alliance des formes antiques et des idées nouvelles : formes antiques tendant à la décadence ; idées chrétiennes, d'une virilité sans pareille ; car l'Eglise, de même que le premier homme, fut créée adulte. Au xiiie siècle, l'art, issu de cette alliance, achève de se transformer en se développant : résultat d'un double travail d'élimination et d'assimilation : élimination d'un système de beauté et de proportions, vrai dans son principe, mais fondé sur la direction d'un regard fixé trop près de la terre ; assimilation, au point de vue où l'œil du chrétien s'élève, de tous les éléments naturels et sociaux, pour les christianiser. Le chrétien est incessamment obligé, pour demeurer dans la voie du bien et du beau, de se tenir en garde contre les germes de corruption semés dans la nature, dans la société, dans son âme. Alors il fit un sublime effort pour faire entrer dans un plan de magnifique régénération spirituelle toutes les inclinations terrestres, toutes les pensées du monde.

Dans le domaine de l'iconographie chrétienne, l'imagination et la sensibilité prennent un essor tout nouveau. Le symbolisme se complique pour répondre à des idées plus abondantes et plus variées. La légende s'épanche. C'est véritablement comme une fougue de jeunesse qui succède à la maturité primitive. Ce n'est pas l'Eglise qui pourrait être sujette à de pareilles transformations, au rebours du cours ordinaire des âges ; mûre dès sa naissance, elle fut créée jeune, aussi : toujours jeune, et mûre depuis, elle traverse les siècles, sans jamais vieillir. Mais, sous la main de l'Eglise, il est une autre société : cette chrétienté, cette république chrétienne, comme on aurait dit en d'autres temps, qui en est la fille et qui en est distincte, car son but n'est pas absolument dans l'autre vie, comme celui de l'Eglise. Aujourd'hui, à mesure qu'elle voudrait se rattacher uniquement à la vie présente, et se séparer de sa mère, on l'appelle la civilisation moderne : puisse ce nom n'être pas, au contraire, un signe de vieillesse, car, pour elle, bien certainement, si elle peut acquérir, par le progrès des âges, et toujours retremper sa vie au sein de celle qui la lui a donnée, elle n'est pas à l'abri des infirmités qu'amène le déclin des années ! Enfant, elle fut sous la tutelle de l'Eglise. Atteignant la force de la jeunesse au XIIIe siècle, plus complétement livrée à la liberté de ses propres inspirations, elle prend cette vive originalité qui s'affirme magnifiquement dans la cathédrale ogivale. Mais le moment où la société est le plus imprégnée de christianisme, dans toutes les conditions extérieures de son existence, est aussi celui où elle est le plus exposée aux entraînements du dehors ; et ce grand siècle chrétien est aussi celui où le courant social laisse distinguer ce partage de ses eaux, d'où proviendra la Renaissance, dans l'art, et la sécularisation de l'Etat.

Si la Renaissance n'avait été qu'un retour à l'étude de la nature et de la belle antiquité, pour mettre une plus irréprochable perfection de formes au service de l'art, et les accommoder aux proportions supérieures auxquelles il s'était élevé dans la région des idées, sa valeur esthétique ne serait pas contestée. En somme, l'ascendant toujours croissant du naturalisme, et la passion de l'antiquité payenne, l'oubli des traditions surtout et l'esprit d'individualisme l'ont conduite en de toutes autres voies, mais l'histoire de l'art, du XIIe au XVIe siècle, pourrait être considérée comme une série de tentatives, et il y en eut d'admirablement heureuses, pour ressaisir, au profit des vérités et des affections chrétiennes, la direction du courant dont est née la Renaissance.

Saint François fut l'un des plus grands inspirateurs de l'art, et de la postérité de saint Dominique est issu le Frère Angélique, c'est-à-dire, le plus chrétien des peintres.

S'attache-t-on uniquement à ce qui est le corps de l'art : il apparait comme un genre de luxe et de richesse, et l'on ne conçoit guère, tout d'abord, comment un amant désespéré de la pauvreté aurait pu compter parmi ses promoteurs. Le renoncement de saint François à tous les biens de ce monde fut, en effet, sans restriction ; il ne se réserva pas plus la somptuosité en fait de bâtiments religieux, que le moindre reste de richesse, en aucun autre genre. Et si l'un des premiers efforts de son zèle se porta vers la pauvre église de Saint-Damien, à Assise, pour la relever de ses ruines, ce fut pour la rétablir dans un état de décence, nullement pour en faire un monument splendide. Mais poète, mais artiste par les élans de son âme, et chef-d'école, à son insu, il souleva de son souffle le génie du Dante et celui de Giotto. Dans le pays qui le vit naître, tout ce qui le suit, tout ce qui fut grand après lui, procède de lui : l'art se transformait ; il descendait, si on le considère sous le rapport des idées ; il descendait des sereines hauteurs de la foi, pour se mêler à toutes les affections, à toutes les préoccupations humaines ; le séraphin d'Assise lui prêta ses ailes, et lui apprit à se relever d'un trait, par l'amour. L'élévation de l'art fut autre, elle ne fut pas moindre : moins soutenue, peut-être, sur les sommets continus de la pensée, elle put se comparer, dans les meilleurs de ses élans mystiques, au vol de l'aigle, au-dessus de toutes les cimes, où se posa jamais un pied humain.

L'influence de saint François ne se fit point aussitôt également ressentir dans toutes les parties de la chrétienté ; mais l'on reconnaîtra que partout où il ne fut pas la source, il fut encore le type de l'esprit qui anima ses contemporains.

Il ne faut pas perdre de vue que nous demeurons sur le terrain de l'esthétique, et qu'il s'agit d'en dégager les lignes les plus caractéristiques, pour les comparer, non pas dans les vicissitudes d'une même époque, ou de deux époques rapprochées, mais selon des termes aussi dissemblables que le peuvent être, par exemple, saint Augustin et saint François, pris, l'un et l'autre, comme l'expression de leur siècle.

Dans le siècle que nous appellerions le siècle de la foi, toujours à notre point de vue esthétique, saint Augustin fut non moins aimant que le Séraphin du moyen âge, et nous les rapprochons à dessein, afin de faire mieux comprendre qu'une variété, quant à la manière d'aimer, ne constitue pas, au détriment de l'ère primitive, une moindre intensité d'amour. De même la foi se présente neuf siècles plus tard sans l'ombre d'affaiblissement, — comment en douter ? — en des âmes où elle est la base d'un amour séraphique.

Vertus inséparables, car pas de foi vive qui n'engendre la charité, point de vraie charité qui ne repose sur la foi ; mais de leurs aspects différents, il résultera des manifestations variées. D'une part, c'est la foi aimante ; de l'autre, l'amour issu de la foi.

« Vous êtes mon Dieu, s'écrie saint Augustin, s'adressant à Notre-
« Seigneur Jésus-Christ ; Dieu vivant, mon vrai Dieu, mon Père, mon
« Seigneur, mon Roi, mon Bon Pasteur, mon seul Maître, mon soutien,
« mon Bien-Aimé, le pain qui me nourrit, mon seul prêtre pour l'éter-
« nité. Pour me conduire à la patrie, vous êtes ma lumière et mon guide,
« la voie même qui m'y mène ; vous êtes ma douceur la plus sainte, ma
« sagesse par excellence, la pure simplicité de mon âme, sa concorde et
« sa paix, sa garde souverainement sûre, sa meilleure part ; vous êtes
« mon salut sans fin, ma miséricorde inépuisable, ma patience inalté-
« rable, ma victime immaculée, ma rédemption, mon espérance, la per-
« fection de ma charité ; vous êtes ma vraie résurrection, ma vie éter-
« nelle ; vous êtes mes transports et ma vision béatifique à jamais.....
« Donnez-vous à moi, ô mon Dieu ; revenez à moi ; je vous aime ; si vous
« trouvez que c'est trop peu, donnez-moi de vous aimer plus ardem-
« ment[1]. »

Impossible de bien rendre ces aspirations embrasées : la crainte d'être monotone nous les fait affaiblir par la variété de nos tours, nous les délayons dans nos paraphrases, nous supprimons des redondances qui

---

1. Tu es Deus meus, vivus et verus, pater meus sanctus, Dominus meus pius, rex meus magnus, pastor meus bonus, magister meus unus, adjutor meus optimus, dilectus meus pulcherrimus, panis meus vivus, sacerdos meus in æternum, dux meus ad patriam, lux mea vera, dulcedo mea sancta, via mea recta, sapientia mea præclara, simplicitas mea pura, concordia mea pacifica, custodia mea tuta, portio mea, bona salus mea sempiterna, misericordia mea magna, patientia mea robustissima, victima mea immaculata, redemptio mea sancta, spes mea firma, charitas mea perfecta, resurrectio mea vera, vita mea æterna, exultatio et visio mea beatissima, et sine fine mansura..... Da mihi, Deus meus, te, redde mihi te : en amo te et si parum est, amem validius. (*Meditationes sancti Augustini*, cap. XVIII.)

traîneraient sous notre plume. Dans la bouche de saint Augustin, elles ajoutent au pathétique, car elles témoignent du flot surabondant d'une âme qui afflue à l'issue insuffisante de la parole.

Au fond, la langue humaine ne peut pas dire davantage, mais le séraphin d'Assise lui donnera des accents plus passionnés.

« L'amour m'a mis dans le feu, l'amour m'a mis dans le feu ; dans un
« feu d'amour m'a mis mon nouvel Époux, quand il m'a mis son anneau
« nuptial ; le doux agneau plein d'amour, il m'a rendu captif, il m'a
« percé d'un glaive, il a brisé mon cœur. L'amour m'a mis dans le feu.
« Il m'a brisé le cœur, je succombe, ce trait d'amour m'a blessé de ses
« brûlantes ardeurs ; ce n'est plus la paix, c'est la guerre. Je me meurs
« de douceur. L'amour m'a mis dans le feu..... [1] »

Ce langage de feu n'est pas tellement propre à saint François, qu'il n'ait eu des imitateurs. Jacopone de Todi s'exprime souvent en des termes presque identiques. Le célèbre cantique de sainte Thérèse : *Je me meurs de ne pouvoir mourir*, n'en semble que la répétition. Avant lui, au contraire, on en trouverait difficilement de pareils exemples.

Le langage de saint Augustin implique une plus pleine possession de son objet ; celui de saint François, un plus vif élan pour le saisir. Le premier s'adresse principalement à la Divinité du Sauveur ; il semble que dans le second, l'amour se montre plus humainement divin ; c'est bien le Dieu qui est aimé, mais il est aimé plus sensiblement, à la manière dont on aime les hommes, et spécialement en raison des perfections inénarrables que sa Divinité verse dans le sein de son humanité.

Jésus veut être aimé de toutes les manières, et il se plaît à combiner les différences des âges, de telle sorte que, pendant la durée de ce monde, tous les types d'amour étant réalisés là où l'on acquiert ils puissent se perpétuer là où tout se conserve et se complète, dans la plus parfaite harmonie.

Selon les temps, selon les nations, selon les écoles, se distribuent les

---

1. *Sancti Francisci Opera omnia*, Lugduni, 1653, in-fol., p. 57.

In foco l'amor mi mise
In foco l'amor mi mise.

In foco d'amor mi mise
Il mio sposo novello,
Quando l'anel mi mise,
L'Agnello amorosello,
Poiche in prigione mi mise,
Ferimmi d'un coltello.
Tutto il cor mi divise.

In foco l'amor, etc.

Divisemi lo core
E'l corpo cadè in terra.
Quel quadrello del amore,
Che ballestra disserra,
Percosse con ardore
Di pace fece guerra.
Moromi di dolcione.

In foco l'amor, etc.

rôles, avec cette harmonieuse variété qui doit se perpétuer dans l'unité céleste. Chaque phase de la piété chrétienne arrive à sa place, à son heure, et ce n'est pas sans de mystérieux motifs que les riantes pratiques du mois de Marie, la filiale confiance en saint Joseph, la tendre dévotion au Sacré Cœur de Jésus, sont devenus, dans notre siècle si tourmenté de convoitises, le soutien et la consolation des fidèles. De là le ton particulier que prendront les voix dans le concert universel.

Il en est de l'art comme de l'amour : au IVe siècle, il coule ; au XIIIe, il bondit : qu'est-ce que l'ogive et tout le système ogival, sinon un jaillissement, jaillissement continué dans la coupole de Saint-Pierre ? Elle fut lancée, en effet, dans les airs, hors de toutes les données de l'esthétique grecque ou romaine, sous l'empire d'un système qui prétendait cependant en renouveler le goût.

Quand le chrétien passait du dehors dans l'enceinte d'une basilique primitive, en présence de l'autel, il se séparait du siècle, et entrait dans une nouvelle vie ; l'acte était consommé, il était le commensal du Christ, dont il voyait la grande image régner au faîte de l'édifice, et demeurer cenpendant à une faible distance au-dessus de lui. Il en était trop près pour avoir besoin de beaucoup élever le regard. L'ordre et la gravité de ces larges nefs, de ces solennelles rangées de colonnes, étaient en rapport avec la doctrine, répandant comme un fleuve, autour de lui, les eaux où il se sentait plongé, le cours de son amour n'était autre que celui de sa foi, l'un et l'autre abondants et faciles ; alors il convenait que saint Augustin, avec toute la poésie et la sensibilité de son âme, fût un docteur.

Mais quand le siècle lui-même fut entré dans l'Eglise, que toutes les races, toutes les tribus, toutes les conditions se furent faites chrétiennes ; toutes leurs passions y pénétrèrent avec elles, et pour se dégager d'un tel pêle-mêle, il fallut ce jet qui, sous aucun rapport, ne manqua aux âmes. Au lieu du légionnaire des armées romaines, l'on vit naître le chevalier. La vertu antique fut surhaussée de cette héroïque quintessence que l'on appelait l'honneur. Alors l'esprit chrétien dut avoir pour représentant un chevalier et un poëte : et pour être fils de Pierre Bernardone, et s'être fait le plus pauvre, le plus humble des hommes, saint François n'en fut pas moins l'un et l'autre.

XI.

LE CYCLE DE LA NOUVELLE ALLIANCE.

L'iconographie chrétienne, au moyen âge, n'est plus ce qu'elle était dans sa période primitive : nous avons vu sur quelles bases reposent les différences qui les caractérisent ; nous allons les suivre dans leurs applications, en prenant d'abord, pour comparer les époques, les points où elles se rencontrent, de préférence à ceux où elles s'écartent.

Les idées, dans l'iconographie primitive, plus fondamentales, plus pleines, accordant moins à l'imagination, plus simples en elles-mêmes, furent rendues par des compositions et des formes qui avaient elles-même plus de simplicité et de concision. Ces idées roulent sur la rédemption, le salut, la vie nouvelle : cette vie de la grâce, qui, une fois acquise par l'application des mérites de Jésus-Christ, consistant dans l'union avec Dieu, se perpétue sans discontinuation, par la vie de la gloire, pendant toute l'éternité. La mort naturelle, en effet, en change les conditions, sans l'interrompre ; si bien que les œuvres d'art figuré qui nous restent de cette époque, ayant été principalement employées à la décoration des tombeaux, elles ne nous offrent cependant que des idées de cette véritable vie, nous montrant par quels mystères elle s'acquiert, s'entretient et demeure assurée. Il n'en est plus ainsi au XIIIᵉ siècle : sur les tombeaux, c'est l'idée du sommeil qui a prévalu, idée elle-même profondément chrétienne, et venue de la primitive Église, où les lieux employés à la sépulture des fidèles avaient déjà reçu le nom de cimetière (κοιμητήριον), c'est-à-dire de « dortoir ». Le sommeil fait penser au réveil, et en voyant tous ces nobles morts, si paisiblement couchés sur leur tombe, pendant toute la durée du moyen âge, la pensée se maintient dans l'attente, et se reporte au grand jour du jugement.

Qui ne le voit cependant ? la différence entre ces deux ordres d'idées est sensible : elle s'exprime par ces mots : vivre et revivre, appliqués à des points de vue différents d'une même vérité.

L'idée du sommeil de la tombe et de son réveil implique celle du jugement, disons-nous : en effet, on peut dire que l'idée du jugement est dominante au XIIIᵉ siècle, presque autant que l'était plus anciennement

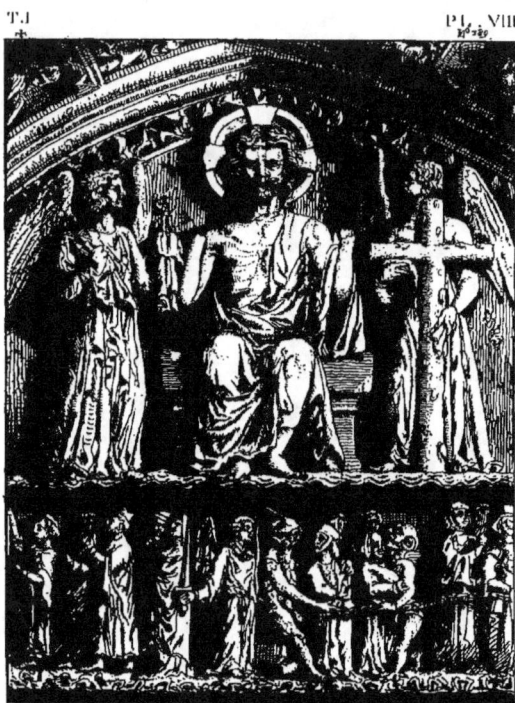

SOUVERAIN JUGE
Tympan de la Cathédrale de Poitiers
XIV.e Siècle

celle de la Rédemption : alors le Christ triomphant, c'est surtout le Souverain Juge : il apparaît, sous cet aspect, au frontispice des églises, dans l'arc du porche central, à leur façade principale, c'est-à-dire à la place devenue la plus importante dans l'iconographie chrétienne, depuis que, par les changements de l'architecture, la voûte absidiale et l'arc triomphal des anciennes basiliques ont cessé de l'être, ou plutôt ont complétement disparu [1]. Il est remarquable, d'ailleurs, que cette importance, appliquée d'abord à des parties intérieures de l'édifice sacré, se soit reportée ensuite à son extérieur : on voit par là comment tout se tient : quand la cité tout entière est devenue chrétienne, alors c'est sur la place publique que s'étale, au dehors du temple, l'image principale de son Dieu ; alors l'édifice, dans son ensemble, constitue sous la voûte du ciel un vaste tabernacle ; et au loin, ses hautes tours disent aux chrétiens, au milieu de leurs soins journaliers, où ils doivent se tourner pour l'adorer, présent, en réalité corporelle, sur nos autels.

Si chrétienne cependant qu'elle soit devenue par la foi, cette cité ne renferme pas que des observateurs fidèles de l'Évangile ; ce n'est plus comme lorsque l'élite des initiés participait seule aux mystères du dedans. Être chrétien, c'était être sauvé, parce que être chrétien, c'était vivre en chrétien ; maintenant que beaucoup de chrétiens ne remplissent pas les obligations imposées par leur nom, il faut, avec la confiance dans les miséricordes de Dieu, leur inspirer la terreur de ses jugements.

La pensée d'un partage, l'opposition entre les bénis de la droite et les déshérités de la gauche tend à se généraliser [2]. Les figures de l'Église et de la Synagogue qui expriment une séparation analogue acquièrent une vogue croissante.

De là, il dut résulter une appréciation très-différente de ce qu'elle avait été primitivement, quant à la valeur et à la signification relative de la droite et de la gauche.

La droite a bien toujours exprimé une préférence ; mais cette préférence peut devenir accessoire, accidentelle, susceptible, par conséquent,

---

1. C'est une bonne fortune pour nous que de pouvoir offrir à nos lecteurs (pl. VIII), le Souverain Juge de la Cathédrale de Poitiers, gravé par notre ami, M. O. de Rochebrune, d'après la photographie. Ce Christ si bien rendu est du XIVe siècle, mais il a conservé le caractère du XIIIe.

2. Dans la miniature d'un psautier de la Bibliothèque nationale (suppl. lat. 1194.), que nous publions, pl. IX, le partage se fait de haut en bas. Il n'en revient pas moins au même fond d'idée ; on y voit d'ailleurs cette sève de combinaisons nouvelles, associée à des données anciennes, qui caractérise l'époque, le don de la loi, la création de la femme, la conversion de saint Paul, ne sont pas rapprochées là au hasard. Nous ferons en sorte, en temps et lieu, d'en démêler les motifs.

d'être facilement compensée par d'autres circonstances, propres à relever les personnes et les choses laissées à la gauche. Les besoins de la composition feront souvent une nécessité, en tous temps, de prendre la gauche en bonne part et même d'y placer quelquefois ceux qui, tout bien considéré, doivent être comptés pour les premiers ; mais telles raisons jugées suffisantes, autrefois, pour le faire sans blesser l'ordre hiérarchique, ne le seront plus désormais, et l'on se croira obligé, ou d'en imaginer de nouvelles, ou de faire disparaître, comme des anomalies, tels modes de répartition qui, bien compris, n'exprimaient dans les idées que des nuances fort légitimes.

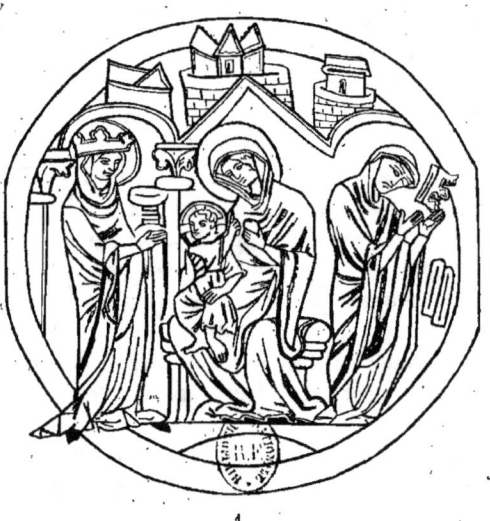

1

L'Église accueillie, la Synagogue repoussée (Miniature du XIIIᵉ siècle).

Les figures de l'Église et de la Synagogue s'appliquent aux différentes manières de représenter Notre-Seigneur, ou triomphant ou attaché à la croix, ou comme souverain juge ou encore enfant. Dans le beau manuscrit du XIIIᵉ siècle, connu sous le nom d'*Emblemata biblica* (Bibliothèque nationale, lat. 11,560), sur le psaume 9, *Confitebor tibi, Domine... narrabo...* on a représenté comme emblème l'Enfant Jésus sur le sein de la sainte Vierge, repoussant d'un geste la Synagogue défaillante, tandis que l'Église s'approche de lui la tête levée. Cette miniature servira aussi à montrer quelles formes dramatiques et variées prenaient déjà ces figures

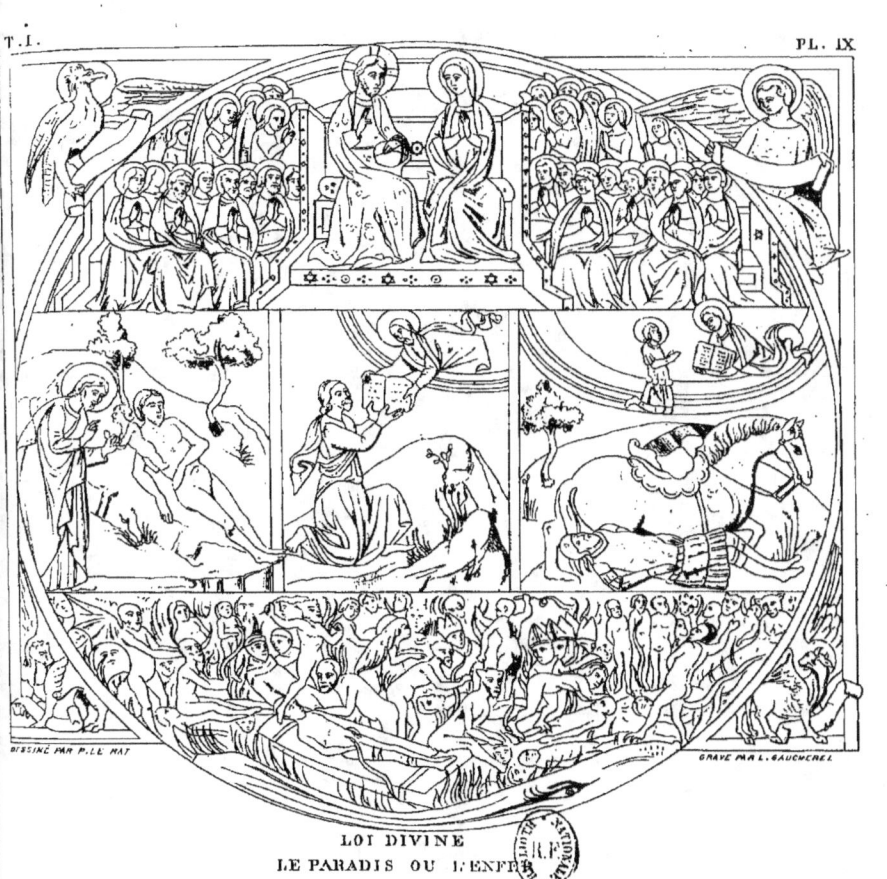

LOI DIVINE
LE PARADIS OU L'ENFER
Miniature du XIII S.cle
Bibl. Nat.le

allégoriques, comparativement aux procédés bien plus simples du ıx*e* siècle, où elles avaient pris naissance.

Quoi qu'il en soit, c'est au sacrifice accompli sur la croix, que les figures de l'Eglise et de la Synagogue ont toujours été liées préférablement. En effet, c'est sur la croix, par la mort du Testateur, que s'est accompli le mystère du Nouveau Testament ; c'est alors que tout ce qui était transitoire dans l'ancienne loi a été abrogée, du moins en principe, sinon quant à la promulgation des décrets divins, qui eut lieu le jour de la Pentecôte.

Quand on a voulu développer cette pensée de la Nouvelle-Alliance, comme elle l'a été dans quelques-unes des plus importantes verrières de Bourges, de Chartres, de Tours, du Mans, on a représenté les circonstances de la Passion avec beaucoup de développement, comparativement aux autres faits évangéliques. En conséquence, avant les savantes études du R. P. Cahier [1], on aurait été induit facilement à penser que la Passion était le sujet principal, le point d'unité, autour duquel se groupent toutes les parties de cette vaste composition.

Il est certain cependant que la Passion ne s'y montre pas sans la Résurrection. Dans la plus importante de ces verrières, celle de Bourges, sur quatre panneaux, qui, occupant la ligne médiale, constituent la grande artère par laquelle circulent toutes les idées, deux seulement représentent des scènes de la Passion : l'aide prêtée par Simon le Cyrénéen dans le portement de la croix, et le Crucifiement. La Résurrection occupe le troisième ; tandis que dans le quatrième, on donne, nous pouvons le dire, le titre du poème tout entier, représentant Jacob, lorsque, bénissant les fils de Joseph, il croisa les bras, afin que, nonobstant l'ordre où ils lui étaient présentés sa main droite reposât sur la tête d'Ephraïm : signe du choix providentiel qui devait élever celui-ci au-dessus de Manassès, son aîné.

L'ensemble de ces compositions nous prouve qu'à cette époque encore on représentait peu le divin sacrifice, sans rappeler expressément son efficacité souveraine et son complément glorieux. Mais ici, le point de vue particulier de la Nouvelle-Alliance demeurant le nœud de toutes les pensées, ce n'en est pas moins la pensée même de ce sacrifice régénérateur qui prime tous les autres. Sa prééminence se fait sentir par la position centrale donnée au Crucifiement, plus que par la multiplication des scènes de la Passion ; et toute énigme disparaît aussitôt que l'on a compris la signification de ces deux figures, l'Eglise et la Synagogue qui, seules, y apparaissent au pied de la croix.

---

1. Vitraux de Bourges, grand in-folio. Paris, 1841, 1844.

Les verrières de la Nouvelle-Alliance comptent, entre les monuments iconographiques du xiiiᵉ siècle, parmi les plus importants ; il n'en est pas qui aient été mieux expliqués. Elles ont une saveur non équivoque d'antiquité chrétienne, et cependant une vive originalité, qui tranche, sous beaucoup de points, avec l'antiquité primitive. Elles seront donc éminemment propres à nous faire sentir les différences caractéristiques des époques.

Considérez les généralités : la pensée dominante dans l'antiquité primitive, la pensée du salut, y règne, non plus autant sous l'aspect d'une délivrance, mais plutôt comme une chose divine, comme une expansion ; ce ne sont là, cependant, que des nuances. Les faits de l'Ancien et du Nouveau Testament, de part et d'autre, sont entremêlés. La délivrance de Jonas, le sacrifice d'Abraham, Moïse faisant jaillir l'eau du rocher, si fortement liés à l'iconographie primitive, jouent un rôle important dans nos verrières, et l'on pourrait croire, de prime abord, à plus de similitude, sous ce rapport, qu'il n'y en a effectivement entre les deux termes de comparaison.

Voyez, au contraire, quelles sont les différences : dans l'antiquité primitive, on évitait d'attacher le Sauveur à la croix ; plus anciennement, on ne la représentait, en toutes manières, qu'avec beaucoup de réserve ; ici, c'est le crucifix qui est devenu la représentation capitale. Sur les premiers crucifix, Jésus apparaissait vivant et vêtu ; ici, il est mort et dépouillé, nonobstant la pensée du triomphe, qui se maintient dans l'ensemble de la composition.

Ici, les faits ne sont plus représentés chacun avec une signification propre et fondamentale, et groupés indifféremment, soit qu'on les ait empruntés à l'Ancien ou au Nouveau Testament. Suivant qu'ils proviennent de l'une ou de l'autre de ces sources, ils forment maintenant deux séries bien distinctes, quoique parfaitement liées entre elles, les faits du Nouveau Testament étant considérés comme la réalité et l'accomplissement, les autres comme des figures correspondantes.

Ainsi, Isaac portant le bois destiné à son sacrifice, le sacrifice même d'Abraham ; la veuve de Sarepta en présence du prophète Élie, l'immolation de l'Agneau pascal, et le signe *Tau* inscrit sur les maisons des Israélites, s'associent à la scène du portement de croix ; Moïse faisant jaillir l'eau du rocher d'un côté, élevant le serpent d'airain de l'autre, accompagne celle du crucifiement.

La résurrection du fils de la Sunamite par Élisée, la délivrance de Jonas se groupent à côté de la résurrection du Sauveur lui-même. Les figures emblématiques du pélican et du lion, rendant la vie à leurs petits, achèvent de mettre en évidence le caractère figuratif des faits bibliques, avec lesquels ils convergent vers un but commun, employés en quelque sorte comme des équivalents.

La présence de David, assis à côté du pélican, indique bien que l'on a voulu rappeler le psaume où le roi prophète se compare au pélican de la solitude; de même, on peut croire que le lion n'a pas été choisi sans allusion à la prophétie de Jacob, et à la métaphore de l'Apocalypse [1]; mais, quant à la manière de représenter ces figures symboliques, l'emprunt à la zoologie fabuleuse, transmise sous le nom de *Physiologus*, ne peut faire l'objet d'aucun doute. Or, nous ne pensons pas qu'avant le XIII° siècle on trouve facilement, dans l'iconographie chrétienne, des emprunts de ce genre. Les symboles primitifs, tels que le poisson, le phénix, avaient une toute autre origine, bien que celui-ci figure dans le *Physiologus*.

Nous ne contestons ni l'antiquité des autres légendes, ni celles des moralités qui leur sont appliquées et du recueil où elles sont réunies; mais nous saisissons cette occasion de le faire remarquer : bien qu'il y ait des corrélations étroites, des points de communication, entre le symbolisme des écrivains et celui qui est employé dans les arts figurés, ces deux courants restent distincts. Des idées exprimées par un écrivain de premier ordre, par un Père de l'Eglise, répétées par un grand nombre d'auteurs, ne font pas toujours immédiatement école en iconographie; quelquefois elles n'y sont adoptées que longtemps après qu'elles ont été émises, souvent avec des modifications. Il peut arriver qu'elles ne le soient jamais. Comment pourrait-on considérer le courant artistique et le courant littéraire comme coulant dans le même lit, quand, dans le seul domaine des arts, l'on trouve des écoles contemporaines dont, sous les mêmes rapports, les eaux restent très-distinctes?

Mais qu'une tendance prenne le dessus, elle se rattache aussitôt à tout ce qui, antérieurement, s'était manifesté d'analogue ; elle se l'assimile et le développe. Au XIII° siècle, on aime à tout symboliser; on veut donner une signification aux moindres détails : à l'ordre des situations, aux dimensions, aux couleurs. Telle disposition qui devait son origine à l'usage, à l'histoire, qui aurait dû être commémorative d'un fait, plutôt que l'expression d'une idée, était elle-même forcée de signifier quelque chose de plus : le *Rational* de Guillaume Durand et d'autres ouvrages analogues nous en donnent la preuve. L'érudition ne fait pas tous les frais de leurs explications, ils en ont imaginé un bon nombre ; mais on

---

1. *Catulus leonis Juda...... accubuisti ut leo* (Gen. XLIX, 9). *Vicit leo de tribu Juda* Apoc., v, 5).

le comprend facilement, voulant voir une signification figurée jusque dans les moindres circonstances, ils ont recherché beaucoup d'anciennes explications symboliques qui sont passées alors dans l'iconographie chrétienne.

On voulait préciser le signification des choses dans les formes mêmes qu'on leur prêtait. Le bois porté par Isaac pour son sacrifice, celui que ramassait la veuve de Sarepta, sont des figures de la croix : on leur donne, dans la verrière de la Nouvelle-Alliance, la forme même de croix. Le bélier qui sera immolé à la place d'Isaac représente la victime sans tache : il est d'une blancheur éclatante. L'esprit, éveillé par de semblables indications, saisit mieux ensuite la pensée de substitution, qui est commune à tous les faits groupés autour du panneau central. Dans cette scène où Jésus, portant sa croix, accepte l'aide du Cyrénéen, on voit aussi que les saintes femmes prennent leur part de ce précieux fardeau, et le Sauveur leur dit de ne pas pleurer sur lui. NOLITE FLERE SUP... « Ne pleurez pas sur moi ». Ces mots sont écrits à côté d'elles. Faut-il ajouter : *sed super vos ipsas flete* (Luc. xxv 28) : « mais pleurez sur vous-mêmes » ? Nous ne le croyons pas : l'artiste s'est arrêté à la pensée du salut opéré par la divine substitution, à la participation au sacrifice du Sauveur. Et c'est ainsi qu'en termes qui lui sont propres, et avec un mode d'expression très-différent, il revient à la pensée qui remplit principalement tout l'art chrétien primitif.

XII.

DÉVELOPPEMENT DES PERSONNALITÉS ET STATUAIRE DE NOS CATHÉDRALES.

La séve des idées dans l'art, moins concentrée et moins substantielle peut-être, demande à couler avec plus d'abondance au xiiie siècle qu'elle ne l'avait fait au premier âge du christianisme. Si elle manifeste ce caractère dans des sujets tout symboliques, elle trouve surtout à s'épancher dans les sujets historiques. L'esprit alors veut tout pénétrer, l'art entreprend de tout rendre ; avides l'un et l'autre de détails, ils les sèment volontiers, si l'histoire les fournit. A défaut de ses données positives, ils acceptent le secours de la légende sans beaucoup de contrôle ; et ce n'est pas un pur effet du hasard que, dans le bel ouvrage des PP. Cahier et Martin, le vitrail tout légendaire de saint Thomas vient immédiatement après le large symbolisme dont le vitrail de la Nouvelle-Alliance nous a donné un si magnifique exemple. Ainsi se manifeste sous ses deux faces principales le caractère iconographique de l'époque.

C'est aussi alors que le langage de l'art tendant sous toutes les faces à devenir très-explicite, l'on voit peu à peu se répandre l'usage de désigner les saints par des attributs caractéristiques. Jusque-là on ne pourrait en compter que de rares exemples : saint Pierre, pendant longtemps, fut peut-être le seul auquel on en ait donné de vraiment fixes et personnels : les clefs, plus anciennement la croix, la tonsure cléricale, et même la verge de Moïse, vu qu'il était considéré comme le Moïse de la nouvelle loi. Et encore ces désignations, se rapportant à sa dignité comme chef de l'Église, conservaient un caractère de généralité bien différent de la tendance à particulariser qui se développe au xiiie siècle.

Auparavant on trouverait quelques exemples de martyrs accompagnés des instruments de leur supplice. Près de saint Laurent, par exemple, on aperçoit son gril dans l'oratoire de saint Nazaire et saint Celse, construit au ve siècle à Ravenne, par Galla Placidia[1]. C'est une indication abrégée du genre de martyre, tout au plus un acheminement vers l'usage qui ne prévalut que bien plus tard. Si on considère l'ensemble des faits, on reconnaîtra que l'idée d'une désignation personnelle n'entrait point encore dans l'esprit de ces représentations, ou du moins qu'elle n'y entrait pas au même degré qu'elle l'a fait depuis. Saint Laurent, dans le monument dont nous parlons, porte aussi la croix ; et l'instrument du salut lui est mis entre les mains, avec une véritable persistance, dans un assez grand nombre d'autres monuments. On voit bien qu'il ne s'agit là de rien d'absolument propre : la croix est donnée, par assimilation avec la passion du Sauveur, comme un signe du martyre en général, dont saint Laurent était l'un des types les plus vénérés, et si on l'attribuait aussi à saint Pierre, ce n'était point principalement en vue de son genre de mort. De même, les apôtres avaient un attribut commun, le livre ou le *volumen*, qui les caractérisait, ajouté à d'autres circonstances, car il ne leur était pas exclusivement réservé ; mais aucun attribut ne servait à les distinguer les uns des autres.

Au xiiie siècle on commença à leur attribuer, à chacun, des insignes qui leur furent propres et préférablement les instruments connus ou présumés de leur martyre. L'on ne trouve pas d'exemples plus anciens de l'attribution de l'épée à saint Paul.

---

1. Ciampini, *Vet. mon.*, T. I, p. XLVI.

Ouvrir à l'imagination un accès plus facile, accentuer les expressions, se répandre dans les circonstances et les particularités, le mouvement, la vie, tout cela était fortement dans les tendances de l'art, au XIII° siècle. D'où vient cependant que depuis on l'aurait accusé d'avoir été plutôt, à cette époque, immobile et glacé ? Cela tient beaucoup aux conditions subordonnées, par rapport à l'architecture, dans lesquels les arts figurés étaient généralement employés, si on les compare surtout aux œuvres modernes, conçues ou tout à fait isolément, ou de telle sorte que l'édifice auquel on a pu les associer paraisse au contraire comme obligé de se prêter au rôle exagéré qu'on leur fait jouer.

Être subordonné à l'architecture n'est pas, à beaucoup près, une condition d'infériorité pour la peinture ou pour la sculpture ; c'est, au contraire, dans ces termes que se constitue le grand art. Rien n'élève comme d'approcher du Prince. Il faut dire seulement que, l'art alors étant constitué d'une autre manière, on le juge mal, si on le juge d'après les seuls principes de l'imitation naturelle.

Au XIII° siècle quatre vastes champs sont ouverts à l'iconographie chrétienne : la statuaire des grandes églises cathédrales ou monastiques, les vitraux, la peinture murale et les miniatures des manuscrits.

Les tableaux faits pour demeurer isolés ne laissent pas que d'être nombreux eux-mêmes, sinon dans nos contrées occidentales et septentrionales, du moins en Italie et dans l'empire d'Orient ; mais ils ne sont guère consacrés qu'à représenter des Madones ; ou bien ils sont encadrés en des retables et des triptyques d'autel, comme partie intégrante de ces petits monuments d'architecture. Il y a toute raison, alors pour qu'ils demeurent ancrés dans le caractère architectural, qui domine pendant tout le cours de cette grande période.

Les miniatures seules, extrêmement multipliées, pouvaient offrir un champ plus libre aux ébats du pinceau. Effectivement, c'est bien là que l'on trouvera des tours d'imagination plus vifs et plus variés ; mais quant au style, elles prennent ordinairement le ton donné dans les branches supérieures de l'art ; et, d'ailleurs, la peinture d'un livre, bien entendue, ne doit pas avoir un caractère beaucoup différent de la peinture murale. Il ne faut pas plus le percer à jour qu'un édifice lui-même, et l'illusion des sens doit y rencontrer à peu près les mêmes limites.

Nous mettons la statuaire monumentale de nos édifices religieux, la première parmi les genres où s'exerça le moyen-âge, en fait d'iconographie et d'esthétique chrétienne. Elle participe de l'élévation grandiose, abondante, élancée, pleine d'idées de l'architecture elle-même ; noble,

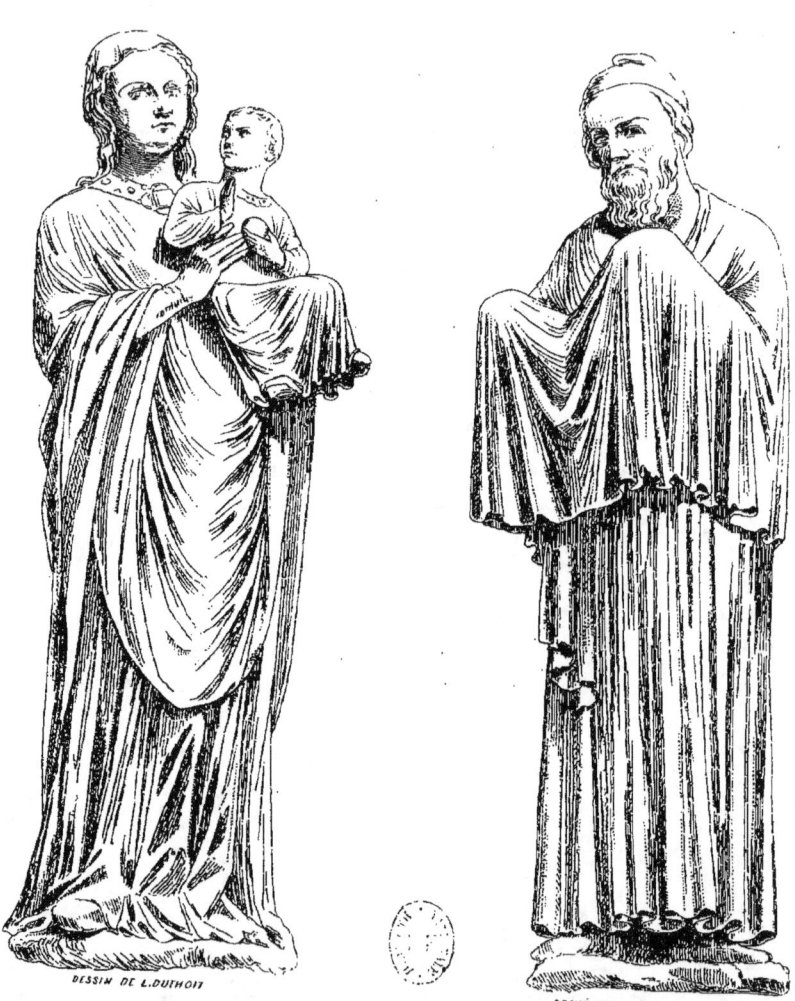

LA Ste VIERGE ET LE VIELLARD SIMÉON
Statues de la Cathédrale d'Amiens
XIIIe Siècle.

grave, modérée, placide dans les grandes lignes des statues principales ; la pierre est animée sans perdre sa fixité ferme et solennelle, sans se détacher de la construction qu'elle doit soutenir pour sa part[1] ; la mise en action est réservée pour des espaces secondaires. Dans les tympans, elle est encore contenue en raison même de leur importance architecturale. Plus de liberté lui serait laissée dans ces médaillons que les constructeurs de nos cathédrales aimaient à ménager au-dessous des grandes statues gardiennes de leurs porches pour en développer le sens : sortes de *predelle*, comme disent les Italiens ; disposition susceptible de s'adapter aussi aux vitraux, quand on associe, à de grandes figures en pied, des mises en scène correspondantes dans les panneaux inférieurs.

Mais, dans ces petits tableaux, l'espace contraint de rester concis bien plus qu'il ne permet de s'étendre ; et si la tendance au mouvement s'y manifeste quelquefois avec vivacité, on sent aussi qu'elle y est contenue sous l'empreinte générale de la gravité monumentale. C'est comme dans une famille aux habitudes magistrales où le jeu des enfants s'échappe à la dérobée.

La gravité est commandée par le fait de la subordination à l'architecture, par la nature des matériaux ; mais l'esprit de l'époque est jeune, actif, abondant, luxuriant dans ses productions ; il semble chercher sans cesse quelque issue où il puisse, à propos ou hors de propos, prendre ses ébats. Il s'était emparé de la plupart des supports, des modillons, et il semble qu'on les lui avait abandonnés au point de lui permettre d'y aller souvent jusqu'au grotesque et quelquefois au delà. Au xiie siècle, on avait volontiers déversé sur les chapiteaux le mouvement des scènes historiques, même les plus sérieuses : c'était d'un goût assez contestable, les personnages s'adaptent mal à l'office d'un pareil membre d'architecture, où ils sont exposés à devenir facilement difformes, et le xiiie siècle se montra bien mieux avisé en revenant, pour ses chapiteaux, uniquement aux ornements de feuillage, qu'il sut multiplier avec tant de goût, d'élégance et de variété. Les chapiteaux à personnages furent cependant conservés en certaines circonstances ou plutôt ils furent transformés et constituèrent une sorte de frise, pour servir de couronnement à des séries de colonnes. Ces frises règnent aussi au-dessus des intervalles

---

1. Nous donnons (pl. x) comme spécimen de cette belle statuaire deux statues de la cathédrale d'Amiens, dont nous devons les dessins à M. Duthoit. Ces statues de la sainte Vierge et du vieillard Siméon sont belles en elles-mêmes. Il est beau aussi d'avoir su donner le caractère monumental demandé dans la circonstance à la représentation d'un fait : le mystère de la Présentation.

qui les séparent, en suivent toutes les sinuosités. Elles s'étendent ainsi, sans autre discontinuation que celles des portes, le long des trois porches, à la façade principale de la cathédrale de Chartres, où elles offrent dans leur développement la vie de Jésus et celle de Marie représentées d'après le texte de l'Évangile et d'après les traditions.

L'usage de renfermer d'une clôture le chœur des cathédrales fournit un espace où les mêmes sujets purent être exposés en des conditions bien plus favorables. Les bas-reliefs qui ornent dans ces conditions Notre-Dame de Paris méritent d'être célébrés comme les chefs-d'œuvre du genre : ce n'est plus la gravité solennelle d'une rangée de statues, mais la marche encore grave, sobre et recueillie qui convient à l'esprit des faits, aux approches du sanctuaire, dans un monument de pierre.

Nous parlions de porches extérieurs, de leurs grandes statues, des chapiteaux ou plutôt des frises qui surmontent quelquefois leurs colonnes de toutes les figures semées sur beaucoup de médaillons et de supports. Viennent encore les voussures de leurs voûtes, peuplées elles-mêmes d'un monde de statuettes ; souvent elles offrent des phalanges de personnages uniformes, ou à peu près, représentant les anges, les apôtres, les prophètes, les ancêtres du Sauveur, les vieillards de l'Apocalypse, les différents ordres de saints appelés à unir leurs acclamations en l'honneur de l'Homme-Dieu et de sa Très-Sainte Mère. La répétition multipliée des mêmes situations dans les monuments du premier ordre provoque l'éclosion d'une multitude nouvelle d'idées et de figures : la représentation des arts libéraux, celle des mois de l'année, des travaux propres à chacun d'eux, les signes du zodiaque, pour marquer le cours des choses de la terre et celui du soleil, la terre elle-même, la mer, comme un résumé de la nature entière, vont trouver place en quelque partie de l'édifice, au revers de quelques pieds droits, sur le champ de quelque trumeau ou de quelque chambranle : car il faut, pour répondre à l'opinion régnante, que tout vienne s'abriter à l'ombre de l'Église et célébrer son divin auteur. Alors, spécialement, voilà qu'au portail de la cathédrale de Chartres, consacré à la sainte Vierge, mais pour exalter en sa personne toute une face de la rédemption, plutôt qu'en vue d'un honneur qui lui soit strictement personnel, l'on voit se dérouler des séries de voussures où apparaît toute l'histoire de la création, la chute de l'homme et la promesse d'un rédempteur, les actes de la vie active, ceux de la vie contemplative, suivies des célestes prérogatives de la vie bienheureuse.

Le caractère encyclopédique d'un ensemble de représentations aussi variées a donné lieu de penser qu'en effet il fallait y voir le calque ou du moins la traduction de la véritable encyclopédie du temps, le *Miroir* de

Jean de Beauvais. En réalité, il n'y a de commun entre les imagiers de nos cathédrales et l'œuvre de l'illustre dominicain, que l'ampleur des vues puisées à la source commune d'un esprit avide de tout embrasser, sous l'empire d'une foi dont il ne vient pas encore à la pensée que rien dans le monde puisse être séparé.

XIII.

IMPULSION DANS LE SENS MODERNE EN ITALIE.

Au point de vue qui avait seul prévalu depuis trois cents ans, jusqu'au premier quart de notre siècle, l'art, lié à la fortune de l'empire romain, serait entré en décadence avec lui, aurait succombé quand il succomba ; et, sous la domination des barbares, comme sous les Grecs dégénérés du Bas-Empire, il serait tombé lui-même dans une telle barbarie, qu'il n'aurait plus mérité d'avoir une histoire. Il aurait eu besoin de renaître, et la première aurore de son existence nouvelle se serait manifestée au xiiie siècle en Italie dans l'école de Pise, pour la sculpture ; par l'initiative de Cimabué, pour la peinture. Que l'on donne à celui-ci des émules, qui même l'auraient devancé à Sienne, à Pise, à Florence même, ou ailleurs, peu importe à la question, comme elle se pose devant nous : il ne s'agit toujours de ne compter dans l'histoire de l'art rien qui ne tende aux termes du développement moderne qu'il a pris depuis la Renaissance proprement dite.

A ce point de vue, il n'y a plus d'*art chrétien*, il y a des sujets chrétiens : l'art les traitera comme il traitera tous autres sujets : à certaines époques les sujets chrétiens lui étaient presque uniquement demandés ; en d'autres temps les sujets profanes l'auront occupé beaucoup plus : il demeure toujours le même, et réside tout entier dans les formes, soit que l'imitation de la nature en constitue la perfection, soit qu'on la fasse consister dans l'accent poétique, qu'on en tire par un choix intelligent, dans dans un idéal qui en est comme la quintessence : idéal poursuivi avec tant de succès par la Grèce antique qu'on ne saurait mieux faire pour l'atteindre que de suivre ses traces. La théorie de l'art pour l'art vient à dominer ainsi toute autre considération.

La direction des idées, les moyens de les rendre, les formes, en tant qu'elles s'y adaptent, tiennent au contraire le premier rang dans l'ordre de nos observations, et le XIII° siècle, à cet égard, le XIV° siècle et même le XV°, se rattachent, par des liens de filiation bien autrement étroits, aux siècles qui les précèdent, que ne le font à eux-mêmes, sous d'autres rapports, ceux qui les suivent. Néanmoins ce dernier point de vue n'est pas sans vérité, et nous ne devons pas le laisser passer inaperçu.

Le mouvement par lequel l'art au XIII° siècle a tendu à s'affranchir de l'archaïsme qui régnait dans les formes et les procédés, pour prendre son cours dans le sens d'une meilleure imitation de la nature, s'est manifesté d'abord dans la statuaire surtout. La prépondérance de celle-ci chez nous, sur les autres arts figurés, est manifeste. En Italie, la peinture, qui devait passer en tête de ligne avec Giotto, pouvait, même avant lui, disputer la première place à la sculpture. Il suffit de comparer la basilique d'Assise et l'importance de ses peintures murales, avec nos cathédrales, pour saisir la différence. Néanmoins, quant au mouvement qui nous occupe, ce sont presque toujours, même au delà des monts, les sculpteurs qui ont donné les premières impulsions. C'est d'eux que Giotto, parfois sculpteur lui-même, l'a reçue en partie. Ghiberti ne fut pas sans influence sur Masaccio, et Michel-Ange sculpta avant d'être peintre.

Au XIII° siècle, d'ailleurs, notre point de départ en ce moment, le mouvement de la statuaire monumentale chez nous, et celui de la sculpture chez les Italiens, ne procèdent point des mêmes sources, et n'aspirent aucunement à couler dans le même lit. Là, c'est un épanouissement; ici, on dirait plutôt un prélude. Nos tailleurs d'images, quoique sans étude systématique, ont pris dans la nature tout ce qu'ils n'ont pas puisé dans les inspirations de leur foi; et, après eux, le niveau de la foi baissant, la dextérité croissante de la main, l'attention plus soutenue prêtée aux observations naturelles, ne préservent pas d'un insensible déclin. Puis, c'est dans la statue noblement posée, comme si elle devait concourir au soutien de l'édifice, sans aller s'incorporer avec lui au degré de la cariatide, que s'affirme tout son génie. L'école de Pise, qui va régner en Italie, brillera plutôt, au contraire, dans le bas-relief; elle s'inspirera des formes de l'art antique. On sait l'influence que l'histoire attribue sur le chef de l'école, au fameux sarcophage de la chasse d'Hippolyte. Les réminiscences antiques s'atténuent chez ses élèves, mais la force d'impulsion qu'il leur avait donnée se renouvellera bientôt, et, par une progression croissante alors, elle n'en viendra pas moins aboutir à l'ère de l'art moderne.

Nicolas de Pise, d'ailleurs, n'innove pas en iconographie : ce qu'il emprunte à l'antique de formes et d'attitudes, il l'emploie en des com-

NATIVITÉ DE NOTRE SEIGNEUR
Bas-relief de la Chaire ou Baptistère de Pise (XIII.e siècle)

positions, où dominent, s'ils ne règnent exclusivement, les éléments traditionnels. Ou si dans ses œuvres on découvre quelques innovations de ce genre, il ne va pas, sous ce rapport, au delà des peintres contemporains[1].

Il est hors de doute, aujourd'hui, qu'on ne peut admettre, sans restriction, le système de Vasari, établi en faveur de Florence, qui fait émaner de Cimabué seul, et ensuite de Giotto, tout le progrès que prit de leur temps l'art de peindre : Cimabué eut en Italie des devanciers, et Giotto des émules. Il n'en est pas moins vrai qu'en eux , à leur époque , se concentre tout l'intérêt de l'histoire. La citation du Dante suffirait pour attirer sur eux une attention toute particulière ; l'ovation de la fameuse vierge de Cimabué, la visite que lui rendit Charles d'Anjou, sont des traits auxquels on ne peut opposer aucun équivalent ; et, par-dessus tout, son grand relief fut d'avoir été le maître de Giotto. Par lui, il donna naissance à une continuité de peintres dont, en filiation directe, on peut dire que sont descendus et Masaccio et Jean de Fiesole et Raphaël et tous les grands artistes modernes.

Quand ce serait par le seul effet des circonstances politiques qui, en définitive, ont assuré à Florence la suprématie en Toscane, il est constant que les écoles rivales de Pise, de Sienne, etc., quel que soit leur mérite, ont vu, au contraire, plus ou moins promptement s'éteindre leur postérité directe ; ou plutôt cette postérité est venue se perdre dans le cours toujours croissant, qui avait sa source à Florence même.

Quoi qu'il en soit, la rénovation de la peinture, au XIIIe siècle, n'eut pas d'accent bien marqué, ni de la part de Cimabué, ni chez aucun des artistes qu'on peut lui opposer, Giunta à Pise, Guido à Sienne ; il n'y eut qu'amélioration du style usité immédiatement avant eux, soit parmi les peintres grecs, alors répandus en Italie, et qui sont généralement inférieurs aux artistes de même genre, demeurés dans leur pays natal[2], soit parmi les peintres italiens eux-mêmes.

---

1. Nous mettons ici (pl. XI) sous les yeux de nos lecteurs l'Annonciation et la Naissance de Notre-Seigneur, groupés dans un même tableau, comme spécimen de la manière de Nicolas de Pise ; nous en donnerons l'explication dans la suite. Nous ne chercherons pas à justifier ce qu'il y a de singulier dans la position de la sainte Vierge, dans la double représentation de l'Enfant-Jésus, dans l'intervention de ces femmes qui le lavent ; mais c'étaient des données généralement admises alors dans toute l'Europe, et nous plaiderons les circonstances atténuantes, en disant les idées qu'on y attachait.

2. L'esprit d'ailleurs de ces artistes ne paraît pas avoir été stationnaire ; ils visaient au mouvement, à l'expression des sentiments, mais d'une manière rude et maladroite qui va facilement à l'exagération. Ils paraissent aussi s'être affranchis de l'immobilité demeurée jusqu'à nos jours, dans l'Église grecque, le caractère de l'art oriental.

Cette amélioration est sans lien avec l'observation des monuments antiques, qui avait provoqué un changement de manière chez les sculpteurs ; elle ne paraît pas non plus provenir d'aucune méthode nouvelle et soutenue, quant à l'étude et l'imitation de la nature. Nous n'y verrions qu'un effet du mouvement ascendant, qui porte à faire mieux dans toutes les choses de l'esprit, pendant le grand siècle d'Innocent III, de saint François et de saint Dominique.

La véritable révolution artistique dans la peinture ne date que de Giotto, sauf à lui associer, comme ayant une marche parallèle et non subordonnée, tels ou tels de ses contemporains, surtout les Siennois, Simon Memmi et Lorenzetti.

Giotto n'en fut pas moins, dans les arts, le génie de son temps le plus original, le plus actif, le plus fécond en œuvres ; et, par la postérité de ses élèves et l'autorité de son exemple, il exerça un tel empire, que sa manière, résultat, chez lui, d'un mouvement innovateur, s'immobilisa pendant tout le reste du xive siècle. Il semble que pendant longtemps nul n'eût osé faire différemment que le maître. Giotto procède de l'activité imprimée à l'esprit humain au xiiie siècle ; l'impulsion lui vient du sculpteur de Pise, autant et plus que des leçons de Cimabué. Cependant, loin de les suivre dans l'imitation directe de la statuaire antique, il réagit plutôt contre cette tendance, et, soit par son influence, soit par des influences combinées, auxquelles il obéit lui-même, les disciples de Nicolas de Pise, jusqu'au sein de sa propre famille, prirent un genre beaucoup plus indépendant des réminiscences classiques.

Nicolas de Pise avait aspiré à la noblesse et à l'élégance de l'art grec : il y avait aspiré et ne l'avait pas atteint ; ses proportions étaient demeurées lourdes, ses membres courts et massifs ; mais il y avait aspiré avec un sentiment sérieux de la beauté plastique. Ce genre de beauté n'est certes point, de sa nature, exclus de concourir à l'ornement des vérités chrétiennes. Cependant, vu la pauvreté comparative des idées payennes dans les monuments capables de servir de modèles, et le danger, trop réel, de s'engouer de leurs formes, au détriment du but intellectuel et moral, nous nous croyons en droit de dire du style qui rayonne autour de Giotto, dans la sculpture comme dans la peinture, qu'il eut quelque chose de plus chrétien. Mais cela tient surtout à la supériorité des pensées et des affections qui refluent dans les têtes.

L'école de Pise, pour Giotto, fut donc un levier plutôt qu'elle ne lui fournit des modèles ; d'un autre côté, il s'affranchissait de l'archaïsme hiératique, toujours prédominant chez Cimabué : il fut donc surtout un disciple de la nature, mais seulement quant au corps de l'art ; car si l'on considère ce qui en est l'âme, on devra maintenir qu'il se montra principalement le disciple du séraphique saint François.

Giotto offre ainsi deux faces, selon lesquelles on a pu le considérer tour à tour comme le père des écoles rivales qui leur correspondent : il ouvre la voie au naturalisme, et il est de la lignée des mystiques : chose d'autant plus concevable, que l'on comprendra mieux par quels liens étroits se rattachent, les uns aux autres, les artistes du xve siècle, pour lesquels sont faites principalement les dénominations que nous venons de rappeler.

Sans prendre directement les anciens pour modèles, Giotto aurait pu, tout en s'attachant, sans intermédiaire, à la nature, les imiter quant aux choix des formes les plus accomplies, au point de vue plastique : tel fut, en effet, ce qui se passa dans une branche réputée inférieure de l'art, mais qui, par des causes trop continues pour avoir été fortuites, fut une pépinière des plus grands artistes : Orcagna, Ghiberti, Guirlandajo, le maître de Michel-Ange, Francia, sortaient d'ateliers d'orfèvrerie. C'est indubitablement par la pratique du modelé que tant d'orfèvres sont devenus des sculpteurs et des peintres de premier ordre. Quoi qu'il en soit, nous pensons surtout à Ghiberti en faisant cette observation. Malheureusement, on ne peut disconvenir que chez lui, et chez beaucoup de ceux qui en dérivent, l'intensité et l'élévation de la pensée religieuse ne sont pas toujours au niveau du genre de perfection qui fit juger à Michel-Ange les portes du baptistère de Florence dignes d'être celles du Paradis. Masaccio contribua plus que personne à faire profiter la peinture des progrès du modelé, et, par là même, il se sépara vivement de la manière giottesque, qui, avant lui, n'avait éprouvé que des modifications timides.

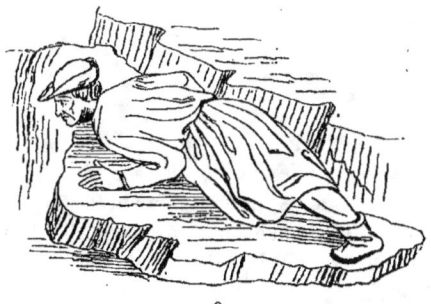

2
L'Altéré de Giotto.

Giotto ne s'était pas non plus attaché à la nature pour en faire une étude savante : on ne découvre chez lui aucune prédilection pour le nu ; on ne voit aucunement qu'il se soit appliqué à faire ressortir le jeu des muscles et des articulations sous les plis des vêtements. Génie observateur, ses observations s'étaient beaucoup portées sur les réalités de la vie sociale ; au point de vue du dessin, content de rendre les choses comme il les voyait, il peignait les hommes comme il les voyait vêtus. Son genre de succès en fait d'imitation naturelle peut assez bien s'apprécier si l'on porte son attention sur la figure de ce personnage des fresques d'Assise, qui s'est étendu pour boire dans un ruisseau, loué outre mesure par Vasari, et que nous avons reproduit à la page précédente.

Nous dirions aujourd'hui que c'est du *genre*, et nous pouvons juger par là quelle fut la couleur du naturalisme chez ce grand artiste; mais, s'il lui est arrivé d'attirer l'attention sur des détails trop familiers dans des sujets qui demandaient une élévation plus soutenue, il s'en faut de beaucoup qu'il ait généralement manqué d'élévation. Nous avons dit que le naturalisme et le mysticisme qui se partagent les écoles dans le siècle suivant remontaient également à lui par filiation ascendante. Il nous reste à voir quel fut le caractère du mysticisme de Giotto et celui de sa postérité immédiate. Mais, comme nous voulons étudier sans interruption les mystiques du xv° siècle en Italie, afin de mieux apercevoir les liens qui les unissent tous, nous ferons auparavant un retour vers nos contrées, pour nous faire une idée de l'empire qu'elles laissèrent prendre, elles-mêmes, au naturalisme, dès le xiv° siècle.

XIV.

LE NATURALISME EN FRANCE, AU XIV° SIÈCLE.

L'influence des écoles italiennes devait, au xvi° siècle, s'emparer de toute l'Europe, ou du moins de toute la chrétienté latine, à tel point qu'on y trouverait difficilement une branche de l'art qui, dans sa direction ultérieure, n'ait procédé de cette influence, seule réputée classique. Il n'en avait point été de même au moyen âge. Constantinople seule avait été longtemps un foyer artistique où les autres nations allaient puiser; l'Allemagne y recourait plus directement : dans son sein étaient nées, de ce contact, les écoles rhénanes, dont nous nous inspirions à notre tour, dans nos contrées plus occidentales, si quelque circonstance favorable ne nous mettait plus immédiatement en rapport avec la source byzantine. Mais il y avait chez nous trop de vigueur native, pour que bientôt nous ne pussions nous suffire. Les germes qui nous venaient d'Orient, fécondés par notre vitalité propre, prirent leur essor avec une puissance tout originale, et bientôt, loin de recevoir l'impulsion, c'est nous qui la donnâmes : nous la donnâmes du moins en architecture, le premier des arts. Notre système ogival, porté par nos croisés jusque dans l'extrême Orient, servit à la reconstruction de l'église du Saint-Sépulcre ; à Byzance même, tandis que nous y dominions par la supériorité peut-être abusive de nos armes, nous étions en voie de faire prévaloir les élancements de l'arc aigu sur les hardiesses plus graves de la coupole, et l'Italie, qui autrefois nous appelait des barbares, quoique toujours en garde contre ce qui lui venait de notre côté des Alpes, avait fini, au XIIIe siècle, c'est-à-dire à l'époque où elle-même, Rome exceptée, elle a le plus magnifiquement construit, par céder partout au règne de l'ogive, bien qu'elle n'ait jamais adopté le système ogival dans sa perfection.

Puis la réaction fut prompte : tandis que chez nous le goût tendait à dégénérer, en substituant l'élégance des ornements à la mâle harmonie des proportions, et glissait sur la pente qui devait le mener aux fioritures flamboyantes et aux lignes trop souvent brisées du XVe siècle, au milieu du XIVe, Orcagna, à Florence, dans la *loggia dei Lanzi*, revenait au plein cintre, par esprit de retour à des lignes réputées plus harmonieuses et plus suivies. L'arc aigu et la pratique du système ogival n'excluent aucunement un style aussi pur, combiné avec les éléments d'élévation qui leur sont propres ; mais les Italiens, il faut en convenir, étaient excusables d'interpréter ce système comme arrivaient à le comprendre ceux-là mêmes dont ils le tenaient ; et compris de cette sorte, une tendance à le réformer par le sentiment des véritables beautés de l'art antique, c'est-à-dire d'un art demeuré toujours sage, n'était pas dénuée de sens.

De l'architecture et de sa direction dépendent celles que prennent la sculpture d'abord, et ensuite la peinture ; et c'est là ce qui les élève le plus. L'architecture réclame-t-elle un peu moins leur concours, se prête-t-elle moins à les rendre monumentales : faute d'être soulevées à sa suite, dans leur isolement, elles sont obligées d'abaisser leur ton.

Les Italiens, lents à suivre notre impulsion en architecture, prompts à s'en affranchir, ne s'étaient pas laissé influencer par la sculpture et la peinture qui étaient plus ou moins la conséquence de notre architecture même. Mais cette situation fit que, chez nous et chez les nations du nord de l'Europe, on fut moins porté à suivre alors une impulsion artistique quelconque, venue de l'Italie. Dans aucune de ces contrées la sculpture et surtout la peinture n'avaient revêtu une physionomie aussi originale que l'architecture ; mais, sous l'empire de celle-ci, combiné avec une observation spontanée de la nature, elles avaient pris un caractère réel d'autonomie : plus vrai qu'on ne l'était sur les rives du Bosphore, plus monumental qu'on ne l'était de l'autre côté des Alpes.

Les tendances du XIV° siècle firent que nos imagiers voulurent être plus vrais encore ; ils eurent plus d'animation ; la noblesse monumentale de leurs œuvres en fut diminuée, et le plus souvent, même quant à la vérité naturelle, ils perdirent à cet effort plus qu'ils n'y gagnèrent.

Les deux compositions dès lors les plus familières aux fidèles, les plus demandées aux artistes, les plus caractéristiques par conséquent de la direction de l'art, étaient le crucifix et le groupe de la Vierge-Mère. Nous y trouverons, en y fixant notre attention, tout ce que nous tenons à faire observer. Or, dans le crucifix, les jambes, les bras fléchissent à l'excès, le corps se contourne, se tord, la tête souvent s'abat ; ce n'est pas la vérité : on en verrait là plutôt une exagération partielle. Ce naturalisme, cependant, avec la maigreur de ses formes, se maintient encore dans des régions de l'ascétisme, relativement élevées, si on les compare à certains christs modernes, où, sous prétexte du vrai, il semble que l'on ait pris à tâche de copier servilement les muscles, de faire circuler le sang grossier d'un modèle d'atelier, en imposant au divin Sauveur les crispations d'un supplicié vulgaire.

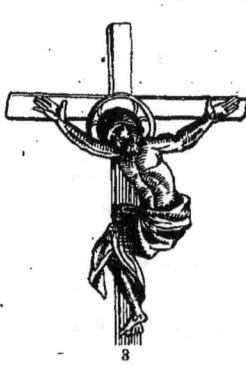

Crucifix d'après le gaufrier du musée de Cluny.
(Fin du XIII° siècle.)

Nos imagiers, bien éloignés de cette entente du dessin et de l'anatomie, de tous ces genres de savoir, de cette prestesse de main, de cette habileté technique, qui constituent, dans tout ce qui en dépend, l'incontestable supériorité des artistes modernes, auraient gagné, même au point de vue de l'imitation naturelle, à conserver des attitudes plus simples et plus nobles ; mais, d'un autre côté, leur inhabileté même leur fut utile. Elle leur imposa un certain dégagement des sens propre à élever l'âme, et plus en voie de remplir, au point de vue chrétien, l'objet principal de l'art.

L'infirmité humaine ne se sauve de bien des écarts que par l'impuissance de s'avancer dans des voies vraiment bonnes en elles-mêmes, mais telles que, pour ne pas y glisser, il faudrait être soutenu par des vues élevées, dont l'on manque trop souvent.

Au XIVᵉ siècle et dès la fin du XIIIᵉ, le groupe de la Vierge-Mère se contourne aussi ; on se rappelle ces attitudes, où le corps de Marie, se balançant sur ses hanches, revient à son centre de gravité par une autre courbure du cou et des épaules. Sous l'impression des sentiments doux qui dominent dans un pareil sujet, la prétention au mouvement n'entre pas aussi vite dans les voies de l'exagération, qu'elle le fait dans le crucifix sous l'impression des tortures ; mais il arrive facilement qu'en vue des gracieuses tendresses de la maternité, observées de trop près dans la nature vivante, on frise l'afféterie, si on n'y tombe pas, ne sachant associer qu'assez maladroitement ces sentiments accentués avec l'immobilité sculpturale. Prenez toutefois ces tendances à leurs débuts, lorsqu'un reste de la gravité propre à la période précédente, cessant de

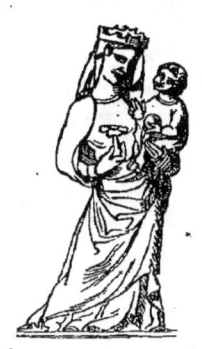

Vierge prise sur un triptyque d'ivoire (XIVᵉ siècle).

prévaloir comme note dominante, sert encore à les contenir : de ces combinaisons il est sorti de véritables chefs d'œuvres où la grâce souriante, les douces inflexions de la mère aimable ne font pas trop oublier que Marie pendant longtemps fut surtout la mère admirable. Telle est la vierge en ivoire qui, de la collection Soltikoff, est passée au musée du Louvre [1].

En Italie la statuaire demeura plus sobre, dans son naturalisme, des inflexions prétentieuses qui furent plus généralement de mode chez nous au XIVᵉ siècle. Elle n'en fut pourtant pas exempte dans quelques crucifix et dans beaucoup de madones; et en cela même on peut voir l'influence d'une impression naturaliste fort distincte de l'impulsion venue, par Nicolas de Pise, principalement de l'antique, bien que ces deux tendances agissent simultanément pour écarter l'art chrétien des errements, devenus archaïques, qui l'avaient caractérisé dans les âges précédents. Enfin, l'esprit d'innovation avait germé de toutes parts et sous toutes les formes : sous couleur de progrès, quant aux conditions de vie, de vérité, dans l'imitation de la nature ; mais, généralement, au XIVᵉ siècle, on constaterait un déclin dans l'esthétique de l'art, quant à

---

1. Labarte, *Arts industriels*, pl. XVII.

l'élévation des idées, et même eu égard à l'abandon graduel des moyens les plus propres à les rendre avec force.

Telle était cependant encore dans les âmes l'intensité de la pensée chrétienne, que l'écarter des voies où jusque-là elle s'était frayé un passage, c'était la convier à s'élancer avec non moins de vigueur en quelque direction nouvelle. L'art chrétien, en effet, était appelé à s'élever aussi haut dans la voie des sentiments affectueux qu'il avait montré d'élévation dans l'expression des idées.

XV.

LE MYSTICISME DE L'ART AU XIVe SIÈCLE.

Pour exprimer des idées en peinture, il faut des moyens de convention, et l'on ne doit pas s'en étonner puisque la valeur des mots, elle-même, est toute conventionnelle ; les sentiments, au contraire, se manifestent par le jeu naturel des attitudes et des physionomies, et, pour les rendre, il suffit de saisir leurs effets extérieurs.

Ou l'idée était attachée au fait, et il suffisait pour la rendre de rappeler le fait lui-même; ou bien on avait senti le besoin de développer les idées, et il avait fallu, pour les rendre, multiplier les signes et les symboles. Leur signification, la signification des faits eux-mêmes s'était étendue et avait varié, suivant qu'on les avait diversement associés : comme de l'emploi des termes dans le discours, l'on tire l'expression de la pensée et toutes ses nuances. Ce n'est pas que l'artiste n'ait été, de tout temps, invité à mettre les attitudes et la physionomie de ses personnages en rapport avec leurs caractères et leur situation ; mais les rendre avec les sentiments qui doivent leur correspondre, n'était pas son objet principal: il allait le devenir au moment précis où les sentiments de componction, de tendresse, un ardent désir d'assimilation avec les privations et les souffrances de l'Homme-Dieu s'élevaient en saint François jusqu'au lyrisme. Et bientôt après, au sein de la même famille religieuse, saint Antoine de Padoue avait mérité d'être caractérisé par les douces caresses qu'on le vit prodiguer à l'Enfant-Jésus.

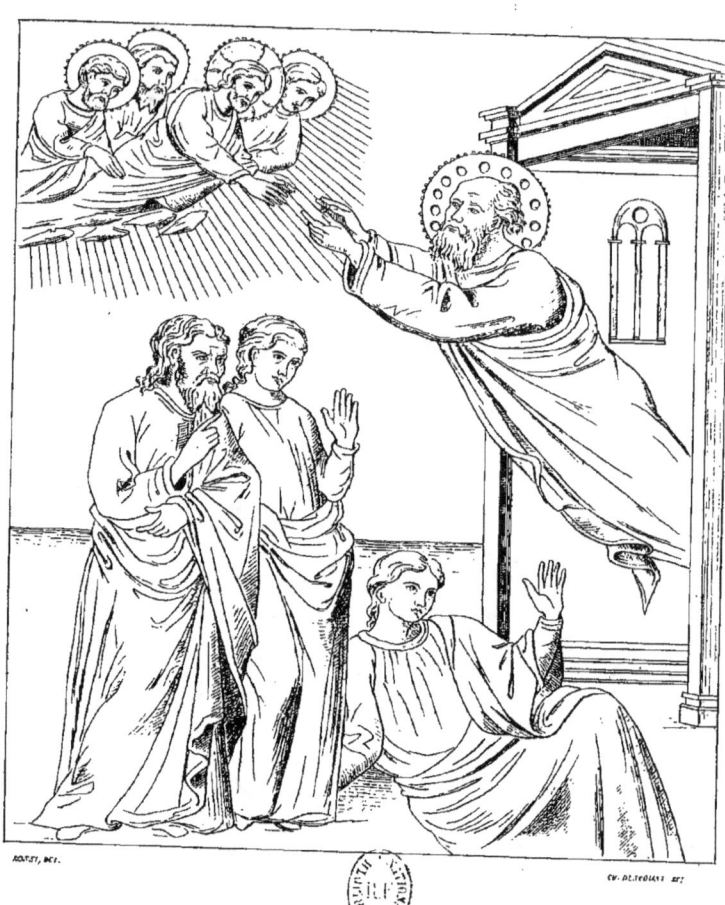

St JEAN EST ENLEVÉ AU CIEL,

École de Giotto.

L'art suivit ces errements : il fut pathétique sur le Calvaire, touchant près de la crèche ; rien de brusque, cependant dans l'évolution qui s'accomplissait : le règne des sentiments n'acheva de succéder à celui des idées qu'au xv° siècle, où le Frère Angélique fut véritablement l'homme des affections les plus suaves, les plus pures. Giotto a préludé à cette douceur, et c'est en suivant ses traces sous ce rapport, que l'un de ses disciples a mérité de porter le diminutif de son nom, Giottino. Mais, chez lui, l'élan de l'âme se manifeste avec un tout autre caractère. C'est un trait de génie de sa part, d'avoir jeté en l'air, affranchis de tout poids, les corps où domine l'action céleste : telle son Espérance, à l'Arena de Padoue ; tel son Christ dans la Transfiguration ; tel son saint Jean montant au ciel, quand Jésus vient l'appeler, dans les fresques de *Santa Croce* à Florence, imitées dans un petit tableau du musée du Vatican que nous publions. (Pl. xii.) Raphaël a suivi cet exemple ; nous ne nous souvenons pas qu'aucun peintre avant Giotto l'ait donné.

Sur quelques-uns des sarcophages primitifs, on voit le Sauveur porté sur un voile léger, tendu dans les mains de l'air ou du firmament personnifiés, réminiscence des allégories antiques. Dans l'iconographie des temps postérieurs, on a imaginé, comme moyen de représenter la glorification céleste, les auréoles constellées, ou soulevées par les anges. Sous ces différentes formes de composition, l'affranchissement des lois de la pesanteur est exprimée par des signes et des symboles ; mais, si l'on considère les attitudes et les apparences, ces figures continuent de peser. A Giotto, il appartient d'avoir jeté des corps dans l'espace, comme ne pesant pas ; et nul autre, peut-être, après lui ne l'a aussi bien fait, car nul autre ne l'a fait aussi simplement, avec si peu de recherche et d'effort, sans agitation de l'air, ni des membres, sans *flouflou*, sans tapage, comme un effet naturel.

Le mysticisme dans l'art consiste dans les moyens de rendre ces états de l'âme qui ont l'extase pour dernière expression ; et l'extase, dans sa plus haute manifestation, subordonnant les conditions d'existence corporelle aux puissances de l'âme, enlève nos corps et les assimile momentanément en ce point aux corps glorieux. On sait qu'il ne faut pas aller en chercher des exemples problématiques dans les légendes du moyen âge ; on les trouve dans les procès authentiques des saints modernes. Au temps même où toute une école de critique faisait passer, le plus impitoyablement, son prétendu flambeau sur l'histoire des saints pour en faire disparaître le merveilleux, saint Joseph de Cupertino, enlevé par le seul désir de contempler de loin la sainte maison de Lorette, s'élançait à la cime d'un arbre ; et, posé sur l'extrémité de ses branches, il les faisait seulement un peu fléchir comme elles l'auraient fait sous le poids d'un petit oiseau.

Giotto avait beaucoup travaillé, beaucoup vécu dans les maisons de Franciscains, à Assise, à Santa-Croce de Florence, au milieu de la postérité spirituelle à laquelle appartint dans la suite le saint surprenant, et plus simple, plus naïf, plus humble encore qu'extraordinaire, à qui nous devons de pareils exemples. S'il ne vit rien de semblable, il respirait une atmosphère qui portait à le concevoir, comme une conséquence normale, et en quelque sorte naturelle, d'un état supérieur de l'âme.

L'élévation chrétienne du génie de Giotto, inspirée à l'école de saint François, se manifeste sous un autre jour dans les peintures qui se répartissent entre les quatre sections de la voûte, au-dessus de l'autel sous lequel repose le saint patriarche, dans l'église intermédiaire d'Assise. Il fallait les consacrer à sa glorification; l'artiste, réservant l'un des compartiments pour cette glorification même, a représenté dans les trois autres les vertus qui répondaient aux trois vœux monastiques, la Pauvreté, la Chasteté et l'Obéissance : non pas seulement en les personnifiant, mais en les faisant agir dans autant de scènes symboliques. La Chasteté se tient en prière dans une forteresse inexpugnable; l'Obéissance reçoit humblement le joug qui est posé sur ses épaules. Ces compositions sont plus ou moins heureuses; mais, où l'on voit une incontestable supériorité, c'est dans le mariage de saint François avec la Pauvreté, sa vertu spéciale. Les traits décharnés de cette figure allégorique n'ôtent rien à la noblesse de ses traits; la blancheur de sa robe lui tient lieu de parure; elle est injuriée et poursuivie par les enfants de la rue, elle marche au milieu des épines, mais elle est traitée en princesse, car c'est Jésus lui-même, le souverain Roi, qui l'unit au plus séraphique de ses serviteurs [1].

Nous voyons là apparaître le génie du xive siècle sous l'aspect où il eut le plus d'originalité, le plus de conformité avec le génie tout à la fois épique et didactique du Dante. Les artistes de cette époque, à côté des scènes où ils s'efforcent de rendre, ordinairement avec une séve vigoureuse, sinon avec une vérité d'imitation irréprochable, les réalités de l'histoire, le pittoresque des situations et ce qui émeut les âmes, aiment à semer en de grandes pages allégoriques une abondance d'idées. Telles (dans la chapelle des Espagnols, près l'église dominicaine de Santa Maria Novella à Florence), de la main de Simon Memmi, l'Église militante et le secours que lui prêtent saint Dominique et ses disciples; de la main de Thadée Gaddi, la glorification de saint Thomas d'Aquin; telle (au Campo Santo de

---

1. Cette figure de la Pauvreté sera mise sous les yeux de nos lecteurs, T. III.

Pise,) le triomphe de la mort d'Orcagna. On remarquera que ces allégories, pleines d'une verve saisissante, n'ont pas fait l'ombre d'un emprunt à la mythologie antique, fort différentes, en cela, des libertés que se donna, dans de sages limites, l'art chrétien des hauts temps ; bien éloignées surtout des recrudescences payennes qui, sous une toute autre couleur, furent l'un des traits de la Renaissance. Tirées au vif des idées courantes, empreintes de spontanéité, elles durent être immédiatement comprises, étant le produit en quelque sorte de l'imagination commune, et non pas l'effort d'une conception individuelle.

Dans les miniatures d'un manuscrit de la Bibliothèque nationale (suppl. latin 132, nouvel ital. 112, *Homiliæ et orationes*), miniatures de la seconde moitié du XIVe siècle, et qui tiennent beaucoup de la manière d'Orcagna, nous retrouvons, avec une série historique des faits évangéliques, un *Triomphe de la mort* à la fois fort analogue d'esprit avec la célèbre peinture du Campo Santo, de Pise, et sensiblement différente de composition : des vertus personnifiées et mises en scène, un peu comme l'a fait Giotto, et des pensées morales exprimées par des combinaisons plus ou moins ingénieuses de personnages et d'emblèmes. Voici l'arbre de la vie; un peu plus loin, on voit la roue qui la représente sous un autre aspect. Nous étudierons dans la suite ces emblèmes. Nous ferons seulement observer en ce moment que ce ne sont point là des inventions personnelles à l'auteur ; la roue de la vie, surtout, était depuis longtemps usuelle dans toute la chrétienté ; on l'avait sculptée en proportions monumentales au frontispice de bien des églises : à Vérone, à Bâle, à Beauvais, à Amiens. On voit quelle extension avait prise le goût de ces sortes de *moralités*. Elles se rattachent à la manière de concevoir et de mettre en action toutes les personnifications des idées morales qui fait le fond de beaucoup de romans au moyen âge, du *Roman de la Rose* spécialement, manière souvent transportée en des compositions toutes religieuses et ascétiques, qui recevaient également le nom de roman. Tel est le *Roman des trois pèlerinages* de Guillaume de Guilleville, moine de Chalis, manuscrit de la bibliothèque Sainte-Geneviève (Y., F., 9), qui porte la date de 1330 [1]. L'objet de l'auteur, dans le premier de ces pèlerinages, est bien défini en ces termes : « Cy commence le pèlerinage de l'humain voyage et vie humaine qui est exposé sur le *Romans de la Rose* ». Le second est encore le pèlerinage de la vie.

---

1. Il est dit, en effet, fol. 5, parlant de l'Église :

> Elle avoit été fondée
> Si comme désoit.....
> XIII et XXX ans avant.

Le troisième représente, sous des formes analogues, la venue en ce monde et la vie de Notre-Seigneur Jésus-Christ. Le texte est accompagné de fines et nombreuses vignettes, qui représentent tantôt des sujets purement allégoriques, tantôt des faits évangéliques, quelquefois des sujets entremêlés d'histoire et d'allégorie.

Parmi les préliminaires de l'Incarnation, l'auteur met en scène l'ange d'Adam, qui, après en avoir conféré avec les autres anges, et avoir reçu leurs encouragements, s'en va solliciter de Dieu l'accomplissement de ses promesses : on le voit effectivement (fol. 162) vêtu d'une robe blanche, et à genoux devant le trône divin, en présence de trois dames : Justice, Vérité et Miséricorde. Il s'ensuit diverses négociations. Au fol. 164 v°, la Vérité, qui, en conséquence, avait été envoyée sur la terre, remonte au ciel pour rendre compte de sa mission. Aussitôt après, intervient l'archange Gabriel (fol. 165) qui, à genoux à son tour devant le trône divin, fait l'éloge de la Vierge « si noble et si pure... », comme éminemment propre à l'accomplissement des projets divins.... « Vérité avait entendu ». Les événements s'accomplissent. Marie a donné naissance au Fils de Dieu ; le divin Enfant est encore nu, et la Pauvreté intervient, chargée des langes qui doivent le couvrir (fol. 173 v°).

« Povreté a la Vierge parle et li dist : je t'ai apporte des drapelles que je ay quis ton enfant envelopent ».

Au même ordre d'idées littéraires et artistiques, appartient le traité du *Château périlleux*, et la miniature qui l'accompagne, dans un manuscrit de la Bibliothèque nationale (F. 445), où il est suivi de deux autres traités moraux du même genre : l'*Orloge de Sapience* et *le Seul parler saint Augustin* [1]. Il s'agit d'élever l'édifice de la perfection chrétienne, un château qui ait des fossés d'humilité, des murs de virginité et des priviléges de toutes les vertus ; la sainte Vierge en est le modèle ; et l'on voit effectivement un château, aux abords duquel différentes figures de vertus sont diversement groupées.

Cette miniature française est du xv° siècle. En Italie, où le mouvement des idées modernes avait commencé bien plus tôt, le courant iconographique avait pris dès lors une autre direction. Dans les grandes compositions de la peinture murale surtout, on y trouverait difficilement désormais rien qui ressemble à cette mise en action des idées qui, au xiv° siècle, avait été des deux côtés des Alpes l'objet d'une véritable vogue. Toutes les œuvres des grands maîtres qui vont ouvrir ou poursuivre une nouvelle période, les œuvres de Masolino da Panicale, de Masaccio, des Lippi,

---

[1]. L'auteur est un moine de l'Ordre des Chartreux, frère Robert, qui s'adresse à une religieuse de Fontevrault, « sa chère cousine, sœur et amie en Dieu, Rose ».

comme celles de Gentile di Fabriano, du Beato Angelico, de Benozzo Gozzoli, ou sont purement historiques, ou, si elles entrent dans les voies du mysticisme, c'est encore sur le fond des faits et des personnages réels, même quand on les associe selon de toutes autres données que les réalités historiques. Et les branches secondaires de l'art suivent l'impulsion qui leur vient des sommets.

Les personnifications allégoriques ne furent pas abandonnées; les figures des vertus surtout ; mais, représentées individuellement, associées par des juxtapositions, cessant d'agir, elles reviennent aux termes de la peinture mystique, qui réside dans la sérénité des affections, dans la suavité pénétrante des pieux sentiments propres à chaque vertu. L'art lutta de délicatesse avec les impressions de l'âme les plus intimes ; il sonda les profondeurs pour y puiser sa vie ; en retour, il les rendit vivantes elles-mêmes par l'expression. Puis, lorsqu'il prétendit devenir plus expressif, en s'attachant, au contraire, à ces mouvements larges, mais superficiels, qu'il est si facile de feindre, les figures allégoriques se prêtèrent à ses dessins, avec tant de complaisance, qu'il s'empressa de les propager plus que jamais. Et sous cette forme, leur vogue fut d'autant plus grande, qu'on vit en elles une certaine similitude, malgré la différence complète des styles, avec les fictions mythologiques, dont l'amour fut porté alors jusqu'à l'engouement.

Ces trois phases de l'iconographie chrétienne, qui répondent au XIVᵉ, au XVᵉ et XVIᵉ siècle, pourraient ainsi se distinguer au seul emploi des personnifications morales, à leur caractère tour à tour dramatique, intime et mystique, large et bruyant. Mais ces différences entre les époques ne sont pas les seules, et nous essayerons de choisir les plus caractéristiques dans la revue que nous allons faire, successivement, des écoles du XVᵉ siècle et de celles qui suivirent la Renaissance.

XVI.

LE MYSTICISME AU XVᵉ SIÈCLE.

Les deux courants, naturaliste et mystique, qui ont une source commune en Giotto, loin de couler après lui dans des lits toujours séparés, se sont souvent mélangés jusqu'au xvi° siècle. Si l'on observe Masaccio dans ses fresques de Saint-Clément, à Rome, on le trouvera bien voisin du Beato Angelico; et celui-ci n'est point demeuré étranger aux progrès techniques dont les fresques du *Carmine*, à Florence, sont une si étonnante manifestation pour l'époque. D'ailleurs, Masaccio n'a rien mis, sans doute, dans ces célèbres peintures, qui atteigne le sentiment religieux jusqu'à l'élan de l'âme et au dégagement des sens; mais il faut convenir aussi que la nature de son sujet le demandait peu. L'histoire de saint Pierre et de saint Paul pouvait être très-convenablement traitée avec une gravité plus solennelle qu'émouvante; et si le sentiment chrétien n'y est pas vivement exprimé, il n'y est pas non plus sacrifié; mais ce sentiment n'eut bientôt que trop à souffrir d'un sensualisme qui coïncida dans plus d'un artiste avec une réelle corruption des mœurs. Les aventures de Fra Filippo Lippi en sont la preuve, bien que le scandale ait été moindre que ne le ferait supposer cette qualification de *Frate*, qui lui est restée, et l'enlèvement de Lucrezia Buti, la jeune novice dont il fit son épouse, et qu'il délaissa dans la suite. Ils n'étaient engagés ni l'un ni l'autre par aucuns vœux. Mais on ne peut lui pardonner de l'avoir prise comme modèle pour représenter la Vierge des vierges. Les circonstances de son histoire seraient oubliées, que l'on ne pourrait encore méconnaître dans l'art chrétien un esprit de décadence morale et religieuse, dès lors que l'on croirait pouvoir trouver sur la terre une figure de femme capable d'être donnée pour celle de la Mère de Dieu.

Le fait est bon à saisir, il aide à faire comprendre le caractère affecté par le naturalisme au xv° siècle. Il n'était pas le même au xiv° : alors, dans ses exagérations, il tendait plutôt au trivial qu'au sensuel. Voyez par exemple, ces figures qui grimacent, dans leur désolation, au pied de la croix, et surtout quand le Sauveur en est descendu. Rarement, dans les traits de la sainte Vierge elle-même, éplorée et défaillante, on avait su conserver, à cette époque, la noblesse qui en devait être inséparable, dans l'excès même de la plus grande douleur. Quand l'art échappait à cette pente, dans un pareil sujet, c'était en se relevant dans l'ordre des idées, plutôt que dans celui des sentiments. Il est, en effet, telles Vierges de Giotto ou de son école, qui, loin de défaillir au moment où s'accomplit le divin sacrifice, surmontent héroïquement leur affection maternelle, offrant elles-mêmes, pour le salut du monde, la victime sacrée.

Au xv° siècle, l'écueil est bien dans le sensuel, et c'est par la pureté des affections, que l'artiste mystique, non content d'éviter le danger, s'élève, comme sentiment, à des hauteurs jusque-là inconnues. Alors on verra moins de compositions riches d'imagination, vastes et complexes

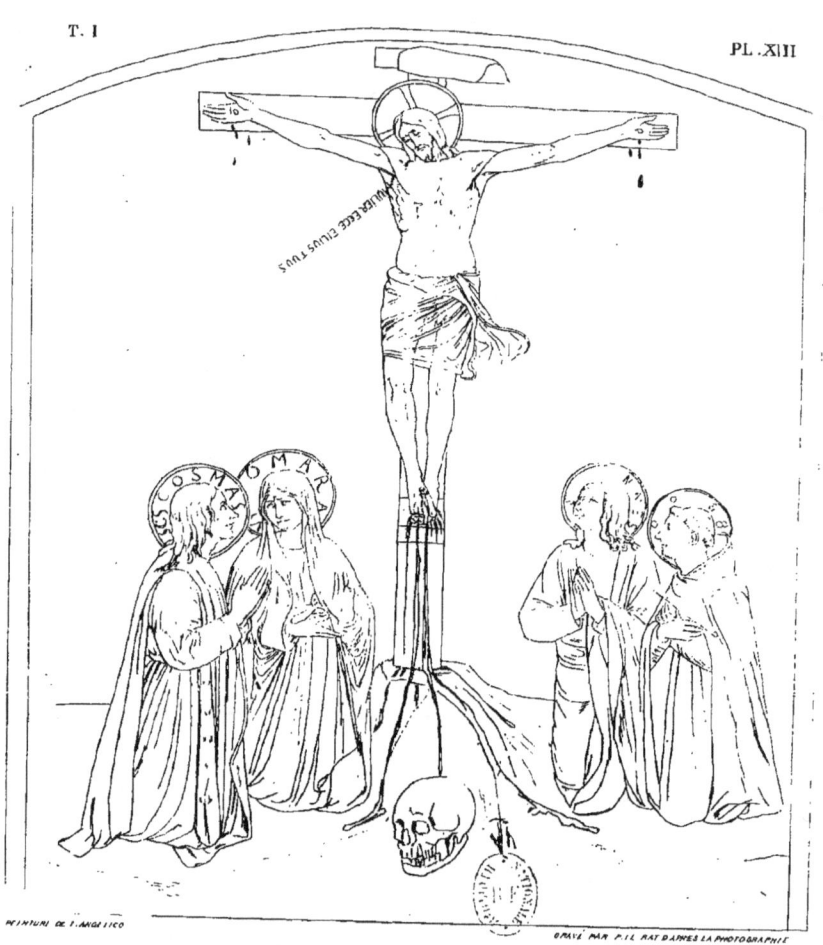

CRUCIFIEMENT MYSTIQUE

par l'enchaînement des pensées; les sujets qui répondent le mieux à l'esprit du temps sont d'un caractère simple et paisible : c'est le Sauveur naissant avec Marie et Joseph, souvent des bergers, agenouillés autour de lui; souvent des saints privilégiés, dont la présence serait un anachronisme, si elle ne nous invitait, nous-mêmes, à nous transporter près de la crèche : car tous les saints ont pu., comme nous le pouvons à leur exemple, se rendre présents, par leurs affections, dans l'étable de Bethléem. Nous sommes avertis, par la composition même, qu'il s'agit de tout autre chose que de représenter les circonstances rigoureuses du fait historique. C'est encore le couronnement de Marie, rendu, non plus avec puissance, avec éclat, mais plutôt avec une céleste douceur, une ineffable sérénité. La douleur même, chez le Beato Angelico, est douce et sereine, autant qu'elle est aimante. Voyez plutôt ses *Mater dolorosa*.

En voici une qui est à genoux au pied de la croix (pl. XIII)[1]. Jésus, mourant, vient de prononcer ces paroles : *Mulier, ecce filius tuus;* la divine Mère se retourne, non pas vers saint Jean, mais vers saint Cosme, qui est aussi à genoux, à côté d'elle. Pourquoi saint Cosme? Parce qu'il était le patron de Cosme de Médicis, le protecteur du couvent de saint Marc, où notre pieux artiste se formait à la sainteté, sous la discipline de saint Antonin. Saint Jean lui-même est à genoux, mais de l'autre côté de la croix, avec saint Dominique ou un autre saint dominicain; tous sont vivement attendris, et dans un sentiment de profonde comtemplation, les yeux dirigés vers le divin crucifié. Marie, seule, en détourne ses regards, pour nous dire tout à la fois l'excès de sa douleur et la plénitude de son sacrifice; pour nous dire aussi, dans la personne du saint qui l'avoisine, que nous sommes tous les enfants de ses larmes. Selon sa touchante habitude, le pieux artiste a eu soin de faire ruisseler des pieds du Sauveur, de longs flots de sang, et l'un d'eux vient atteindre, avec intention, la tête de mort traditionnelle, qui gît en avant du tableau, pour annoncer la vie qu'il lui rendra. Ce tableau résume assez bien tout ce qui caractérise la manière mystique de son auteur, dans ses compositions les plus vastes. Voyez, par exemple, dans ce même couvent de Saint-Marc, la peinture murale du Chapitre; voici de même le crucifix, mais le crucifix vivant, offert, comme objet de méditation, à de saints

---

1. On observera que sur notre planche la tête du Christ est trop petite : cela provient de la photographie d'après laquelle cette planche a été faite, et qui, étant mal venue en cette partie, elle n'a pas été suffisamment bien interprétée. Cette photographie rend au contraire le mélange de douleur et de la résignation de Marie avec une finesse que le burin n'a pas pu atteindre.

personnages, qui ne furent jamais transportés sur le Calvaire que par leurs pieuses affections. Liés entre eux par les rapports bien réels de leur piété même, ils n'en eurent aucuns pour la plupart, si l'on considère uniquement les réalités de leur vie mortelle. C'est, du reste, dans les deux tableaux, la même piété contemplative, la même sensibilité, la même tendresse appliquées aux mystères de notre foi, et non plus le symbolisme qui s'attache dans le domaine des idées au triomphe par la croix. Une part considérable cependant est, ici encore, accordée aux idées, mais afin qu'elles servent d'aliment à la piété affective.

Saint François doit être considéré comme le génie inspirateur du mysticisme, c'est-à-dire des pénétrantes expressions de la piété dans l'art chrétien, sous toutes les formes; mais le séraphin d'Assise n'a rien accompli dont on ne puisse dire que son saint ami, le chérubin d'Osma, n'y ait participé. Et c'est un des enfants de saint Dominique, Fra Angelico, qui portera le plus haut, dans l'art chrétien, le sentiment mystique. Les églises des Dominicains le disputent, en Italie, à celles des Franciscains, pour l'accumulation des chefs-d'œuvres du moyen âge les plus fortement empreints de ce genre de beauté. Mais, pour peu que l'on ait égard aux nuances d'après lesquelles on peut apprécier le partage des dons de Dieu entre ces hommes qui les ont tous réunis jusqu'au sublime, on reconnaîtra cependant que le patrimoine de l'éloquence et du savoir étant laissé principalement à saint Dominique, celui de la poésie revient à saint François. Or, l'art n'est, à le bien prendre, qu'une forme de poésie, comme l'a si bien senti l'un de ses plus heureux interprètes.

Les élans de saint François ont fait ceux des artistes. Si Giotto a exécuté ses plus grands travaux chez les Franciscains, à Santa-Croce de Florence, dans la basilique même d'Assise, etc., c'est aussi aux alentours de ces collines bénies d'Assise, que la flamme des inspirations élevées et pures s'est le plus vivement propagée, de Cortone, où le Beato Angelico a laissé de nombreuses traces de sa résidence, à Pérouse, où Raphaël devait trouver son maître. C'est là qu'elle s'est le mieux soutenue dans l'école Ombrienne.

A Florence le naturalisme l'emporta plus tôt, nonobstant les efforts de Savonarole et l'empire qu'il exerça bien réelement sur les premiers artistes de cette Athènes du xve siècle. On serait même tenté de croire, en voyant la marche des disciples qui lui restèrent fidèles, comme Baccio della Porta, devenu Fra Bartolomeo, que ses réformes tendaient à préserver l'art des corruptions sensuelles et profanes qui l'envahissaient, plutôt qu'à le relever dans le sens du mysticisme.

Il est vrai que, mis à l'abri de ces envahissements, les artistes, imprégnés à l'avance d'un système de compositions qui recevait principalement son application dans la prière, devaient en conserver les saveurs; mais les peintres de cette catégorie, comme Lorenzo di Credi, redevables à l'ardent dominicain de leur persévérance, auraient-ils bien pu recevoir de lui seul leurs inspirations, si sereines et si calmes dans les saintes affections? Le Pérugin, quand il devint l'un de ses partisans enthousiastes, avait certainement déjà puisé à d'autres sources le caractère si original et si pénétrant qu'il sut leur imprimer. Mais, chose prodigieuse, un artiste dont les œuvres sont si admirablement chrétiennes n'en laisse pas moins planer des doutes terribles sur la sincérité de ses sentiments religieux. Si, comme on a lieu même de le craindre, il mourut en impie, il faut que, instrument de Dieu, il ait bien abusé, au dedans de lui-même, de ces dons précieux qu'il avait reçu la mission de répandre et qu'il répandit effectivement avec tant de succès.

M. Rio a cru pouvoir distinguer dans sa vie deux périodes : l'une, où il serait demeuré chrétien fidèle; l'autre, où il n'aurait pas su résister à l'épreuve imposée à sa foi par le supplice de Savonarole. Nous en croyons quelque chose; mais il nous est impossible d'apercevoir en ce sens une ligne de partage correspondante dans ses œuvres et de constater dans les dernières l'absence des qualités éminentes qui respirent dans les premières. Il n'est pas toujours égal à lui-même, nous l'accordons; à le considérer de près, il vous arrivera de le trouver guindé là où il est obligé de feindre, faute de sentir. Rien de semblable chez le Beato Angelico : plus on pénètre dans ses œuvres, plus on les contemple, plus on reconnaît combien elles sont senties, combien elles répondent à toutes les fibres de l'âme la plus chrétienne.

Nous ne donnons pas cependant le pieux artiste comme ayant réuni tous les genres de supériorité. Comparé au Pérugin, il n'a pas son élan contemplatif; comparé à Giotto, il n'a pas son abondance épique, ni le jet de ses figures enlevées au ciel. Quant à Raphaël, il est au-dessus de toute comparaison, par l'élévation et l'étendue de son génie. Mais ce qu'il est loin d'avoir, dans ses meilleurs temps, au même degré que le Beato Angelico, c'est l'expression pieuse dans sa profondeur et sa vérité telle que l'humble dominicain a su la rendre. Sous ce doux pinceau, elle apparaît non-seulement telle qu'on peut la rencontrer chez les saints sur la terre, mais telle qu'on peut l'imaginer dans le ciel. « Les saints qu'il a faits, dit Vasari, ressemblent plus à des saints que ceux d'aucun autre peintre »; et, pour les faire aussi ressemblants, il fallait assurément qu'il fût saint lui-même.

Quant à la vérité d'imitation dans les formes et les contours, dans les attitudes et les mouvements, chez les uns et chez les autres, elle suit en général la progression du temps. La placidité est plus dans le génie et le goût du xv⁰ siècle que dans celui du xiv⁰, par ce seul fait, qu'il ambitionne plus de correction dans le dessin, et qu'il voit plus de difficulté à l'obtenir. On comprend par là même qu'il ait préféré les sujets paisibles, dans lesquels le xiv⁰ siècle lui-même s'est montré placide. Car il en est peu de traités au xv⁰ siècle qui n'aient des précédents dans cette époque plus inventive; et ces sujets seront pendant longtemps à peu près les mêmes, et pour les mystiques qui partent de là pour s'élever dans les régions les plus sublimes des affections chrétiennes, et pour les naturalistes, qui demandent leurs modèles et leurs inspirations à l'observation des hommes et des choses mises journellement sous leurs yeux.

Le pas était glissant dans les voies d'un progrès où l'imitation de la nature allait devenir le but principal. Envisagée comme moyen, l'observation des lois naturelles de l'imitation, pourvu qu'on sache choisir et régler toutes choses, eu égard aux sentiments et aux idées, n'a rien qui ne soit conforme à l'idéal de l'art le plus chrétien. Que les artistes les mieux inspirés aient cherché comme les autres à mettre à leur service la régularité des proportions, le relief des formes, le jeu exact des articulations, la vérité dans la perspective : rien de mieux, ils le devaient faire, et l'on ne prouvera jamais que, systématiquement, ils s'y soient refusés. Ils profitaient des études accomplies, des procédés acquis. Appliqués cependant à maintenir l'art chrétien dans son rôle fondamental de prédicateur, par le moyen des yeux, riches surtout des dons de l'âme, ils paraissent quelquefois plus lents que les autres à atteindre le niveau commun, quant aux progrès de l'art dans ses parties extérieures: c'est qu'ils ne partagent pas un enivrement qui va jusqu'à subordonner le but au moyen. Ils ne cèdent pas à la vogue passagère qui précipite dans un genre, uniquement parce qu'on le croit plus propre à faire valoir une conquête nouvelle. Ils ne cherchent pas l'occasion de faire des raccourcis, d'étaler des muscles; mais ils rendent leurs personnages dans les attitudes douces et placides où ils ont de bonnes raisons pour les maintenir, avec autant et plus de vérité que d'autres pourront en mettre dans la vivacité de certains mouvements : mouvements quelquefois aussi contraires à la réalité de l'action, qu'ils sont peu en rapport avec l'immobilité du monument.

Ces considérations nous amènent à l'époque de transformation définitive où le naturalisme dans l'art et le mysticisme consommèrent leur séparation, l'un pour régner seul comme une brillante couronne de la civilisation moderne, l'autre pour aller attendre dans la région des anges le retour de jours meilleurs.

XVII.

MICHEL-ANGE.

Selon les idées modernes, idées qui remontent à la Renaissance, toutes les périodes de l'art que nous avons parcourues jusqu'ici constituent des époques de décadence d'enfance ou de jeunesse, tandis que la grande époque, l'époque de la virilité ne commencerait qu'au moment où les artistes, aux abords du xvi° siècle, se montrent en pleine possession de tous leurs moyens d'imitation naturelle. Raphaël, Michel-Ange, Léonard de Vinci, le Titien, le Corrége semblent faits pour écraser de leur éclat tout ce qui les précède ; c'est en se servant de leurs procédés que l'on peut briller à côté d'eux, c'est en suivant la voie qu'ils ont ouverte, que l'on pourra se faire un nom quand ils ne seront plus.

Notre point de vue est bien différent, à nous qui, dans l'art chrétien, mettons le fond des idées et des sentiments bien au-dessus de leur revêtement extérieur, et qui n'estimons ce revêtement lui-même qu'autant qu'il s'adapte aux pensées dont l'expression lui est confiée. Nous ne voulons rabaisser en rien les grands hommes que nous venons de rappeler ; nous leur savons gré d'avoir abrité de leur génie les objets sacrés de notre foi, de notre espérance, de notre amour, à une époque où les noms qui avaient retenti avant eux étaient tombés, sous l'engouement d'une mode nouvelle, presque sans crédit ; mais nous ne saurions accorder exclusivement à leurs œuvres le premier rang dans notre estime, nous ne saurions même le leur accorder sous les rapports les plus essentiels.

Les pensées de vie, de salut, de triomphe, toutes les idées fondamentales du christianisme, exprimées avec tant d'élévation et de force, dans l'art chrétien primitif ; ces produits si brillants de l'imagination chrétienne toujours réglés par la foi au moyen âge ; les vastes poëmes qui se déroulent dans la statuaire et les verrières de nos cathédrales ; les suaves épanchements des âmes saintes, les élans béatifiques dont s'animent avec tant de charme les physionomies, dans les écoles mystiques, ont trop fortement captivé notre âme pour demeurer jamais sur le second plan dans aucune partie de nos études.

Et encore dans cette énumération n'avons-nous pas pris le temps de comprendre toute une pléiade d'artistes éminents, prédécesseurs immédiats ou contemporains des hommes qui devaient, pour un temps, les rejeter dans l'ombre. Ils ont eu besoin qu'une postérité plus éloignée leur rendît justice. Aujourd'hui, un Luini, un Bellini, un Francia ne craignent plus d'être écrasés par aucune comparaison : on les préfère hautement à cette seconde génération d'artistes, à partir de la Renaissance, qui avaient cru pouvoir, comme Jules Romain de Raphaël, être sans déclin les continuateurs de leurs maîtres. Ils en avaient recueilli, comme héritage, l'habileté de main, l'accessoire des connaissances techniques ; ils ont pu les perfectionner encore ; l'âme n'y était plus ou elle y était moins.

Remontez à la génération précédente : les grands maîtres dont ils étaient issus avaient dû, au contraire, la meilleure part de l'élévation qui se manifesta dans leur génie au milieu où ils avaient fait avant eux leur éducation artistique : milieu encore tout imprégné de fortes traditions religieuses. Les sentiments de la piété chrétienne s'y associaient presque indépendamment des dispositions personnelles (on le voit par le Pérugin) au maniement déjà habile du pinceau, aux progrès très-avancés de l'imitation. A ces artistes accusés de sécheresse et d'immobilité, on ne peut en effet refuser une grande correction de dessin. Dans le coloris, ils ont une harmonie et une fraîcheur que sont bien loin d'avoir conservées ceux qui, après eux, ont bruni et empâté leurs teintes pour obtenir plus de relief et de fondu.

Telle fut l'atmosphère où se forma surtout Raphaël, et, à côté de lui et du Pinturrichio, leurs nombreux condisciples qui mériteraient d'être plus connus, comme Spagna, Luigi d'Assise. Dans cette atmosphère il respira, il peignit, au moins pendant la moitié de sa vie ; il y puisa les éléments de son chef-d'œuvre, tout au moins de son chef-d'œuvre chrétien, la *Dispute du Saint-Sacrement*, et mieux encore de cet ensemble qui fait des fresques de la salle de la Signature un poëme admirable. Comment se lança-t-il dans une autre voie? On ne s'en rendrait pas bien compte, si on ne prenait pour terme de comparaison son plus illustre rival.

Le nom de Michel-Ange ne saurait se rencontrer dans nos études, qu'il ne se pose aussitôt comme un problème. Jamais ne fut plus grande puissance d'artiste, jamais génie plus original. Ferons-nous aussi, de lui, un enfant de la tradition, de cet homme qui semble avoir pris à tâche de ne procéder jamais que de lui seul?...

Autour de Michel-Ange, lorsqu'il étudiait à Florence, le courant artistique était beaucoup plus paisible que bruyant, soit parmi les mystiques, soit parmi les promoteurs du naturalisme. Voyez plutôt ceux qui vont y tenir le sceptre de la peinture : car on ne peut pas dire que Michel-Ange l'ait tenu à Florence, puisqu'il n'y peignit presque pas, et que ses grandes œuvres en peinture sont des fresques demeurées sur place, à Rome. Il le laissa porter dans sa ville natale, soit par André del Sarto, soit par Fra Bartolomeo. Et l'un, en sacrifiant aux beautés sensuelles, l'autre, en contenant, par les pensées du cloître, les dispositions qui l'auraient entraîné sur la même pente, se montreront toujours plus capables de charmer par de moelleux accords, que d'enlever par d'énergiques accents : et cela, malgré les fameux cartons de la guerre de Pise, qu'ils avaient sous les yeux, malgré le saint Marc, de proportions colossales, que fit le peintre dominicain, pour prouver qu'au besoin il saurait peindre avec énergie. Michel-Ange, au contraire, eut un tel amour de la vigueur, qu'il en fit le signe de toute grandeur morale, comme le trait de toute beauté physique, et qu'il le poussa jusqu'à l'excès, jusqu'à la contorsion. Il est aux antipodes du mysticisme ; il remue la chair humaine souvent hors de toute convenance ; il ne respecte même pas l'autel, mais il n'est rien moins que sensuel, et chez lui l'idée domine la matière toutes les fois qu'il se trouve en présence d'une grande composition religieuse : observation d'autant plus remarquable, quand on l'a étudiée dans les fresques de la Sixtine, et généralement dans toutes les œuvres qui lui furent commandées à Rome, que, hors de ces conditions, l'idée dominante, chez lui, paraît n'avoir été autre que de triompher puissamment de toutes les difficultés du métier. Comment apercevoir une idée morale dans le carton de la guerre de Pise, où, au lieu de représenter un succès des Florentins dans le sens du projet patriotique dont l'exécution lui était confiée, il choisit une circonstance où ses compatriotes avaient été battus, dans l'unique but d'avoir à représenter une grande quantité de corps nus et des situations compliquées et difficiles.

Pour bien comprendre Michel-Ange, on est obligé d'accorder que cette préoccupation, d'un ordre moralement si inférieur, ne lui fut jamais étrangère, même à Rome ; même en admettant que cette âme fougueuse et altière comprenait trop bien la grandeur religieuse pour ne pas se laisser dominer par elle. Il en résulta chez lui un mélange inextricable, propre à soulever toutes les âmes aptes à se laisser soulever, mais quelque chose qui ne pouvait être imité de personne, ou du moins dont l'imitation ne fut jamais tentée sans danger. Les idées religieuses, chez lui, sont grandes plus qu'elles ne sont vraies, ou elles sont vraies surtout par leur grandeur. On doit dire des saints qu'il a faits tout le contraire du mot si heureux appliqué par Vasari, son constant admirateur, au Beato Angelico : ils ne ressemblent pas à des saints. Le trait caractéristique commun à tous les saints est la sérénité; les saints de Michel-Ange sont fougueux, et, s'ils méditent, c'est avec anxiété. Isolé par la nature de son génie, voulant parler chrétien et le faisant en effet, il s'est créé une langue qui n'appartient qu'à lui. Ce n'est pas qu'il l'ait inventée tout entière. L'homme n'invente qu'en transformant. A Orvieto principalement, on retrouve les éléments de presque toutes les compositions de la Sixtine. Les bas-reliefs de la façade du XIV° siècle, l'histoire de la création, d'abord, ont fourni les sujets qui occupent le centre de la voûte, à la chapelle du palais pontifical. Considérez, de part et d'autre, le Dieu créateur des premiers jours : vous ne trouverez aucune analogie entre ces figures divines, jetées dans l'espace avec tant de grandiose, et le caractère recueilli de ces compositions du moyen âge, où Dieu sourit doucement à ses œuvres naissantes. Mais, si vous arrivez à la création de l'homme et de la femme, la comparaison devient possible, surtout si l'on prend pour intermédiaire Ghiberti et les portes du baptistère de Florence.

Michel-Ange fait sentir sa puissante originalité dans cet éveil d'Adam, où Dieu lui tendant la main, le premier homme tend aussi la sienne, et se sent soulevé avant même que la main divine ne l'ait touché. A Orvieto, Adam est encore couché et privé de sentiment; à Florence, les deux mains se sont déjà rencontrées[1].

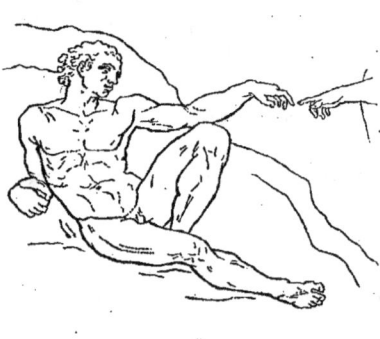

5
Création de l'homme (Michel-Ange).

Si on voulait douter que Michel-Ange eût pris garde aux sculptures d'Orvieto, on se rappellerait du moins son admiration pour l'œuvre de Ghiberti, qu'il jugeait digne de servir de porte au paradis; et quant à Orvieto même, il est facile de voir, au premier coup d'œil, que son jugement dernier est plein de réminiscences des peintures de Luca Signorelli sur le même sujet. Le Christ, au geste foudroyant, de la Sixtine, est, en tant que type de figure, un produit de la seule

1. D'autres, avant Michel-Ange, avaient représenté le premier homme se soulevant sous

imagination de l'artiste, qui a rompu, sur un point aussi essentiel, avec toutes les données traditionnelles ; mais, quant à son attitude fulminante, quelque exagérée qu'elle soit, ce Christ est une imitation manifeste de celui du Beato Angelico, par lequel le pieux artiste avait commencé l'œuvre qui fut achevée par le peintre de Cortone. Ce n'est point fortuitement que deux génies si dissemblables, l'humble disciple de saint Antonin, et l'altier citoyen de Florence, se sont ainsi rencontrés.

On avait dit mal à propos que ce Christ de Michel-Ange provenait de celui d'Orcagna à Pise, qui aurait été mal compris : car celui-ci, représenté également dans l'acte de la condamnation, ne fait pas un geste de répulsion ; mais il se contente de montrer ses plaies, pour témoigner que ce sont les condamnés qui se jugent eux-mêmes, à la vue des moyens de salut dont ils n'ont pas voulu profiter. D'ailleurs, quant aux principaux éléments de composition, ils sont partout foncièrement les mêmes : le souverain Juge, dans les régions supérieures ; au-dessus de lui, les anges, portant comme pièces de conviction les instruments de la Passion ; tout autour les saints et principalement les apôtres ; plus immédiatement à côté du Sauveur, la sainte Vierge, et ordinairement saint Jean-Baptiste, auquel Michel-Ange, par exception, n'a pas songé ; mais il ne fait encore que suivre l'usage général en représentant au-dessous les messagers célestes qui sonnent de la trompette, à droite les élus qui montent, à gauche les coupables précipités, au plus bas le fait de la résurrection, et l'enfer où déjà commencent les supplices.

Michel-Ange voulait, dans cette grande page artistique, être par-dessus tout énergique et terrible, et tel fut le succès qu'il obtint par cet ordre de qualités, que désormais ce mot de *terrible* demeura dans la bouche des critiques, comme le dernier terme de l'admiration. Alors même que le sujet n'avait rien d'effrayant, on s'en servit pour exprimer la largeur du dessin, la puissance du mouvement, la vigueur et le relief des formes, qu'ambitionnèrent par-dessus tout les artistes.

Sous l'empire d'un engouement qui s'attachait à des qualités matérielles exagérées déjà et dangereuses à imiter, délaissant les idées traditionnelles dont le grand maître avait montré faire peu de cas, l'art devait entrer après lui dans une phase de déclin intellectuel et moral, de déclin religieux surtout.

Que Michel-Ange dans ses ouvrages ait été aussi chrétien, à sa manière, qu'aucun autre avant lui avait pu l'être sous d'autres aspects, c'est une

---

la main de Dieu, comme nous le verrons dans la suite ; mais le grand artiste n'en a pas moins donné à ce mouvement un caractère de beauté qui lui est propre.

thèse que nous ne soutiendrions pas ; mais nous comprenons qu'on puisse la soutenir. Dans tous les cas, l'interprétation qu'on a donnée à ses œuvres, l'impulsion qui s'en est suivie, sont, à nos yeux, nous n'hésitons pas à le dire, sinon la cause principale de la rupture ou quasi-rupture de l'art avec la piété, par conséquent avec la poésie chrétienne, du moins la circonstance qui imprima principalement sa physionomie à cette rupture. La rupture ne fut pas telle que l'art ait cessé d'exprimer des pensées chrétiennes ; mais, au lieu de les puiser aux sources les plus élevées et les plus pures, il les prit dans un milieu vulgaire, et, retournant tous les termes de la subordination, il prit généralement pour but les succès d'exécution, le sujet religieux n'étant plus qu'une occasion de les obtenir.

XVIII.

RAPHAEL, SES ÉLÈVES ET SES RIVAUX.

Ce ne fut donc point Raphaël qui donna l'impulsion au mouvement qui jeta l'art hors des voies chrétiennes, il la subit plutôt. Jusque dans ces agrandissements de manière, qui altèrent la noblesse, la grâce et la précision du style, jusque dans l'agitation de ces attitudes, observées dans la nature, mais trop terre à terre ; dans la prétention de ces poses, forcées pour paraître fortes, on retrouve, partout où sa propre main se fait manifestement sentir, un reste de la pensée chrétienne et de sa majesté toujours sereine. Le sceptre lui est disputé, mais elle continue de régner.

Les premières modifications que Raphaël avait apportées à la manière du Pérugin étaient le développement légitime de cette manière même. Ainsi modifiée, devenait-elle moins apte à rendre les naïves éclosions d'une âme pure, la rosée matinale des affections chrétiennes, comme les étale dans toute leur fraîcheur le *Mariage de la Vierge*? C'est possible; mais elle lui permet de s'élever jusqu'à la *Dispute du Saint-Sacrement*, par-dessus les maigres allégories et les figures de grands hommes assez médiocrement peintes par son maître sur les murs latéraux de la salle du Change à Pérouse.

Dans l'*Ecole d'Athènes*, le développement du talent est encore dans le rapport le plus heureux avec la nature du sujet. Il s'agissait tout à l'heure

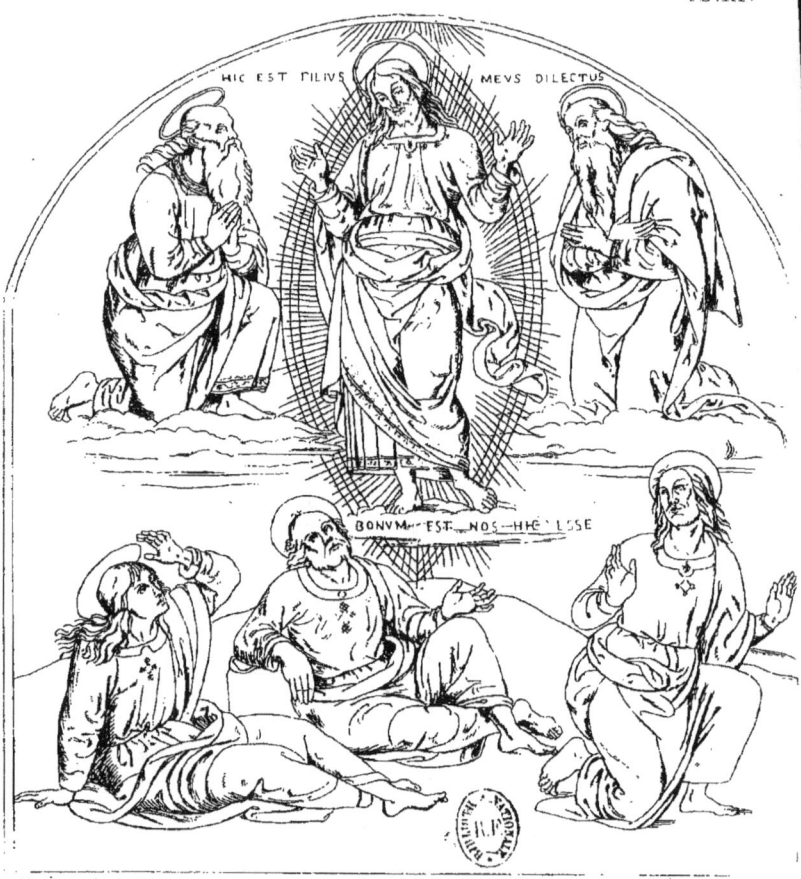

TRANSFIGURATION DU PÉRUGIN.

Salle du Change à Pérouse.

des connaissances divines; maintenant ce sont les connaissances humaines, en tant qu'elles doivent être mises elles-mêmes au service de l'Église, qu'il faut représenter, au moyen des philosophes qui, par leurs études et leurs enseignements, ont le mieux mérité de la science. La différence doit être comme de l'idéal au réel, comme du surnaturel au naturel : la largeur et l'aisance du style, le relief des formes et des attitudes, combinées avec la gravité du maintien, dont Raphaël, plus tôt, n'aurait pas été susceptible au même degré, étaient nécessaires pour en faire le chef-d'œuvre du genre; et cependant, ces qualités, s'il les eût possédées lorsqu'il peignit la *Dispute du Saint-Sacrement*, lui auraient probablement nui pour cet autre chef-d'œuvre, d'un caractère bien plus élevé. N'eût-il pas été porté, en effet, à les appliquer au détriment des autres qualités supérieures elles-mêmes et plus conformes au but différent qu'il devait alors se proposer?

Par delà les fresques de la salle de la Signature, il ne nous paraît pas que Raphaël ait rien acquis d'important, en fait de facultés nouvelles; mais il manifesta diversement celles qu'il possédait, souvent encore avec le plus grand bonheur, souvent aussi en sacrifiant trop au goût du temps, par le côté défectueux de ses œuvres.

La *Transfiguration* comme il l'a entendue, avec sa puissance de jet et son exaltation sublime, exigeait le développement de toutes ses ressources. Le Pérugin aussi avait fait sur le même sujet un véritable chef-d'œuvre, chef-d'œuvre trop peu connu, et qui mérite d'être comparé, jusqu'à un certain point, avec celui de son disciple, à la différence des figures voisines, dans cette même salle du Change, à Pérouse, dont l'infériorité est manifestée. Cette *Transfiguration* est peinte dans un grand sentiment de paix, et, en la voyant, on dirait volontiers, avec saint Pierre : « Il fait bon d'être ici! » (Pl. XIV.) Raphaël, sur ce thème, aurait fait, dans la fleur de sa jeunesse, quelque chose de ravissant; en portant, comme il le savait faire, au plus haut degré, les qualités déjà éminentes de son maître; il n'aurait pas fait ce qu'il a réalisé dans la puissance de son âge mûr, il n'eût pas été en son pouvoir de le faire. Eût-il mieux fait? Eût-il fait moins bien? On en jugerait selon la diversité des goûts. Mais, c'est hors de doute, il aurait fait autrement : les qualités déployées auraient été différentes, différente aussi la manifestation des sentiments. Le Christ du Pérugin ravit; celui de Raphaël

---

1. Nous mettons en regard de la *Transfiguration* du Pérugin, le Christ et deux des apôtres de celle de Raphaël, d'après un dessin, bien plus sûrement de sa main que son fameux tableau, exécuté en partie par ses élèves.

renverse (pl. xv); le second appelle l'admiration, on dira plutôt du premier, qu'il se fait aimer.

On voit comment, quand la manière s'agrandit, ce n'est pas seulement que les goûts changent; c'est aussi que le talent s'accroît. L'art y gagne, mais il n'y gagne pas en tout. Et il cessa d'être aussi capable de rendre Jésus aimable, quand il eut acquis tout ce qu'il lui fallait pour le rendre admirable.

Que dirons-nous de la partie inférieure du tableau ? L'idée du contraste est belle : le ciel et la terre, les splendeurs et la gloire, et les agitations d'ici-bas ; le besoin de recourir à celui qui est là-haut, pour suppléer à notre impuissance contre le mal ! Mais, quant à l'exécution, nous serions volontiers de l'avis de ceux qui n'en attribuent qu'une faible part à Raphaël, si un dessin qui est demeuré de lui n'attestait qu'il l'a bien composé tout entier. Tout au plus, peut-on mettre sur le compte des mains dont il s'est servi pour appliquer les couleurs, quelques expressions exagérées. Dans le dessin, le père du possédé, moins effaré, sollicite la compassion d'un air plus propre à l'obtenir ; mais là même, les apôtres ne sont pas assez apôtres. Moins dominé par la pensée de se montrer aussi capable qu'aucun de ses rivaux de rendre des muscles saillants, des attitudes vives, des mouvements entremêlés, le plus grand des peintres les eût autrefois empreints de plus de dignité, il les eût mieux réglés selon une gradation de sentiments ; ils seraient plus vrais, par conséquent, dans leurs efforts infructueux. Or, cela même qui devenait chez lui un défaut fut compté comme la plus grande des qualités chez ses élèves, et la décadence marcha si vite, qu'à la seconde génération, il fut besoin de relever l'art, même quant à ses parties extérieures : cela nonobstant la facilité d'exécution, ou plutôt, en partie, à cause de cette facilité même, devenue désormais chose commune, après avoir été si laborieusement conquise.

Les Carrache, auteurs de cette sorte de rénovation qui s'accomplit à la fin du XVIe siècle, avaient prétendu remonter aux maîtres qui en avaient inauguré le commencement, et nullement au delà ; et même, parmi les noms que nous avons prononcés, ce fut à l'un des moins spiritualistes, au Corrége, qu'ils se rattachèrent le plus. Léonard de Vinci, au contraire, qui exerça à Milan une influence si heureusement prolongée, n'en eut sur eux absolument aucune.

À propos de cette école de Milan, sans souscrire au jugement de Lomazzo, qui classe au rang des grands maîtres, précédemment énumérés, Gaudenzio Ferrari, nous aimons à ne pas le passer sous silence, et à reconnaître ce qu'il y eut de valeur dans le talent de cet artiste ;

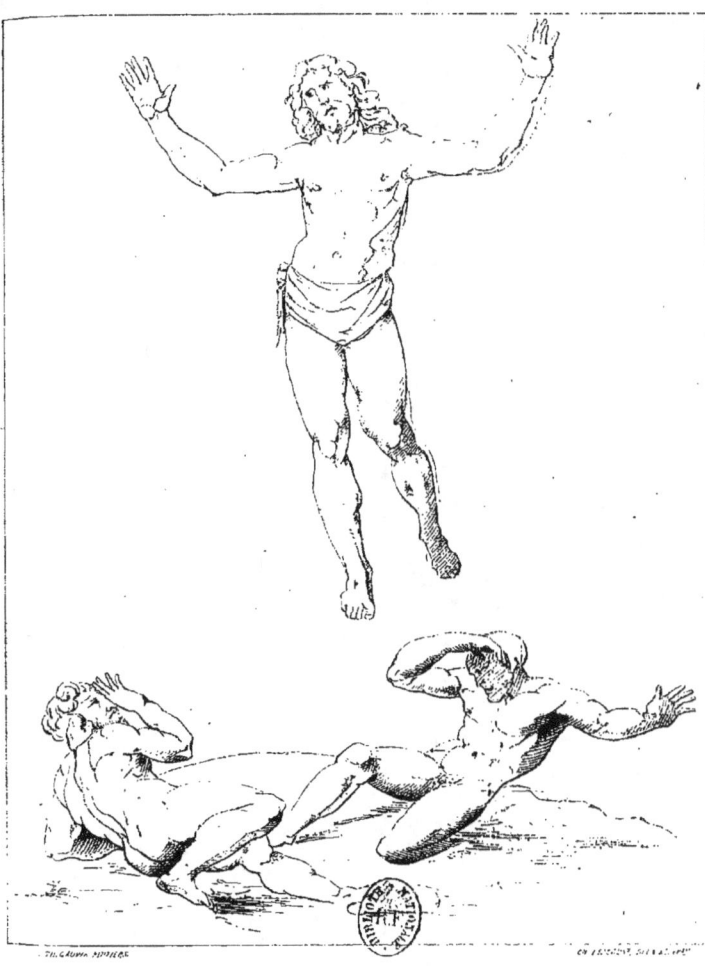

LE CHRIST ET DEUX APÔTRES DE LA TRANSFIGURATION
d'après la Photographie d'un dessin original de Raphaël.

nous aimons aussi à saluer, en passant, le nom de Lomazzo lui-même, cet écrivain aveugle, qui, sans pouvoir se dégager des idées trop étroites imposées au goût moderne par la Renaissance, est demeuré encore un des auteurs dont l'esthétique est le plus élevée.

L'école de Venise, longtemps fidèle aux traditions des Bellini, vit le Titien, son plus grand maître, tomber sous l'influence d'un insigne corrupteur, l'Arétin, qui fut trop souvent son inspirateur et son conseil. Le Titien, cependant, sans atteindre le sentiment religieux par ses sommets, n'y fut pas toujours étranger; et quand il le veut, il sait se souvenir de sa première éducation. Ses émules et ses disciples, quoique moins sensuels que lui quand ils donnent dans cet écueil, ne dépassèrent guère et n'atteignirent pas tous l'élévation morale de ses bons moments. Le coloris, d'ailleurs, avec l'harmonie, l'éclat, la vérité naturelle, qui constituent le mérite supérieur de cette école, n'ayant point été dirigé en vue d'aucun but de ce genre, il entre dans notre plan de ne nous en occuper que secondairement.

Nous en dirons autant du clair-obscur, de cet habile maniement des ombres, qui a valu au Corrège de compter, à son tour, pour le premier, dans sa spécialité. Nous ne lui contesterons pas non plus d'avoir pu, à bon droit, s'écrier, devant un tableau de Raphaël : « Et moi aussi, je « suis peintre ! » Nous dirions, au contraire, de tous ces grands artistes, qu'ils étaient trop peintres. Ils l'étaient trop exclusivement, trop en dehors de la fructueuse dépendance de la foi et de la piété. Tous les dons du génie, qui leur furent si largement départis, pouvaient se mettre au service de ces compositions trop hautes, trop variées, trop abondantes et trop fécondes, pour que le vrai génie y trouve jamais des entraves à son essor. Il ne faut que la *Nuit*, du Corrège, pour attester combien les effets de lumière, en particulier, peuvent produire une impression religieuse.

Les Carrache eux-mêmes furent trop peintres, dans le sens que nous venons d'exprimer. Il y eut plus de poésie et de pensée dans la génération qui leur succéda : le Guide, si l'on fait un choix dans ses œuvres, montrera que la source des sentiments purs et élevés n'était pas encore tarie. Le Dominiquin est plus soutenu dans les hauteurs de l'idée, toute noyée qu'elle est dans des compositions trop confuses. Son chef-d'œuvre sous ce rapport, la *Communion de saint Jérôme*, est trop accrédité dans l'opinion, comme l'un de ceux qui comptent en première ligne dans l'art chrétien, pour que nous contestions les titres qui lui valent cet honneur. Considérons cette vie qui s'en va dans sa décrépitude, et la vie qui vient avec sa béatitude éternelle. Cette double idée domine tout dans le tableau; les parties faibles que nous y pourrions relever en détail tiennent aux défauts de l'époque. Quelle est l'époque qui n'ait eu ses défauts? Et quel est l'artiste qui n'ait participé aux défauts de la sienne? Point d'œuvre humaine qui, par quelque côté, ne réclame de l'indulgence. Nous en avons eue pour les incorrections de forme aux âges les mieux inspirés par la foi; maintenant, il faudra en avoir pour les écarts du goût, quand ils demeureront en deçà de la mesure commune de décadence, et savoir apprécier ceux qui ont réussi au contraire à dépasser le niveau général, en imprimant à leurs œuvres un vrai caractère de piété. Tel fut Carlo Dolci, malgré son ton un peu fade ; tel fut surtout Sasso Ferrato. Et cependant comparés à ces vieux maîtres du xiv° et du xv° siècle, longtemps si dédaignés, mais qui savaient aller au fond des âmes, il vous semblera qu'ils ne surent jamais que les effleurer, et de même de tous les artistes les plus éminents depuis Raphaël.

XIX.

L'ART ALLEMAND, FLAMAND, ETC., DU XV° AU XVII° SIÈCLE.

L'art, tandis qu'il avait posé le siége de son empire en Italie, n'était pas exclu du reste de la chrétienté. Pendant la période que nous venons de parcourir rapidement, il avait eu, depuis le xv° siècle, ses grandeurs en Allemagne ; il avait brillé du plus vif éclat chez les Flamands et les Hollandais; l'Espagne ne s'était pas laissée éclipser, et avant le terme de vicissitudes sur lesquelles s'est étendu notre regard, la France avait repris le sceptre de la peinture. Mais, nous devons en convenir à l'honneur de l'Italie, nos grands artistes du xvii° siècle se sont directement formés à son école, et ils peuvent être considérés comme formant une branche distincte dans la filiation des grands maîtres que nos jeunes artistes vont toujours étudier de l'autre côté des Alpes, sous peine de laisser leur éducation incomplète.

Les Allemands, les Hollandais, les Flamands ont eu plus d'autonomie dans leur période de plus grande gloire artistique. Les vieux maîtres de Cologne, les trois Holbein, Albert Durer, tiennent peu des Italiens, pas plus que les deux Van Eyck et Memling. Au contraire, ce sont ceux-ci qui

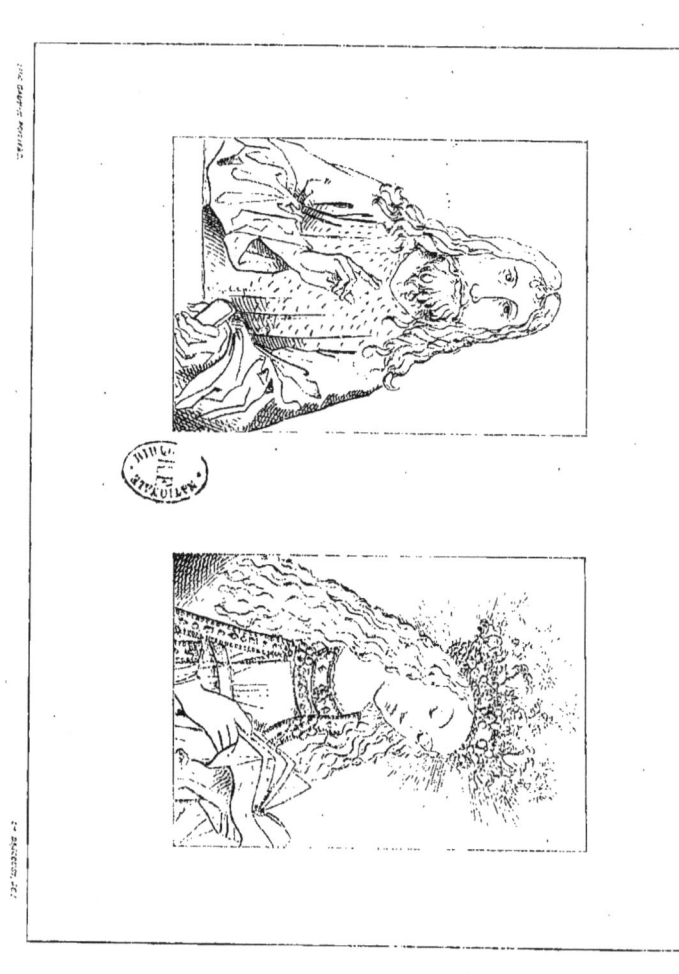

CHRIST DE MARTIN SHONGAUER

VIERGE DE HUBERT VAN EYCK

ont exercé une forte action sur l'Italie, principalement à Florence, pendant la seconde moitié du xve siècle: non-seulement, parce que la peinture à l'huile, qui eut une si grande influence sur la marche ultérieure de l'art, est venue originairement de la Flandre, mais encore à raison de l'importance que prirent promptement, comme graveurs, les artistes de ces différentes nations. On peut leur attribuer en grande partie la manière nerveuse, si sensible chez André del Castagno, l'un des propagateurs du nouveau procédé de peinture, et d'où dérive la manière musculaire mise en vogue par Michel-Ange.

Toutes ces écoles néanmoins, comparées avec celles d'Italie, forment, y compris les artistes français contemporains, un groupe bien distinct, caractérisé surtout dans ses types, pris à leurs points de départ. Une vierge allemande, sans aucun doute, a plus de rondeur et de souplesse qu'une vierge flamande; mais on dira qu'elles se ressemblent si l'on prend pour terme de comparaison une vierge de Fra Angelico. L'usage commun des longs cheveux flottants, substitué à celui du voile, ne laisse pas que de contribuer à cette ressemblance relative [1].

Quant aux compositions, au contraire, elles sont à peu près les mêmes dans toute la chrétienté latine, et l'on sent qu'un même courant d'idées circule partout. Il en est à peu près ainsi par rapport à l'antagonisme ou à l'association signalée plus haut, entre le naturalisme et le mysticisme. L'on passe de même successivement des idées aux sentiments, de la dignité aux affections attendrissantes. Les anciens Allemands sont plus fermes que les Flamands, à résister aux séductions des réalités trop familières. Les Van Eyck, cependant, tout imitateurs exagérés qu'ils soient déjà de la nature, ne laissent pas d'être dominés encore par la prépondérance pénétrante des idées et des sentiments chrétiens. Qui refuserait à leur *Adoration de l'Agneau* le titre d'une grande œuvre chrétienne, sans égard à la proportion réduite des figures? Le mérite, il est vrai, de ce tableau repose principalement sur la composition, et c'est par l'expression des plus pieux sentiments que le mysticisme, en regard du naturalisme, acquiert dans l'art l'élévation qui lui est propre; c'est par là que brille Memling, le Fra Angelico du Nord.

Albert Durer est la plus grande gloire artistique de l'Allemagne, et, après lui, elle n'en aura pas de longtemps, qui lui appartiennent au même degré. Le peintre de Nuremberg tient évidemment des Flamands,

---

1. Nous donnons (pl. XVI) comme spécimen du genre une figure de Christ allemand, de Martin Shongauer, et une figure de vierge flamande, de Hubert Van Eyck. On observera qu'elles se rapportent d'autant mieux l'une à l'autre, que Martin Shongauer était lui-même élève de Roger Van der Veyde.

mais il n'en a pas moins sa vive originalité. Il fut un profond observateur de la nature, un dessinateur ferme et vigoureux ; que fut-il comme artiste chrétien ? A ce point de vue, aucune de ses œuvres n'est restée fortement dans les souvenirs, et il a été moins heureux que beaucoup de grands maîtres plus entraînés que lui vers les succès dus à la séduction des sens : le Corrége a sa *Nuit*, le Titien ses *Disciples d'Emmaüs*, Rubens sa *Descente de croix*. Que citer d'Albert Durer, qui ait acquis une égale popularité ? Il leur arrive néanmoins plus souvent de répondre dans une égale mesure et même dans une mesure supérieure au besoin du fidèle qui devant un tableau veut aimer et prier; ses compositions sont moins éloignées des données traditionnelles; les types de ses vierges sont trop communs, il est vrai, mais elles sont aimantes, et ses mises en scène de la Passion ont du pathétique, quoique trop vulgaires dans la plupart des expressions. Par ce motif, dégagé de l'esprit exclusif, qui, pendant longtemps, n'aurait pas permis de fixer son admiration en dehors des conquêtes opérées dans l'art depuis la Renaissance, on portera ses préférences sur les artistes qui ont précédé Albert Durer ; sous l'empire des goûts modernes, on le trouvera trop primitif et trop austère.

Les œuvres les plus goûtées du commun des chrétiens, dans la période suivante, ont été celles qui ont su, tout à la fois, flatter l'œil par un ensemble modéré de qualités brillantes, et gagner le cœur par un sentiment religieux solide encore, quoiqu'on ne lui demandât plus autant d'être vif et pénétrant. Telle est la *Descente de croix* de Rubens conçue selon la manière douce de son auteur ordinairement si fougueux, souvent si charnel. Il nous montre par cet exemple (et nous en connaissons bien d'autres de ce grand maître) qu'il ne lui manquait que la direction pour devenir suave dans les sujets religieux, sans perdre son éclat.

Rubens, au milieu même de ses écarts, conserva toujours quelque titre au nom de peintre héroïque. Que dirons-nous des écoles personnifiées en Flandre, par les Teniers ? Prenant généralement leurs sujets dans la vie familière, ils ne se sont trouvés que rarement aux prises avec la pensée religieuse, et alors ils n'ont su la rendre que dans le sens de leurs observations habituelles. Nous pourrions les passer sous silence, sans méconnaître les qualités supérieures qui justifient, jusqu'à un certain point, la vogue dont ils sont l'objet; nous disons, au contraire, un mot de ces qualités, parce qu'elles peuvent être mises elles-mêmes au service de la religion ; nous n'en donnerons pas pour preuve ces *Tentations de saint Antoine*, qui ne sont qu'un prétexte pour faire du fantastique ; mais considérez les *Œuvres de miséricorde* de Teniers le Vieux, au musée d'Anvers. Ce tableau fait voir, dans le genre familier, que le sentiment chrétien serait applicable à tous les caractères, à toutes les situations de la vie.

Rembrandt, quoique familier aussi, se tient plus haut, et ses demi-jours, jetés sur ses têtes de Christ, portent sérieusement à méditer sur cette divine figure, en avertissant que chez elle il y a quelque chose d'extraordinaire.

Quoi qu'il en soit de ces talents, de ces génies même, habitués à comérer avec des idées de bas étage, et qui, n'en demeurant pas moins nobles en tant que génies, se montrent quelquefois capables d'atteindre la pensée par ses sommets; c'est chez nous, au xviie siècle, qu'il faut revenir chercher la grande peinture, la peinture qui s'ennoblit par la fréquentation des sujets de haut rang. Philippe de Champagne, Flamand d'origine, Français par son éducation, sa vie, le caractère de ses œuvres, se présente comme transition naturelle pour passer de la Flandre à la France; le Poussin, un instant son condisciple à Paris, devenu ensuite presque Italien par ses propres études et ses voyages, nous rattache au contraire à l'Italie.

Le premier, moins grand peintre que le second, est plus heureux que lui dans le sentiment chrétien. Avec sa manière sage, modérée, réfléchie, il prend les faits évangéliques comme on peut supposer qu'ils ont dû se passer, seul mode de composition communément admise alors ; et sans provoquer l'admiration, l'émotion, par aucun jet de l'âme, il produit l'effet d'une bonne et solide lecture.

Le Poussin a plus de ressort ; mais trop facilement, pour faire large, il fait épais. Son type de Christ manque de noblesse : quoique penseur, ce n'est pas dans les sujets évangéliques qu'il réussit le mieux. Procédant de Raphaël, il n'a rien pris de la *Dispute du Saint-Sacrement*, mais beaucoup de l'*Ecole d'Athènes*. Du reste, il participe des qualités attribuées au peintre mi-flamand auquel nous le comparons : qualité commune, à des degrés divers, à toute notre école française du xviie siècle. Nous ne les refuserons pas à Lebrun, moindre génie, mais talent élevé, qui sut prêter son pinceau aux conceptions éminemment pieuses du saint M. Olier, et les rendre avec convenance, sinon avec toute l'âme qu'elles auraient comporté. Le Sueur eut une saveur plus profondément chrétienne, qui lui vaut quelque ressemblance avec les mystiques du xve siècle. Il ne faut pas toutefois pousser trop loin la comparaison, il ne la soutiendrait pas. L'art, alors, s'était accoutumé à prendre ses inspirations trop près de la terre ; et lorsqu'il voulait s'élever, les procédés lui manquaient peut-être encore plus que l'élan.

Après avoir dit un mot de toutes les autres principales écoles de la chrétienté, si nous passions entièrement sous silence l'école espagnole, il semblerait que nous mettons Murillo, Velasquez, et tant d'autres, hors du ban de l'art chrétien. Il n'en est pas ainsi : l'abaissement du niveau moral dans l'art, au XVI° siècle, une fois reconnu, il faut leur tenir compte, à eux-mêmes, de leur degré d'élévation relative ; du charme, de la fraîcheur, du recueillement même par lequel Murillo rachète ce qu'il y aurait de trop commun dans ses types, quand il nous montre Marie ou la sainte famille, dans une douce et abondante lumière ; de l'impression que produit Velasquez, par l'aspect trop sombre, mais profondément méditatif de ses têtes de saints : caractère dominant de l'école, auquel on ne peut refuser, en conséquence, d'avoir donné à ses œuvres une empreinte bien sérieusement religieuse.

XX.

L'IMAGERIE PENDANT LA MÊME PÉRIODE.

De tout temps l'imagerie, c'est-à-dire un art plus ou moins populaire quant à sa destination, plus ou moins élémentaire, quant à ses moyens d'exécution, a trouvé place à côté du grand art chrétien. Dans l'Église primitive, entre autres modes de se produire, elle eut les fonds de verre à figures dorées, au moyen âge les plombs historiés : les livres, alors, étaient une chose chère et précieuse, inaccessible au grand nombre. Néanmoins, beaucoup de leurs enluminures, vu la manière facile et familière avec laquelle elles sont composées, semblent faites pour le peuple ; et dans les rangs les plus élevés, effectivement, il y avait alors, chez presque tous, ce quelque chose de simple et de naïf qui aujourd'hui fait le charme des pauvres gens, quand ils ont su le conserver. Ou plutôt, il faut le reconnaître, avec plus de hiérarchie entre les classes et entre les membres d'une même classe, il y avait plus d'égalité pratique entre tous, par la communauté des sentiments, des idées, des habitudes. Alors dans l'art tout tournait à l'imagerie, parce que tout était populaire, les somptueuses verrières données par la corporation des bouchers, par celle des fourrures ou par toute autre corporation ouvrière de la cité, les porches aux mille statues, étaient véritablement les livres de ceux qui ne savaient pas lire, de l'imagerie en grand et de l'art pour tous. Les distinctions dont nous avons parlé ne portent que sur des nuances ; les plombs historiés ne diffèrent des œuvres de prix, que par le peu de valeur de la matière et la grossièreté d'exécution, et c'est dans les miniatures seulement que l'on trouve une plus grande variété de composition, vu l'abondance relative de l'espace, et le champ plus libre laissé aux fantaisies de l'imagination.

L'invention de l'imprimerie, celle de la gravure viennent mettre le livre et l'image à la portée du plus grand nombre; dans ce moment même, le tableau va devenir une machine compliquée où l'imitation plus savante de la nature sera d'autant moins intelligible à la foule, qu'elle s'éloignera de la naïveté instinctive, commune à tous les premiers essais d'imitation ; un objet de luxe plus fait pour les palais et les musées, où il est mis dans son jour et considéré commodément par les amateurs, que pour les trop grands murs et les voûtes trop sombres des églises où le public ignorant ne le regarde plus. Bientôt aussi les auteurs d'un tableau se montreront préoccupés de toute autre chose que d'entretenir la piété, et d'exalter des idées chrétiennes. Mais alors on imprima la *Bible des pauvres* et l'*Ars Moriendi* : nous citons à dessein ces deux publications parmi les essais de xylographie qui furent le prélude de l'imprimerie, parce que dans leurs conceptions iconographiques elles représentent assez bien les deux courants encore voisins de leur source commune, entre lesquels se partagea à partir de cette époque l'imagerie chrétienne : l'un s'attache aux traditions et les conserve comparativement avec simplicité, il accepte les attributs consacrés, il reproduit les faits connus, qu'ils proviennent de la Bible, de l'histoire sacrée ou profane, ou bien de la légende. L'autre, livré à l'imagination, recherché souvent, parfois grotesque d'abord, deviendra prétentieux dans la suite, c'est ainsi qu'il se mettra en quête des situations, des figures, des emblèmes jugés les plus capables d'émouvoir, d'exciter le repentir, la componction, la piété.

Il ne faut pas croire cependant que ses deux courants soient toujours tellement distincts, qu'ils ne mêlent jamais leurs eaux ; et souvent il sera difficile de les distinguer.

Dans la *Bible des pauvres*, histoire de Jésus-Christ en images, les principaux faits du Nouveau-Testament sont représentés dans un arc qui occupe le centre de chaque estampe et accompagnés, sous deux arcades latérales, de deux faits puisés dans l'Ancien-Testament, qui s'y rapportent et les expliquent : c'est ainsi qu'au baptême de Notre-Seigneur sont associés le passage de la mer Rouge et les deux explorateurs israëlites de la Terre promise portant la grappe de raisins, pour rappeler le passage du Jourdain, accompli bientôt après, deux faits distincts destinés à symboliser le baptême. Quatre figures de prophètes sont placées sous des arcs de moindre dimension au-dessus et au-dessous du sujet principal, avec des légendes tirées de leurs écrits qui s'y rapportent. Ils complètent l'ensemble du tableau, où tout est sagement ordonné, malgré ce qu'il peut y avoir de hasardé ou même de trivial dans quelques détails.

L'*Ars moriendi* se compose d'une suite de tableaux où un moribond assailli par les démons et secouru par son bon ange est aux prises avec les diverses tentations auxquelles on peut se voir exposé à ses derniers moments. Il serait injuste d'y méconnaître la gravité qui existe toujours dans la pensée et qui domine quelquefois dans son expression. Ainsi, après un tableau de violente tentation contre la foi, le malade assisté par son ange gardien est représenté calme sur son lit, quoique portant des traces d'agitation; l'ange lui dit : SIS FIRMUS IN FIDE, paroles écrites sur une banderole échappée de sa main; Dieu le Père, Dieu le Fils, la sainte Vierge, Moïse suivis d'une foule de saints sont de l'autre côté du lit, pour dire la société qui attend le mourant, s'il obéit à cette suggestion salutaire. Il le fait, car les démons s'enfuient dans la partie inférieure du tableau, s'écriant: *Fugiamus, victi sumus, frustra laboravimus,* paroles écrites sur des banderoles qui se déroulent auprès d'eux. Leurs figures hideuses apparaissent trop secondairement pour nuire à la physionomie générale, où il n'y a rien qui ne respire la paix et ne soit édifiant. Enfin, dans ces combats le chrétien est toujours montré finalement victorieux, et le dernier tableau présente son âme recueillie par les anges, tandis que les démons désespérés s'enfuient pour la dernière fois.

Tout est cependant ici de pure imagination, les démons y sont représentés avec des figures singulièrement grotesques ; diverses situations nous font l'effet de l'être passablement elles-mêmes et nous porteraient plus facilement à rire qu'elles n'exciteraient au sentiment de terreur qu'elles devraient imprimer. Nous sommes sans aucun doute bien éloignés de la simplicité de ceux auxquels était adressée cette publication, car le succès en fut très-grand, et nous ne doutons pas qu'elle n'ait produit des effets salutaires. Nous rions, et assurément les bonnes gens du XVe et du XVIe siècle riaient aussi. Ils riaient également, et comment n'auraient-ils pas ri des grimaces que faisaient les victimes de l'impitoyable vainqueur dans les danses macabres?... Mais cela n'empêchait pas le retour sur soi-même.

Le fantastique et le trivial, tels étaient néanmoins les écueils de l'art voulant se faire populaire. On allait ainsi tout à l'inverse du mysticisme suave qui avait régné auparavant ; puis, par ces images de mort, par cette propension à incliner les âmes à la crainte, on s'éloignait plus que jamais des pensées de vie et de confiance qui avaient été elles-mêmes si populaires dans l'art chrétien primitif. Sur ce point d'ailleurs, ce n'est point l'art qu'il faut reprendre ou blâmer. Il était dans son rôle quand, à l'aurore du christianisme, il montrait sous les plus vivifiants aspects la perspective ouverte à ceux qui avaient le courage d'y entrer. A une époque, au contraire, où un si grand nombre de chrétiens menaçaient de sortir de l'Église, où des peuples entiers en sortaient, en effet, où tant d'autres fléchissaient ou allaient fléchir dans l'accomplissement de leurs devoirs religieux, il convenait plus que jamais de leur montrer les funestes conséquences de leur lâcheté. Soucieux du bien des âmes, le moraliste chrétien devait, pour fixer l'attention, sacrifier au goût du temps, et l'artiste dont il était obligé d'emprunter la main y portait le sien dans ces détails, quelquefois hasardés, qui ne peuvent, comme l'ensemble de l'œuvre elle-même, avoir été conçus dans un but d'édification.

Nous ne doutons pas, en effet, que tel ne soit le cas en particulier de l'*Ars moriendi*. On n'en saurait dire autant de toutes les publications illustrées des premiers temps de la gravure : il y en a qui étaient des œuvres purement mercantiles et qui par là même se trouvaient beaucoup moins protégées contre les écarts d'une gaîté équivoque, que les dessinateurs n'étaient que trop portés à se permettre. Voyez, par exemple, les *Heures* illustrées, non plus pour la masse du peuple, mais pour un public d'élite, à l'imitation des *Heures* enluminées qui peu auparavant n'étaient accessibles qu'aux princes et aux grands seigneurs. Dans les plus anciennes, les convenances sont plus généralement respectées, alors même que l'artiste a voulu jouer, comme il lui arrive quelquefois de le faire. Mais dans des publications plus nouvelles, c'est-à-dire parmi celles qui dépassent le premier quart du XVIe siècle, on trouve des sujets de la plus haute inconvenance, pour ne rien dire de plus, dans un livre de piété. Et notez que, les vignettes étant d'auteurs différents et quelques-unes la reproduction de compositions plus anciennes, on y voit les disparates les plus grands : une vierge par exemple encore conçue dans un sentiment pieux, flanquée d'immondices.

Il se forma alors une école d'imagerie chrétienne qui ne fut pas précisément populaire, qui ne fut pas non plus traditionnelle, comme l'esprit qui dominait dans la meilleure partie des *Heures* illustrées. Dégagée du grand art, cette école se dégagea aussi de ses voies trop profanes et de la gaîté équivoque de ses ateliers. Mais, ayant rompu avec la tradition de l'ancien art chrétien et ayant perdu le secret de l'élévation dans la simplicité et la naïveté, elle essaya, sous des formes emblématiques, de faire de l'ascétisme raffiné. Nous assignons le commencement de cette évolution à la première moitié du XVIe siècle ; mais sa plus grande période de développement appartient au XVIIe siècle. On ne lui doit pas uniquement des estampes de petits livres ; elle inspira quelques tableaux : ceux des *Palinods* ou concours de chants en l'honneur de la Vierge, dont le musée d'Amiens possède une riche collection, participent de ce mysticisme alambiqué ; tel est encore ce genre de crucifiement dont on voit un spécimen au musée de Cluny où chacune des branches de la croix est terminée par un bras qui agit, la branche supérieure pour ouvrir le ciel, la branche droite pour couronner l'Église, la branche gauche pour terrasser la Synagogue, la tige inférieure pour briser les portes de l'enfer.

Dans cette composition il y a un grand mélange encore d'idées traditionnelles ; mais, dans les petits livres dont nous parlons, le plus souvent il n'y en a pas la moindre trace : ici ce sont de gros raisins suspendus à chacune des plaies du Sauveur, et, au pied de la croix, une religieuse en voile noir, faisant le rôle de Madeleine, avec cette légende dans l'encadrement : *Sub umbra illius quem desideraveram sedi, fructus ejus dulcis gutturi meo.* : « Je me suis assise à l'ombre de celui qui faisait l'objet de « tous mes désirs, ses fruits sont doux à ma bouche [1]. » Le raffinement est bien plus grand à mesure que l'on avance. Voici les *Pia desideria* [2], une *Regia via crucis* [3], où l'âme chrétienne, étant représentée sous la figure d'une petite fille d'une dizaine d'années, entre dans les rapports les plus singuliers avec Notre-Seigneur représenté lui-même sous la figure d'un enfant du même âge. Dans le premier de ces ouvrages, il porte des ailes, et sa tête est rayonnante, et voici qu'il a attelé l'âme pour faire marcher un pressoir, et il la fouette, tandis que celle-ci s'écrie selon la légende : *Vide humilitatem meam et laborem meum et dimitte universa delicta mea* (Ps. XXIV) : « Voyez mon humiliation et mon labeur, et remettez-« moi tous mes péchés » ; plus loin, il la porte sur ses épaules avec une ancre proportionnellement énorme, jusqu'au bord d'une mer en furie, et la légende porte : *Mihi autem adhærere Deo bonum est et ponere in Domino spem meam* (ps. LXXII) : « C'est un bien pour moi de m'attacher à Dieu et de placer en lui mon espérance. »

---

1. *Exhortations pieuses sur les sept paroles proférées par notre Sauveur Jésus-Christ en l'arbre de la Croix,* etc., par Denis de Coulomp, vicaire de l'abbaye de Saint-Victor, petit in-8°. **Paris, 1616.**
2. Auctore P. Hermano Hugone, Soc. Jes. Antverpiæ, 1676.
3. Auctore D. Benedicto Hæfæo, Ultrajectino, Reform.... Ordinis Sancti Benedicti. Antverpiæ, 1728.

INTRODUCTION. 99

Dans la *Voie de la croix*, p. 272, Jésus étant crucifié, l'âme l'est également; derrière le Sauveur le diable apparaît aussi attaché à sa croix; et

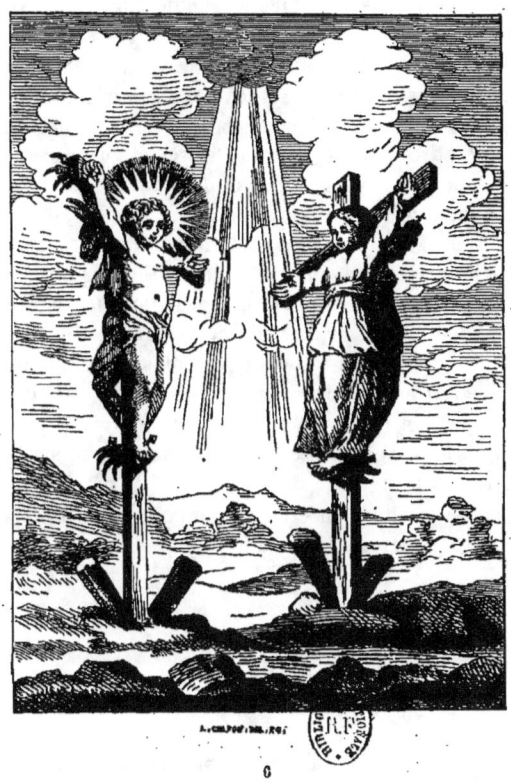

L'âme attachée à la croix à l'image du Sauveur. (Vignette du XVIIIe siècle.)

au revers de celle de l'âme, une figure couronnée d'une sorte de tiare représente le monde, comme le prouve cette légende : *Mundus crucifigendus :* « Il faut crucifier le monde[1] ». Dans une autre vignette p. 280, où on lit : *Christo crucifixus sum cruci* : « Dans le Christ, je suis crucifié sur sa croix », la tête de l'âme est comme noyée dans celle du Christ.

1. Ces vignettes d'ailleurs, on peut en juger d'après la reproduction de M. Chapon, ne sont pas sans mérite d'exécution.

100   INTRODUCTION.

Il ne faudrait pas croire cependant qu'en imaginant de pieuses compositions tous soient tombés en de pareilles bizarreries. Nous avons rappelé les conceptions artistiques de M. Olier : quelques-unes participent aux meilleurs côtés de cette phase de l'iconographie chrétienne. On y sent l'effort d'un saint (nous employons ce terme dans son sens large et sans préjuger les décisions de l'Église, auxquelles en toutes circonstances nous subordonnons toutes nos pensées et toutes nos expressions), pour relever l'art chrétien dans la région des idées et dans celle des affections : leur pieux auteur fit peindre par Le Brun « le très-auguste sacrifice de la « messe offert à Dieu pour tous desseins et dans toutes les intentions de « l'Église du ciel, de la terre et du purgatoire ». En effet, on voit dans ce tableau le ciel et le purgatoire ouverts, et tous les ordres des fidèles représentés au pied de l'autel [1]. Il avait voulu aussi que l'expression s'élevât jusqu'au mysticisme le plus pur et le plus élevé dans les figures qu'il fit faire pour représenter l'intérieur de Jésus et de Marie, l'abandon de l'âme à Marie [2]. Mais alors, les esprits n'étaient pas suffisamment disposés pour reconstruire sur de semblables bases une langue iconographique solidement chrétienne, polie et réglée par l'usage ; et, contre la gravité froide et somptueuse qui s'emparait du goût au milieu du XVIIe siècle, la piété ne sut guère trouver de refuge que dans ces tours à la manière de Watteau ou de Boucher en les rendant chrétiens, alors que ces peintres allaient briller eux-mêmes par leur gracieuse afféterie.

XXI.

IMMOBILITÉ DE L'ART CHEZ LES GRECS MODERNES.

Tandis que l'art chrétien passait par tant de vicissitudes au sein des peuples d'Occident, il est curieux d'observer l'extraordinaire fixité qui le caractérise chez les Grecs, et les peuples qui se sont rattachés à eux, les Russes spécialement. Avant donc de poursuivre notre marche jusqu'à l'époque où nous vivons, nous nous en détournerons quelques instants pour nous faire une idée de ce qui s'est passé dans l'Europe orientale,

---

1. *Vie de M. Olier*, in-8°. Paris, 1853, T. II, p. 342
2. *Id*, p. 257, 258.

pendant les périodes de temps que nous avons parcourues et qui nous restent encore à parcourir.

L'esprit investigateur qui nous a toujours été propre, mais qui, depuis un demi-siècle, a pris chez nous un surcroît de développement, nous a devancé et nous a frayé les voies dans cette excursion. La Grèce, doublement explorée, en même temps qu'elle révélait les véritables chefs-d'œuvres de l'art antique, à l'époque de Périclès, a été jugée digne d'attention, au point de vue des monuments chrétiens que le moyen âge y a laissés, et de l'état actuel de l'art. Cet art, encore tout hiératique, a son foyer parmi les moines du mont Athos ; et M. Didron, chargé, par mission officielle, de l'étudier, en a rapporté de très-intéressantes descriptions, et le *Guide de la peinture*, traduit par M. Paul Durand [1]. On a su depuis que des livres de même genre étaient répandus dans presque toutes les parties de la Russie. Celui dont nous possédons la traduction n'y perd rien de son intérêt ; il en gagne, au contraire, d'autant plus que l'école iconographique, dont il révèle les caractères, a obtenu plus d'extension.

Les Grecs, depuis qu'ils se sont séparés du centre de l'unité catholique, c'est-à-dire du foyer de la vie chrétienne, se sont signalés dans l'art par une singulière immobilité. Cette immobilité, il faut le reconnaître, si elle les a tenus à l'écart de tous nos développements, les a aussi sauvés de bien des écarts : et jusqu'où n'auraient-ils pas été, s'ils eussent prétendu s'accroître sans racines, et s'élancer sans boussole en des voies nouvelles ? S'ils n'ont pas eu cet admirable essor du sentiment chrétien qui s'élève si haut chez nos mystiques, ils n'ont pas connu non plus la plaie du naturalisme et les abaissements du réalisme. Etrangers aux progrès techniques, que les œuvres de leurs ancêtres, dans l'antiquité, avaient tant contribué à provoquer en Italie, et par l'Italie dans toute la chrétienté latine, tout ce qui pourrait ressembler au genre de supériorité dont Raphaël est la plus parfaite expression, leur manque ; autant que ces délicates et si pénétrantes aspirations de l'âme, que l'on ne croirait pas possible de rendre par le pinceau, si le Beato Angelico n'eût vécu. Mais ils ont conservé le respect des traditions, le culte de l'idée.

Il en résulte que chez eux se sont conservés, en grande partie, à l'état pratique, les errements des temps passés, alors qu'ils étaient unis avec nous d'une même foi et que leur culture intellectuelle et artistique s'étant maintenue supérieure à la nôtre, aux époques de nos plus grands affaissements, nous avions recours à eux toutes les fois que nous avions besoin de nous retremper. Mais vint un moment où, pour nous élever plus haut, il fallut renoncer à les suivre, et la séparation consommée,

---

[1]. *Manuel d'iconographie chrétienne*, in-8°. Paris, 1845.

il arrive que, jetant les yeux sur notre passé, des œuvres vraiment dignes de compter parmi nos gloires nationales, autrefois comprises de tous, demeurent obscures pour ceux mêmes qui mettent tous leurs soins à les étudier. Dans cette situation, le mot de l'énigme nous est souvent révélé par ce qui se pratique encore, par ce qui est demeuré populaire chez les Grecs modernes et chez les Russes, qui, sous ce rapport, ont tout emprunté d'eux.

Il ne faudrait pas aller jusqu'à croire cependant que, chez ces peuples de l'Europe orientale, l'immobilité ait jamais été telle qu'elle n'ait souffert aucune innovation : on en constaterait beaucoup en passant de l'antiquité primitive au moyen âge, et du moyen âge jusqu'à nos jours, et quelques-unes de ces innovations sont considérables, mais elles ne s'écartent pas des limites d'un certain esprit, qui est toujours, foncièrement le même. On le retrouvera, plus ou moins, dans presque tous les monuments grecs ou byzantins des époques les plus différentes, que nous aurons occasion de citer dans le cours de cet ouvrage. Chez eux le moyen âge, quoique distinct de l'antiquité chrétienne, en conserve une plus forte empreinte qu'il ne le fait en Occident, et depuis le moyen âge ils ont encore moins varié.

La guerre de Crimée, lorsque nos armées avaient des succès, et que nous recueillions des dépouilles, a fait arriver en France un assez grand nombre d'œuvres d'art populaire : peintures, diptyques en cuivre ciselé, estampé ou émaillé, médailles, etc., qui nous ont permis de donner, sous ce rapport, plus de corps à nos observations. Il nous est venu notamment, entre les mains, un petit tableau qui ne nous paraît pas avoir plus de deux cents ans de date, et qui n'est pas un des moins curieux spécimens du genre : il est composé, à la manière de beaucoup des anciens ivoires sculptés, comme pour former les feuilles d'un diptyque ou la couverture d'un livre liturgique ; et dans un espace de trente centimètres sur vingt, il contient en douze scènes, rangées autour d'une composition centrale, dans autant de compartiments, toute l'histoire évangélique. Ce qui le caractérise au point de vue iconographique, c'est la prédominance de la pensée du triomphe, et du triomphe par la croix, avec cette attention poussée jusqu'au scrupule, comme chez les premiers chrétiens, qui fait éviter tout ce qui pourrait rappeler de trop près les humiliations et les souffrances du Sauveur.

Nous disions qu'on a voulu y représenter l'histoire évangélique : il serait mieux de dire les mystères de l'Incarnation et de la Rédemption mis en tableaux, car on y voit figurer des faits qui ne sont pas compris dans les récits de l'Evangile. Le drame, car c'en est un, débute par un

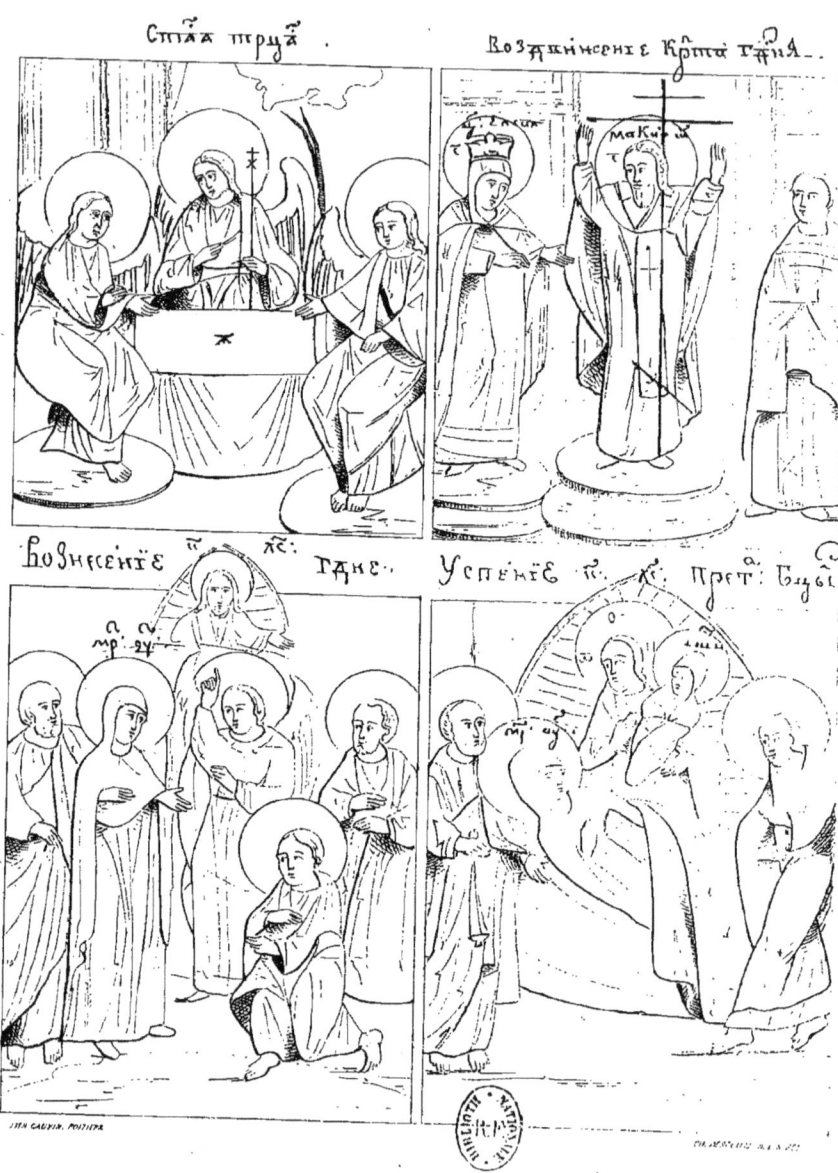

QUATRE SCÈNES DE L'HISTOIRE ÉVANGÉLIQUE

tirées d'un tableau russe moderne.

Conseil divin, où les trois personnes de la sainte Trinité, représentées par trois anges[1], délibèrent et décident que le moment de l'Incarnation est venu, et qu'il faut y préluder par la naissance de la Vierge, qui sera la Mère du Fils de Dieu. C'est là le sujet de la scène suivante ; vient ensuite la Présentation de Marie, puis son Annonciation, la naissance du Sauveur, sa propre Présentation, son Baptême, sa Transfiguration, son Entrée triomphante à Jérusalem ; sa Passion devrait venir ensuite, mais elle a été supprimée ; l'on passe sans transition à la Descente aux limbes et à la Résurrection, qui occupent la composition centrale, où la croix apparaît seulement entre les mains du bon larron, appelé à participer à ce triomphe. En reprenant la série des petits compartiments, on retrouve l'Ascension, la mort de Marie, et pour terminer, l'Exaltation de la Croix, dont la fête se confond, chez les Grecs, avec celle de son Invention. C'est pourquoi l'instrument du salut est représenté entre les mains de saint Macaire, en présence de sainte Hélène et d'un autre personnage indéterminé ; cette scène vient comme pour suppléer à la Passion, omise à dessein précédemment, afin de laisser reposer, sur la figure de la croix, la pensée d'un triomphe final.

XXII.

L'ART ET L'ARCHÉOLOGIE DU XVIIIᵉ AU XIXᵉ SIÈCLE.

Le XVIIIᵉ siècle, ce prétendu siècle des lumières : siècle en effet où l'esprit abonde au point d'étouffer le génie, où le clinquant se tourmente pour primer le beau, le XVIIIᵉ siècle est de tous les siècles le plus pauvre en fait d'art chrétien. Ce n'est pas qu'il soit dépourvu d'artistes de talent : nous en avons nommés en France qui peignaient avec succès. Mengs ne laisse pas que de faire honneur à l'Allemagne où il est né, et à l'Italie où il a vécu, plus, il est vrai, par ses écrits que par ses tableaux ; mais enfin ces tableaux sont loin eux-mêmes d'être sans mérite, ils ont surtout celui

---

1. Nous publions cette scène avec la scène finale de l'Exaltation de la Croix, ainsi que celles de l'Ascension et de la mort de Marie. L'exactitude de ces désignations est attestée par les inscriptions qui les accompagnent et dont nous devons l'interprétation à M. l'abbé Delière, curé de Celles, très-versé dans la connaissance de langues slaves, et notre confrère comme membre de la Société des Antiquaires de l'Ouest.

Nous reviendrons sur les particularités remarquables que peuvent offrir ces représentations.

de ne tomber dans aucune de ces manières lâches ou prétentieuses qui amenèrent la réaction à laquelle Canova en Italie attacha son nom, comme sculpteur, et qui chez nous dans la peinture fut opérée par David et son école. Mais où trouver, en fait d'idées ou de sentiments religieux, à cette époque, aucune œuvre d'art qui ait quelque chose de senti, de vif ou d'original? Les sujets religieux étaient presque tout autrefois ; c'est à peine maintenant s'ils figurent parmi les commandes faites aux grands ateliers. Quant à l'art en lui-même, il faut savoir gré à David de l'avoir renouvelé en ravivant le sentiment des lignes et de la beauté plastique ; lui tenir compte de son étude sérieuse du nu, quoiqu'il en ait tant abusé ; il faut savoir le louer, malgré les défaillances de son caractère au milieu de nos crises politiques, d'avoir su remuer la fibre patriotique en peignant ses héros de l'antiquité; mais il semble que pour lui le christianisme est comme non avenu : si quelquefois il reparaît dans les œuvres de ses élèves immédiats, ce n'est encore que bien secondairement.

Canova, imitateur plus immédiat de l'antique, envisagé au point de vue esthétique que les théories de Winckelman avaient fait prévaloir, était par là plus voisin des sentiments religieux, car l'art grec l'était assurément à sa manière. Vivant tout à la fois dans une atmosphère artistique qui n'avait plus rien de chrétien, et dans un milieu social qui n'avait pas encore cessé de l'être, il eut parfois l'occasion de traiter des sujets religieux; alors il ne l'a pas fait sans quelque succès: nous en avons pour preuve sa Magdeleine, et les figures tumulaires de Clément XIII et de Pie VI ; mais, alors même, l'idée chrétienne ne va pas chez lui au delà du caractère propre à chacun de ces personnages : ainsi, la prostration du repentir chez la Magdeleine, après tout Magdeleine de fantaisie ; ainsi la sérénité de la prière dans la figure des deux papes. Difficilement, dans une sphère qui lui était étrangère, Canova eût pu faire davantage. Pie VI agenouillé devant le tombeau de saint Pierre sous la coupole du Vatican, offre une idée sublime ; mais ce sublime tient à la situation plus qu'au génie de l'artiste; les plus grandes beautés du tombeau de Clément XIII viennent également des circonstances : par cela seul que le pape est à genoux à côté de la croix que la Religion tient dressée près de lui, la douleur des lions de Venise acquiert une valeur religieuse qu'elle ne pourrait avoir autre part, si admirablement qu'elle soit rendue.

Il y a là un grand talent mis accidentellement au service de la foi ; nous n'y voyons pas un prélude qui annonce la résurection d'un art inspiré et dirigé principalement par les pensées de la foi comme le fut celui de Ténérani par exemple, et cependant Ténérani appartient sous beaucoup de rapports à la postérité artistique de Canova.

Les véritables préludes de la résurection dont nous parlons, il ne faut pas les chercher dans la sphère de l'art lui-même : c'est au sein de la littérature qu'elle se manifestera d'abord, et le *Génie du Christianisme* en fut la plus éclatante manifestation. Mais le livre de Chateaubriand ne vient pas isolement, il manifeste une impulsion nouvelle, plus encore qu'il ne l'imprime.

L'édifice social, qui fut renversé par la Révolution, avait été remanié et reconstruit en style du XVIII° siècle : par delà ses ruines, les yeux de ceux qui songeaient à relever quelque chose se portèrent plus loin et plus haut, vers les grandeurs et les forces vives d'un passé plus éloigné, dont on avait perdu le sens, quand on n'en avait pas oublié jusqu'au souvenir : le passé de leur propre histoire, pour toutes les nations de l'Europe, à une époque où elles étaient profondément, exclusivement chrétiennes dans leurs institutions, leurs coutumes, leurs actes, dans leurs monuments, dans l'art et jusque dans le caractère des passions qui pouvaient les agiter. Sur beaucoup de points on s'aperçut que l'histoire était à faire ou à refaire, et dans tous les camps, sous toutes les nuances d'opinion, on vit des hommes mettre une ardeur incroyable à remonter aux sources avec l'idée, passionnée souvent, d'y trouver la confirmation d'un système préconçu, mais généralement avec sincérité, quant à l'emploi des moyens jugés les plus propres à mettre au jour la vérité.

Les études archéologiques cependant n'étaient pas restées oisives dans les siècles précédents : les grands travaux des Bénédictins, des Bollandistes atteignent des proportions auxquels les nôtres n'arriveront jamais et nous ne saurions y apporter un esprit plus laborieux, plus sensé, plus soutenu, plus véridique, plus investigateur ; mais nous avons sur ces hardis pionniers de la science l'avantage de venir après eux et de trouver devant nous les voies qu'ils nous ont ouvertes. Ce n'est pas que nous les suivions en aveugles. Non, ils nous éclairent et ne nous entraînent pas ; quoique nous rejetions bien loin de nous la prétention de rien faire qui, comme ensemble, vaille ce qu'ils ont fait. Ces éditions *princeps*, ces collections de tout genre, qui ont mis à notre portée les textes de tant d'écrivains sacrés et profanes enfouis et disséminés en des manuscrits de difficile accès, tant de richesses historiques, artistiques, scientifiques et autres, qu'ils ont extraites pour nous des cartulaires, des chartiers, des bibliothèques publiques et privées, sont des œuvres qui resteront toujours sans rivales. Mais nous pouvons, profitant des changements de perspective qui multiplient les aspects et par conséquent les données, éviter des erreurs où ils sont tombés, et nous poser avec avantage sur les terrains où ils ont pu se montrer faibles.

Nulle part les archéologues des siècles derniers n'ont faibli autant que dans l'intelligence des monuments de l'art chrétien ; ils les observaient peu par eux-mêmes, ils les jugeaient de leurs cabinets, d'après des dessins très-souvent incorrects. Nous disons qu'ils les ont insuffisamment compris, en tant que monuments d'art : la raison en est surtout que ce point de vue n'était point le leur. Indépendamment des grandes œuvres d'érudition et de critique dont nous venons de parler, l'Italie, en particulier, a compté alors beaucoup de solides investigateurs des antiquités chrétiennes, tels que Buonarrotti, Gori, Ciampini, sans parler de Bosio et de ses successeurs dans les fouilles des Catacombes, qui se sont attachés spécialement aux monuments figurés, mais pour élucider des questions de doctrine, de liturgie, d'histoire, plutôt que pour en saisir la portée artistique et le mérite poétique.

Ces hommes, vraiment éminents à beaucoup de titres, sont nos devanciers à certains égards ; mais nous nous engageons aussi sur un terrain où ils n'ont pas même essayé de faire un seul pas. Ils n'avaient aucune tendance à relever, dans la pratique de l'art, le sentiment religieux et la pensée chrétienne. Sous le rapport de l'esthétique, l'archéologie ne savait alors étudier que l'art antique : elle aurait pu croire, au moins sur ce point, avoir avec Winckelman épuisé la matière, si les marbres d'Elgin, les fouilles d'Athènes et toute la série de découvertes analogues n'étaient venus, encore une fois, démontrer l'insuffisance du génie de l'homme, pour embrasser, d'un seul coup d'œil, tout un horizon.

Du sein des écoles archéologiques du xviiie siècle, continuées dans la première partie du xixe, on vit poindre cependant des esprits disposés à faire, dans leurs études, la part de l'art chrétien : tels furent d'Agincourt, Cicognara ; mais à la condition de ne voir que la décadence et l'incorrection des formes, quand elles ne revenaient pas aux types réputés seuls classiques, sans avoir presque aucun égard à la supériorité des pensées et à l'appropriation des moyens d'expression à ces pensées d'un ordre prééminent.

Bien autre est l'archéologie qui s'est dessinée vers la fin du premier tiers de notre siècle, et qui s'est vivement élancée vers des conséquences pratiques. Tandis que M. de Caumont en France, M. Boisserée en Allemagne, faisaient comprendre les harmonies du système ogival et étudiaient les lois de sa formation, Welby Pugin, en Angleterre, essayait déjà de les appliquer sur une vaste échelle aux nombreuses églises que réclamait la progression toujours croissante du catholicisme ; et, converti lui-même par cette étude, il en faisait un moyen de prosélytisme. Bientôt en France, avec M. de Montalembert et M. Didron pour organes, le sentiment des beautés de notre art national devenait populaire, au point de provoquer, sur toutes les parties de notre territoire, une activité de constructions religieuses comme on n'en avait pas vu depuis le XIIIe siècle, et il se trouva, pour les diriger, des architectes comme M. Lassus, comme M. Viollet-le-Duc.

La disposition des esprits, l'état de la société, n'étaient pas tels, cependant, que l'on ait pu édifier des monuments de premier ordre, de ces églises cathédrales, qui demandaient le concours des populations tout entières d'une grande cité, pendant des siècles ; mais jamais peut-être, dans le même espace de temps, on n'avait construit autant d'églises paroissiales qu'on en a construites en style ogival ou roman, depuis vingt-cinq ans, sans parler des vastes réparations dont les anciens monuments ont été l'objet. Nous parlons maintenant de la France ; mais le mouvement s'est étendu à l'Allemagne, et il a soulevé, chez elle, un élan, qui serait admirable, s'il aboutissait à l'achèvement de la cathédrale de Cologne.

En Italie, on ne pouvait également se passionner pour l'architecture ogivale, puisqu'elle n'y possède pas les mêmes titres que chez nous, pour se faire considérer comme un produit national ; cependant, la plupart des églises les plus monumentales de la péninsule, à l'exception de Rome, sont conçues dans le système ogival, quoique modifié de manière à former une branche tout à fait à part, et l'on en est venu à terminer, dans le style qui leur est propre, des édifices que l'on eût auparavant laissés dans leur état d'inachèvement, avec l'aspect de dégradation qui en résulte, plutôt que de rien faire qui semblât sanctionner un goût alors réputé barbare. Nous citerons, parmi les travaux de ce genre, la façade de l'église franciscaine de Santa Croce, à Florence, et les réparations d'intérieur dans l'église dominicaine de Sainte-Marie de la Minerve à Rome.

Qu'on le comprenne bien pourtant, quoique ces considérations paraissent s'appliquer à un système de construction particulier à telle époque, à telle fraction de la chrétienté, nous n'avons pas pour but ici de soutenir nos préférences pour celui du moyen âge : en montrant que, bien compris, il peut embrasser les qualités de tous les autres, et se préserver de tous les défauts qu'on lui peut reprocher. Il s'agit tout simplement d'un retour vers l'étude et l'appréciation du passé, et à ce point de vue, les plus grandes gloires de Rome chrétienne remontant aux premiers siècles de l'Eglise, c'était obéir au mouvement dont nous parlons que d'avoir refait autant que possible la basilique de Saint-Paul dans son style primitif, tandis que dans les siècles précédents on n'a pu réparer

Saint-Jean de Latran sans le défigurer ; et l'on ne pardonnerait pas à ceux qui ont fait disparaître l'ancienne basilique du Vatican, si ce n'était le grandiose de la construction nouvelle.

XXIII.

Donnez une impulsion à l'architecture, tous les arts prennent une direction correspondante : une basilique refaite en style du ive siècle, vous ramène aux mosaïques dont l'eût ornée Constantin ; une église ogivale demande des vitraux comme ceux dont saint Louis orna la Sainte-Chapelle. Le mouvement littéraire, scientifique, artistique, d'où procèdent nos propres études sur l'esthétique et l'iconographie chrétienne, a bien plus d'étendue encore. Il est si vaste qu'entre beaucoup de ceux qui depuis quarante ans ont le plus fait pour l'étude ou dans la pratique de l'art chrétien, tous rapports de filiation nous échappent, tant est haut placée la cause commune d'où proviennent tous leurs travaux.

Le P. Marchi entreprend ces nouvelles investigations des catacombes qui progressent jusqu'aux admirables découvertes de M. de Rossi. M. Rio saisit tout ce qu'il y a de poésie dans les œuvres des grands maîtres italiens du xive siècle et du xve siècle, et le fait goûter avec un charme depuis longtemps inconnu. M. Selvatico met en relief leur supériorité même sous le rapport purement plastique. Puis voici un savant comme le P. Charles Cahier, un dessinateur plein d'âme et d'intelligence comme le P. Arthur Martin, qui s'associent pour sonder et mettre au jour toutes les profondeurs d'idées qui se développent dans les mille figures peintes et sculptées, pour l'ornement de nos cathédrales ; et ils nous en font apercevoir toute la rigueur philosophique, toute la puissance littéraire. Voici des sculpteurs comme Ténérani, des peintres comme Overbeck, comme Cornelius. Overbeck avait prétendu, et non pas sans succès, s'assimiler l'âme de Fra Angelico, tout en s'efforçant de montrer qu'il n'avait pas oublié Raphaël. Cornelius entreprend une association plus difficile du grandiose et de l'accentuation musculaire propre à Michel-Ange, avec l'intensité des pensées chrétiennes, telle qu'on savait les mûrir avant ce grand artiste, mais pour arriver en définitive à se faire un genre à lui-même plein d'âme et d'originalité. Vient notre Orsel, qui, passant comme inaperçu au milieu

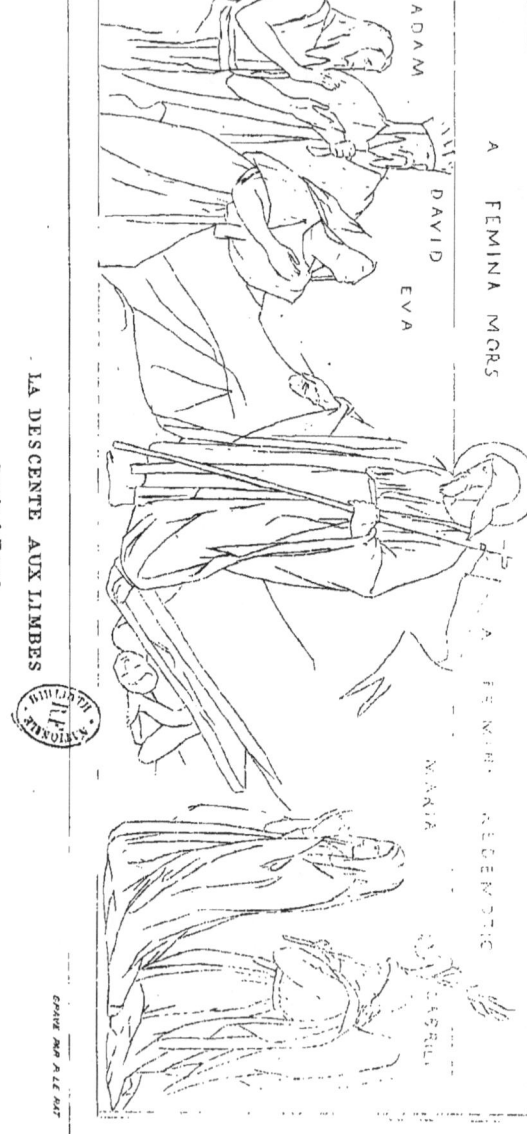

LA DESCENTE AUX LIMBES

Dessin de V. Orsel

du bruit de ce monde, étudiant tout ce que doit savoir un artiste, sans déflorer son âme de chrétien, a tracé avec elle de ces traits qui lui donneront toujours pour amis tous ceux qui essaieront de pénétrer dans le sentiment de ses œuvres (Pl. xviii). Ingres fut faible comme peintre chrétien, mais il eut envie de l'être en certains moments, par amour des belles choses, et il s'est rendu digne par là d'être le maître de Flandrin ; et par Flandrin, on a vu se réaliser, avec le succès le moins contesté, l'alliance des pensées fortement chrétiennes et du grand art, enrichi de tout ce qu'il avait conquis de science technique et de procédés pratiques.

Nous citerons encore le R. P. Besson, qui hésita un instant entre son pinceau et le ministère sacerdotal, avant de prendre le second comme moyen d'apostolat, et montra, quand, par circonstance, il revenait au premier, qu'il pouvait être un nouvel Angelico ; et, ce pieux M. Hallez, esprit élevé, dessinateur plein de suavité, digne de faire avec lui partie d'une association d'artistes chrétiens, que les aspirations supérieures de ses membres empêchèrent seules de se perpétuer.

A Rome les adhérents du renouvellement de l'art dans le sens dont les noms précédents font apercevoir les différents aspects, avaient reçu la dénomination de *Puristi*, et ils étaient accusés de vouloir faire rebrousser chemin à la peinture, en l'obligeant, adulte qu'elle était, à revenir à l'état d'enfance et à s'envelopper de langes avec Cimabué, de ne rien admettre qui valût un éloge même chez Raphaël après sa *Dispute du Saint-Sacrement*, et autres énormités semblables. Nous avons sous les yeux la réponse qui fut donnée à ces accusations, il y a une vingtaine d'années, en quelques pages, écrites avec fermeté par M. Antonio Bianchini, de qui nous les tenons ; elles sont signées aussi de F. Overbec et de Pietro Ténérani [1]. L'on retrouve le même fond d'idées dans trois allocutions du même auteur à la Société Romaine des amateurs des beaux-arts, dont il était le secrétaire [2].

Le purisme, dont se glorifiaient les éminents artistes que nous venons de nommer, consiste dans la subordination de la forme à la pensée : ils comparent les produits de l'art, s'ils ne sont pas faits pour nourrir l'âme, à des aliments corporels qui rempliraient l'estomac sans entretenir la vie ; ils admirent dans les maîtres primitifs cette peinture qui, au lieu de se montrer avide de satisfaire les sens et de tout remuer pour rendre les accidents de la matière, ne fait que vous toucher tout doucement et remplit aussitôt votre âme d'affections et d'idées : *Questa pittura, non seguace degli accidenti*

---

1. *Del Purismo nelle arti*, 8 pages in-8°.
2. *Tre allocuzioni*. Florence, 1839, 21 pages in-8°.

della materia, non avida di solleticare il senso, che lievemente toccandolo ti ragiona e spira nell' anima. Ils admirent dans les dernières peintures de Raphaël la difficulté vaincue, et sous ces rapports ils les mettent au-dessus des premières; mais la simplicité de la *Dispute* les impressionne bien autrement, d'autant plus que rien n'y manque, même au point de vue de l'art : *Ammiriamo nelle ultime dipinture di Raffaele cio ch'è difficile, in questa parte le anteponiamo alle prime ; ma più ci tocca la efficace e modesta simplicità della Disputa cui non manca niuna finezza d'artifizii* [1].

D'ailleurs, le principe admis, ils laissent à chacun à choisir la manière qu'il jugera la mieux appropriée aux pensées qu'il veut transmettre et aux impressions qu'il veut produire sans dédaigner aucune des ressources du dessin, de la lumière et des couleurs dont les grands maîtres ont appris à se servir.

Ces leçons n'ont pas été perdues à Rome, nous l'avons vu lors des fêtes du 18e centenaire de saint Pierre et de la canonisation de cette brillante pléiade de saints au milieu desquels nous avions le bonheur de compter l'humble et douce bergère de Pibrac. Une exposition spéciale avait été faite, dans une des salles du Vatican, de tous les tableaux peints en l'honneur des héros de la circonstance : tous y étaient représentés, les martyrs de Gorcum surtout. En général, ces tableaux étaient conçus dans un sentiment vraiment chrétien, nous n'en avons été que plus flattés dans notre honneur national et dans notre foi en voyant que notre sainte Germaine avait été traitée avec une sorte de prédilection ; et nous donnons comme spécimen de ce mouvement artistique un tableau où elle est représentée, revenant de la messe rejoindre son troupeau et traversant le ruisseau sur la surface duquel elle glissait sans enfoncer (Pl. xix).

Si les artistes qui se sont élevés le plus haut dans le sentiment chrétien pèchent en quelques points, ce n'est pas l'effet d'un parti pris. Mais la perfection absolue n'est pas le fait de l'homme: en poursuivant un but supérieur, les uns perdent de vue des qualités elles-mêmes importantes qu'ils auraient pu, sans lui nuire, recueillir également sur leur route; les autres tombent en des défauts contraires, troublés par la crainte d'imiter ceux qui se sont livrés, selon eux, trop absolument à ce but principal. De nos jours, les artistes appelés à représenter des sujets religieux, sans y avoir été préparés par l'étude des œuvres qui leur auraient appris à le faire avec aisance et vérité, sont presque tous tombés dans cet écueil de donner à leur personnage un air contraint et guindé. Flandrin lui-même ne s'est pas

---

1. *Del Purismo*, p. 7.

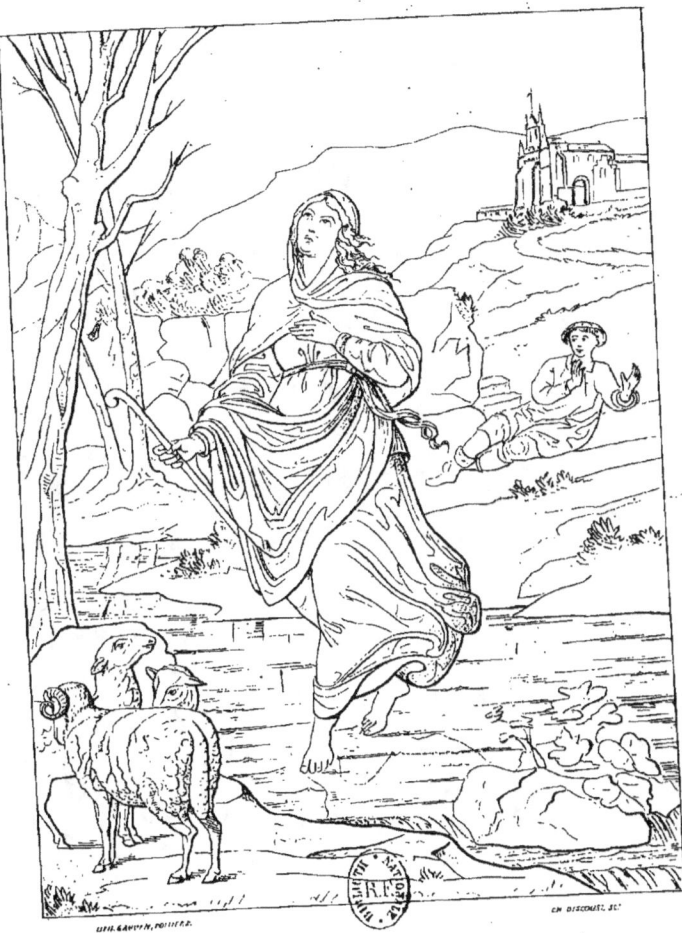

STE GERMAINE COUSIN PASSANT LE RUISSEAU.

préservé entièrement de ce défaut : il est si difficile de ne pas être un peu de son temps jusque dans ses parties faibles !

Quoi qu'il en soit, l'impulsion est donnée, et les exemples ne manquent pas : ils doivent être suivis avec un esprit éclairé, attentif aux écueils que les exemples servent aussi à révéler ; l'impulsion doit exciter en chacun une verve qui lui soit propre : l'art chrétien devrait donc progresser. D'où vient cependant qu'il semble au contraire vouloir s'arrêter ? Flandrin, Overbeck, Ténérani viennent de finir, et aucun nom ne surgit pour faire espérer qu'ils seront remplacés. On voit bien, au milieu de l'exubérance toujours croissante de nos expositions annuelles, çà et là quelques œuvres chrétiennement inspirées près desquelles l'âme trouve à s'élever, quoiqu'on puisse dire qu'elles gagneraient encore à se trouver isolées et loin de cette cohue étourdissante. Félicitons-nous toutefois de les y trouver, en songeant que, il y a quarante ans, on n'y aurait rencontré rien de semblable. Ce sont bien là les disciples de l'école chrétienne, qui, alors, commençait à poindre, mais comment pourra-t-elle se continuer si elle n'a plus de maître ; et comment l'art pourrait-il être chrétien quand le monde ne veut plus du christianisme ?

A l'art chrétien, il est vrai, il reste nos églises, mais pourvu que l'esprit profane n'envahisse pas encore ceux qui sont chargés de les construire et de les décorer. N'est-ce pas ce qui a eu lieu dans les remaniements de notre capitale, lorsque l'architecte s'est proposé principalement, dans la construction d'une église, l'effet pittoresque qu'elle peut produire à l'embranchement de deux voies publiques ? Voilà que, pour réagir contre une direction de l'art, qui, chez nous, avait le double mérite d'être le plus religieux et le plus national, voilà qu'on va répétant, ici, que tous les genres d'architecture peuvent s'adapter à la pensée religieuse, et qu'en effet, suivant les temps, on en a construit de premier ordre dans tous les styles ; là, qu'en copiant les monuments d'un autre époque, on ne fait que des pastiches. Alors on essaie de créer quelque chose de nouveau pour se donner un air d'originalité, et on ne fait que des constructions hybrides. Ce n'est point ainsi que l'on invente ; et qui crie : « Je m'en vais inventer, » n'inventera jamais rien. Pour inventer il faut croire, croire d'abord aux avantages et aux beautés d'un ordre de combinaisons architecturales ; les saisir avec perspicacité, s'y attacher avec intelligence, et en faire jaillir des effets inattendus, et comme un rameau nouveau, apte bientôt à se détacher de la tige dont il est né et à devenir arbre à son tour.

Qui croit à l'architecture ogivale, croira aussi qu'elle n'a pas dit son dernier mot ; et si elle ne le dit pas, c'est qu'il ne se trouve pas un homme de génie qui, s'y attachant avec amour, sans vouloir la remplacer, saura lui donner une physionomie nouvelle, qui tiendra de son propre caractère, et des circonstances qui auront déterminé son point de vue. Qui a tenté jusqu'ici d'allier les qualités de l'ogival italien, ses nefs et ses arcs plus larges, sans ses tirants en fer, avec les qualités du nôtre, dégagé de tous ses défauts?

En répondant à la seconde objection nous avons répondu à la première : attachez-vous à un autre style, mais prenez-le dans son unité, dans ses principes, et adaptez-le, par une légitime conséquence, aux besoins de la pensée chrétienne, arrivée au degré d'essor que nous lui voyons, au besoin d'élévation, par conséquent, autant qu'au besoin d'espace. Vous ne sauriez alors vous contenter des formes du temple antique, ou de la basilique primitive ; arrivez à la basilique de Saint-Pierre, bien : puis comprenez à quelles conditions elle est tout ce qu'elle est, et nous ne serons pas éloignés de nous entendre.

Il ne faut pas se le dissimuler, un certain ralentissement semble se manifester dans l'essor des études de l'archéologie, des constructions ogivales, de la peinture et de la sculpture chrétiennes, si l'on considère les sommités. Quant à leur diffusion, elle est telle, au contraire, que l'on pourrait croire toute impulsion inutile, parce que le résultat est obtenu. Mais, ne nous y trompons pas cependant, il n'a pas suffi à Dieu de créer le monde, il faut que sa puissance créatrice s'exerce en le conservant ; de même dans les œuvres humaines, l'impulsion continue est nécessaire pour obtenir la continuation des effets. Non, le ralentissement dont nous parlons provient d'un esprit de doute, et le doute, de sa nature, est stérile ; si avec le doute l'on produit encore, c'est qu'il reste des réminiscences de foi.

Avouons-le, dans le mouvement que nous voulons de tout notre pouvoir contribuer à entretenir et à diriger, tous n'avaient pas apporté un égal esprit de foi, de foi chrétienne, la seule qui mérite absolument ce nom ; beaucoup y participèrent sans être redevenus chrétiens. Ils rendaient justice, au point de vue du beau, aux sentiments qui avaient inspiré les monuments que tous s'efforçaient de faire revivre et cela même était un grand bien ; mais si, faute de ne l'avoir pas suffisamment porté à son terme, ils ne l'ont pas rendu aussi productif qu'il aurait dû l'être, si eux-mêmes ils se sont ralentis, s'ils n'ont pas fait des disciples qui les vaillent, il ne faut pas s'en étonner. Nous ne voulons pas non plus que ce soit pour nous, qui croyons, un motif de découragement.

Nous voulons remonter aux sources avec sincérité, aller aux principes de toutes les branches de l'art chrétien, qui ont pour objet de rendre des pensées par le moyen des figures et des images. Nous avons la confiance que nous viendrons en aide par ce moyen à quelques-uns de ceux qui, soit dans le choix, soit dans la direction, soit dans l'exécution d'une œuvre d'art, aspireront à réunir les conditions du vrai et du beau. Nous sommes dans ce monde pour nous entr'aider : nous ne refusons aucun secours ; puissions-nous être bien accueilli, au moins par un petit nombre de

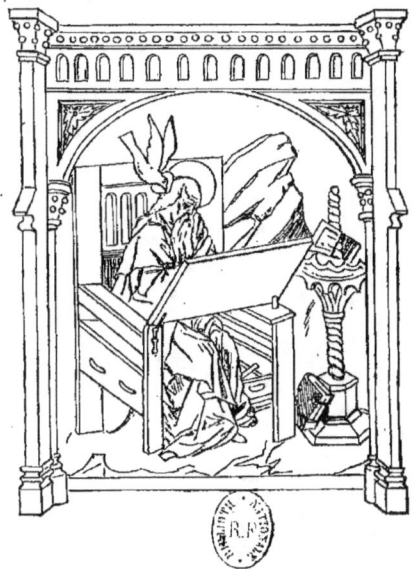

Saint Paul étudiant les saintes Écritures. (Miniature du xvᵉ siècle.)

frères d'armes et d'amis, destinés pour la plupart à nous demeurer inconnus dans cette vie, qui voudront terminer ce que nous n'avons fait qu'ébaucher ou mettre en pratique ce que nous n'avons fait qu'étudier !

GUIDE
DE
L'ART CHRÉTIEN

ÉTUDES D'ESTHÉTIQUE ET D'ICONOGRAPHIE

PREMIÈRE PARTIE

RÈGLES GÉNÉRALES DE L'ART CHRÉTIEN

EXPOSÉ PRÉLIMINAIRE.

L'art dans son acception la plus large s'entend de tout ensemble de connaissances, de règles, d'aptitudes considérées relativement à des conséquences pratiques, et c'est en quoi il diffère de la science qui de son essence est purement spéculative. Nous disons également l'art de penser, l'art de guérir, les arts mécaniques, les arts industriels, les arts libéraux, et de chacune de ces choses en particulier l'on peut dire qu'elle est un art; mais, si nous disons l'*art* d'une manière absolue et par excellence, il est entendu que nous y attachons avant tout l'idée du beau : en d'autres termes, que nous parlons des *beaux-arts*, c'est-à-dire des arts qui ont le beau pour moyen obligatoire, sinon pour but exclusif. Saint Augustin dans un sens sublime applique ce terme d'*art* au Verbe éternel : c'est lui en effet qui est l'artiste suprême, par qui toutes choses ont été faites. Si nous disions seulement le suprême artisan, nous ne ferions pas assez sentir quelle est la beauté de ses œuvres.

Leur bonté cependant passe avant leur beauté : *vidit Deus quod esset bonum !* et nous nous garderons de penser que le beau soit l'objet définitif de l'art, indépendamment de cette utilité supérieure que constitue le bien. La plus grande supériorité de l'art sur le métier, c'est qu'il s'élève jusqu'aux aspirations de l'âme, tandis que le métier s'arrête aux besoins du corps. Si l'utile paraît quelque chose de relativement inférieur, c'est qu'on le prend trop bas : il y a de sublimes utilités. L'utile est la règle de l'architecture, le premier des beaux-arts. Un édifice doit avoir une destination à laquelle soient adaptées toutes ses parties : et chacune d'elles doit concourir à la solidité du tout. L'élévation morale de sa destination doit être l'âme de tout ce qu'on pourra lui donner d'élévation monumentale, élévation qui manquerait son but si elle était obtenue au détriment de ce qu'elle doit signifier : au détriment de sa noble destination ; si c'est une église, au détriment des fidèles qui doivent s'y assembler et des rites sacrés, qui doivent s'y accomplir. En prenant une autre voie, les esprits les mieux doués au lieu de se laisser guider par le bon sens pour aller au génie iront facilement s'égarer dans le vague et se perdre dans le creux. Les monuments purement commémoratifs ne sont pas affranchis de cette loi : il faut les mettre en rapport avec ce qu'ils doivent rappeler, et l'on aurait grand tort de croire que la musique elle-même, celui de tous les arts auquel il semble le plus permis d'errer dans l'indéfini, puisse y trouver de la puissance. Aimer à se sentir bercé vers des horizons ignorés et des impressions inconnues, c'est bon quand on ne sait ni voir, ni vouloir, ni fixer ses espérances ; mais, pour nous, chrétiens, qui avons des aspirations bien définies, nous demandons à la musique elle-même de nous soulever où nous voulons monter, et nos accords auront des accents précis.

Nous ne prétendons pas embrasser dans nos études tous les beaux-arts, mais nous attacher aux arts d'imitation qui tous reviennent plus ou moins à la peinture et à la sculpture.

A voir la plupart des définitions qui en ont été données dans les siècles précédents, définitions qui peuvent se résumer en ces termes, pour la première : l'art d'imiter la nature en projetant sur une surface plane des lignes, des ombres et des couleurs [1]; pour la seconde : l'art d'imiter la nature en donnant à une matière solide la forme palpable des choses, il semblerait que l'imitation de la nature est leur unique but : cette imi-

---

1. Alberti, *della Pittura*, in-8°. Milano, 1804, p. 82.
Lomazzo, *Trattato della Pittura*, in-8°. Roma, 1844, T. I, p. 2.
Vasari, in-4°. Bologna, 1647, T. I, p. 30 et 42.
De Piles, *Cours de Peinture*, in-12. Paris, 1708, p. 3.
Mengs, *Œuvres*, in-4°. Roma, 1787, p. 210.
Watelet, *Dict. de Peinture*, in-8°. Paris, 1792, p. 50.
Millin, *Dict. des Beaux-Arts*, in-8°. Paris, 1806, T. III, p. 150.

tation suffisant d'ailleurs pour remplir les conditions du beau. Dufresnoy s'élève plus haut et se rapproche de la vérité quand il appelle la peinture, une poësie muette. A nos yeux, les arts d'imitation sont avant tout une langue et cette manière de les considérer devient obligatoire pour nous qui voulons nous en occuper au point de vue chrétien.

L'imitation la plus vraie de la nature, la plus fidèle traduction, le plus heureux choix de ses beautés ne sauraient nous suffire comme fin ; nous les voulons comme moyen d'atteindre un but plus élevé.

« Le but suprême de l'art, c'est d'enseigner d'utiles vérités par le « moyen du charme qu'il exerce sur les sens », dit M. Selvatico, après avoir déclaré qu'il fait peu de cas de l'art qui ne prétend à la beauté que par la forme et qui ne se propose d'autre but que de plaire [1].

M. Charles Blanc, avec les vues élevées qui le caractérisent dans ses études approfondies sur l'art, fait entrer dans ses définitions l'expression des idées, des sentiments, du caractère, pour la sculpture [2], et ce qui revient au même, toutes les conceptions de l'âme pour la peinture [3]. Nous différons de lui seulement quant à la précision du but, dnas lequel nous faisons entrer la notion de l'utile, et cette différence ne tient qu'à la diversité de nos points de vue.

Il n'est pas une œuvre d'art chrétien qui ne manque son but si elle ne se résume dans une impression favorable au salut. L'imitation de la nature et la beauté plastique ne sont que des moyens d'attirer les sens, et de fixer l'esprit et le cœur sur de saints exemples, sur des mystères sacrés, des préceptes divins, de pieux sentiments, des aspirations généreuses ; mais aussi à combien de beautés supérieures qui ne sortent pas du domaine du sens, l'accès ne lui est-il pas ouvert ? Ces beautés rejaillissent des sommets élevés où l'art est allé les atteindre jusque sur les formes et les couleurs qui lui servent de corps, et ce qui aux yeux de l'homme plongé dans la matière, semblerait le mettre plus à l'étroit, devient le secret de sa plus grande puissance, et la source de ses plus heureux développements.

Comment choisir son sujet, comment déterminer et grouper les figures qui doivent entrer dans sa composition, quelles expressions donner à ses personnages, quels linéaments aux corps imités de la nature, et, s'il s'agit de peinture, comment distribuer les ombres et les couleurs ? Telles sont les questions auxquelles entreprend de répondre quiconque essaie de

---

1. Selvatico, *Sull'educazione del pittore storico*, in-8º. Padova, 1842, p. 396.
2. *Grammaire des arts du dessin*, grand in-8º. Paris, 1870, p. 353.
3. *Id.*, p. 315.

traiter des arts d'imitation. Telle sera aussi la première partie de notre tâche. Nous nous efforcerons de la remplir, sans jamais oublier que nous faisons une étude de l'art, mais surtout que notre objet est l'*art chrétien*. Nous dirons, dans autant d'études distinctes, quels doivent être l'invention, la composition, l'expression, le dessin, le clair obscur, le coloris, pour satisfaire aux justes exigences de l'homme de goût. Nous essaierons de le faire en homme qui s'est pénétré des beautés répandues dans toutes les œuvres de la création et qui a su apprécier le choix que les anciens en ont fait. Nous ne dédaignerons aucun des procédés, aucune des observations, aucune des ressources que le temps et l'étude ont mis au service des artistes modernes; mais nous nous proposons par dessus tout de subordonner toute sorte de goût, toute beauté, toute ressource artistique aux vérités chrétiennes, aux exemples de saints : persuadé que l'art n'a pas de meilleur moyen de les embellir que de les faire paraître tels qu'au sein de l'Église on apprend à les comprendre.

La Grèce antique eut son beau idéal. L'art chrétien, selon l'expression de Joseph de Maistre [1], s'est élevé à l'idéal de l'idéal : il s'agit pour nous ou de l'y ramener ou de l'y maintenir. Nous le ferons par rapport à chacune des parties de l'art lorsque nous en traiterons en détail; nous croyons cependant utile de développer, à notre point vue, d'abord, les notions générales d'esthétique que nous venons d'émettre, dans une Étude spéciale.

De même, bien que nous ne devions traiter de rien sans recourir aux lumières que nous fourniront sur chaque sujet les maîtres de la science sacrée : comme la doctrine de l'Église au sujet des représentations figurées, du culte des images, de l'usage qu'elle en fait dans la liturgie, de la décoration des monuments religieux, domine toute la matière, nous commencerons par en faire un exposé général, qui facilitera l'intelligence des applications particulières que nous en ferons dans tout le cours de ces Études.

Nos notions dogmatiques une fois données, nos principes d'esthétique posés, non content d'analyser ce que les auteurs spéciaux par rapport à la technique de l'art ont dit de l'invention, de la composition et de ses autres parties, nous rattacherons à chacune d'elles des considérations plus étendues, relatives au point de vue sous lequel nous les envisageons. A l'invention nous rattacherons tout ce qui concerne le choix du sujet; ses sources, telles que l'histoire, la légende; ses convenances par rapport au lieu, à l'usage, à l'effet que l'on doit produire, aux différentes branches de l'art; à la composition nous rattacherons des idées générales de sym-

---

[1] De Maistre, *Philosoph. de Bacon*, chap. VII.

bolique, d'iconographie ; au dessin, tout ce qui concerne les formes extérieures, le nu, les vêtements ; au coloris, un mot sur la signification des couleurs.

Arrivé, en suivant cette marche, au terme de notre première partie, nous nous attacherons à l'étude de l'iconographie chrétienne. Faisant l'application des idées que nous aurons émises, nous examinerons comment l'on doit, comment l'on peut représenter Dieu, la sainte Vierge, les anges et les saints; rapporter les faits de l'histoire sacrée, personnifier les êtres matériels, comme le ciel et la terre, les êtres de raison, comme les vertus et les vices. Notre première partie étant comme la grammaire de la langue parlée par l'artiste chrétien, nous en ferons ensuite un dictionnaire raisonné que nous diviserons en trois autres parties consacrées à l'iconographie générale, à l'iconographie spéciale des mystères de la religion chrétienne, et à l'iconographie des saints.

Toute langue se forme par l'usage, et c'est surtout sur la signification des mots que l'usage exerce un empire presque souverain ; le langage de l'art, comme tous les autres langages, est soumis à cette loi : nous voulons d'autant mieux la respecter qu'en toutes choses nous n'aimons rien tant que l'esprit traditionnel : il rattache les pères et les enfants, et unit dans un même faisceau les forces des générations successives ; rien au contraire ne nous semble délétère et mortel comme l'esprit d'individualisme. L'archéologie nous fournira les données traditionnelles du langage artistique ; ces données toutefois nous ne les accepterons pas sans contrôle. L'usage pour une langue ne saurait faire loi qu'à la condition de respecter les principes dont l'ensemble constitue son génie. Les données qui nous seront fournies par la science archéologique et la pratique des représentations chrétiennes continuée journellement sous ses yeux, nous ne les admettrons qu'après les avoir soumises à la lumière de la foi catholique ; après avoir acquis le droit de croire qu'elles seront comprises, qu'elles enseigneront la vérité, qu'elles édifieront. C'est à quoi nous servira l'exposé doctrinal par lequel nous allons commencer.

ÉTUDE Ire

DOCTRINE DE L'ÉGLISE RELATIVEMENT AUX IMAGES.

I.

UN MOT DE THÉOLOGIE.

Il nous sied bien à nous, simple brebis dans le troupeau du Seigneur, qui avons toujours à apprendre, sans aucun droit d'enseigner, de nous représenter la Théologie, cette reine des connaissances humaines comme l'a fait Raphaël dans les fresques de la Salle de la Signature, où elle est personnifiée sous la figure de cette âme béatifiée qui guida le poëte chrétien au milieu des harmonies de la cité céleste. On se figure trop

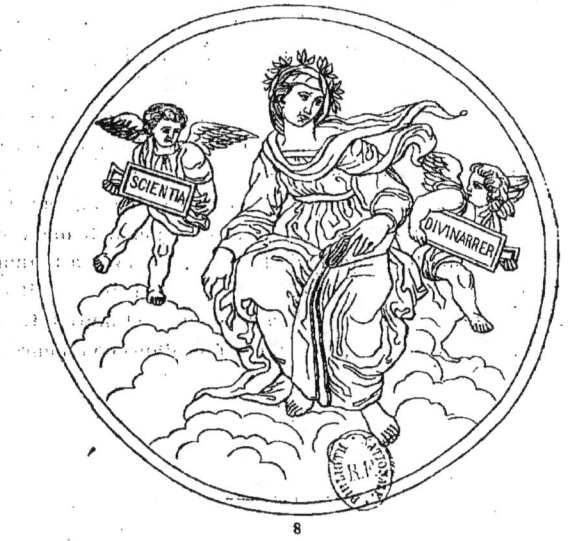

La Théologie de la Salle de la Signature. (Raphaël.)

aisément que la théologie est une science sèche et aride, hérissée d'arguments et de cas de conscience : qu'est-elle cependant ? « La connaissance des choses divines : « *Scientia divinarum rerum* c'est-à-dire qu'elle puise incessamment à la source de toute beauté et de tout bonheur. Voyez comme comme son œil est pénétrant, comme son front est doux et serein, avec quel amour elle répand du ciel sur la terre les consolantes vérités qui coulent là-haut comme des flots sans rivages.

Au-dessous de cette figure, comme développement de la pensée qu'elle exprime, s'étale dans le tableau connu sous le nom de *Dispute du Saint-Sacrement*, la plus magnifique image de l'Église enseignante. Les docteurs au pied de l'autel reçoivent du ciel la parole de Dieu, la méditent et la transmettent. Nous, nous aimons à nous reconnaître parmi ces fidèles qui se pressent autour d'eux, pour l'entendre de leur bouche, et se la répéter les uns aux autres. Daigne la divine Béatrix toujours nous guider sur leurs pas dans la voie ardue où nous nous engageons !

En soi, il n'est rien de beau comme les vérités chrétiennes, il n'est pas d'aliment pour le cœur, il n'est pas de satisfaction pour l'intelligence qui puisse se comparer à la contemplation de leur harmonie ; il n'est pas pour les arts de sources d'inspiration et plus vives et plus fécondes.

Ce qui en rend l'étude âpre et difficile, ce sont les mille subterfuges de la fausse conscience, ce sont les arguties des sectaires, que le ministre de Dieu, incessamment, est appelé à déjouer. Sachons ne pas nous en plaindre, puisqu'il n'est pas de subtilités, pas d'erreurs, pas d'entraves, qui ne tournent au profit de la vérité, et qui n'aient pour dernier résultat

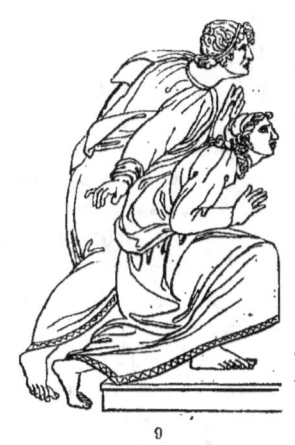

Auditeurs dans la Dispute du Saint-Sacrement. (Raphaël.)

de la mieux faire connaître, d'en mieux faire pénétrer les profondeurs, d'en mieux assurer la possession, d'en mieux préciser les termes. Et quand nous venons, heureux spectateurs de la lutte, cueillir les fleurs de l'arbre, nous trouvons que nos pasteurs et nos guides en ont ôté les épines.

Ce sont les fureurs des anciens comme des nouveaux iconoclastes qui ont élevé dans l'Église, à la dignité et à la certitude d'un dogme, la légitimité et l'utilité des représentations figurées, du culte qu'on leur rend, qui leur ont valu l'honneur d'être au nombre des vérités scellées par le sang des martyrs.

L'art chrétien se rattache, comme à ses racines, aux plus hauts, aux plus doux mystères de notre foi. C'est par l'histoire de ces sanglantes controverses qu'on le voit le mieux, et c'est dans la décision des conciles qu'elles provoquèrent, que nous trouverons le fondement de l'édifice que nous entreprenons d'élever, pour en faire comprendre l'importance et pour en déterminer la direction.

II.

DU DEUXIÈME CONCILE DE NICÉE.

Les trois cent cinquante évêques réunis à Nicée en 787, sous la présidence des légats du pape Adrien Ier et de saint Taraise, patriarche de Constantinople, pour définir la doctrine de l'Eglise touchant le culte des images, avaient, dans le cours de six sessions, recherché avec soin tout ce qui pouvait éclairer la question ; ils avaient invoqué le témoignage des anciens Pères, celui des faits, résolu les objections. Arrivés au terme de la septième session, ils allaient prononcer : un des évêques lut, au nom de tous, une exposition motivée de leur foi ; appuyés sur la tradition : ils déclarèrent que l'on avait fait et que l'on pouvait faire « des images, « qui, d'accord avec l'histoire de la prédication évangélique, viennent « attester que le Verbe a pris la nature humaine, réellement, et non pas « d'une manière purement apparente ». Ils comparaient les images à l'écriture, et constataient l'utilité qui résultait pour les fidèles de ces deux modes d'enseignement ; et, comme conséquences, ils arrivaient à leur sentence doctrinale, ainsi conçue :

« Nous décidons que, de même qu'on expose la figure de la croix pré-
« cieuse et vivifiante, ainsi les vénérables et saintes images, soit de cou-
« leurs, soit de pièces de rapport ou de quelque autre matière conve-
« nable, seront exposés dans les saintes églises de Dieu, sur les vases et
« vêtements sacrés, sur les murailles, sur des tables de bois, dans les
« maisons et sur les chemins, aussi bien les images de notre Seigneur
« Dieu et Sauveur Jésus-Christ ; que celles de notre Dame immaculée, la
« sainte Mère de Dieu, celles des vénérables Anges et en général de tous
« les hommes saints et justes. Plus, en effet, on les voit dans leurs images,
« plus ceux qui les contemplent sont excités au souvenir et à l'amour des
« originaux. »

Les Pères du concile distinguent ensuite le culte que l'on rend aux images, du culte de latrie, qui est réservé à Dieu seul; ils confirment cependant la pieuse coutume de les entourer de cierges allumés, de brûler devant elle de l'encens comme devant la croix, le livre des Evangiles et autres choses semblables.

« Celui, en effet, qui honore l'image, ajoutent-ils, honore, en elle, « celui que l'image représente. »

Tous les Pères souscrivirent à cette décision solennelle, et portèrent ensuite des anathèmes contre les hérétiques qui soutiendraient les erreurs condamnées. Voici un de ces anathèmes :

« Si quelqu'un ne confesse pas que Jésus-Christ est un Dieu qui, selon
« son humanité, a pris un corps réel et déterminé (*circumscriptum secun-*
« *dum humanitatem*), qu'il soit anathème! Si quelqu'un n'admet pas
« les récits évangéliques représentés en peinture, qu'il soit ana-
« thème! »

Les Pères du concile écrivirent ensuite une lettre à l'empereur et à l'impératrice, pour les instruire de ce qu'ils avaient fait. Nous en faisons l'extrait suivant :

« Par la grâce du Saint-Esprit, nous avons proclamé la vérité,
« nous avons déclaré qu'il fallait à tous égards respecter les saintes
« images de Notre-Seigneur Jésus-Christ, qui le représentent selon qu'il
« s'est véritablement fait homme (*perfectus est homo factus*); les repré-
« sentations figurées en tant qu'elles racontent à leur manière les faits
« évangéliques, les images de Notre-Dame sans tache, la sainte Mère de
« Dieu, des saints Anges (selon qu'ils sont apparus aux hommes) et de
« tous les saints. »

Nous signalons la persistance avec laquelle le concile insiste sur la réalité de l'Incarnation et, nous dirions, sur le caractère scriptural des saintes images, par la raison qu'il n'est rien de plus fait pour nous éclairer sur la dignité et le caractère de l'art chrétien, dont l'unique objet est de les produire.

En parcourant tout l'ensemble des actes de ce concile, les lettres des papes saint Grégoire II et Adrien Ier, qui l'ont précédé ou suivi, les écrits des autres défenseurs des saintes images, saint Jean Damascène, les patriarches de Constantinople, saint Germain et saint Nicéphore, on est frappé de la place qu'y tiennent toujours ces mêmes pensées.

Entre la double réalité de la divinité et de l'humanité du Sauveur, d'une part, et de l'autre, l'usage et le culte des images, avec tous les arts qui en dépendent, il y a la plus intime connexion. Au début, en effet, des grandes hérésies qui eurent de commun, en s'entre-combattant, de saper par sa base le mystère de l'Incarnation, et de nier que Notre-Seigneur Jésus-Christ fût à la fois vrai Dieu et vrai homme, l'arianisme manifesta une sensible aversion pour les images du Dieu-Homme. Elle n'est que trop bien constatée dans les écrits d'Eusèbe de Césarée, comme la remarque en fut faite expressément au 2ᵉ concile de Nicée [1]. Philostorge, arien déclaré, se prononce également contre les images. Cette aversion fut portée plus loin encore par les Nestoriens, et, au terme de ces luttes suprêmes, la rage sauvage des iconoclastes ne semblerait être que le dernier effort de l'enfer vaincu. Impuissant contre la personne sacrée du Christ, il s'en prend à ses images. L'honneur qu'on leur rend remonte à la personne. Il savait que l'on ne renverse pas, que l'on ne profane pas l'image, si déjà n'a germé dans le cœur une haine au moins sourde et secrète contre la personne : en un mot, cette haine de Dieu, qui est un des mystères de l'enfer. D'un autre côté, le fidèle, en voyant outrager l'image de celui qu'il adore, se sent atteint dans sa foi. Lorsque l'émissaire de Léon l'Isaurien monta pour renverser celle qui à Constantinople semblait le mieux, par sa place et ses proportions, figurer la souveraineté de Notre-Seigneur Jésus-Christ sur la ville et sur le monde, il fut renversé lui-même et mis en pièces par le peuple ameuté.

Les rapports de l'hérésie des iconoclastes avec le mahométisme qui venait de naître sont sensibles : l'une et l'autre avaient été préparés par Arius, Nestorius, Eutychès ; et, dans les emprunts qu'il voulut faire à la vraie religion, il est remarquable que Mahomet ait eu pour maîtres un juif et un moine nestorien.

De quelque côté qu'on l'envisage, il y a une solidarité évidente entre le mystère d'un Dieu fait homme et ses images, leur usage et le culte qu'on leur rend, et, par extension, avec les images des saints.

Dieu s'est fait homme, disaient les Pères de l'Église ; il a vécu parmi les hommes, il a conversé avec eux, ils l'ont vu de leurs propres yeux, touché de leurs mains ; ce corps qu'il a pris pour notre salut dans le sein de Marie, qui, déposé dans le tombeau au jour de sa mort, est ressuscité glorieux, le troisième jour, toujours identiquement le même, il est aujourd'hui dans le ciel au milieu des splendeurs des saints ; il est dans l'Eucharistie où il se cache : donc nous pouvons le représenter comme un corps toujours vivant et véritable ; et, l'image de Jésus-Christ, puisqu'il est Dieu, est pour nous l'image même de Dieu : nous l'honorons en conséquence. Dans une situation si nouvelle, les prescriptions de l'ancienne

---

[1]. Actio v *Conciliorum* T. XVIII. Paris, 1644, in-folio, p. 386. — Actio vi, *id.*, *id.*, p. 519.

loi qui défendaient de figurer la divinité, ont dû, quelle que fût leur portée, tomber comme une lettre morte [1].

Jésus-Christ vient au monde : aux sévères et solennelles majestés du culte divin, viennent aussitôt se joindre les assiduités tendres et multipliées de la piété chrétienne. Près de la crèche se pressent les bergers, les Mages y accourent, le saint vieillard Siméon le prend affectueusement entre ses bras, et chacun des baisers de sa très-sainte Mère est un acte d'adoration. Dieu est avec nous, il est le fils de Marie, il est notre frère, l'un d'entre nous. La Magdelaine arrose ses pieds de ses larmes, saint Jean se couche contre son sein ; et toutes les démonstrations par lesquelles, entre nous, nous nous témoignons du respect, de la confiance, de l'amour, applicables au vrai Dieu, peuvent devenir autant d'actes du culte souverain que nous lui rendons.

Il a quitté la terre; mais son souvenir y reste vivant, plus vivant que celui d'aucun autre, qui, par ses grandes actions ou par ses bienfaits, ait jamais pu y marquer sa place.

L'art chrétien a pour principal objet de représenter Dieu, Dieu incarné; de rendre accessibles pour les sens les merveilles de sa grâce : donc, en quelque manière, cet art est divin, il est saint au premier titre, et il demande d'être traité comme une chose éminemment sainte. L'art antique, lui aussi, à son origine, était quelque chose de sacré. C'est parce qu'il avait surtout à faire des dieux, qu'il s'est élevé par delà les beautés de la nature jusqu'au beau idéal. Autant l'idée du vrai Dieu est au-dessus de ces dieux de commande, rêvés parfois avec quelque bonheur par l'imagination de la Grèce, autant en travaillant sur le type, seul réellement divin du Sauveur, l'artiste chrétien doit s'élever au-dessus du génie antique, et montrer, par la supériorité de ses vues, qu'il parle une langue nouvelle.

III.

RESTRICTIONS PRIMITIVES, EN QUOI ELLES CONSISTAIENT.

Les évêques d'Occident n'avaient point pris part au deuxième concile de Nicée. Trompés par une traduction défectueuse de ses actes, ils ne

---

[1]. Actio v [*Concil.*, T. XIX, p. 374, 375. — Actio vi, *id.*, *id.*, p. 457, 489, etc. Damasc., *Opera*, 2 vol. in-fol. Paris, 1712, T. I, p. 307, 310, 331, 345, etc.

crurent pas d'abord devoir l'accepter; mais ce n'était qu'un malentendu : la doctrine dont ils firent profession au concile de Francfort, en 794, ne différait sur aucun point essentiel de celle qui avait été définie à Nicée, puisqu'ils permettaient les images en dehors et au dedans des églises, en autorisaient le culte, sans le rendre obligatoire, et défendaient de les détruire.

Nous pourrions nous étonner, il est vrai, qu'ils ne les aient pas recommandées plus fortement ; mais il faut observer qu'ils étaient réellement préoccupés de l'abus que l'on pouvait en faire. Les saintes images n'ayant point été chez eux l'objet de ces violentes attaques qui avaient ensanglanté l'Orient, ils ne sentaient pas non plus autant le besoin de les défendre. En présence, au contraire, de peuples grossiers et tout nouvellement convertis à la foi, ils pouvaient craindre quelques superstitions.

L'Eglise n'enseigne point que l'usage des saintes images soit absolument nécessaire au salut. Elle les compte parmi les moyens d'action laissés à sa disposition, qu'elle peut, selon les circonstances, permettre, ordonner ou restreindre ; ses prescriptions, à cet égard, rentrent dans l'ordre des choses dites de droit positif [1].

Il n'est aucun doute que l'Eglise ne puisse aller jusqu'à une interdiction momentanée des images ; mais, hâtons-nous de le dire, nous sommes persuadé, en fait, qu'elle n'a jamais pris cette mesure extrême, parce qu'elle ne s'est pas trouvée dans le cas de la prendre, et nous ferons en sorte d'en exposer les raisons.

Que les images, cependant, aient toujours été également répandues, également honorées, toujours l'objet des mêmes prescriptions liturgiques, que la liberté, pour les produire, ait toujours été la même : il ne vient dans l'esprit de personne de le prétendre. C'est à nous rendre compte de la nature et de l'étendue des restrictions que primitivement leur usage a pu subir, que vont être consacrées nos premières réflexions.

Les habitudes, les pratiques et, jusqu'à un certain point, les croyances de la primitive Eglise nous apparaissent comme couvertes d'un voile, souvent transparent, au delà duquel l'Eglise, quand elle prononce, jette toutes les clartés de ses décisions, voile, cependant, qui n'en projette pas moins, sur ses commencements, une ombre mystérieuse.

La situation précaire des premiers chrétiens, la destruction des monuments qui auraient pu nous éclairer à leur égard, la nuit des temps comme l'on dit, qui nous en séparent, ne suffisent pas pour l'expliquer.

---

1. Petav., *Theol. dogm.*, De Incarnat., Lib. XV, cap. XIII ; Bossuet, *Fragments*, éd. Gauthier, p. 251 ; Perrone, *Theol.*, éd. Migne, T. I, col. 1217.

Nous savons que l'Eglise s'était fait une règle formelle de prévenir les profanations, les interprétations extravagantes auxquelles les plus naturelles de nos pratiques, les plus saints de nos mystères eussent été exposés, s'ils avaient été manifestés sans préparation à des hommes formés à l'école du paganisme.

Le fidèle initié, après de longues et minutieuses épreuves, devait bien se garder de divulguer ce qu'il avait vu, de répéter ce qu'il avait appris.

Quant aux images, on comprend que cette discipline du secret ayant pour effet de nous les faire paraître moins nombreuses qu'elles ne l'étaient, de ne pas nous laisser voir comment on les honorait, ait amené deux autres conséquences directes : elle dut nuire à leur multiplicité, elle dut contribuer à leur donner leur forme symbolique. Il fallait que, comprises facilement quand on en avait la clef, elles restassent inintelligibles pour les profanes.

Avant de se propager parmi les Gentils, l'Evangile avait été prêché d'abord au peuple juif. Le Sauveur et les apôtres étaient sortis de son sein, les premiers des chrétiens lui appartenaient. Bien revenu du penchant qu'il avait eu autrefois pour l'idolâtrie, il n'avait plus pour elle que de l'horreur. Elles étaient donc pour lui sans danger.

D'ailleurs, les disciples de la nouvelle alliance, qui avaient vu de leurs yeux, touché de leurs mains, entendu de leurs oreilles le Dieu fait homme, se trouvaient dans une situation pour laquelle les principes de l'ancienne loi cessaient d'être applicables. Conservant dans leur souvenir l'empreinte de ses traits vénérés, ils devaient chercher à les transmettre par une image sensible, c'est la nature qui le demande; et pour lui ôter la liberté de suivre un attrait en lui-même si légitime, il eût fallu une prescription toute spéciale. Les vraisemblances, d'accord avec les traditions, nous le démontrerons dans la suite, veulent que les premières images du Sauveur remontent aux temps apostoliques.

Faire une image de Jésus-Christ, c'était faire une image de Dieu, puisque Jésus-Christ est Dieu. La plupart des défenseurs des saintes images n'en concluaient pas, cependant, que la prohibition de la loi mosaïque fût si absolument levée, qu'il leur fût permis de représenter Dieu en tant que Dieu [1]; généralement on indiquait sa divine présence au moyen d'une main. Pour représenter le Saint-Esprit, la figure de la colombe s'introduisit assez promptement, au ve siècle au plus tard. Mais, d'après le langage des défenseurs des images au second concile de Nicée,

---

1. S. Jean Damascène, *De Fide orthodoxa*, T. I *Operum*. Paris, 1712, p. 280.
2. S. Paulin, Epist. XII *ad Severum*. Éd. Migne, Epist. XXXII.

et longtemps après encore, nous croirions que l'on s'était interdit jusque-là, sans réserve, de représenter Dieu le Père et le Saint-Esprit sous aucune figure humaine, si ce n'étaient les exceptions observées sur les sarcophages du IV° et du V° siècle, qui seront l'objet de nos études ultérieures.

L'horreur des idoles conduisit plus loin : les idoles en général, et absolument peut-être, étaient des statues ; dans le Décalogue et en d'autres passages des saintes Écritures, elles sont plus expressément réprouvées sous le nom d'œuvres de sculpture [1] : en conséquence les statues furent proscrites des églises, du moins en Orient, les actes du second concile de Nicée nous en fournissent la preuve [2], et, depuis, elles n'ont pas cessé d'y subir plus ou moins une certaine défaveur [3]. Si on fut au moins sévère en Occident comme le prouvent plusieurs passages du *Liber pontificalis* [4], il paraît, néanmoins, que pendant longtemps on ne fut pas sans y apporter quelque timidité.

Nous pouvons encore compter parmi les restrictions le soin de ne jamais représenter la croix comme un instrument de supplice, mais comme un signe de triomphe ; de ne pas y attacher le Sauveur mourant, mais de la lui mettre à la main comme un trophée ; de ne pas représenter les tortures du martyre, mais de le rappeler par les figures des jeunes Hébreux dans la fournaise, de Daniel dans la fosse aux lions, afin qu'il n'apparût jamais sans l'idée de la protection divine et de la délivrance finale, tant que l'on sentit le besoin de tremper les âmes plutôt que de les attendrir.

Les jours d'épreuves passés, les représentations des martyrs devinrent familières, de nombreux passages des Pères nous le prouveront bientôt ; peu après, au VI° siècle, apparaîtra l'image du crucifix. Mais l'idée du triomphe, qui avait d'abord prévalu, ne s'effaça pas pour cela des esprits : elle fut préférée pendant longtemps encore, dans la représentation du Crucifix même. Au moyen âge, on ne craignait plus de voir couler le sang de Jésus-Christ sur la croix ; mais ce sang même était recueilli par l'Église personnifiée, comme le premier des trophées, comme le signe le plus palpitant de sa puissance.

Que pouvons-nous conclure de là, sinon que même dans la restriction

---

1. *Sculptile*, Exode, XX ; Levit., XXVI ; Deut., IV ; Ps. XCVI.
2. Lettre de saint Germain à l'évêque de Claudiopolis, Actes du Concile de Nicée, *Collect. des Conciles*, T. XIX, p. 322.
3. Guill. Durand, *Rational*, Lib. I, cap. III. § 2.
4. Vies des papes saint Sylvestre, saint Sixte, saint Symmaque. Dom Guéranger, *Origine de l'Église Romaine*, in-4°. Paris, 1831, p. 275.

motivée, par les circonstances de son existence primitive, l'Église laisse apercevoir, par rapport aux images, comme à toutes ses autres institutions, l'esprit qui n'a pas cessé de l'animer. Ce qui à des yeux superficiels paraîtrait un changement, n'est que le plus naturel et le plus légitime des développements.

IV.

PERPÉTUITÉ DES IMAGES DANS L'ÉGLISE.

Désormais l'on peut affirmer que l'Église primitive n'a jamais imposé, même à titre provisoire, à la propagation des images, des entraves plus sérieuses qu'il n'en pouvait résulter de ce système de réserve et de discrétion connu sous le nom de discipline du secret. Il n'y a pas d'apparence que, du côté de ses enfants une fois régénérés, elle ait eu à se prémunir contre le retour à des pratiques idolâtriques. Il n'y a pas de point sur lequel les docteurs catholiques soient plus précis que sur la différence radicale qui exclut toute possibilité de confusion entre l'image chrétienne et l'idole. L'image représente un être réel et le donne pour ce qu'il est; l'idole est la représentation de ce qui n'est pas [1], ou de ce qui n'est pas du moins ce pour quoi on la donne. Dans ces temps héroïques où les grâces du Saint-Esprit se répandaient avec tant de profusion sur les âmes choisies, admises à la participation des saints mystères, un chrétien, une fois instruit et baptisé, autant et plus qu'aux époques réputées depuis les plus éclairées, savait trop quels étaient le divin Sauveur, sa très-sainte Mère, les apôtres et les martyrs, pour voir dans leurs images autre chose qu'un souvenir de ces saints et augustes personnages.

Pour expliquer la rareté des images primitives, et l'incertitude qui plane sur leur authenticité, nous avons donné assez de raisons sans qu'il soit nécessaire de recourir à une prohibition de l'Église dont on n'apporte aucun texte. Celui des Constitutions apostoliques, cité par M. Raoul Rochette, ne s'applique qu'aux faiseurs d'idoles [2].

Les termes si controversés du 36° canon du concile d'Elvire, tenu vers

---

1. Marangoni, *Cose Gentilesche*, in-4°, Roma, 1744, cap. XI. Somme de saint Thomas, II, II, 2, XCIV, a. 2, ad 3.
2. *Types imitatifs de l'art*, in-8°, 1834, p. 10.

l'an 300 [1], peuvent s'entendre dans notre sens autant et mieux qu'en aucun autre. Eussent-ils plus de portée, ils n'auraient encore d'autre autorité que celle d'une mesure locale. Ils prouvent d'abord qu'antérieurement aux dispositions du concile, les chrétiens d'Espagne avaient des images, et, selon la plupart des docteurs catholiques, ce concile ne voulut qu'en régler l'usage, soit qu'il prétendît, en défendant de les étaler sur les murs, les soustraire aux profanations [2], soit qu'il jugeât que cette place n'était pas assez respectueuse pour les images qui étaient plus ou moins directement l'objet d'un culte [3], soit qu'il entendît seulement parler des images de Dieu en tant que Dieu [4].

Clément d'Alexandrie [5], Tertullien [6], s'ils ont prétendu formuler, par rapport aux images, un blâme qui atteignit rien au delà de quelques abus particuliers, ou dépassât les règles restrictives que nous connaissons, n'apporteraient contre elles que l'autorité de leur opinion personnelle.

Des auteurs que l'on ne peut accuser d'avoir écrit dans un esprit d'hostilité contre la foi catholique, ou qui même font profession de la respecter, comme Cigognara [7], Emeric David [8] ou Raoul Rochette [9], s'ils ont admis que les chrétiens des deux ou trois premiers siècles n'ont pas eu d'images, ne l'ont fait qu'en suivant trop légèrement, quelquefois terme pour terme, les théories protestantes de Beausobre [10], de Jablonski [11], et d'autres écrivains de la même école.

Les théologiens catholiques, comme le P. Pétau, qui ont fait quelques concessions exagérées relativement à la prohibition momentanée dont les images auraient pu être l'objet, n'ont voulu évidemment que dégager la question dogmatique, dont la solution était de la dernière clarté, des obs-

---

1. Placuit picturas in Ecclesiâ esse non debere, ne quod colitur et adoratur in parietibus depingatur. (Can. XXXVI.)
2. Carli, *Bibliotheca Liturgica*. Brescia, 1833, ouvrage malheureusement inachevé, T. II, p. 113 et suiv.; Bona, *Rer. Liturgiq.*, T. I, p. 328.
3. Capisucchi, *Contr.*, XXVI, § 15, où il cite Martin de Ayala, Vasquez et beaucoup d'autres à l'appui de cette interprétation.
4. Benoît XIV, *De serv. Dei beat.*, etc., Lib. IV, Pars II, cap. XXI. § 3.
5. Clém. d'Alex., *Pedag.*, Lib. III; Marangoni, *Cose Gent.*, p. 75.
6. Tertul., *De Idolatr.*, cap. XI; contra Hermog, cap. I.
7. Cigognara, *Storia della scultura*, in-fol. Venise, 1813, T. I, p. 108.
8. Emeric David, *Hist. de la Peinture*, Paris, 1842, in-18 angl., p. 46.
9. Raoul Rochette, *Types imitatifs de l'art*, in-8°, 1834; *Tableau des Catacombes*, in-12, 1838.
10. Pauli Ernesti Jablonski, *Opuscula*, T. III, p. 377 à 406, in-8°. Lugduni Batav. 1809.
11. *Bibliothèque Germanique*, in-12, années 1727 et suiv. Amsterdam, T. XIII, XX, XXV, XXVII, XXVIII, XXXI.

curités qui pouvaient encore couvrir la question de fait. Que l'Église puisse autoriser et recommander l'usage et le culte des images, qu'elle les autorise et les recommande effectivement, rien de plus certain, c'est de foi. Que la discipline de l'Église, qui aurait pu être très-différente, eu égard aux circonstances, quant à cette autorisation et cette recommandation, n'ait jamais varié, en effet, sinon sur des points secondaires, c'est ce dont nous avons des preuves, mais d'une valeur toute humaine, qu'on n'a pas toujours eues au même degré; c'est pourquoi la question demeurait libre.

Pour nous, nous croirions que l'usage des images dans l'Eglise remonte aux temps apostoliques, sur le seul fondement que les Pères du second concile de Nicée l'ont cru, ainsi que tous les défenseurs des saintes images alors, et la plupart de ceux qui les ont défendues dans la suite.

Presque tous se fondaient, pour le croire, entre autres motifs, sur les traditions relatives à l'image miraculeuse d'Edesse, au voile de sainte Véronique, aux portraits attribués à saint Luc, à la statue de Panéas. Ces traditions, fortement attaquées depuis, ne seraient pas justifiées, qu'elles donneraient encore le droit de penser que les premiers chrétiens n'étaient pas sans avoir quelques images très en vénération parmi eux.

Cette considération, cependant, n'est pas ce qui nous frappe le plus : nous sommes surtout saisi de la majesté de ce courant qui fait converger vers une même pensée tant de saints papes, de grands évêques, de savants docteurs : il y a là, ce nous semble, la manifestation d'un instinct catholique qui difficilement pourrait tromper.

Léon l'Isaurien avait objecté au pape saint Grégoire II que, dans les six premiers conciles œcuméniques, il n'était pas dit un mot des images. « Belle raison ! » s'écriait le saint pontife. « Où avez-vous jamais lu qu'il « faille manger et boire pour vivre ? L'usage des images nous a été trans- « mis comme une chose non moins naturelle.[1] »

La manifestation extérieure de la Divinité n'est-elle pas, dans un sens, tout le christianisme ? Et les images, que font-elles, sinon continuer en quelque sorte cette œuvre de manifestation ? Elles lui tiennent non pas, il est vrai, comme un besoin qu'il y ait nécessité de satisfaire; mais elles en découlent comme conséquence, aussi naturellement que l'eau de la source, si on ne lui ferme toute issue.

L'examen des peintures des Catacombes avait conduit tous leurs inter-

---

1. *Actes du deuxième Concile de Nicée*, Actio II, *id.* VI; S. Nicéphore, *Spicileg. solemn.* T. I, p. 459; Capisucchi, *Controversiæ*, in-fol., Roma, 1677, p. 608 ; Trombelli, *De cultu sanct.*, in-4°, Bologna, 1743, T. II, p. 56; Paleotti, *De Imag. sacr.*, in-4°, Ingolstadt, 1544, p. 115.

prêtes : Bosio, Arringhi, Bottari, Boldetti, Marangoni [1], à faire remonter un bon nombre d'entre elles au moins au deuxième siècle. D'Agincourt était arrivé aux mêmes conclusions par des déductions mieux motivées [2]. Aujourd'hui, tout en redressant les jugements de ses devanciers relativement à quelques monuments moins anciens qu'ils ne le supposaient, les derniers travaux de M. de Rossi ont porté à la dernière évidence le fond de la thèse qu'ils soutenaient. Et si nous continuons de présenter le faisceau de témoignages sur lesquels on s'appuyait avant lui pour prouver la perpétuité de la pratique des chrétiens par rapport aux images, c'est uniquement pour mieux montrer dans quel esprit ces témoignages avaient été réunis.

On remarquait qu'à partir de Constantin des faits de toute nature venaient attester la place considérable que les images tiennent dans toute l'économie du Christianisme : à peine converti, ce prince fit orner de peintures et de mosaïques les basiliques qu'il éleva en grand nombre dans presque toutes les parties de l'empire romain [3]. A Constantinople, au milieu de la place publique, il éleva comme en triomphe l'image du Bon Pasteur et celle de Daniel dans la fosse aux lions [4]. Il plaça un agneau d'or, une statue du Christ en argent, avec une statue de saint Jean-Baptiste de même métal, dans le baptistère de Saint-Jean-de-Latran [5]. Saint Sylvestre avait eu la part principale à ceux de ces monuments qui appartenaient à la capitale du monde : continués par ses successeurs immédiats, saints Marc et Jules [6], ils servirent de type, nous en sommes convaincu, aux travaux du même genre qui furent commandés par saint Innocent I, saint Célestin I, saint Sixte III, saint Léon le Grand, saint Hilaire, saint Simplicien dans le Ve siècle, et dans les deux siècles suivants par saint Symmaque, par saint Félix III, saint Pélage II, Honorius I, Théodore I, travaux qui souvent ne furent que la réparation des monuments primitifs, et dont la date pour la plupart est constatée par les inscriptions mêmes qui les accompagnent [7].

1. Bosio, *Roma sotterranea*; Arringhi, *Roma subterranea*; Bottari, *Pitture e sculture sacre*; Boldetti, *Osservazioni su i Cimeteri*; Marangoni, *Storia della capella di sancta sanctorum*.

2. D'Agincourt, *Histoire de l'art par les monuments*, Peinture, p. 20 et suiv.

3. Ciampini, *De sacris œdificiis a Constant. constructis*, in-fol., Roma, 1693; *Liber pontificalis, Vita sancti Sylvestri*; Collection des Conciles, Éd. du Louvre, T. XIX, p. 245; Lettre d'Adrien Ier à Charlemagne, même volume; dom Guéranger, *Origines de l'Eglise Romaine*, in-4°, Paris, 1836, p. 174; de Vogüé, *Les Eglises de la Terre-Sainte*, in-4°, Paris, 1860; Eusèbe, *Vita Constant.*, Lib. III et IV, etc.

4. Eusèbe, *Vita Constant.*, Lib. III, cap. XLVIII.

5. *Liber pontif., Vita sancti Sylvestri*.

6. Lettre d'Adrien Ier à Charlemagne.

7. Ciampini, *Vet. mon.*, T. I, cap. XXI, XXII, XXIV, XXVI, XXVII; T. II, cap. VII, XIII, XIV, XVI;

Ravenne abonde en œuvres du même temps [1]. Saint Paulin en avait enrichi sa ville épiscopale [2]; il ne manque sans doute, pour établir qu'il en fut de même de beaucoup d'autres villes, qu'un poëte qui les ait chantées comme le saint évêque de Nole.

Si aucun autre des anciens Pères ne s'est attaché à décrire aussi directement les peintures et les autres œuvres d'art qui ornaient les églises, combien d'allusions n'y font-ils pas comme à une chose usuelle! En remontant jusqu'au IVe siècle, nous retrouvons les paroles de saint Basile, celles de saint Astérius d'Amasée, de Prudence, de saint Augustin; ce dernier sait le sacrifice d'Abraham aussi souvent représenté en peinture que célébré par la parole; la représentation du Sauveur entre saint Pierre et saint Paul n'a pour lui rien que de très-habituel [3]; puis voici saint Grégoire de Nysse, admirant la maison de Dieu, devenue sous la main des peintres comme une prairie émaillée de fleurs; et ces brillantes figures, ajoute-t-il, ne sont muettes qu'en apparence, elles parlent un langage qui pénètre les cœurs [4]. Elles les pénètrent si bien qu'il ne peut voir représenté le sacrifice d'Abraham sans en être ému jusqu'aux larmes [5].

Les portraits proprement dits n'étaient pas moins communs que les sujets historiques ou symboliques. Une femme de mauvaise vie, à la vue d'une image de Polémon, s'arrête dans la voie du crime [6]; sainte Marie Egyptienne se convertit en voyant une image de la sainte Vierge [7]; saint Ambroise voit en songe les apôtres saint Pierre et saint Paul et les reconnaît à leurs portraits [8]. Au second concile de Nicée, deux faits analogues furent racontés des portraits de saint Platon et de saint Nicolas [9]; saint Jean Chrysostome, qui s'est plu à exprimer son affection pour certaine image de cire pleine de piété [10], rapporte que l'image de sainte Hélène à Antioche se voyait partout sculptée, modelée, sur les vases, sur les meu-

---

Anast. Bibl., Vies des Papes saint Innocent Ier, saint Sixte III, saint Hilaire, saint Symmaque, Honorius; Dom Guéranger, *Origines de l'Eglise Romaine.*

1. Ciampini, *Vet. mon.*, T. I, cap. XX, XXIII, XXV; T. II, cap. VIII, IX, X, XI, XII.
2. Paulin, Epist. XII ad Sev., Edit. Migne, XXXII; Poema XXVII, De Fel. nat. IX, v. 511; Poema XXVIII, De Fel. nat. X, v. 14.
3. August. contra Faustum, Lib. XXII, cap. LXXIII.
4. S. Grég. de Nysse, Sermon sur S. Théodore.
5. *Id.*, Sermon sur la vie de Jésus-Christ.
6. S. Grég. de Nazianze, *In Carm.*, et 2e Conc. de Nicée, Actio IV; Paleotti, p. 109.
7. 2e Conc. de Nicée, Actio IV; Paleotti, p. 109.
8. Ambr., *Epist. de inv. corp. Gervas. et Protas.*; Bellarmin, *Controv.*, T. II, De imag., c. X; Selvaggio, *Antiquit. Christ. Instit.*, T. III, p. 65.
9. *Collect. des Conc.*, T. XIX, p. 241.
10. *Id.*, p. 302; Gretzer, *Oper.* T. XVII, p. 29.

bles [1]. Théodoret dit à son tour combien était répandue celle de saint Siméon Stylite [2].

Quand un usage a pris son extension, vient quelquefois l'abus : c'est contre l'abus que s'élève saint Nil dans sa lettre à Olympiodore ; il ne veut pas que dans les églises, sous prétexte de décoration, on introduise des figures toutes profanes, des satyres et des faunes, des chimères et des centaures ; il veut qu'on y représente les histoires de l'Ancien et du Nouveau Testament [3].

L'on cite encore, comme apportant des preuves de la diffusion des images, saint Jérôme, saint Cyrille de Jérusalem, et saint Cyrille d'Alexandrie [4].

Tous ces témoignages sont antérieurs à la première moitié du ve siècle. Sur la fin du siècle suivant, nous trouvons le pape saint Grégoire le Grand en présence d'un abus tout différent. Il paraît que des chrétiens avaient rendu à des images certains honneurs qui pouvaient aller jusqu'à la superstition. Sérénus, évêque de Marseille, crut devoir détruire ces images. Le saint pape, sans contester le fait qui l'avait motivé, blâma hautement cet excès de zèle : il fallait réprimer l'abus, disait-il, mais non pas détruire les images. « L'homme, en effet, a besoin d'être pris par les sens, et les images sont les livres de ceux qui n'en ont pas d'autres [5]. »

Ainsi, de siècles en siècles, nous arrivons jusqu'au moment où l'Eglise étant toujours militante, l'intérêt capital qu'elle met à défendre les images fut le *casus belli* pour lequel elle livra les plus sérieux de ses combats pendant le cours de plusieurs générations.

V.

CONCILE DE TRENTE.

L'ensemble des doctrines fondamentales, auxquelles les décisions du second concile de Nicée apportèrent le complément, se présentèrent alors comme un faisceau d'une telle puissance de cohésion, qu'aucun sectaire,

---

1. Chrysost., *Orat. a Telesium* ; Capisucchi, *Controv.*, p. 608.
2. Theodor., Lib. Theoph., cap. XXVI ; Paleotti, p. 121.
3. *Collect. des Conciles*, 2e Conc. de Nicée, T. XIX, p. 242, Actio IV.
4. Capisucchi, *Controv.*, p. 608 ; Selvaggio, T. III, p. 63.
5. Greg., Lib. VII, Epist. 109 ; Lib. IX, Epist. 9 ; Paleotti, p. 102.

pendant huit cents ans, n'osa plus entreprendre ouvertement de le rompre. Toujours frémissantes dans les bas-fonds de la nature humaine, les passions, sans doute, ne cessent d'enfanter l'erreur; mais l'erreur ne se produisait plus au grand jour que sous forme de nuageuses arguties; le mal s'appelle légion, mais il ne savait plus rallier ses adeptes qu'au moyen d'initiations ténébreuses. Au grand jour, soumise aux lois de l'Eglise, la société tout entière en faisait sa loi, et, pour sa parure, les beaux-arts, ne vivant que d'une séve toute chrétienne, prirent alors un magnifique épanouissement.

Vient Luther, imprudent propagateur de vieilles et obscures erreurs, qui minaient par la base la notion même du Christianisme et jusqu'aux principes de la moralité humaine; il professa un respect hypocrite pour la première antiquité chrétienne, et de ce faisceau de vérités formulées en Orient par la série des premiers conciles œcuméniques, il ne se risqua à détacher qu'un seul dogme, celui-là qui, le dernier attaqué, avait été le dernier défendu; par cette raison, on pouvait le croire le plus facile à détruire; et si Luther, se pipant lui-même, ne songea pas personnellement à dépasser son programme avoué, l'ennemi de tout bien, qui s'était emparé de lui, assurément se proposa ainsi de reprendre en sens inverse l'œuvre tout entière des anciens hérésiarques. Ceux-ci, de degrés en degrés, étaient descendus à des erreurs de plus en plus mitigées, mais qui toutes, cependant, contenaient un principe dissolvant, contraire à la réalité de l'Incarnation, et c'est pourquoi l'Eglise les avait toutes rejetées de son sein avec une égale horreur.

Maintenant que l'Eglise semblait avoir perdu de son prestige d'autorité, il était habile de faire passer d'abord le poison le plus adouci; et à leur tour, sous prétexte d'atteindre la superstition, les nouveaux iconoclastes donnèrent à l'enfer la satisfaction insensée de voir injurier, et en quelque sorte de voir détruire, dans ses images, Celui dont la vie à la fois divine et humaine défie toutes les attaques.

A quoi aboutirent tous leurs efforts? A envelopper dans un cercle de glace le semblant de culte que conservaient les adeptes des nouvelles doctrines.

Quant à l'Eglise, toujours la même, dans la plénitude de sa force intime et dans ses conditions d'épanouissement extérieur, elle répéta, avec de semblables anathèmes contre les briseurs d'images, l'antique profession de foi des Pères de Nicée. En matière de dogme, le concile de Trente n'eut, sur ce sujet, rien à y ajouter; mais Luther et ses émules avaient pris prétexte d'abus réels ou possibles, et le saint concile, seul véritable réformateur, fit en sorte de ne laisser subsister ni le prétexte, ni les abus. Nous répéterons dans leur entier les termes de ses admirables décrets, assuré que nul ne saurait errer quant à l'usage, à l'exécution et au choix des images, et en général quant à la direction de l'art chrétien, s'il les prend, à la lettre, pour règle de conduite.

« Enjoint le saint concile à tous les évêques et à tous autres qui sont
« chargés du soin et de la fonction d'enseigner le peuple qu'ils instruisent,
« sur toutes choses, les fidèles avec soin touchant...... l'usage légitime
« des images : leur enseignant que les images de Jésus-Christ, de la
« sainte Vierge, Mère de Dieu, et des autres saints, doivent être con-
« servées, principalement dans les églises, et qu'il leur faut rendre l'hon-
« neur et la vénération qui leur est due : non que l'on croit qu'il y ait
« en elles quelque divinité ou quelque vertu pour laquelle on leur
« doive rendre ce culte, ou qu'il faille leur demander quelque chose,
« ou mettre en elles sa confiance, comme faisaient autrefois les païens,
« qui plaçaient leur espérance dans les idoles ; mais parce que l'honneur
« qu'on leur rend est rapporté aux originaux qu'elles représentent,
« de manière que par le moyen des images que nous baisons, et devant
« lesquelles nous nous découvrons la tête et nous nous prosternons,
« nous adorons Jésus-Christ, et rendons nos respects aux saints dont elles
« portent la ressemblance......

« Les évêques feront aussi entendre avec soin que les histoires des
« mystères de notre rédemption, exprimées par peintures ou par autres
« représentations, sont pour instruire le peuple et l'affermir dans la
« pratique, dans le souvenir et le culte assidu des articles de la foi ; de
« plus, que l'on tire encore cet avantage considérable de toutes les
« saintes images, non-seulement en ce qu'elles servent au peuple à lui
« rafraîchir la mémoire des faveurs et des biens qu'il a reçus de Jésus-
« Christ, mais parce que les miracles que Dieu a opérés par les saints et
« les exemples salutaires qu'ils nous ont donnés sont, par ce moyen,
« continuellement exposés aux yeux des fidèles, pour qu'ils en rendent
« grâces à Dieu, et qu'ils soient encouragés à conformer leur vie et leur
« conduite à celles des saints, à adorer Dieu, à l'aimer, et à vivre dans
« la piété. Si quelqu'un enseigne et croit quelque chose de contraire à
« ces décrets : qu'il soit anathème.

« Que s'il s'est glissé quelque abus parmi ces observances si saintes
« et si salutaires, le saint concile souhaite extrêmement qu'ils soient
« entièrement abolis ; de manière qu'on n'expose aucune image qui
« puisse induire à quelque fausse doctrine, ou donner occasion aux
« personnes grossières de tomber en quelques erreurs dangereuses. Et
« s'il arrive quelquefois qu'on fasse faire quelques figures ou quelques

« tableaux des histoires ou événements contenus dans les saintes Ecri-
« tures, selon qu'on le trouvera expédient pour l'instruction du peuple,
« qui n'a pas connaissance des lettres, on aura soin de le bien instruire
« qu'on ne prétend pas par là représenter la Divinité, comme si elle
« pouvait être aperçue par les yeux du corps, ou exprimée par des cou-
« leurs et par des figures.

« Dans le saint usage des images, on bannira aussi toute sorte
« de superstition, on éloignera toute recherche de profit indigne et
« sordide ; et on évitera enfin tout ce qui ne sera pas conforme à l'hon-
« nêteté (*omnis lascivia vitetur, ita ut procaci venustate imagines nec
« pingantur, nec ornentur*), de manière que ni dans la peinture, ni dans
« l'ornement des images, on n'emploie point d'agréments, ni d'ajuste-
« ments profanes et inconvenants....

« Ordonne le saint concile qu'il ne soit permis à qui que ce soit de
« mettre ou faire mettre aucune image extraordinaire et d'un usage nou-
« veau, dans aucun lieu, dans aucune église, quels que soient ses priviléges
« d'exemption, sans l'approbation de l'évêque. (Session XXV.) »

Le concile, on le voit, après avoir défini les images en tant qu'elles
peuvent être l'objet d'un culte, en détermine la haute utilité en tant
qu'elles sont un objet d'enseignement. Et quant aux abus qu'il condamne,
nous devons noter soigneusement ce qu'il dit des images susceptibles
d'induire en erreur sur les vérités chrétiennes, et de celles qui ont besoin
seulement d'explication. Nous nous en souviendrons lorsque nous traiterons en général de l'invention, de la composition, et d'une manière spéciale en abordant les sujets qui tombent plus particulièrement sous les
prescriptions du concile, comme les figures par lesquelles il est permis de
représenter Dieu considéré dans sa nature divine. Egalement, en temps et
lieu nous rejetterons, conformément à ces prescriptions, toutes les images
qui ne remplissent pas suffisamment les conditions de décence et de moralité
réclamées par leur destination, et nous nous tiendrons soigneusement
en garde contre toute représentation extraordinaire ou seulement inusitée
jusqu'à ce qu'elle ait été approuvée par l'autorité compétente.

Le concile de Trente ne signale comme exigeant une approbation que
les images d'une forme inusitée ; mais, eu égard à de nombreux abus,
Carli pense que même les images de formes usitées ne devraient pas être
exposées elles-mêmes sans avoir été approuvées [1].

Les superstitions comme les profits illicites dont les images peuvent être
l'occasion à l'égal de tout autre objet d'une vénération quelconque, sont

---

1. Carli, *Biblioth. Liturg.*, p. 103 à 127.

au contraire étrangères à notre sujet, et le concile lui-même se contente de les repousser en peu de mots, les jugeant sans doute peu à craindre après les explications qu'il a données et avec la surveillance qu'il recommande.

Voyons au contraire, à la lumière des décisions et des pratiques de l'Église, en combien de manières les images nous peuvent être profondément utiles et fortement recommandées, afin de comprendre de plus en plus ce qu'elles sont dans leur nature, ce qu'elles doivent être dans leur exécution.

VI.

DE L'UTILITÉ ET DE LA NATURE DES IMAGES.

Les saintes images sont des livres utiles à tous, même aux esprits les plus cultivés; ils sont des hommes : et tous, qui que nous soyons, en bien comme en mal, nous nous laissons prendre par les sens. Nos pensées s'égareront certainement beaucoup moins, si nous ne pouvons lever les yeux sans voir la figure même des choses auxquelles nous devons penser ; nous serons bien plus assurés de nos cœurs si nous voyons exprimés les sentiments qui doivent les remplir. Jusqu'ici nous ne parlons que des choses; que sera-ce donc si nous arrivons aux personnes ? Le portrait d'une personne qui nous est chère nous la *rappelle*, disons-nous; ce portrait nous la *représente*, disons-nous encore; il semble par notre expression même qu'alors, à notre *appel*, elle revient avec nous, qu'elle se rend *présente*, et de notre part tout ce que nous avions dans le cœur pour elle se réveille et se ranime.

Cependant, s'il s'agit du portrait d'un de nos semblables encore dans les conditions naturelles de la vie, et que nous parlions à ce portrait, celui qu'il représente ne nous entendra pas. Dieu, au contraire, nous entend partout et toujours ; partout et toujours il est, avec une parfaite réalité, présent devant nous, seulement nous ne le voyons pas; mais qu'une image nous le rappelle, la pensée de sa divine présence nous deviendra plus facile, et si alors nous nous adressons à lui, l'image n'ôtera rien à la réalité de nos entretiens avec Dieu même.

Dieu, il est vrai, en tant que Dieu, ne saurait être représenté par aucune image comparable à un portrait; mais le Fils de Dieu s'est fait homme : dès lors, on a pu représenter ses traits sacrés comme ceux de chacun de nous. L'homme seul est représenté, le Dieu seul est présent, mais le Dieu et l'homme ne sont qu'une même personne ; c'est à Jésus-Christ, Dieu et homme tout ensemble, que nous nous adressons intérieurement quand extérieurement nous nous adressons à l'image qui le représente, et c'est ce divin Sauveur qui nous entend.

La très-sainte Vierge et les saints dans l'état de béatitude sont aussi présents en quelque manière, quand devant leur image nous leur adressons des prières, car Dieu fait qu'ils nous entendent et qu'ils puissent nous répondre par les grâces qu'ils nous obtiennent, et tout ce qui se passe entre leur image et nous, dans le domaine des sens, répond aux réalités d'un commerce invisible, entre leurs âmes bienheureuses et les nôtres.

Voilà ce qui a lieu quand nous prions les saints ; il en est de même quand nous voulons les honorer. Puisque leurs images les représentent, il est naturel que nous rendions à celles-ci tous les honneurs que nous leur rendrions à eux-mêmes, et ce sont eux-mêmes qui, en définitive, les reçoivent.

Il arrive aussi, par le moyen des images, que nos honneurs prennent un caractère extérieur et public, plus facilement qu'elles ne le feraient par le seul usage des paroles. Qu'on se rappelle, par exemple, les cérémonies de la canonisation : pourrait-on leur donner la même solennité si l'exaltation de l'image ne venait d'une manière sensible inviter la foule des assistants à se prosterner devant le nouveau saint, et dirait-on aussi bien que désormais il a acquis le droit de reposer sur les autels, si on n'y voyait effectivement exposer son image ?

Il est admis, dans l'enseignement catholique [1], que la nature du culte rendu à l'image ne diffère pas foncièrement de celui qui est rendu à la personne, on le comprend, dès lors que l'image n'est qu'un instrument et un moyen qui n'empêche pas l'honneur d'aller directement à son objet.

Cependant on doit dire que l'image considérée sous ce rapport même a droit à un certain respect, à certains honneurs qui ne s'adressent à la personne que d'une manière indirecte, et qui par là même sont aussi d'une autre nature et d'un moindre degré : les honneurs sont analogues à ceux que l'on rend en général aux choses saintes, comme les vases sacrés et autres objets au service de Dieu, et encore les livres qui renferment les Saintes Écritures.

Considérées par rapport à leur prototype sacré, les images ne se pré-

1. Capisucchi, *Controversiæ*.

sentent pas toutes, de prime abord, avec des droits égaux à notre vénération : il en est d'exécutées dans un simple but de décoration, il en est d'autres où réellement on s'est proposé d'agir sur nos esprits et nos cœurs; et, tandis que dans celles-ci les faits sont offerts à nos méditations, comme si nous en lisions l'histoire, plutôt que les saints personnages eux-mêmes qui les ont accomplis ne le sont à nos hommages : en voici d'autres, d'un caractère tout personnel, qui nous les représentent comme s'ils nous apparaissaient et nous convient plus directement à nous adresser à eux. Tels sont les portraits et en général les figures isolées, ou accompagnées d'accessoires uniquement destinés à leur servir d'attributs.

A cette catégorie appartenaient dans le principe tous les tableaux d'autel. L'usage s'est ensuite introduit de représenter dans ces tableaux des traits saillants de la vie des saints, où ils sont mis en scène, au lieu de les montrer à nous comme s'ils étaient placés là dans la seule intention de nous attendre et d'accueillir nos prières. Néanmoins, ces tableaux, par leur destination, conservent le caractère personnel dont nous venons de parler, et la vénération spéciale qu'ils réclament de nous, en conséquence, s'accroîtra nécessairement, si nous considérons que cette destination, c'est l'Église qui la leur a donnée par son intervention officielle.

Il est au moins probable (et nous craignons de rester beaucoup au-dessous de la vérité, en nous servant de cette expression) que les images enrichies des bénédictions de l'Église, et à plus forte raison celles qui sont expressément exposées et proposées à nos hommages par son ministère, prennent un rang élevé parmi les sacramentaux.

Ces diminutifs des sacrements communiquent comme les sacrements, quoique dans une mesure très-inférieure et moins directe [1], des grâces particulières à nos âmes, et nous ne doutons pas que l'image bénite n'ait alors une plus grande efficacité pour nous mettre en rapport plus intime et plus immédiat avec l'original qu'elle représente.

Dans l'ordre de dignité spirituelle, il y a encore, au-dessus des images dont nous venons de parler, celles auxquelles Dieu s'est chargé lui-même de donner la sanction du miracle. En possession d'attirer la confiance des fidèles, souvent même le concours des pèlerins, quelquefois depuis des siècles, elles représentent non-seulement un intercesseur puissant et vénéré, mais une accumulation de grâces obtenues par son intercession, des prières sans nombre adressées au ciel par son entremise, des vertus pra-

---

1. *Ex opere operantis et non ex opere operato*, comme dans la Théologie.

tiquées, des bonnes œuvres accomplies sous son aile, et là, près de cette image, on est comme dans une atmosphère embaumée, où les puissances ennemies semblent n'avoir plus d'accès.

Il arrive, dans ces circonstances exceptionnelles, que l'Eglise intervient de nouveau : ces images bénies et révérées, elle les couronne, et le diadème qu'elle dépose extérieurement sur leurs fronts n'est que l'expression du triple rayonnement de grâces, de bénédictions, de vertus obtenues et pratiquées, à leur occasion, dans un sanctuaire privilégié.

A quelque degré de faveur que puissent s'élever les autres images, le crucifix les surpasse toutes en importance, en dignité : tandis que leur culte est fortement recommandé sans être obligatoire, celui du crucifix l'est devenu comme règle liturgique ; il faut que cette image du Sauveur repose sur l'autel pendant la célébration de la messe, renouvellement du divin sacrifice [1]. Il est d'un usage général que dans toute église on place un crucifix de plus grande dimension ou à l'entrée du chœur ou en quelque autre lieu des plus apparents : saint Charles Borromée en faisait une obligation au moins pour les églises paroissiales de son diocèse, et de même le cardinal Orsini, archevêque de Bénévent[2]. Saint Charles exigeait également, d'après un autre usage général, qu'une image du crucifix fût placée dans chaque confessionnal en regard du pénitent [3]. Le cardinal Orsini prescrivait de ne l'omettre ni dans le baptistère, ni dans la sacristie. Au vendredi saint, les honneurs exceptionnels que l'on rend à cette première des images chrétiennes tiennent une place considérable dans les offices publics de l'Église.

Quant à l'image de la sainte Vierge, le même cardinal Orsini ne voulait pas non plus qu'on manquât de l'exposer, portant son divin Fils, au-dessus de la porte de chaque église, entre le patron du lieu et un autre saint, si elle-même n'était la patronne ; et en outre il faisait une règle de l'usage, plus généralement suivi, de représenter toujours le saint patron au-dessus de l'autel [4].

Le culte que nous rendons à ces diverses images, disons mieux, celui que nous rendons par leur moyen à Jésus-Christ, à la sainte Vierge et aux saints, a son fondement dans la nature même de l'image, qui est de les *représenter*. Toute image, par cela seul qu'elle est susceptible de nous les rappeler, peut déterminer, de notre part, un culte qui n'a d'autres

---

1. Carli, *Biblioth. Liturgica*, in-8°. Brescia, 1833, T. II, p. 113 à 121.
2. *Acta Ecclesiæ Mediolanæ*, in-fol., Mediol., 1582, p. 53, 180. — *Il rettore ecclesiastico*, in-4°, Naples, 1683, T. IX, § 1.
3. *Acta Eccl. Med.*, fol. 187, v°.
4. *Reiti eccl.*, Tit. I, § 6 ; Tit. VI, § 26.

limites que celui auquel peut avoir droit l'original lui-même. Ainsi, nous pouvons, par une facile opération de notre esprit, faire passer pour nous une image d'une catégorie à une autre, et là où d'autres n'apercevraient qu'un simple ornement, nous attacher au sujet ou même au personnage que nous y voyons figurer. Que notre exemple ait des imitateurs ; que le concours des fidèles se porte vers une image, qui ne semblait pas originairement être faite pour attirer une telle attention ; que l'Eglise y mette la main, que cette image soit exposée à une place d'honneur, et qu'avec les faveurs du ciel vienne l'hommage des cierges allumés, des couronnes, des guirlandes, des ex-voto : cette image du dernier rang arrivera au premier.

Il en est des images comme des hommes, comme des chrétiens surtout. Tous ont la même nature, tous sont appelés à la même destinée : tous, par conséquent, ont droit à des égards, à des soins, à de certains respects, même quel que soit l'abaissement où ils peuvent tomber. Mais on comprend la différence que peut mettre entre un homme et un homme, un chrétien et un chrétien, le plus ou moins de culture intellectuelle ou morale.

A la bonne éducation, chez les hommes, répond la bonne exécution chez les images, et jusqu'à un certain point aussi, la bonne éducation de ceux qui sont appelés ou à les exécuter ou à diriger leur exécution ; et de même que la bonne éducation demande non-seulement le soin du corps, mais encore plus le soin de l'âme, il faut considérer que toutes les œuvres d'arts figurés comprises sous le nom d'images, ont, à leur manière, un corps et une âme, dont il faut, à la fois, se préoccuper dans leur exécution ; c'est-à-dire que ces images étant chrétiennes par leur sujet ou leur destination, il faut faire en sorte qu'elles puissent toujours plaire et toujours édifier : plaire par la beauté de leurs formes, édifier en exprimant de bonnes et saintes pensées, en représentant saintement de saints personnages.

Quand surtout il s'agit de la maison de Dieu, il n'y a pas de décorations, si secondaires qu'elles soient, auxquelles cette double règle ne soit applicable. Si on exigeait toujours une beauté de prix, on demanderait au delà du possible pour un grand nombre ; mais jusque dans les plus pauvres églises on ne saurait trop engager à choisir, selon les règles du bon goût, les plus modestes ornements. Il est bien autrement essentiel de ne jamais admettre, dans aucun monument religieux, ou par raison d'économie, ou sous prétexte d'art et de beauté matérielle, rien d'inconvenant ou même de simplement profane [1].

---

1. *Acta Eccl. Med.*, fol. 4 v°, 31 v°, 140 v°, 156 v°. La sollicitude du saint évêque de

Une grande distinction est sans doute à faire entre la conservation des choses existantes et l'adoption des œuvres nouvelles : dans le premier cas, on peut tolérer tout ce qui ne heurte pas manifestement la foi, la morale, les convenances; dans le second, pourquoi ne se proposerait-on pas le mieux? et le mieux est assurément de ne mettre sous les yeux rien, jusqu'aux moindres détails, qui ne puisse élever l'âme en captivant les sens. Ce n'est ni plus coûteux, ni plus difficile ; l'art sérieux y gagnera beaucoup, et il n'en sera pas moins agréable.

VII.

DE LA BEAUTÉ DES IMAGES.

Toutes les images qui veulent être chrétiennes doivent être bonnes et édifiantes, et dans les églises, disons qu'en principe il ne doit pas en entrer d'autres ; nous désirerions aussi que toute image chrétienne eût un certain degré de beauté ; il est connu cependant que beaucoup des images les plus vénérées ne remplissent aucunement cette condition : le degré de vénération dont elles sont l'objet ne dépend pas non plus de leur ressemblance avec le prototype sacré qu'elles représentent. Comme fondement de cette vénération, il suffit qu'elles soient prises en fait comme destinées à le représenter; l'édifice d'honneur et de grâces qui s'y attachent repose sur cette seule considération, en dehors de toute question d'art, d'imitation et de beauté.

L'Eglise elle-même ne prescrit rien directement quant à la beauté des images; et si nous tirons de sa doctrine une conclusion en faveur de leur beauté, c'est par voie de déduction en étudiant son esprit et ses pratiques.

Dieu aime que l'on consacre à son service tout ce qu'on a de plus précieux. Ne l'a-t-il pas montré lorsque, dirigeant lui-même la construction du tabernacle, de l'arche d'alliance et de tous les objets sacrés destinés à son culte, il a voulu que Moïse y employât en abondance l'or le plus pur ? Et l'Église ne se plaît-elle pas à revêtir ses prêtres et ses autels des étoffes les plus riches ? Y a-t-il des pierreries d'un trop grand prix pour les châsses de ses saints? et ces images spécialement, qui auraient sou-

---

Milan est très-remarquable pour tout ce qui tient au respect des saintes images. Il a des prescriptions pour leur conservation, pour éviter qu'elles ne soient exposées à la pluie, aux profanations, pour qu'elles ne soient pas roulées aux pieds. (*Id.*, fol. 56, 84, etc., etc.)

vent si peu de valeur si on en considérait uniquement la matière et la forme, quand, à d'autres titres, elles ont acquis des droits à la vénération, n'encourage-t-elle pas à les relever par les plus brillantes parures ?

Or, parmi les choses qui peuvent flatter le regard et donner extérieurement de l'éclat, ce qu'il y a de plus précieux n'est pas le poli durable des métaux et la vivacité persistante des couleurs. La beauté des formes, l'harmonie des teintes et par-dessus tout l'expression des beautés invisibles qui appartiennent au domaine des âmes, en un mot, tout ce qui constitue l'art, le distingue du métier, et ce qui élève le plus son niveau est d'un prix bien éminemment supérieur.

Dieu, dans les circonstances même que nous venons de rappeler, ne nous a pas laissé ignorer l'estime qu'il fait de l'art par-dessus la richesse de la matière : car, tandis qu'il a laissé aux fils de Caïn l'honneur d'être les premiers mentionnés pour des œuvres d'industrie, il nous a mis en droit de dire qu'il ouvre la première école où l'art fût enseigné, à Béséléel et à Ooliab, selon toute la grandeur de sa légitime mission.

L'Église, de son côté, a toujours apprécié le mérite de l'art, elle a été son refuge dans les moments de décadence, elle l'a conservé, réchauffé, ranimé, et c'est dans son sein qu'il a reçu le plus bel éclat dont il ait jamais brillé.

Évidemment, l'Église aime le beau, elle le désire, elle le recherche, elle le propage; et quand, par l'effet du trouble et de la confusion apportés dans les choses d'ici-bas, il lui arrive cependant de trouver le bien dépouillé de ce vêtement qui lui appartient en propre, elle n'en recueille pas avec moins de sollicitude le pauvre délaissé ; et si elle ne peut pas toujours lui rendre sa légitime parure, parce qu'il faudrait pour cela lui créer une vie nouvelle, elle ne balance pas : elle l'élève, quoi qu'il en soit, au rang qui lui appartient, auquel il a droit pour lui-même, puis elle encourage à l'embellir par tous les moyens secondaires dont ses enfants peuvent disposer. L'image est grossière, mais elle a pour sanctuaire la cathédrale de Chartres !

Pour nous donc, spécialement, qui recherchons les vrais principes de l'art chrétien, le bien d'abord, le beau ensuite, telle sera notre règle : ces deux choses sont faites pour demeurer inséparables ; mais, malheureusement, l'homme n'a que trop souvent réussi à les séparer : nous nous attacherons au bien pour le rendre beau autant que possible, nous poursuivrons le beau pour le ramener aux conditions du bien ou le rejeter impitoyablement comme hors de sa place et de son rôle.

Ainsi, comme les images ne sont pas seulement des livres d'une lecture facile pour les ignorants, mais encore des livres où les esprits cultivés trouvent des enseignements que les efforts de l'intelligence ne leur procureraient pas sans le secours des yeux, il arrive que les images, quand elles viennent à satisfaire aux plus hautes notions de l'art, sont comparables aux chefs-d'œuvre de l'éloquence et de la poésie qui élèvent les âmes et les captivent par les plus nobles des attraits.

Il semble cependant que, faisant dans ce monde son œuvre propre de rétablir le fondement du beau qui est le bien, l'Église réserve pour l'autre vie le dernier couronnement du bien qui est la perfection du beau. En attendant, résignée à n'obtenir du beau qu'une imparfaite ébauche, ou tout au plus quelques aspirations vers ses célestes splendeurs, elle encourage ses enfants à lui donner cette satisfaction, mais ne craint pas de l'emprunter souvent à des mains étrangères. Suffisantes pour consoler ceux qui ont une fois entrevu les harmonies et les splendeurs de la patrie absente, parce qu'elles en ont quelques reflets et les rappellent, les beautés ainsi obtenues ne sauraient cependant répondre à la perfection absolue que doivent prendre tous les types admis à figurer dans cette patrie céleste ; et comme ces beautés sont toujours relatives et transitoires, l'Église ne s'inquiète que secondairement du plus ou du moins : pleine de condescendance pour les fluctuations du goût, qui selon les temps voit le beau ici ou là, elle ne semble demander qu'une chose, c'est qu'à chaque époque on lui consacre ce qui est réputé le mieux. En retour, vous verrez, nous ne disons pas l'Église du haut de la chaire de vérité, mais ses ministres et ses chefs, agissant en leur nom personnel, sous l'impulsion de l'esprit qu'ils en ont reçu, patronner avec ardeur les beaux-arts. Ils les prennent tels que les fait la vogue du jour ; mais s'ils s'arrêtent à ce qui est compris des hommes, soyez sûr que leur attrait les porte vers le beau tel que le comprennent les anges.

C'est après avoir prié Dieu de nous communiquer cet attrait supérieur que nous essayons, dans l'Étude suivante, de dire tout ce que nous pouvons nous-même en comprendre, ayant, à la fin de celle-ci, seulement pris à tâche de montrer, non que l'Église en pose directement les règles, mais qu'elle les inspire.

ÉTUDE II.

DU BEAU.

I.

NATURE DU BEAU.

Le beau se présente à notre esprit comme réunissant une idée de perfection et une idée de jouissance. La perfection lui est propre; la jouissance, il la fait naître dans celui qui le contemple, et par le seul fait de sa contemplation, il n'est pas la perfection même, mais un de ses aspects ; il

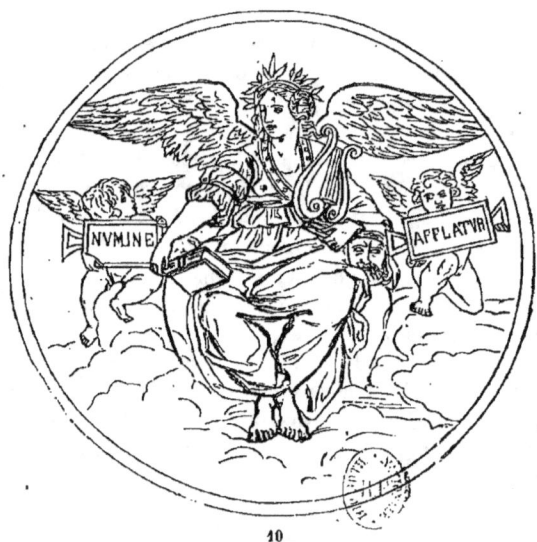

La Poésie de la Salle de la Signature. (Raphaël.)

n'est pas l'harmonie, condition essentielle, elle-même, de toute perfection et de toute beauté, mais il en est un effet immédiat [1].

1. La Poésie de Raphaël, dans les fresques de la Salle de la Signature, est une sorte de

L'harmonie, signifiant accord, union, comprend une idée d'unité et une idée de variété : l'idée d'unité dans la variété, de multiple dans l'unité. Hors de ces conditions, il n'est point d'harmonie, dès lors point de beauté.

On a dit que le beau était la splendeur du vrai, on pourrait dire également qu'il est la splendeur du bien ; ce ne sont pas des définitions, mais des pensées justes. Le beau, en effet, substantiellement n'est pas autre que le vrai et le bien, il est une face de l'être ; le vrai et le bien nous le montrent sous d'autres aspects : le vrai est cette face de l'être par où il se fait connaître ; le bien, celle par où il se fait aimer ; le beau, celle par où il se fait admirer ; mais ce n'est pas dire suffisamment pour le définir, car le sentiment du beau cause une satisfaction intime que le mot d'admiration n'exprime qu'en partie : le vrai éclaire, le beau attire, le bien attache.

Le vrai, le bien, le beau, sont des manières différentes d'envisager l'être dans la réalité, dans l'efficacité, dans la splendeur de ses perfections. Nous devons ajouter qu'elles s'appliquent dans l'être parfait à chacune de ses perfections : car, en lui, tout ce qui est vrai est en même temps beau et bon. Et, encore que ces idées de vérité, de beauté, de bonté, s'appliquent à l'être lui-même, quel que soit l'aspect sous lequel on l'envisage, si on les considère elles-mêmes comme étant des rapports, elles ont droit réciproquement, tout en demeurant distinctes, d'être qualifiées les unes par les autres : ainsi, la vérité est bonne, elle est belle en tant que vérité, et la beauté est un bien, abstraction faite de l'être vrai, de l'être beau.

Ce n'est pas assez de définir la beauté : ce qui plaît, même en ajoutant ce qui plaît à la vertu éclairée. De Maistre, lorsqu'il s'est servi de ces expressions, ne prétendait pas donner une définition rigoureuse, mais énoncer une vérité de mesure suffisante pour le besoin de la thèse qu'il soutenait alors. Il n'y a pas que le beau auquel soit corrélative l'idée de plaire ; le bien aussi, réel ou présumé, plaît pour l'utilité et la satisfaction qu'on en retire ou qu'on espère en retirer, sans rapport direct à la beauté qu'il peut avoir. Le beau, qui est la splendeur du vrai et du bien, est aussi un attrait fait pour porter vers eux, mais il n'est pas leur unique attrait. On approcherait plus de la vérité si on définissait le beau : ce qui plaît en soi, considérant qu'il suffit, pour en jouir, de le posséder de cette seule possession de l'âme que donne la contemplation de l'objet, possession susceptible de devenir parfaite si cet objet est lui-même parfait et purement spirituel.

personnification du beau dans toutes les œuvres de l'esprit. On la verra volontiers ici appliquée aux beaux-arts.

La beauté a son idéal en Dieu, elle ne l'a qu'en lui seul, car lui seul est parfait d'une perfection absolue, et la seule contemplation de ses perfections adorables est suffisante pour causer pendant toute l'éternité un bonheur infini.

Dieu, l'être parfait, communique à ses créatures quelque chose de ses perfections. Il n'en est aucune qui, au sortir de ses mains, n'en possède une mesure conforme à sa destination et proportionnée au rang qui lui est accordé dans l'échelle des êtres. Il n'en est aucune qui ne reflète dans cette mesure même quelque chose de la beauté divine; aucune qui, bien comprise, ne soit en conséquence un sujet de jouissance pour celui qui la pénètre et la contemple.

Dieu a fait les choses visibles et invisibles. Il les a toutes créées belles, à la manière qui leur convient : celles-là, d'une beauté qui n'a pas directement d'action sur les sens, et qui n'en est que plus haute, car elle ressemble mieux à la beauté incréée ; celles-ci, au contraire, d'une beauté qui ne se sépare pas, dans notre idée, des douces sensations de nos yeux et de nos oreilles.

Dans le plan de la création, il est impossible d'admettre que le beau et le bien aient jamais dû être séparés, même quant à la mesure : c'est-à-dire que, dans les vues de Dieu, la mesure de beauté a dû pour chacune des créatures être toujours en raison directe de sa bonté. Mais le parfait équilibre entre le beau et le bien ne peut-il pas se concevoir en elles, sans qu'elles doivent leur beauté et leur bonté identiquement aux mêmes facultés, aux mêmes organes, la manière de les envisager étant seule différente? Les fleurs et les fruits se cueillent sur la même tige : les fleurs ont le privilège de la beauté, les fruits celui de la bonté. Cette observation servira à nous guider; elle est vraie, mais elle n'est pas absolue : les fleurs sont utiles, les fruits sont agréables à la vue. Si l'on pénétrait les secrets de la nature, on verrait que même dans la fleur rien de ce qui semble être le plus fait pour la parure, la forme élégante de ses pétales, le choix de ses couleurs et leur éclat, rien n'est inutile à l'accroissement de la plante. Augmentez la puissance de la vue : vous découvrez au sein de la plus humble des herbes, dans la moindre de ses fibres, des harmonies et des beautés jusque-là inconnues et cependant dignes de vous ravir.

A prendre les choses dans l'intégrité de la création, telles que Dieu les a voulues, le bien et le beau se rencontrent non-seulement, pour chacun des êtres créés, dans l'étendue harmonique de sa complète individualité, mais dans chacune de ses parties, dans chacune de ses facultés, dans chacun de ses organes, dans chacun de ses aspects ; partout, en un mot, où est le bien, là est le beau, et réciproquement ; non-seulement le bien et le beau se rencontrent partout, mais partout ils se correspondent dans une égale proportion : car, dans l'intégrité primitive, la proportion du beau est toujours répartie dans la proportion du bien.

Il faut pourtant, si grande que soit leur union, que nous fassions la part de leur distinction : elle est telle que le bien et le beau peuvent primer tour à tour là où ils sont néanmoins réunis, par rapport à tel aspect, à tel but, à tel organe.

La fleur est plus belle à la vue ; elle célèbre sa propre fécondité qui va se réaliser dans le fruit. Le fruit, quand il mûrit, tient ce que la fleur avait promis. L'harmonie dans leur succession est elle-même un principe de beauté ; le bien, le beau peuvent ainsi se combiner en une multitude de manières différentes.

Dirions-nous, comme conséquence de nos prémisses, que la fleur ayant droit à se voir attribuer une excellence cachée, égale à sa beauté apparente, il semblerait que, selon le raisonnement, elle dût être réputée supérieure en bonté au fruit, autant qu'elle lui est supérieure en beauté ? Comment nous échapperons-nous à cette conclusion contradictoire ? La solution de toute difficulté de ce genre repose sur des distinctions. Il y a différentes sortes de beautés, même dans les choses matérielles et visibles ; il y en a qui s'adressent à l'esprit, tenant à des rapports invisibles, et toutes ne sont pas faites pour le plaisir des yeux ; de même il y a bien et bien. Considérons-nous le bien de la plante, ou celui que nous pouvons en tirer ; le bien de l'espèce et de sa propagation ? A ce dernier point de vue, tout ce qu'il y a de bien dans le fruit a son principe dans la fleur. Cueillons-nous la fleur, cueillons-nous le fruit ? Nouveaux rapports, nouvelles destinées, nouveaux centres d'unité ! A considérer nos besoins, ici ne se cacherait-il pas une vertu médicinale, de plus grand prix peut-être que la valeur alimentaire qui, d'ailleurs, nous est connue ? Il nous siérait peu de nous en inquiéter, quand le fond de nos pensées roule sur la distinction des beautés intellectuelles et des beautés sensibles..... Voyez plutôt le bien moral par delà le bien physique, et essayez de concevoir ce qu'il peut y avoir de valeur intellectuelle dans la fleur, considérée comme l'épanouissement virginal d'un être. La fleur n'est-elle pas la dernière strophe de l'hymne qu'en son langage la plante chante au Créateur ? Le ciel, où nul ne se nourrit plus, où nul n'enfante plus, n'est-il pas comparable à l'épanouissement d'une fleur éternelle ? Mais une comparaison n'en exclut pas une autre, et les joies de la cité céleste sont les fruits des vertus de la vie présente, fécondée par la grâce divine. Tout dépend du point de vue de nos observations.

S'attache-t-on principalement au côté apparent des choses visibles ? Selon la manière la plus commune de les envisager, on apercevra en elles des beautés dans les formes, dans les couleurs, dans les sons qui reposent principalement sur les aptitudes, sur les organes, sur les fonctions qui tendent à les rapprocher et à les unir.

A leur première vue, le charme de la sensation, que leur beauté nous fait éprouver, nous porte à les regarder plus attentivement, et l'attention nous les fait trouver de plus en plus belles. Captivés par leurs attraits, nous voulons posséder effectivement le bien qu'elles nous promettent. Nous les accueillons si elles viennent à nous, nous allons à elles si elles ne viennent pas, nous les poursuivons au besoin, et si tout est dans l'ordre, elles servent à la conservation, à l'accroissement, au perfectionnement, à la propagation de notre vie; réciproquement, nous apportons un complément à leur existence, et Dieu a rempli de volupté ces communications intimes entre les êtres. Arrêtez cependant !... La jouissance excite le désir, et il n'y a que la beauté et la bonté divine qui puissent à la fois exciter et satisfaire des désirs sans fin. Arrêtez ! car il ne faut céder à l'attrait des créatures que dans la mesure du juste, de l'honnête, du convenable. Arrêtez ! il y va de vos plus chers intérêts, de votre honneur, de votre vie !

Voulez-vous que les beautés de la nature ne soient jamais pour vous un sujet d'illusion, une trompeuse amorce : faites qu'elles vous portent vers les beautés de leur céleste auteur, elles en sont l'image; leur mission principale, leur but définitif, en vous attirant, c'est de vous porter vers lui.

Voyez l'enchaînement : Dieu met sa gloire à gagner nos cœurs, nous trouvons notre bonheur là où il trouve sa gloire : sa gloire, notre bonheur, son amour, notre amour, tout cela se rencontre dans un parfait accord, et c'est principalement pour réaliser cet accord sublime, que Dieu a déployé tant de magnificence dans ses œuvres, qu'il les teint de si riantes couleurs, qu'il a ouvert à nos regards tant d'aspects séduisants.

Avec quel amour, avec quelle joie le suprême artiste n'a-t-il pas façonné les mondes pour en faire sa propre parure ! Il inspirait à David de comparer le soleil à un époux sortant de sa couche nuptiale; mais c'est lui-même qui est l'époux, nos âmes sont ses épouses; et l'oiseau qui chante, la fleur qui s'épanouit sous les perles de la rosée, la lumière qui scintille au travers du feuillage, les teintes vaporeuses qui enveloppent les montagnes, comme l'éclat du jour, comme les splendeurs des nuits, tout nous appelle, tout nous invite..... Vous ne sauriez vous suffire, mais que vos cœurs s'élèvent, qu'ils soient purs. Vous êtes soulevés hors de vous-mêmes : montez alors, montez encore : l'ami céleste vous prêtera des ailes, vous serez à lui, il sera à vous, et vous jouirez, vous serez énivré, et pour vous, dans la quiétude d'un bonheur assuré, la possession du bien qui délecte sera le complément du beau qui ravit.

II.

BEAUTÉ NATIVE ET SA DÉGRADATION.

Tout pour Dieu, tout en Dieu : ce premier et ce dernier cri de la création entière n'exclut pas plus les fins particulières des créatures que leur individualité propre, et aucune ne marche à son but et ne l'atteint dans un isolement sauvage. Elles ont besoin les unes des autres, et, réciproquement, elles s'attirent par une attraction aveugle, si ce n'est par un attrait sensible. Entre elles tout s'explique par la direction et le degré des puissances d'attraction : si, parmi les choses, celles-là sont repoussées, c'est sous la pression d'une plus forte affinité qui sollicite celles-ci à passer les premières; la haine elle-même est uniquement l'effet d'un amour contrarié. Dans ce conflit de la nature, la pondération des forces suffit pour maintenir parmi les êtres sans raison un ordre admirable. Entraîné par l'appât de la jouissance, l'animal souvent manque son but; mais un autre l'atteint. Il souffre, il meurt; mais il ne se dégrade pas, et l'espèce survit dans l'intégrité de son type.

L'homme a été élevé en honneur bien au-dessus des animaux, qui ne font que voir et sentir : aussi impressionnable du côté des sens, non moins enclin à céder à leurs entraînements, il est capable de comprendre et de vouloir au point de dominer, avec la grâce de Dieu, tous ses appétits sensuels. Il prendra chaque chose en son temps, dans son ordre, selon sa mesure, suivant son but; il saura s'en priver par respect pour le droit des autres, il en acceptera le sacrifice comme épreuve, si Dieu le lui demande. Les attraits auxquels il résiste ne prendront point pourtant chez lui leur force d'impulsion; ils vont se frayer un autre passage, et, l'élevant avec eux en des régions supérieures, ils lui ménagent des jouissances ignorées dans les bas étages de la nature animale.

Car c'est au moment où l'on renonce à demander aux créatures des satisfactions plus grossières, que l'on se met le mieux en voie de goûter leur beauté : c'est là l'un des grands priviléges de l'homme. La bête sans raison a-t-elle même vraiment le sentiment du beau? On hésiterait à le lui refuser en voyant, par exemple, le joyeux éveil des oiseaux aux premières lueurs d'un beau jour. L'accord des sons et des couleurs, la cadence du nombre dans l'harmonie universelle excitent, chez tous les êtres doués de quelque sensibilité d'organe, une impression agréable. Cette impression semble pouvoir être goûtée en l'absence de tout besoin, indépendamment d'aucune provocation directe à d'autres jouissances. Il est dans la nature de ces tressaillements d'allégresse que l'on peut prendre pour un hymne à l'auteur de toutes les beautés dont elle est remplie. Il est possible de considérer tout cela comme un effet du beau, mais ce n'en est pas le sentiment, ce sera un effet du beau en tant qu'il produit un bien-être sensible : effet irréfléchi, irrésistible et momentané comme la circonstance qui le produit. L'impression passe, et la bête s'en va où la portent ses appétits de toutes sortes.

A l'homme seul il appartient de s'arrêter au beau avec réflexion, de le contempler, de le rechercher, de le goûter pour lui-même ; et dans cette voie les aspirations de son âme ont bientôt dépassé les impressions de ses sens : trait de ressemblance avec les anges qui, n'ayant rien de sensible, savent si bien goûter la beauté des œuvres divines ; acheminement vers Dieu qui est insaisissable aux sens et qui est la beauté même.

On peut dire que la notion du beau, à raison de l'idée de relation qu'elle renferme, exige une intelligence qui le comprenne ; d'un autre côté, le beau sensible, qui est l'objet fondamental des arts, demande des organes qui le sentent. Or, l'homme étant le seul être de la création qui soit à la fois intelligent et sensible, le beau, tel que nous avons à l'envisager, lui appartient en propre et ne peut se concevoir sans lui.

C'est dans l'âme de l'homme que les beautés de la création visible ont reçu le complément de leur existence par leur union avec une substance spirituelle, par l'union de la sensation et du sentiment, et c'est dans son corps qu'elles s'élèvent au plus haut degré de leur manifestation extérieure.

Le corps de l'homme est comme son vêtement royal. Toutes les créatures, dont il est le roi, lui prêtent leur concours à l'envi pour l'embellir; le soleil est moins beau que les teintes harmonieuses dont se colore le velouté transparent de ses chairs. Que de majesté dans sa pose ! que de grâce dans ses mouvements ! que de souplesse dans ses membres ! quel accord dans ses muscles ! quels harmonieux contours ! comme ils se lient ! comme ils se complètent les uns par les autres ! Et nous ne parlons pas encore du visage et de sa beauté, si voisine de celle de l'intelligence.

Il est arrivé cependant que cet être privilégié, si comblé de grâces, si apte à comprendre la beauté, si beau lui-même, placé par ses facultés intellectuelles à une faible distance au-dessous des anges, s'est rendu semblable aux bêtes de somme les plus stupides.

Courant comme elles à la satisfaction impétueuse de ses sens, dès qu'elle lui apparaît en perspective, sans y mettre le frein de la raison et du devoir, il en vient à emprunter quelque chose même de leurs traits ; son front s'abaisse, ses lèvres s'avancent, ses yeux s'enfoncent.

Avec le mal, la laideur est entrée dans le monde. Le premier auteur du mal est le démon ; il n'a point de corps, mais la difformité morale qui est la conséquence de sa chute ne peut se rendre extérieurement que par des difformités physiques ; et Dieu n'a pas voulu que l'imagination même pût se représenter l'ange déchu sans ce stigmate de la dégradation, avec quelque chose de l'homme ou dans la forme, ou dans la pose, ou dans le regard ; parce que l'homme est le type visible de toute intelligence, on lui attribue toujours quelque chose de la bête.

La nature laissée à la liberté de ses expansions est toujours belle : voyez-la dans l'animal, dans la plante sauvage ! Et de tous les aspects qui peuvent résulter, dans les êtres inanimés, de l'accord et de l'opposition des lois qui entraînaient le monde, il n'en est aucun qui ne soit plein de beauté. S'il nous arrive d'en juger autrement, c'est que nous ne savons plus voir, nous nous trompons de point de vue. C'est faute de nous rendre compte du milieu où il doit vivre, et du rôle qu'il doit y remplir, que tel animal nous déplaît. Nous le comparons à des types plus rapprochés de nous ; nous nous prenons nous-mêmes pour terme de comparaison. En effet, admettez chez l'animal une fin semblable à la nôtre, en voyant ses facultés, son aspect, sa physionomie si disproportionnés avec une fin aussi noble : il sera justement, pour nous, un objet de répugnance et de mépris.

Que ce soit nous, au contraire, qui prenions quelque chose de ses mobiles, de son attitude, de sa figure : ce qui était à sa place chez lui, devient chez nous une difformité dégradante. La langue italienne, langue de l'art par excellence, confond dans une même expression le bestial et le laid, *brutto*.

Voilà où l'homme en est venu, lui qui était si bien fait pour le beau, lui qui, dans son esprit et dans son corps, était destiné à lui donner la vie et à lui servir de type. Souvent il ne le comprend plus, ou il le comprend mal ; il ne le voit pas où il est, il le recherche où il n'est pas ; c'est sous sa main que les beautés de la nature se déforment ; il les tronque par besoin, quelquefois par caprice, et dans les fantaisies et la vanité de ses modes, il les exagère jusqu'au ridicule.

Quand la continuité du désordre moral se poursuit pendant plusieurs générations, sous l'action des passions et du vice, ou par le seul effet des privations, des abaissements, des maladies qui sont la conséquence de la première chute, ses membres se disproportionnent, ses traits se défigurent. Voyez, un jour de fête populaire, la foule qui se presse sous vos yeux : où trouverez-vous cette rectitude de lignes, cette grâce de contours, cette harmonie de proportions, cette noblesse d'attitude et de regard dont l'idéal appartient à la nature humaine? Un peu de fraîcheur dans la jeunesse, de l'animation, du sang, de la chair ; voilà ce qui séduit généralement ceux qui se laissent séduire.

Heureux si, çà et là, vous rencontrez quelques traits d'une beauté plus sérieuse, quelques figures d'un noble caractère, épaves échappées à la tempête, pour vous donner, en regard des réalités présentes, l'idée de ce qui devrait être. Elles vous permettront, si vous êtes artiste, de rétablir par la pensée un édifice en ruine; mais aucun de ces débris n'est complet dans toutes ses parties, et il est reçu que, pour composer une figure d'une beauté accomplie, il faut réunir des traits qu'on ne trouve plus à l'état de perfection que dispersés dans la nature.

La réunion des beautés les mieux choisies, *beltà sceltà*, comme disent les Italiens, serait donc, à ce compte, le terme suprême de l'art? Nous en dirons bientôt toute notre pensée. Toujours est-il que cette recherche, ces soins, ces efforts sont l'indice d'une chose perdue, qu'il tente de retrouver.

La beauté se perd par le déréglement des passions, mais non pas aussitôt que l'on s'écarte de la ligne du devoir : l'empreinte du souverain artiste est capable de résister longtemps aux abus dont la tendance est de l'altérer et dont l'effet final est de la rendre méconnaissable.

Tant que persiste l'agrégation des parties, le maintien des rapports d'où résulte la beauté, elle survit aux mauvais usages que l'on en fait.

Toutes les passions ne sont pas également dégradantes. Dans leurs premières manifestations, il y en a au contraire qui commencent par exalter les puissances de la nature. C'est une flamme qui embrase et consume, mais aussi dont l'éclat trompeur n'en est d'abord que plus ardent. Ainsi, autrefois, les filles de la race maudite, avec leurs charmes séducteurs, furent trouvées plus belles que les filles de la race choisie, avec leurs grâces modestes. Mais les enfants de Dieu, lorsqu'ils commirent cette funeste méprise, n'étaient-ils pas déjà corrompus dans leur cœur ? Au plus léger pressentiment de la passion qui l'expose, la vertu, chez la femme, voile sa beauté, et sa pudique réserve la rend plus belle : malheur à qui ne le sent pas! l'homme animal, chez lui, prend déjà le dessus sur les impressions de l'âme, et son goût commence à se dépraver.

Ces filles des hommes cependant étaient en réalité d'une rare beauté. Dans ces temps primitifs, les dons de Dieu, versés dans la nature avec tant de magnificence, étaient encore d'une vigueur extrême : l'excès du mal vient de l'abus d'un plus grand bien. Sous l'action continue du vice et de la débauche, les races s'étiolent et s'abrutissent. Mais l'exaltation d'une passion coupable se rencontre-t-elle avec un reste de dignité humaine : on en voit naître, de nos jours mêmes, des hommes d'une puissance de pensée et d'action qui les élève facilement au-dessus du niveau commun. Ces hommes, quand ils s'adonnent au mal, comme leur origine ne les y porte que trop, nous donnent une idée de la race de géants, de cette race que Dieu jugea bon de surprendre dans l'éclat de sa force, et de noyer tout entière dans les eaux du déluge.

L'équilibre, cependant, en nous est rompu, la beauté du dehors et la beauté du dedans ne se correspondent plus ; il est telle beauté sensuelle, à laquelle il nous importe de prendre garde presqu'à l'égal du vice ; et la beauté perdue dans notre corps ne se recouvre pas aussitôt que revient la vertu dans notre âme. L'art copiera-t-il servilement la nature dans l'état de déchéance et de désordre où elle est tombée ? Il manquerait à sa mission. Il ne doit même pas se hâter de reproduire tout ce qui frappe la vue par une première impression de beauté ; il lui appartient de tenter à sa manière, au point de vue du beau, une réparation de la nature humaine. Il ne doit pas oublier que le bien est toujours le fondement du beau, et que le beau sans le bien est une beauté qui s'en va ; il lui faut un idéal, et l'idéal de l'art chrétien est la réunion de toutes les beautés dans le bien.

III.

RÉHABILITATION.

Deux types de perfections nous apparaissent dans la manière de concevoir la figure humaine : le type de l'intégrité primitive et le type du renouvellement. L'amour du beau conduisit les Grecs naturellement, et non sans bonheur, dans la voie du premier. S'étant surtout proposé de représenter, sous une forme humaine, des dieux et des héros, c'est-à-dire des êtres réputés supérieurs à la commune humanité, ils prirent à tâche de les dégager de tous les défauts, dont la réalité abonde, et de réunir en leurs personnes tout ce qui, au milieu d'un peuple plein de goût, était réputé une condition de la beauté. Avec une non moindre aisance de mouvements, une égale dignité d'attitudes, une semblable harmonie de proportions, substituez dans ces figures au sentiment de la passion contenue, trait caractéristique de la vertu païenne, la paix dans le sentiment des meilleures affections naturelles, et aussitôt l'état d'innocence vous apparaît, sinon tel qu'il était dans le premier homme et la première femme, au moins tel peut-être que vous pouvez vous le représenter. La nudité habituelle des figures dans l'art grec rentrerait elle-même dans la donnée d'une nature qui n'aurait rien à réparer, rien à couvrir. Il n'en est pas ainsi de l'état de réhabilitation, plus haute cependant, où le chrétien est placé. Pendant tout le cours de cette vie, c'est par l'esprit qu'il se relève, tandis qu'incessamment les faits de la chair tendent toujours à le dégrader. Aussi c'est dans la tête, ce noble siége de l'intelligence, c'est par la physionomie où elle se révèle si admirablement, qu'il appartient à l'art chrétien d'aborder directement les régions supérieures de la beauté.

Voici des traits qui sont loin de réunir un ensemble de lignes pures et harmonieuses : tour à tour saillants et déprimés en sens contraire, ils raconteraient, si nous savions lire sur la figure de notre héros, les agitations malheureuses et les tristes affaissements qui ont troublé la vie de ses pères ; mais il y a là une âme : en elle s'est réveillé le sentiment de la dignité humaine ; l'intelligence s'y est développée dans le sens des aspirations élevées, et la volonté y a marqué son empreinte par de fortes résolutions. Toutes ces impressions se transmettent sur le visage, et au lieu d'une laideur naturelle, on n'y verra bientôt plus que la beauté d'une noble expression.

Que dire donc de ces hommes qui, de jour en jour, se renouvellent au contact du souverain réparateur ? Ne voit-on pas manifestement en eux les effets de ce travail merveilleux au moyen duquel tout, dans le corps et dans l'âme, tend à reprendre son ordre et sa mesure ? Pétris et repétris pendant tout le cours de cette vie, dans le moule que leur fit le plus grand des artistes, ils en sortiront aussi beaux que des anges. L'œuvre ici-bas commencée ne s'y achève pas, il est vrai, mais elle se manifeste sur les visages des saints par des traits sensibles ; l'art, désormais, aura le privilége de devancer les temps, et de prendre pour son idéal de beauté celui-là même que Dieu réserve aux corps glorieux, dans l'état définitif où il les appelle.

Avez-vous jamais contemplé la sérénité d'un front où règne une âme pure ? Il en part comme un rayon de douce lumière qui se répand sur tous les traits, et leur donne une teinte harmonieuse, qui les adoucit s'ils sont durs, qui les élève s'ils sont vulgaires. Imaginez les situations les plus critiques, les plus violentes, où puisse exposer, au dedans ou au dehors, la guerre des passions : au-dessus de la région des combats, l'âme en paix avec Dieu tient toujours sa bannière; sans la laisser fléchir, elle s'enflamme d'une sainte indignation, elle s'humilie sous les épreuves.

Le double idéal de beauté, auquel aspire l'art chrétien dans les deux états de lutte et de triomphe de l'homme renouvelé, se rencontre, avec la réalité d'un type accompli, dans le corps sacré du Fils de Dieu.

Formé par l'Esprit-Saint du sang le plus pur, avec un art sans égal, jamais le plus léger souffle des passions n'y fit pénétrer l'ombre d'une altération. Notre-Seigneur Jésus-Christ, cependant, s'est assujetti aux privations et aux souffrances dont l'humanité, par sa faute, a fait son partage, et, sous leur rigoureuse atteinte, les joues ensanglantées de ce divin Sauveur se sont décolorées, se sont creusées ; ses yeux se sont abattus, tous ses traits se sont tirés, au point de le rendre méconnaissable et de faire douter de sa beauté.

Témoins invisibles de ce douloureux spectacle, à l'abri du scandale qu'il pouvait causer, les anges, eux, ne s'y sont pas mépris, et Jésus dans sa Passion et dans ses abaissements leur a toujours paru beau au delà de tout ce que nous pouvons imaginer, sa beauté ayant pris alors un caractère approprié au mystère de la situation.

Il est naturellement beau de voir la vertu résister à la souffrance, et l'art antique, lorsqu'il a mis, sans l'abaisser, seulement la dignité humaine aux prises avec les plus vives étreintes de la douleur, sans lui épargner même une teinte de désespoir, a produit quelques-uns de ses chefs-d'œuvre les plus justement admirés.

Or, qu'on essaie de se représenter dans l'Agneau de Dieu, au moment suprême, la rencontre de toutes les douleurs et de toutes les vertus. L'expression de sa douceur, de son humilité, de son amour, de tant de confiance et de zèle, se maintient dans l'excès des tortures physiques et morales. Ses traits se contractent, se déforment, mais pas un clignotement qui dénote une imperfection personnelle ! Pour rendre des contrastes si sublimes, les tentatives seront vaines. Il y a là quelque chose qui dépasse toute faculté de voir et de sentir comme on peut le faire en ce monde, à l'égal peut-être de l'impossibilité où l'on est de concevoir les gloires de l'autre.

On n'aborde point de front de semblables difficultés. L'art chrétien lui-même ne s'en tire qu'en s'attachant à des parties plus saillantes, en recourant au voile des énigmes et des symboles. Considérant la Passion comme une lutte victorieuse, il évita pendant longtemps d'en représenter les humiliations et les souffrances ; et lorsqu'il voulut en rappeler le souvenir, il fit apparaître les instruments de supplice comme autant de trophées. L'Agneau divin n'est plus immolé, il triomphe sur la sainte montagne ; et s'il continue de répandre son sang réparateur, c'est désormais sans rien abandonner de sa vie. Dans les anciens crucifix, le Christ repose sur la croix, comme sur un trône de miséricorde, à l'exclusion de toute idée de torture. Qu'il règne dans la gloire ou qu'il règne sur la croix, il n'y a aucune raison alors de lui attribuer deux genres de beautés différentes. Mais que l'on rentre dans l'école du sentiment qui se développa sous une autre phase de l'art chrétien : il trouvera dans les souffrances du Fils de Dieu un autre élément d'élévation qu'il lui appartient de ne pas délaisser : l'art grec sut rendre la douleur belle, l'art chrétien la rendra divinement belle.

Les sublimes réalités du Calvaire dépassent toute puissance humaine. Il faudra modérer dans le Christ mourant la défiguration des traits, afin que, par-dessus les convulsions de la nature aux abois, apparaisse toujours une céleste supériorité de sentiment et d'attitude. L'artiste portera la douleur d'autant plus loin qu'il se sentira capable d'élever plus haut l'expression qui la doit dominer. Le concours est ouvert, le but est hors d'atteinte ; mais y viser c'est se grandir ; nul n'y surpassera ses rivaux, qu'il ne doive aspirer à s'y dépasser lui-même ; ces efforts multiplieront les chefs-d'œuvre, et nul cependant n'en rencontrera de si parfaits qu'il ne sente exciter son émulation, s'il est artiste, par la possibilité de faire beaucoup mieux.

Qu'on médite seulement un pareil sujet, et qu'après l'avoir médité on renonce à l'exécuter, désespérant d'y réussir comme on le comprend : on aura cependant travaillé à l'école où l'on apprend le mieux le grand art de relever et d'embellir toutes les déformations de la nature, sans renoncer à les peindre.

Un Christ souffrant, c'est l'idéal de la beauté morale, de la beauté d'expression en lutte contre la nature entraînée hors de son type primitif de beauté physique.

Un Christ triomphant, c'est l'idéal absolu de toute beauté divine et humaine, physique, morale, idéal d'une perfection plus désespérante encore que la première, si on proposait aux artistes de l'atteindre. L'essentiel, c'est d'entrer dans la voie qui y mène, et cette voie n'est jamais autre que la subordination des puissances matérielles aux puissances morales.

Avec l'ensemble des plus harmonieuses proportions, avec le plus haut degré de noblesse et d'aisance réunies, prenez dans la nature tout ce qui peut donner de la force sans ôter du charme ; prenez la limpidité des chairs, la grâce des mouvements, un sang énergique, de telle sorte cependant qu'en présence de cette figure sacrée on ne voie ni le sang, ni la chair, ni les muscles ; mais que, frappé d'un religieux respect, on se sente attiré par le plus parfait mélange de majesté et de douceur : tel nous concevons dans le Christ l'idéal chrétien de la beauté de l'homme.

D'une manière analogue et parallèle, nous concevons dans sa très-sainte Mère l'idéal chrétien de la beauté de la femme.

Mais, si nous avons en ces termes donné le ton général de l'œuvre, nous n'en avons pas déterminé les formes ; il s'agit aussi de constituer un type : le fera-t-on par le choix des plus grandes beautés réellement éparses dans la nature ? Qu'on s'en garde. Dans le plan de la création, chacun individuellement a son type de beauté ; ce type s'est déformé ; il est appelé, s'il ne subit la dégradation dernière, à le recouvrer un jour sans rien perdre de son originalité personnelle. Il arrive, cependant, que les types étant très-diversement déformés, les beautés demeurées chez l'un font comprendre ce qui manque à un autre. C'est entre eux comme une règle de proportion, et il s'agit d'en dégager l'inconnue ; mais la précision du compas, la justesse vivante du coup d'œil lui-même n'y suffisent pas, si un sentiment plus délicat, plus pénétrant et plus intime, n'anime le travail de l'artiste.

Ramené à ces termes, le choix de la beauté, *beltà sceltà*, rentre dans le vrai et droit chemin de l'idéal, et jusqu'à un certain point on peut en faire l'application aux types de Jésus et de Marie eux-mêmes. Il est nécessaire à cet effet d'avoir préalablement, il est vrai, une connaissance partielle au moins des types à reconstruire ; mais, quant à ces figures sacrées, nous verrons en temps et lieu que la tradition chrétienne n'a pas laissé l'art entièrement au dépourvu.

Cependant les premiers éléments d'un type de figure étant donnés, pour l'élever au plus haut degré de perfection et de beauté dont il soit susceptible, plutôt que de chercher çà et là des rayons de beauté dispersés, nous avons bien plus de confiance dans un travail intrinsèque sur lui-même. Ecartez-en tout ce qui vient des passions, ramenez-y tout ce qui s'accorde avec les plus pures et les plus nobles affections de l'âme, et il resplendira comme si pour l'éclairer un rayon était venu du ciel.

IV.

BEAUTÉ DANS L'ORDRE DE LA PENSÉE.

La tâche de l'art chrétien ne se borne pas à prendre uniquement des saints, il lui arrive d'avoir à les représenter avant qu'ils ne le soient; et, quand ils le sont devenus, il ne peut éviter de les mettre en scène avec beaucoup d'hommes qui ne le seront jamais. Il doit pourtant, non-seulement viser au beau en tout et toujours, mais toujours se proposer un beau qui soit au service du bien.

Les conditions de la beauté qu'il lui appartient de poursuivre peuvent alors s'envisager ou relativement à ses œuvres, prises chacune dans son ensemble, puis dans le détail de chacun des personnages que l'on y voit figurer, et enfin par rapport à tous les accessoires qui concourent à sa perfection.

De toute œuvre d'art doit surgir une pensée qui la domine et en détermine le ton général : de la valeur, de l'élévation, du charme de cette pensée d'abord, de la manière dont elle est rendue ensuite, dépend la beauté de l'œuvre tout entière.

Nous ne disons pas que, insignifiante sous le rapport de la pensée, ou même avec une pensée fausse, une œuvre d'art ne puisse renfermer de réelles beautés; mais nous disons que l'art dans cette voie se ferme l'accès des beautés supérieures et qu'il se place dans des conditions de décadence.

C'est au contraire en se mettant au service des pensées les plus nobles et les plus belles, et mieux encore des pensées les plus saintes, que l'art se grandit, qu'il s'épure et qu'il entre dans les voies du plus large progrès.

Toute composition artistique, même un simple paysage, est susceptible de manifester une pensée, ou noble, ou fraîche, ou émouvante ; tel aspect de la nature vous porte à rentrer en vous-même, tel autre à vous épancher au dehors; tel vous dira que Dieu est grand ; tel, qu'il est bon ; tel, qu'il est terrible.

Une pensée belle, bonne et sainte peut ressortir de la représentation d'une action qui ne l'est pas: l'artiste peut en inspirer l'horreur, ou l'éclairer d'une lueur d'espérance et de retour ; il peut faire pressentir ce qui s'ensuivra, ou un salutaire remords ou une punition exemplaire.

Il peut exprimer sur la figure accessoire d'un spectateur ce qu'il veut que l'on pense d'une action. Il peut, par l'expression même de ceux qui s'en rendent coupables, si elle est mauvaise, inspirer des sentiments contraires. Le Beato Angelico a été beau lorsque, au lieu de représenter Judas jetant un œil avide sur le prix de sa trahison, il lui a fait légèrement détourner le regard, laissant apercevoir les angoisses qui le rongent, tandis que l'assurance du crime semble, au contraire, se montrer dans le mouvement de sa main, tendue pour recevoir les trente misérables pièces d'argent. Il est permis également de conserver une certaine dignité dans la représentation de l'acte le plus ignoble ; s'il est impur, il faut cependant savoir le représenter d'une manière toujours chaste ; que l'esprit soit averti, et c'est assez : il n'est pas nécessaire que l'œil voie la nature à découvert dans tout ce qui l'abaisse et la ravale : l'art élève son niveau au-dessus de la réalité ; c'est son privilége : ainsi il lui sera donné, comme à l'histoire qui raconte, de dire la laideur en demeurant toujours beau.

Voyez dans les œuvres du genre le plus familier : de cette circonstance vulgaire, de cet intérieur plus que modeste, il surgit une pensée, une affection : là, vous verrez se glisser dans la mansarde la passion même qui agite les salons et les cours ; ici, une pauvreté supportée honnêtement, noblement, vous élèvera le cœur, le consolera, au spectacle même des plaies de l'humanité souffrante. Il n'est pas d'œuvre d'art d'un tel réalisme qu'une idée ou bonne ou mauvaise ne s'en empare.

A l'artiste donc qui comprend sa mission de choisir son idée, de la saisir d'une main ferme, bien loin de la laisser errer à l'aventure. Il ne lui suffira pas sans doute de la bien choisir et de la transmettre pour faire un beau tableau : il faudra qu'au mérite de la pensée, il réunisse celui de l'exécution. Nous essayerons de tracer les voies par lesquelles toutes les parties de l'art, l'expression, le dessin, les couleurs, doivent tendre à la perfection et à la beauté qui leur sont propres ; mais notre plus grande préoccupation sera toujours de faire en sorte qu'elles convergent vers une pensée dominante, de sorte que leurs beautés particulières, servant à la mettre en relief et à la faire goûter dans le domaine des sens, elles s'élèvent elles-mêmes, éclairées de ses rejaillissements, jusqu'au domaine de l'âme.

Nous ne disons rien de l'ensemble d'un tableau qui ne soit proportionnellement applicable à chacun des personnages qui entrent dans sa composition : chacun d'eux est comme une phrase et une période dans un discours ; on peut le considérer isolément ou par rapport au tout, dont il est une partie intégrante ; chacun d'eux doit avoir sa pensée, à laquelle doivent se subordonner les formes de son corps, et jusqu'à celles de ses vêtements, son attitude, son expression. De la sorte, tout en lui étant ainsi combiné selon la nature et l'importance de son rôle, si on réussit à le faire trouver vrai, on méritera d'entendre dire aussi qu'il est beau; et il le sera en effet, au moins de cette beauté secondaire qui, atteignant sa mesure, sans la dépasser, concourt à produire une beauté plus grande dans l'ensemble de l'œuvre.

Suivez une autre marche : il vous arrivera peut-être de dessiner de belles formes, vous aurez fondu des couleurs chatoyantes, et produit des tons harmonieux : auriez-vous même exprimé une pensée, un caractère? Vous serez resté fort au-dessous de la situation ; et, au lieu de produire de ces beautés qui élèvent, vous courez grand risque d'avoir préparé seulement quelques-uns de ces charmes qui captivent les sens, mais enlèvent aux âmes tout essor.

Au peintre chrétien il appartient, au contraire, de mettre au service des bonnes et saintes pensées qu'il a mission d'exprimer, toutes les beautés de la nature, même inanimée. Nous ne voudrions pas lui voir admettre dans son ouvrage un seul objet qui ne contribuât à l'effet moral qu'il a dû se proposer. Il est impossible même qu'il en soit autrement, s'il est véritablement pénétré de sa pensée ; tout ce qu'il touchera de son pinceau en portera l'empreinte.

Il n'y a pas de beauté sans unité; toute beauté d'exécution dans l'art chrétien déchoit et se dégrade si elle n'est pas l'expression et ne porte pas le reflet des beautés éminemment supérieures, qui appartiennent en propre aux vérités évangéliques. La double loi d'unité et de subordination morale que nous venons d'exposer répond, et répond seule, aux obligations qu'impose à l'art chrétien sa noblesse même.

Considérez seulement l'art comme art : ce n'est point lui nuire que de le subordonner à la foi : sous le rapport de la pensée, c'est l'élever ; sous le rapport de la forme, c'est l'élever encore, en l'obligeant à choisir.

Admettons que le champ lui soit laissé moins libre pour la poursuite de certaines sortes de beautés : qu'y perdra-t-il si on le convie à des beautés d'un ordre supérieur, et si on lui en facilite l'accès ?

Les pensées de la foi ne sont pas seulement les meilleures, les plus vraies, elles sont les plus belles ; c'est là que se trouve la poésie par excellence. La nature subordonnée à la grâce se relève, se renouvelle, s'embellit.

Domptée, elle gémit ; mais le combat a lui-même ses beautés, et la victoire la transforme.

La chair sans doute, le sang, les muscles, ne vont pas prédominer avec tout ce qu'ils ont de vie, de force et d'éclat : vraies beautés, car ce sont des œuvres de Dieu ; beautés en elles-mêmes, mais beautés trompeuses, elles deviennent répugnantes dès que vous sentez qu'elles vous arrêtent à des régions trop basses, vous qui éprouvez le besoin de vous élever.

La chair, le sang, les muscles seront tranformés, la vie sera portée plus haut. Vous ne verrez plus le sang soulever les chairs, sous cet aspect où il est le signe et l'agent de la vie inférieure ; l'âme est devenue la maîtresse, elle n'apparaîtra plus comme recevant, mais comme donnant la vie.

La chair sera plus pure, le sang plus clair, plus limpide, les muscles moins contractés et moins saillants ; mais on ne vous interdit pas de leur donner de justes proportions, nous vous y inviterons au contraire de tout notre pouvoir.

Vous nous surprendrez en admiration devant des œuvres où manque ce mérite : l'estime que nous leur accordons ne voudra pas dire que nous ne l'apprécions pas ; nous ne croyons même pas que jamais on l'ait négligé systématiquement ; mais les auteurs de ces œuvres ont poursuivi de préférence un but supérieur, et ce sont les beautés qui en résultent que nous admirons.

Le but dans l'art, c'est la pensée et sa beauté morale, et nous ne craignons pas de proclamer, dans l'ordre moral, la souveraineté du but. Le moyen, quand il ambitionne la souveraineté, n'est qu'un usurpateur ; mais il en est de cette souveraineté comme de toutes les autres : le souverain légitime, autant et plus qu'un autre, est tenu de l'exercer légitimement. La légitime souveraineté du but consiste à choisir, pour l'obtenir, entre tout ce qui est juste, raisonnable et honnête. L'artiste chrétien, de même, ne choisira rien qui ne soit dans la nature, mais fera reposer son choix sur les formes, les effets, les accidents les mieux faits pour le conduire à son but.

V.

BEAUTÉ DANS L'ORDRE VISIBLE.

Engagés comme nous le sommes, la question du réalisme ou celle du naturalisme, c'est-à-dire d'une imitation plus ou moins étroite de la nature, considérée comme la voie la meilleure et la plus sûre pour atteindre le beau, ne se présente plus à nous que déjà jugée.

Il y a une beauté inséparable de toutes les œuvres de la création : il en résulte qu'on ne saurait en reproduire aucune avec vérité, qu'on ne la rende également avec beauté. Et pour peu qu'on la sente et qu'on y mette quelque chose de son âme, nous ne dirons pas que la copie sera plus belle que le modèle, mais elle renfermera, en germe du moins, une beauté de plus, et cette beauté est d'un ordre supérieur.

L'œuvre de l'homme, dans un sens, est infiniment inférieure à l'œuvre de Dieu ; mais l'esprit de l'homme pénétrant, même partiellement, la beauté des œuvres divines, est lui-même la plus belle de ces œuvres. Dans une œuvre d'art, il y a de plus que dans la nature l'intelligence qui l'interprète et le cœur qui la sent ; tout ce qui la fait comprendre et la fait goûter, car l'esprit de l'homme est essentiellement communicatif, et l'art est un de ses moyens de communication les plus efficaces. Initiez-vous aux beautés de ses œuvres : vous devenez incomparablement plus sensible à celles de la nature. Puis celles-ci vous ramèneront vers l'art, vous le feront aimer, comme le moyen de fixer vos impressions, de les mûrir, de les transmettre. Et si l'art, à son tour, vous transporte, c'est qu'il vous ouvre sur la nature des aspects où la pensée va bien au delà des contours et des couleurs matériellement placés sous vos yeux.

Qui calcule ses effets en conséquence s'élève au-dessus de la nature en l'interprétant ; qui s'astreint à la suivre de trop près se condamne au contraire vis-à-vis d'elle à l'infériorité la plus manifeste. Le réalisme entendu d'une manière absolue est, en fait, impossible : l'art, en raison même de la disproportion de ses moyens, est obligé de viser plus haut pour approcher du but. Comment suivrait-il la nature dans l'emploi de ses procédés, quand, immobile, il lui faut donner l'idée du mouvement ; quand, dans quelques pieds carrés, il lui faut donner l'idée de l'espace ; quand il faut s'arrêter à un seul point de vue, là où la nature en réalité les multiplie forcément ? Il procède par lignes, par masses principales ; il choisit, il groupe, il isole ; il charge même ses effets pour les assurer, et cependant il ne doit offrir à l'œil rien qui ne semble naturel. Il est donc obligé de modifier graduellement tous les rapports pour les maintenir en des conditions d'harmonie qui lui deviennent particulières. Dans ces termes, il lui arrive d'obtenir des succès d'illusion ; mais lui seraient-ils aussi faciles si, habituellement, les dispositions morales des spectateurs ne lui préparaient des complices ?

C'est-à-dire que ce sont toujours des âmes qui se parlent et se comprennent, alors même que les réalités extérieures sont le sujet de leur entretien. Il n'est point d'âme humaine qui, mise en action, ne soulève les liens d'un programme trop étroit ; souvent même elle les brise. Il n'en est pas dont la pensée n'aille au delà des paroles qu'elle entend. Sous le nom de réalisme, cependant, nous ne combattons pas une chimère, le nom exprime des tendances qui trop souvent ont fait école ; sous prétexte d'atteindre plus sûrement les beautés de la nature, elles diminuent les facultés qui les font sentir, elles compriment l'essor des âmes et rétrécissent leur horizon.

Il est de l'essence de l'art d'imiter la nature, et de lui emprunter, en l'imitant, tout ce qui lui constitue à lui-même sa beauté extérieure ; mais il faut que cette imitation soit suffisamment large, suffisamment intelligente et libre, suffisamment dominée par les inspirations d'en haut et réglée par les besoins du but moral. S'agit-il d'art chrétien : alors, pour mettre l'instrument en rapport avec la pensée, ne faut-il pas aussi le surnaturaliser ? Il ne s'agit donc plus de maintenir des lignes à la portée de l'œil, des mesures, des hauteurs à la taille de l'homme ; il faut que chaque trait lui révèle un monde qu'il ne voit pas, mais dont la foi lui donne connaissance, et où l'amour le fait entrer. D'ailleurs, le chrétien a l'idée d'une transformation de ce monde dans un état plus parfait : ce n'est pas son corps seulement qui atteindra dans une autre vie cet idéal de beauté dont nous avons parlé comme offrant un but réel aux aspirations les plus élevées de l'art ; il verra d'autres cieux, d'autres terres, d'autres mers ; la nature entière sera renouvelée conformément à des types dont les réalités présentées ne sont que l'ombre et le germe.

Saint Jean, lorsqu'il décrit la Jérusalem céleste, la représente comme toute resplendissante d'or et de pierreries ; ses portes sont autant de perles fines ; ses murs sont construits de jaspe, de topaze, de saphir, d'émeraudes, etc. ; ses places brillent de l'or le plus pur, et cet or est transparent comme du cristal. Ce sont là sans doute des figures pour exprimer les beautés morales dont brillent les élus, ces pierres vivantes de l'édifice sacré ; néanmoins, elles nous donnent aussi à réfléchir sur les beautés extérieures de leur éternel séjour.

Il se peut, d'après ce que nous entrevoyons des lois physiques de ce monde, que l'état de cristallisation régulière et brillante soit pour tous les corps solides privés de vie et d'organes, leur état de plus grande beauté et de perfection définitive : combien, alors, de résidus informes vont se changer en diamants ! Tout ce qui est caillou devient ambre, opale ou rubis ; il n'est pas une roche qui ne resplendisse, pas un grain de sable qui ne scintille, sous des yeux qu'aucun éclat désormais ne saurait plus offenser.

Il arrive quelquefois que, au moment où des gouttes de rosée sont suspendues aux rameaux des arbres, il passe une brise plus froide qui, les fixant à leur place, en fait comme un feuillage de perles. C'est une des beautés de la nature chantées par David dans un de ses cantiques d'action de grâces. Il n'est pas d'homme qui ne se souvienne de l'avoir vue un jour prendre des proportions d'une rare magnificence. Tout, les rochers, les maisons, les grands chênes, les arbustes et jusqu'aux moindres herbes, tout était de cristal. Vint un rayon de soleil : ces milliers de cristaux lançaient les plus vives étincelles, ou, selon la variété des reflets et les jeux de la lumière, ils s'irisaient des nuances les plus douces : c'était féerique. Hélas! c'était un fléau. Bientôt l'air souffla d'une plus tiède haleine : les eaux coulent, tout s'abat; et chacun, comptant ses pertes, a perdu aussi le pouvoir d'admirer. Ainsi va ce monde, où le laboureur ne saurait apercevoir ni admirer la majesté d'un orage.

D'ailleurs, là, tout était immobile et de glace. Au lieu de cette campagne pétrifiée, imaginez une nature qui, affranchie des rigueurs d'une saison rigoureuse, en prenne la parure pour orner sa robe de printemps, où circule la vie, où rien ne périclite et ne souffre, où l'été verse ses plus chaudes couleurs sur des bocages toujours verts, sur des eaux toujours abondantes et fraîches. Qui pourra alors refuser son admiration à ces beautés sans mélange?

Ainsi l'artiste chrétien peut se faire un idéal de beauté, et cependant, quelle que soit la richesse de son imagination, la sagacité de ses observations, son habileté à observer, à réunir et à fixer des effets dispersés et fugitifs, en s'élevant au-dessus des réalités du présent, il restera toujours prodigieusement au-dessous des réalités qui l'attendent.

Sur le versant des riantes montagnes de l'Ombrie, il se forma une école qui, la première à peindre le paysage avec une manifeste supériorité, le fit en le spiritualisant.

Des doutes malheureux planent sur la mémoire du Pérugin ; mais, quoi qu'il en soit, il dut à saint François, cet ami passionné de la nature ramenée au service de Dieu, la première impulsion de son génie. Le Beato Angelico lui transmit une partie de son âme, et il eut une manière d'envisager et de poursuivre la réalisation du beau, à laquelle on doit Raphaël.

Tout n'est pas arrivé à la perfection dans cette manière : les formes en pourraient être moins sèches, les tons moins crus, les mouvements moins raides. Ces défauts corrigés, comme le disciple eût certainement achevé de le faire, s'il eût persévéré dans les voies de son maître, nous n'aurions pas sous les yeux une nature susceptible de se confondre avec celle que nous voyons tous les jours, mais un idéal puisé dans le sentiment de tout ce qui peut le mieux dégager de l'impression grossière des sens.

Nous avons vu de ces lointains aux vapeurs azurées, nous avons rencontré de ces arbres svelles, reflétant les rayons du soleil au travers d'un rare feuillage. Nous avons eu le bonheur surtout d'observer des corps amaigris par le jeûne ou la souffrance, qui se ravivaient et prenaient un air de force et de santé sous l'impression de la prière. Vous les voyez, pâles, exténués, entrer dans la maison de Dieu. A mesure que les louanges du Seigneur retentissent sous les voûtes sacrées, leurs joues se colorent, leurs traits s'animent; vient un moment de silence, ils approchent de l'autel, Dieu repose dans leur cœur, ils lèvent la tête : quelle paix alors sur leur front, quelle joie dans le doux tressaillement de leurs lèvres, et aussi quelle fermeté dans leur maintien, tout à l'heure à demi-défaillant ! Vous avez l'idée de ce que sont, non pas des âmes sans corps, mais des corps dominés par les âmes. Faites-les agir, faites-les parler, mettez-les maintenant en face de tous les actes de la vie : l'esprit chez eux se montrera toujours supérieur aux infirmités de la chair.

Mais, pour les besoins du mouvement, leurs muscles du moins ne vont-ils pas prendre plus de relief et de jeu ? Est-ce qu'on y pense, est-ce qu'on le sait ? Ou, si on y pense, c'est par la faute du peintre : qu'il prenne garde de distraire la pensée par une maladroite exécution de l'objet qu'il lui propose ; mais pour cela il suffit qu'il réponde à la manière dont communément on voit les choses, hors de toute préoccupation de gymnastique ou d'anatomie. Allez plus loin, attirez l'attention sur des mérites d'imitation naturelle par le relief des formes, l'énergie des mouvements, l'éclat des couleurs : vous revenez facilement à lui sacrifier l'impression morale.

Voilà un grand génie : grâce à sa supériorité personnelle et au privilége de sa première éducation, dans ses œuvres, quoi qu'il en soit de l'excès des effets matériels, l'âme prendra encore le dessus. Mais viennent ses imitateurs : rien ne vous dédommagera plus de ce que vous avez perdu et surtout de ce que vous étiez en voie d'acquérir, en naturalisant dans l'art les types les mieux appropriés à sa plus haute mission.

VI.

DIFFÉRENTS GENRES DE BEAUTÉ.

Nous comprenons l'art comme une forme de la poésie ; mais, en cette qualité même, la forme artistique ne saurait se confondre avec la forme littéraire, et encore moins avec une forme purement philosophique. Non-seulement l'art doit plaire pour instruire et toucher, mais plaire d'abord par les sens, et personne ne contestera que la peinture ne doive être un plaisir pour les yeux.

Il y a dans le beau, et notamment dans la beauté sensible, des degrés et des genres fort divers. Dire d'un tableau qu'il est joli quand il a un objet sérieux, c'est en faire une critique, ou se montrer faible appréciateur des beautés plus importantes qu'il contient. Dire de lui qu'il n'a pas d'objet sérieux, ce serait le rabaisser au delà des limites où s'étendent nos études. Le joli qui n'est que joli peut passer en des choses de pure décoration, en des accessoires; mais, dans ces choses mêmes, combien il eût été préférable d'agir en même temps sur les sens par des qualités plus mâles, inhérentes à la personne ou à la chose!

Le joli exprime une sorte de perfection individuelle, mais dans un ordre inférieur et tout physique, qui ne promet rien au delà de la jouissance sensuelle. L'élégant pris à la lettre s'entend d'un vêtement ou d'une parure; entendu d'une qualité intrinsèque, il renferme l'idée d'une comparaison avec une personne de goût qui les aurait posés sans surcharge et les porterait avec aisance : c'est ainsi qu'en architecture on attribue l'élégance à un monument qui plaît par son air dégagé, sans autres ornements quelquefois que l'harmonie même de ses proportions, mais de telle sorte cependant que ses membres soient assez multipliés pour exclure l'idée d'une simplicité sévère. Il s'agit alors d'une qualité qui s'élève déjà à une certaine hauteur dans la sphère du goût. Telle est toutefois la délicatesse de notre langue que la même expression appliquée à des œuvres d'art plastique donnerait lieu de croire facilement qu'il leur manque quelque chose du côté du solide. En littérature, nous parle-t-on d'une plume élégante et facile : nous nous portons aussitôt vers un sens plus favorable; nous craindrions pourtant un peu pour l'écrivain, alors, de le trouver lui-même en défaut, relativement à des qualités supérieures, si le mérite qu'on lui attribue était présenté en première ligne.

L'artiste ne prendrait facilement dans notre esprit qu'un rang secondaire, si l'on se hâte trop de s'écrier qu'il est gracieux : nous aurions peur qu'il ne visât trop à le paraître. Si la grâce a tant de charme, bien qu'elle puisse s'allier à des imperfections de formes, c'est que chez elle l'âme commence à se montrer, qu'elle se fait supposer du moins. Il semble qu'elle s'incline pour s'approcher de nous et mieux nous attirer; mais il faut prendre garde qu'elle ne tourne à l'affectation et ne glisse jusqu'à l'afféterie.

Au résumé, tout ce qui peut rendre un ouvrage agréable à la superficie, aux différents titres exprimés par les termes de joli, d'élégant, de gracieux, mérite d'être recherché, à la condition d'être si bien fondu dans l'ensemble de l'œuvre, qu'on en sente l'effet presque sans le remarquer.

Faites qu'on dise plutôt : « c'est vrai ! » pourvu qu'étant vrai, vous sachiez l'être avec ce mélange de gravité et d'attrait qui, à défaut du génie, indique chez l'artiste un talent élevé ; et rien n'empêche qu'en même temps son œuvre puisse être noble, harmonieuse, sentie, suave, pénétrante.

S'il a de la verve, du mouvement, de l'entrain, qu'il produise de grands effets, des effets saisissants ; s'il a, pour se déployer, de l'espace ; s'il lui est donné de produire de ces tableaux d'ensemble qui peuvent se comparer à des poëmes, on pourra trouver son œuvre superbe, la dire magnifique : ces éclats de l'admiration, cependant, appartiennent surtout au langage de la foule, et on ne s'en approprie guère les termes, si on n'est remué avec elle.

Que, dans le calme d'un sentiment plus mûri, l'on dise et l'on répète : « c'est beau ! » On dira beaucoup plus, et plus on verra l'œuvre qui le fait dire, plus on sentira qu'elle est belle. Alors elle peut aussi bien se passer du brillant, ou le supporter ; elle peut, sans perdre de son prix, se resserrer ou s'étendre.

Le beau, dans cet ordre d'impression, n'a qu'un superlatif : le sublime ; et sur les hauteurs qu'il habite, comme dans toutes les voies qui y mènent, la beauté de la forme n'est que l'enveloppe ; mais elle est l'enveloppe obligée des belles, bonnes et saintes pensées, dont l'artiste chrétien se nourrira toujours, s'il sait les puiser dans les sujets qu'il a mission de représenter.

ÉTUDE III

DE L'INVENTION.

I.

QU'EST-CE QUE L'INVENTION ?

Les auteurs qui ont traité de la théorie de l'art ne s'accordent pas sur la valeur et l'étendue que l'on doit donner au terme d'invention et à celui de composition: quelques-uns considèrent la première comme une partie de la seconde [1]; d'autres regardent la seconde comme une partie de la première [2]: tel fait consister celle-ci dans les combinaisons variées que l'on fait subir aux images recueillies dans sa mémoire [3]; tel autre encore, dans la découverte des choses vraisemblables adaptées au sujet que l'on veut représenter [4]; tels autres encore, dans la faculté de disposer dans son esprit le sujet de la manière qui convient le mieux à son art [5], rôles qu'il est parfaitement permis d'assigner à celle-là, et qu'on lui assigne en effet lorsqu'on le définit, l'art d'inventer et de disposer convenablement tous les objets qui doivent entrer dans la représentation d'un sujet de peinture [6]. M. Selvatico ne tente pas de les distinguer, quand il reproche aux théoriciens qui l'ont précédé d'avoir omis ou du moins de n'avoir pas mis assez en saillie parmi leurs préceptes les deux objets les plus importants de l'invention artistique : le choix du point dramatique et l'art d'imprimer à son sujet l'esprit et l'empreinte du temps auquel il se rap-

---

1. Montabert, *Traité de la Peinture*, in-8°. Paris, 1829, T. IV, p. 246.
2. Watelet, *Dict. de Peinture*, T. III, p. 182.
3. Prunetti, *Saggio Pittorico*, in-12. Roma, 1786, p. 13.
4. Algarotti, *Essai sur la Peinture*, in-12. Paris, 1769, p. 105.
5. Reynolds, *Notes sur l'art de peindre de Dufresnoy*, à la suite de ses discours, in-8°. Paris, 1787, T. II, p. 290 ; Watelet, *loc. cit.* ; Millin, *Dict. des Beaux-Arts*, in-8°. Paris, 1806, T. II, p. 222.
6. Montabert, *loc. cit.*

porte [1]. On voit que lui-même alors il est trop préoccupé de son point de vue particulier, comme s'il ne s'agissait jamais que de rendre historiquement un sujet historique. Il est nécessaire d'élargir le cadre de nos pensées, pour les faire ressortir avec plus de clarté.

Dans les définitions précédentes, le domaine de l'invention et celui de la composition paraissent se confondre; on aperçoit cependant le principe de leur distinction. Cette distinction est moins dans leur objet que dans la manière de l'envisager; l'invention appartient elle-même au domaine de la conception, ou plutôt elle le constitue tout entier dans la sphère de l'art; la composition est du domaine de l'exécution. L'invention conçoit le sujet et conçoit la manière de le rendre; mais la manière de le rendre, c'est déjà de la composition. Il faut inventer sa composition, et l'invention n'existe qu'à la condition de prendre dans l'imagination de l'artiste une forme qui est un commencement de composition. Quand il médite son sujet, s'il le pouvait sans nulle composition intérieure, il ferait peut-être acte de penseur ou de poëte, ce ne serait pas encore de l'invention artistique. Aussitôt qu'il invente au point de vue de l'art, aussitôt il compose dans son esprit, et l'invention ne se manifeste que par une composition extérieure. Nous ne pouvons séparer l'invention et la composition que par une abstraction; mais, pour en parler, cette abstraction est légitime et nécessaire.

L'invention ne s'attache pas à un sujet sans lui attribuer une forme. Nous ne la considérerons cependant que par rapport à la conception seule du sujet, réservant pour la composition les moyens généraux comme les moyens particuliers de le rendre.

Pour faire une œuvre d'art, il faut avant tout avoir un sujet, et ce sujet doit être en rapport avec la destination de l'œuvre, le lieu, l'espace qu'elle doit occuper: le sujet a pu être imposé à l'artiste, venir d'un autre, à titre seulement de conseil, ou de lui-même par le choix spontané qu'il en a fait; qu'il soit emprunté à l'histoire, qu'il ait plutôt le caractère d'une idée générale ou qu'il tienne de la poésie, il faut toujours que l'artiste s'en pénètre, qu'il s'en inspire, qu'il se l'approprie en l'envisageant à son point de vue particulier en qualité d'artiste : cette appropriation, soit qu'il l'ait choisie, soit qu'il l'ait adoptée, ayant pour effet de l'en rendre maître par sa propre intelligence, est à nos yeux ce qui constitue l'invention artistique.

C'est dans l'invention que se manifeste l'esprit vraiment créateur [2], et

---

[1]. Selvatico, *Pittore storico*, p. 371.
[2]. L'ange de Raphaël reproduit à la page suivante, dessiné pour les mosaïques de la chapelle Chigi, dans l'église de Sainte-Marie-du-Peuple, à Rome, nous montre comment peut s'inspirer un esprit créé et devenir créateur lui-même en s'élevant à Dieu.

cependant le mérite de l'invention consiste moins à imaginer rien de nouveau, que dans cette pénétration du coup d'œil qui relève ce que le

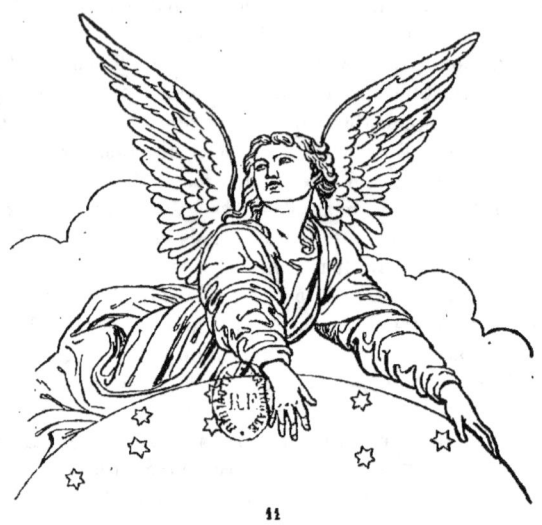

Ange présidant au mouvement céleste. (Raphaël.)

commun des esprits laisse passer inaperçu ; c'est ainsi que le génie s'empare des choses même réputées les plus vulgaires et leur donne un tour noble, neuf et piquant ; il saisit le point culminant d'un effet, le nœud d'une question, le moment décisif d'une action, la partie vitale d'un événement ; il prend ainsi la pensée d'un autre, sans rien perdre de son originalité. C'est sur des sujets longtemps élaborés avant eux que les grands peintres, comme les grands poëtes, ont communément construit leurs plus beaux ouvrages, et l'on ne voit pas que leur gloire en ait souffert.

Il appartient au contraire à la médiocrité de se tendre l'esprit pour aviser à quelque chose qui jusqu'alors soit resté sans exemple ; et, réussît-on à se montrer quelquefois ingénieux, il arrive souvent aussi que, par ce moyen, on ne produit, en dernier résultat, rien que de faux, d'affecté ou de bizarre.

La manière de s'emparer du sujet est seule exclusivement du domaine de l'art dans l'invention. Il faut pour cela, cependant, non-seulement que ce sujet, au préalable, ait été convenablement choisi, mais aussi suffisamment étudié en lui-même et quant à sa destination. Il entre donc dans notre tâche de proposer à l'artiste et à ceux qui peuvent avoir à le précéder, à l'accompagner ou à le suivre dans ce travail préliminaire, des considérations propres à les guider ; et quand nous l'aurons fait, il nous restera peu à dire qui ait trait directement à l'invention artistique, non qu'il n'y ait alors, à cet égard, beaucoup, sinon tout à faire encore de la part de l'artiste, mais parce qu'il s'agit d'un travail intellectuel tout intérieur et spontané, qui échappe à l'analyse.

II.

CHOIX DU SUJET EN GÉNÉRAL, ET DE SA DÉTERMINATION ABSOLUE.

Au point de vue où le plus généralement jusqu'ici l'on s'est placé pour traiter de la théorie de l'art, le choix du sujet a été regardé ou comme absolument, ou comme à peu près arbitraire : à chacun d'imaginer celui qui lui agrée le plus, qui semble le mieux lui promettre de faire briller ses qualités personnelles ; ou, s'il est expressément commandé par un emplacement et par la volonté de ceux qui le mettent à l'œuvre, au lieu d'élever ses vues à la hauteur d'un sujet patriotique ou religieux, au nom de sa propre indépendance, il sera porté à rabaisser ce sujet jusqu'au niveau d'un moyen, pour obtenir un succès purement artistique.

Pour nous, nous entendons donner plus d'autorité à l'artiste chrétien par l'effet même des obligations auxquelles il s'astreindra. Le travail qu'il est appelé à faire dans la maison de Dieu donne le ton à son art tout entier et en détermine le caractère en toutes circonstances. Or là, il n'y a pas de doute que la situation ne domine par sa grandeur tout sujet assez élevé pour y répondre, et que, choisi en conséquence, il n'appelle en haut le cœur et le pinceau du peintre. Nous voulons donc qu'il se pénètre de cette situation pour choisir son sujet, comme nous voudrons qu'il se pénètre de son sujet pour choisir les moyens de le rendre.

Parmi les images chrétiennes, il en est qui, de règle, doivent être placées dans toutes les églises : le crucifix, en vertu de prescriptions liturgiques ; l'image de la sainte Vierge, selon de hautes convenances ; l'image du patron, conformément à une pratique souvent rendue obligatoire par des ordonnances épiscopales. Cette dernière image doit apparaître au-dessus du maître-autel. Conservera-t-on au moins la liberté de choisir arbitrairement, entre les traits multipliés de la vie d'un saint, celui que l'on devra représenter en pareil lieu! Il n'est personne qui ne sente que, même avec l'usage qui avait prévalu dans les siècles derniers d'y faire figurer des faits historiques, le choix devrait se borner à ceux de ces faits qui réunissent la triple condition d'être les plus connus, les plus importants, les mieux capables de mettre en relief le caractère de sainteté plus particulièrement propre à chacun des serviteurs de Dieu. Mais il serait bien plus à propos encore de revenir à l'ancien usage et de prendre alors pour sujet la personne même du saint patron préférablement à aucune de ses actions. Représentez-le ou priant pour ses protégés, ou se montrant toujours prêt à les accueillir, ou dans le sentiment de la béatitude dont il jouit, des vertus dont il fut le modèle, d'une inépuisable bienveillance pour ceux qui l'invoquent : l'entourant de tous les accessoires et attributs propres à le caractériser, et à suggérer les bonnes pensées qu'il inspirerait par sa propre présence.

Au patron principal on peut adjoindre d'autres saints à des titres divers; on peut les mettre en regard de Dieu, de la sainte Vierge, des anges qui les accueillent, qui les secondent, qui les assistent, et arriver ainsi, sans sortir de la nature du sujet, à une grande richesse de composition.

Un certain nombre d'églises sont placées sous l'invocation, non plus d'aucun saint en particulier, mais de quelqu'un des mystères de la religion : c'est alors la représentation de ce mystère par celle de ses circonstances où il s'est le mieux manifesté, qui est appelée à occuper la place et à remplir le rôle de tableau d'autel.

Les observations qui précèdent sont également applicables aux divers autels d'une même église, selon leurs divers patronages. Quant aux fonts baptismaux, leur patron naturel est saint Jean-Baptiste, et aucun sujet de représentation ne leur convient autant que le baptême de Notre-Seigneur. Cependant l'immaculée Conception, destinée à nous faire sentir le prix de cette pureté baptismale qui nous assimile en quelque sorte à celle même de Marie, en nous lavant des souillures dont elle a été à jamais exempte, peut présenter des droits à la préférence qu'on lui accorde quelquefois [1]. Il serait également bien sévère de blâmer les autres scènes de baptême, dont les fonts de quelques églises sont uniquement décorés, lorsque ces scènes sont susceptibles d'offrir en elles-mêmes ou à raison des lieux un enseignement universellement compris, comme en France le

---

1. Nous ferons observer, sans prétendre trancher la question, que saint Charles, *de Fabricâ ecclesiasticâ et supellectili ecclesiasticâ*, prescrit de mettre dans les fonts baptismaux une image de saint Jean-Baptiste baptisant Notre-Seigneur, et ne laisse pas supposer qu'on en puisse mettre une autre. (*De Baptisterio*, cap. XVIII.)

baptême de Clovis. Encore, serait-il au moins préférable de réserver ces sujets pour les riches monuments où, parmi des décorations multipliées, il est possible de leur assigner avec plusieurs autres une place secondaire après le baptême de Notre-Seigneur, passé lui-même en première ligne. C'est ainsi que sur la belle cuve des fonts de Liége, publiée par les Annales archéologiques [1], le baptême de Corneille par saint Pierre et celui de Craton par saint Jean l'Évangéliste sont associés à ce sujet principal et à la prédication de saint Jean-Baptiste.

Mais, alors, il ne s'agit déjà plus d'un seul tableau comprenant un seul sujet, presque toujours à l'avance, rigoureusement déterminé. Avec plus de latitude dans le choix, il faut, de plusieurs sujets qui se rattachent à une pensée commune, former une série de tableaux qui s'enchaînent ou se correspondent entre eux et constituent un ensemble harmonieux, conformément aux lois de l'unité.

Tout à l'heure, l'artiste devait se proposer de condenser à l'état pour ainsi dire abstrait le caractère substantiel d'un personnage ou d'une idée; maintenant, nous lui demandons de développer, de mettre en action, de présenter sous des faces diverses une vie, un mystère, une légende, un poëme. C'est ce à quoi se prête merveilleusement la peinture murale, par l'étendue et la variété même des espaces qu'elle comporte habituellement. Puis, destinées par nature à demeurer toujours fixes à une même place, d'une importance plus ou moins monumentale, ses diverses parties, toujours en regard, sont appelées à produire un effet commun et continu. Elle reçoit du monument même dont elle deviendra à son tour partie intégrante, la détermination au moins approximative du sujet principal, dont doivent ensuite dériver tous ses sujets particuliers; et ceux-ci encore se commanderont les uns les autres. Il en résulte que, moins impérieusement limitée dans son choix qu'un tableau d'autel, la peinture murale ne peut chercher ses sujets à l'aventure, comme le fait un peintre, qui, posant une toile sur son chevalet, se demande s'il y fera figurer un Bacchus ou un saint Jean-Baptiste pour attirer les regards à l'exposition prochaine.

Gardons-nous, encore une fois, de plaindre l'artiste qui ne jouit pas d'une semblable indépendance: cette forte discipline que lui imposent les murs inflexibles, mais larges et spacieux d'un noble monument, est précisément ce qui fait les talents virils et les grandes œuvres.

---

1. *Annales archéologiques*, T. V, p. 21, 30, 31. Cette cuve est du XIIe siècle.

III.

DE L'APPROPRIATION ET DE L'ASSOCIATION DES SUJETS DANS UNE ÉGLISE.

Une église est à orner de peintures. Sans parler de nouveau du crucifix nécessaire à la célébration du saint sacrifice, nous la supposons, de plus, pourvue de cette image sacrée, peinte ou sculptée ou à l'entrée du chœur, ou dans une des parties les plus apparentes de la nef; nous supposons encore que l'image de la Mère de Dieu s'y montre quelque part, et que chacun des autels est surmonté de la représentation de son patron ou du mystère qui lui en tient lieu, et nous nous demandons quels sujets nous allons faire figurer le long de ses murs, et selon son mode de construction, sur le fond de ses voûtes, sur les pleins de ses arcs, les pendantifs et les sommets de ses coupoles.

Qu'il soit bien entendu, de nouveau, que les sujets religieux seront seuls admis, et qu'on ne saurait citer les exemples du contraire que pour avertir de ne pas les suivre.

Entre les sujets qui légitimement ont droit à entrer dans l'édifice, tous ne s'adaptent pas également à ses différentes parties. Dans la nef, que l'on raconte; dans le sanctuaire [1], que l'on médite et que l'on adore : les longs murs de la nef ou les fenêtres qui, en les perçant, les peuvent remplacer au moyen des verrières, sont éminemment favorables au développement d'une série de faits historiques; racontés ainsi en images, ils font l'effet d'une pieuse lecture et fournissent une excellente préparation au saint sacrifice. Au contraire, les courbes d'une abside, déjà empreintes de quelque chose de mystérieux, demandent aussi une plus grande concentration de pensée et de style, et là, aussi, seront mieux à leur place les sujets qui, s'élevant au-dessus d'un simple récit, expriment par des moyens symboliques la signification des choses, portent au recueillement et font méditer sur les mystères adorables qui s'accomplissent dans le sanctuaire.

Il en était, à plus forte raison, de même dans les anciennes basiliques, où la voûte absidiale, en s'élevant, mettait en vue de l'assemblée entière des fidèles, au-dessus de l'autel, une large surface désignée en Italie sous le nom de tribune. Aussi, les ordonnateurs de ces antiques monuments ont-

---

1. L'église doit avoir trois parties bien distinctes : le sanctuaire, qui est la partie la plus sainte, celle où se trouve l'autel; le chœur, où se placent les chantres et les clercs qui chantent l'office; la nef, destinée aux fidèles.

ils rarement manqué de faire figurer à cette place capitale, dans un ordre d'idées tout synthétique, le Christ triomphant au sein de son Église. Au contraire, lorsqu'ils ont eu à revêtir l'espace laissé au-dessus des architraves de la nef, ils y ont fait figurer des faits historiques : toute l'histoire de l'Ancien Testament, à Sainte-Marie-Majeure ; cette histoire mise en regard des faits évangéliques et des Actes des Apôtres, à Saint-Paul-hors-les-Murs.

On entre de la nef dans le chœur par l'arc triomphal : il était donc à propos d'adapter également à cette partie de l'édifice des sujets en rapport immédiat avec les pensées qui doivent occuper aux approches du sanctuaire.

Le sens profond qu'avaient des choses divines les chrétiens des premiers siècles se fait encore sentir dans le choix qu'ils avaient fait pour l'espace qui s'étendait au-dessus de cet arc. Ils y représentaient, en effet, volontiers, en la résumant, la scène de l'Apocalypse la mieux faite pour rappeler au sein de l'Église l'efficacité du perpétuel sacrifice, la continuelle glorification de Dieu, les secrets et les espérances de la vie future, les grâces de la vie présente.

Au sommet de l'arc, l'autel et le trône peuvent se confondre dans un même monument, car la victime est divine, et l'agneau a déjà commencé son règne. Dans les cantons latéraux, les vingt-quatre vieillards trouvent à se ranger pour chanter l'éternel *Hosanna*, et les quatre animaux symboliques peuvent, au-dessus de leurs têtes, être suspendus pour se mêler à leurs concerts. (Ci-dessus, pl. IV, p. 20.)

A Sainte-Marie-Majeure, cette pensée de l'Église, considérée à la fois comme un trône et comme un autel, étant plus succinctement exprimée, saint Pierre et saint Paul, ces deux glorieux témoins, sont seuls préposés à sa garde, avec les quatre symboles évangéliques.

La plus grande partie de l'espace est ainsi demeurée disponible pour y faire figurer les principaux traits de la vie de la sainte Vierge et de l'enfance de Notre-Seigneur. Lorsque saint Sixte III fit exécuter cet ouvrage, il y avait une raison de circonstance toute particulière pour rendre cet honneur à la Mère de Dieu, au moment où le premier de ses titres et le fondement de tous les autres venait d'être solennellement proclamé à Éphèse.

C'est, d'ailleurs, l'exemple le plus important de la représentation d'une suite de sujets historiques à une place généralement consacrée à des sujets symboliques. Nous le saisissons pour faire remarquer qu'aux époques où l'on s'est montré le plus soigneux d'éviter toute confusion à cet égard, on n'a pas craint de représenter des histoires mises en rapport avec la composition centrale dans laquelle se condensait l'idée plus profondément appropriée à la situation.

Une subordination analogue s'observe dans la disposition des tableaux d'autel, depuis le moment où s'en répandit l'usage jusqu'à la fin du xv⁰ siècle, c'est-à-dire tant qu'ils conservèrent un caractère parfaitement distinctif dans leurs compositions comme dans le choix de leurs sujets : alors le tableau lui-même, représentant le saint patron ou le mystère, dans un ordre d'idées plus ou moins abstrait ou généralisé, était souvent accompagné, dans la partie inférieure, de cette sorte de frise ou de gradin nommée en Italie *predella*, où se développait la représentation des faits jugés les mieux en rapport avec le sujet principal.

Cette observation s'applique au couronnement de la sainte Vierge du Beato Angelico, à la galerie du Louvre, au-dessous duquel sont représentés les principaux traits de la vie de saint Dominique ; il en est de même de la *predella* d'une Annonciation, encore conservée dans l'ancienne église des Dominicains à Cortone ; le pieux artiste se plaisant ainsi à rappeler les rapports intimes que l'institution du Rosaire créait entre le saint fondateur de son ordre et l'*Ave Maria*, et plus généralement avec toute représentation de la Mère de Dieu elle-même.

Que, reportant des associations de cette nature sur des parties latérales, on leur accorde un surcroît d'importance et de dimensions, on demeurera cependant dans la règle tant qu'on les maintiendra dans un rôle de subordination avec le sujet central.

Nous parlons de règles : il ne s'agit pas, dans une matière où les points de vue peuvent être si variés, d'en exposer d'absolues, mais de montrer, par la pratique des époques où le sentiment chrétien était le plus vif et le plus nourri, dans quel esprit on dirigera le mieux son choix quant à la détermination des sujets, eu égard à toutes les circonstances de temps et de lieu.

La disposition de l'arc triomphal autant que sa signification, comme figurant l'entrée du ciel, le rendent aussi parfaitement propre à recevoir une représentation du jugement dernier, et Pugin, le grand architecte du renouvellement catholique en Angleterre, s'était particulièrement attaché à relever sur ce point une pratique fréquente au moyen âge. La suppression de l'arc triomphal, ou plutôt de tout espace qui le surmonte dans un très-grand nombre d'églises, n'exclut pas l'application de toute pratique analogue : on a très-convenablement reporté, dans les sculptures qui ouvrent l'entrée des églises, les sujets qui pouvaient s'étaler à l'entrée du chœur, et le chœur lui-même est ordinairement apte à les recevoir, soit en des tableaux et des peintures murales, soit en des verrières.

C'est surtout par ses conditions liturgiques que le chœur d'une église représente la vie à venir et le siége de la gloire divine. Toute coupole aussi, par le seul fait de sa disposition monumentale, offre une image du ciel, et il est rare qu'on en ait revêtu aucune de peintures sans la peupler des habitants de la patrie bienheureuse. Dans tous les cas, une coupole demande un sujet qui, susceptible de s'agencer dans son espace sphérique, présente une idée de complément final ou de couronnement.

Aux quatre pendentifs, sur lesquels repose la coupole, il convient au contraire d'adapter un pareil nombre de sujets qui, se liant ensemble, se présentent comme offrant une idée de base et de soutenement : tels sont les quatre évangélistes, fondements de la doctrine chrétienne ; les quatre vertus cardinales, fondements de la vie sainte ; les quatre docteurs de l'Eglise latine, ou ceux de l'Eglise grecque.

Nous rapprochons à dessein des monuments de constructions fort diverses, afin qu'un même esprit inspire toujours les sujets qui doivent y trouver place selon la différence de leurs dispositions architecturales.

Si, au lieu d'une suite de compartiments divisés par des colonnes et des fenêtres, comme tout exprès pour inviter à y ranger une série de tableaux historiques, on trouve dans la nef un long espace non interrompu, il fera penser naturellement aux frises où se déroulaient les antiques panathénées du Parthénon, et l'artiste sera heureusement inspiré en y substituant une procession chrétienne, soit comme l'a fait à Paris Hippolyte Flandrin dans l'église de Saint-Vincent-de-Paul, en mettant en marche vers la cité bienheureuse les différents chœurs de saints, chacun avec le caractère qui le distingue, soit d'une manière analogue aux descriptions du Dante, en les rangeant, comme dans les dessins de Fuërich, les saints de l'Ancien Testament en avant du char triomphal où siége le Sauveur, les saints qui ont suivi sa venue, à sa suite dans le cortége ; soit, selon l'exemple donné, au Ve siècle, à Saint-Apollinaire-le-Neuf, à Ravenne, en faisant défiler une ligne de saints qui, portant des couronnes, s'avancent à droite vers le trône de Notre-Seigneur, en regard d'une semblable ligne de saintes femmes qui, précédées, à gauche, des Mages, s'avancent vers celui où la sainte Vierge se tient avec l'enfant Jésus.

Il est des constructions où tout a été fait pour la peinture : l'espace lui a été abandonné tout entier, et à elle seule à peu près il lui a été donné de les décorer. Tels sont deux monuments célèbres l'un et l'autre par les chefs-d'œuvre qu'ils renferment : la chapelle de l'*Annunciata* à Padoue, dans le délaissement voisin de la ruine de ses vieilles Arènes ; la chapelle Sixtine au Vatican, dans l'éclat toujours subsistant de ses fêtes pontificales.

Dans la première, Giotto a eu le champ libre pour étaler en trois lignes de tableaux superposés la vie de Notre-Seigneur et celle de sa sainte Mère, plaçant au-dessous, dans une sorte de soubassement, la représentation allégorique des vertus que le chrétien doit pratiquer et des vices qu'il doit fuir pour se conformer à son divin modèle, le tout venant aboutir, d'une part au jugement dernier, placé au-dessus de la porte d'entrée, de l'autre aux peintures du chœur, où Thadée Bartolo a représenté postérieurement la mort, l'assomption et le couronnement de Marie.

Dans la seconde, les plus valeureux artistes du XVe siècle, dont les œuvres mériteraient d'être moins écrasées par la voûte grandiose de Michel-Ange, ont eu à figurer jusqu'aux pilastres et autres membres d'architecture disposés entre les différentes scènes de l'Ancien et du Nouveau Testament, peintes en regard les unes des autres.

Les églises complétement construites dans le système ogival offrent au contraire généralement peu de place à la peinture, du moins dans leurs parties principales; mais, tandis qu'une suite de tableaux, dans les lignes sèches de leurs cadres rectangulaires, ont à lutter contre la monotonie qui en résulte facilement, réclamant l'attention plus qu'ils ne la provoquent, quel parti n'y a-t-il pas à tirer de ces gracieuses retombées d'arcs et de voûtes, où s'encadrent, se suspendent, se détachent si bien des sujets appropriés à leurs situations, dans les courbes de leurs nervures fermes et arrêtées? Ou, si l'élévation des voûtes et la multiplicité des ouvertures dans nos cathédrales permettent peu d'accorder autant d'importance aux peintures qui pourraient trouver place en de semblables cadres, il leur reste toujours les vitraux, partout, et les parois des murs, dans les chapelles latérales.

Dans tout état de cause, au moins dans les monuments destinés à répondre aux besoins généraux du peuple chrétien, on jugera facilement qu'il est préférable de se conformer aux exemples que nous venons de citer, et de consacrer d'abord la grande nef à la représentation des faits et des mystères généraux aussi du christianisme. Après l'histoire de l'Ancien et du Nouveau Testament, les faits les plus importants de l'histoire ecclésiastique, les conciles œcuméniques, comme dans l'ancienne basilique de Bethléem, les sept sacrements, les principales fêtes de l'année, peuvent offrir des mines abondantes de sujets à exploiter. Si on y représente des saints, n'est-il pas mieux que ce soit toute la cour céleste dans la personne de ses plus illustres représentants, les titulaires même de l'église ne perdant rien à se trouver au poste d'honneur en compagnie des plus illustres témoins de leur gloire? D'ailleurs, rien n'empêche que les faits particuliers à la localité, l'histoire religieuse de la cité, les faveurs qu'elle a reçues de Dieu, les actes les plus solennels accomplis par elle en son honneur, la vie de ses protecteurs immédiats, ne prennent même dans la nef principale une place importante, de telle sorte que ces sujets, d'un caractère plus ou moins local, n'excluent pas cependant toute représentation qui puisse s'appliquer à l'Eglise entière. C'est ainsi que, dans la basilique d'Assise, l'on voit se dérouler toute la vie de saint François, peinte par Giotto, mais au-dessous des grandes scènes de la Genèse qui l'avaient été précédemment par Cimabué. Restent ensuite, pour les représentations de cette nature, les nefs secondaires et les chapelles.

Chaque chapelle doit être considérée comme faisant un tout à part, susceptible d'un ensemble de décorations spéciales. Contient-elle une relique insigne, est-elle le lieu de rendez-vous d'une pieuse confrérie : concurremment avec tout ce qui tient aux patronages ordinaires, c'est autant de motifs pour choisir les sujets que l'on peut le plus convenablement y représenter. Est-elle consacrée au Saint-Sacrement : tous les modes d'envisager ce mystère d'amour y trouveront naturellement leur place. Il n'y a pas de meilleure fortune pour un artiste que d'avoir à peindre une chapelle de la sainte Vierge. Rien de poétique, rien de suave, rien de riant comme les sujets variés appropriés à une telle destination. Prenez la vie de Marie comme Thadée Gaddi à Santa-Croce de Florence, ou tant d'autres maîtres du même temps ; prenez ses litanies comme Orsel à Notre-Dame-de-Lorette de Paris ; prenez, comme les ordonnateurs de la chapelle Pauline à Sainte-Marie-Majeure, tout à la fois les prophètes qui l'ont prédite, les saints qui l'ont le mieux servie, les héros qui lui ont dû leurs victoires, et mettez-y le pinceau du Guide, si vous l'avez à votre disposition, à défaut de Raphaël ou du Beato Angelico, comme l'ont fait les Borghèse, héritiers de Paul V.

Il peut arriver qu'une chapelle n'ayant pas encore de destination déterminée, le choix des sujets qui doivent l'orner soit fait en toute indépendance ; mais, ce choix une fois arrêté, le lieu a reçu par là même son caractère, et l'artiste n'en est pas moins tenu d'y mettre de l'ensemble. La chapelle du transsept méridional à Orvieto en est un exemple, le Beato Angelico, Benozzo Gozzoli et Luca Signorelli, ayant été appelés à y réunir successivement les principales scènes du jugement dernier et de ses préludes. La chapelle peinte par M. Alphonse Perin à Notre-Dame-de-Lorette, à Paris, en regard de celle de son ami Orsel, est devenue un livre de méditation, où tout le christianisme se montre sous l'un de ses aspects, dans une suite de compositions d'un caractère vraiment pieux et solide.

IV.

DE LA SUBORDINATION DU SUJET A UN BUT.

Si, èn travaillant dans les églises ou pour les églises, le peintre a su se pénétrer de l'esprit qui doit l'animer, il le répandra dans toutes ses œuvres et l'emportera partout où il lui sera donné de les répandre, les imprégnant toutes d'un sentiment religieux, mais d'autant plus que les monuments, par leur caractère et leur destination, se distingueront déjà eux-mêmes des lieux purement profanes; et ce sera encore par le bon choix des sujets que commencera ce travail d'édification.

Après les églises, il n'y a pas de monuments qui appartiennent plus directement à Dieu qu'un couvent, ceux qui l'habitent ayant fait vœu de vivre uniquement pour lui plaire. Tout, dans un couvent, le sommeil, les repas, la récréation même, tout est sanctifié, parce que tout s'y fait pour Dieu, et les parties de la maison qui sont consacrées à chacun des actes de la vie commune doivent être traitées avec respect et décorées en vue des dispositions qu'un bon religieux doit apporter à leur accomplissement. Les longs murs du cloître sont disposés pour recevoir, avec un développement que comportent rarement au même degré les nefs d'une église, la vie du saint fondateur de l'Ordre ou de quelques-uns de ses plus éminents disciples. L'histoire principale est-elle interrompue par quelque nécessité de distribution : l'artiste qui comprendra son rôle saisira cette circonstance pour glisser au milieu de son récit quelque bonne pensée, comme une saillie heureuse : c'est ainsi que, dans le cloître de son couvent de Saint-Marc, à Florence, le Beato Angelico a utilisé les impostes des portes, en y représentant, à l'entrée de l'hôtellerie, deux religieux qui reçoivent un pèlerin dans les traits duquel ils vont reconnaître leur divin Maître; ailleurs, saint Pierre martyr, qui, le doigt sur la bouche, invite ses frères au respect du silence.

Dans la salle du Chapitre, le sujet choisi par le vénérable peintre, pour nous servir de l'expression du pape Nicolas V, est digne de lui avoir été inspiré par saint Antonin, son prieur : le Sauveur en croix entre les deux larrons, qui manifestent les fruits du repentir et les résultats de l'impénitence; Marie à ses pieds avec saint Jean et les saintes femmes reportant par leur présence et leur douleur la pensée vers les réalités du Calvaire, tandis que les saints patrons de la ville et de la maison, d'un côté, les principaux modèles de la vie religieuse, de l'autre, montrent par leurs exemples de quels sentiments d'amour, de confiance, de componction, doit animer la méditation d'un tel spectacle.

Le réfectoire est, après la chapelle, le lieu le plus important d'un couvent : ici, on reçoit la nourriture de l'âme qui soutient aussi le corps ; là, il faut prendre la nourriture du corps d'une manière qui soit aussi au profit de l'âme ; la communauté de la table est le signe de l'union fraternelle, le soulagement de la nature est le signe de son affranchissement futur, les aliments reçus comme un bienfait de Dieu sont le signe de tous ses bienfaits.

Les plus grands maîtres ont été souvent appelés à peindre pour des réfectoires de couvent, et l'on comprend qu'on leur ait généralement fait choisir pour sujets les plus saints repas, afin qu'en réjouissant les yeux l'on entretînt cependant le recueillement et la modération des appétits d'en bas par les pensées d'en haut.

Les Franciscains de Florence, les Dominicains de Milan, ne pouvaient-ils pas facilement se croire transportés dans le cénacle en présence de la cène peinte chez les uns par Giotto, avec cette placidité encore naïve, mais si propre à faire méditer ; chez les autres par Léonard de Vinci, maniant ce sujet sublime avec la grandeur de son génie, secondé, mais non entraîné, par les ressources amassées pendant deux siècles de perfectionnements techniques ?

Ailleurs, on représentait les disciples d'Emmaüs, le repas chez Simon le Lépreux, les noces de Cana : on ne peut en parler sans songer aussitôt aux magnifiques toiles de Paul Véronèse. Ces festins ont tant de vie, tant de mouvement, tant de joie et d'éclat, qu'on ne saurait leur refuser cette épithète ; mais les donnerons-nous pour modèles, lorsqu'il s'agit précisément de cette intelligence du sujet dans son rapport avec sa destination, qui préside à son choix et décide du caractère que l'artiste doit lui donner ? Poser la question, c'est la résoudre.

Sur le versant des Pyrénées, à Saint-Savin de Lavedan, nous avons observé, parmi les restes de l'abbaye en ruines, une peinture de réfectoire qui, d'époque récente et d'exécution médiocre, ne nous eût certainement laissé aucun souvenir, si ce n'était son sujet : elle représente Notre-Seigneur, après son jeûne de quarante jours, tenté par le démon de changer en pains les pierres placées sous leurs yeux : l'idée n'est-elle pas aussi heureuse que nouvelle ? Complétez-la. Saisissez cette occasion de renouveler la délicieuse composition de Boticelli que l'on remarque parmi les peintures de la chapelle Sixtine, le Sauveur servi par les anges. Après avoir dit à ces pauvres moines affamés que, le moment venu de satisfaire les besoins de la nature, la perfection de leur saint état leur demande encore de le faire avec mesure, en hommes qui, à l'exemple de leur divin modèle, à cette heure même, ne vivent pas seulement de pain, vous leur montrerez comment, par le sentiment de l'action de grâce, on peut sanctifier la jouissance réelle qu'il dut lui-même éprouver en sa chair sacrée, lorsqu'il goûta de ces mets servis par les anges, et vous leur rappellerez que les Esprits célestes les assistent à leur tour, invisiblement, et d'autant plus qu'ils leur deviennent semblables, autant que le comporte l'infirmité de leur propre chair.

Les salles du Vatican, à jamais illustrées par le pinceau de Raphaël, mériteraient d'être remarquées, quand ce ne serait que pour le choix des sujets de ses peintures.

Destinées aux besoins de la vie civile du chef de l'Église, à ses audiences solennelles, comme pape et comme roi, ces salles avaient un double caractère, mais de telle sorte que le caractère religieux y prît toujours le dessus : les sujets qui devaient y figurer ont été choisis en conséquence. Dans la première, en l'honneur de Léon X, ont été réunis quatre faits de la vie de deux de ses saints prédécesseurs, du même nom : Léon III et Léon IV ; dans la seconde, Héliodore chassé du temple en présence du grand-prêtre Onias, représenté sous les traits de Jules II, et Attila arrêté sur la voie d'Ostie par saint Léon le Grand, représenté sous ceux de Léon X, expriment également par des exemples passés la confiance des papes dans l'intervention de Dieu pour les protéger contre leurs ennemis présents : signification à laquelle la délivrance de saint Pierre vient ajouter tout le poids de son rapprochement. Il n'est pas aussi aisé d'apprécier le rapport que le quatrième sujet de cette salle, le miracle de Bolséne, peut avoir avec les trois autres ; cependant, en voyant agenouillé, au pied de l'autel, cette même énergique figure de Jules II, qui, portée sur sa *sedia gestatoria*, voit, à côté, terrasser Héliodore sous ses yeux, on comprend que l'artiste ait voulu dire où les papes puisent le principe de leur force ; et, si cette idée est indépendante du premier choix des sujets, convenons du moins que, ne fût-elle pas non plus entrée dans la pensée du peintre, elle montre cependant comment un sujet doit être conçu sous le jour le plus propre à le mettre en rapport avec les circonstances au milieu desquelles il se trouve placé.

L'ensemble est plus parfait dans la salle de la Signature, ainsi appelée parce que originairement elle servait de lieu de réunion au tribunal de ce nom : là, tout s'accorde comme les chants d'un seul poëme ; les grandes compositions qui couvrent les murs sont le développement des pensées condensées dans les figures allégoriques de la voûte, et cependant l'on prétend que, dans le principe, Raphaël n'avait été chargé d'exécuter dans cette salle, déjà en grande partie peinte par d'autres artistes, que celle de ces compositions qui a pris le nom de *Dispute du Saint-Sacrement*. Ravi de son succès, Jules II aurait sacrifié, pour lui laisser le champ libre, tous les travaux de ses devanciers. Dans cette circonstance, on trouverait peut-être l'explication de ce nom de *Dispute du Saint-Sacrement*, qui d'ailleurs se justifie si peu. Dans la pensée primitive de cette admirable page de l'art, pensée que les ouvrages disparus auraient mise en évidence, il s'agissait peut-être des résultats d'une définition dogmatique, terminant triomphalement une controverse sur la présence réelle. Aujourd'hui, la pensée qui ressort véritablement de l'enchaînement des sujets représentés dans la salle de la Signature, c'est l'accord de toutes les sciences, ou plutôt de toutes les branches de culture intellectuelle, mises au service de l'Église, avec la haute prééminence qui appartient à la connaissance des choses divines, représentée dans son développement par l'Église enseignante elle-même.

On voit comment, dans ce que nous appellerons la grande peinture, le choix des sujets et la manière de les envisager sont subordonnés à la nature et à la disposition des lieux, et comment un premier sujet étant déterminé, d'autres s'ensuivent avec la physionomie comme avec la signification qu'ils doivent recevoir. L'artiste est-il, au contraire, pleinement maître de la situation et de l'espace : nous le supplions, dans l'intérêt de l'art et pour la dignité de ses œuvres, de ne pas se laisser aller à l'aventure, selon les fantaisies de son imagination. Qu'il se propose un but, un but moral avant tout, un bon effet à produire, et qu'il choisisse son sujet conséquemment à cette pensée. Ou, si un sujet lui agrée de prime abord, précisément parce qu'il y trouve l'occasion d'une œuvre noble, utile et fructueuse, que la perspective des bons effets qu'il doit en attendre demeure comme un phare toujours allumé, qui dirige sa marche et détermine sa situation, au milieu des flots souvent mobiles de nos propres volontés.

A nos yeux, le sujet, quand il s'agit de le choisir pour une œuvre d'art, ne doit jamais être lui-même qu'un moyen, bien que, relativement aux parties de l'art comprises sous le terme général d'exécution, il soit destiné à devenir but à son tour.

Le but décide de la direction et par conséquent, jusqu'à un certain point, de la situation. Il faut cependant encore, pour que l'artiste soit bien maître de son sujet par rapport au but proposé, que cette situation se dessine dans sa pensée, par rapport aux esprits auxquels il devra s'adresser, par rapport au lieu, au jour, à toutes les circonstances où son œuvre sera placée. Et toutes ces considérations doivent réagir sur le choix du sujet lui-même, avant qu'il ne soit définitif.

S'imposer de semblables obligations, c'est agir dans l'intérêt de l'art, c'est élever son niveau : de cette manière, même en dessinant la plus simple image, on peut créer une œuvre digne de figurer dans un véritable monument. En un mot, à chacun de leurs ouvrages, les artistes doivent assigner par la pensée une place, un milieu, un but, et ils commenceront par mettre le choix de leur sujet en rapport avec la situation : l'acceptant si elle leur est donnée ; au besoin, s'en faisant une qui soit toujours bonne.

V.

DE L'USAGE DES SOURCES AUTHENTIQUES.

Le choix du sujet, nous venons de le dire, doit être fait à raison d'un but, d'une destination, d'une situation. Il est des situations qui limitent le choix à un petit nombre de sujets, il en est qui l'imposent, il en est d'autres qui lui laissent une grande liberté. Dans tout état de cause, il importe de savoir à quelles sources on devra recourir, soit pour prendre du sujet les premières notions qui le font choisir, soit afin d'acquérir les connaissances nécessaires pour le bien comprendre.

Nous considérons comme du domaine de l'invention les indications que nous avons à donner sur les différentes séries de documents utiles à l'artiste, pour lui fournir des idées, des lumières, des inspirations. Ces monuments sont écrits ou figurés : les premiers servant de fondement aux seconds, nous commencerons par en parler, bien que ceux-ci, étant en rapport plus direct avec l'objet qu'on se propose, aient à ce titre une autorité spéciale.

Parmi les sources, les documents écrits où l'art chrétien va communément puiser le choix et la connaissance de ses sujets, les uns sont inspirés, d'autres simplement authentiques, et d'autres enfin doivent être rangés parmi les traditions douteuses ou les produits d'une imagination plus ou moins bien réglée.

Tout est à prendre dans les saintes Écritures, dans les enseignements de l'Église, dans ses rites sacrés ; tout est à prendre, mais en temps et lieu : tout ce qui peut concourir au but proposé, tout ce qui peut s'accorder avec les procédés de l'art ; et il sera de règle absolue, on le comprend, de ne jamais rien prendre ailleurs qui soit contraire aux notions contenues dans ces sources sacrées.

Les restrictions que comporte leur usage reposent sur ce principe, que tout sujet n'étant pas approprié à toutes circonstances, les modes de représentation peuvent différer des termes du récit, dans la mesure où l'écrivain lui-même, sans cesser d'être vrai, se permet de varier son langage. Il lui arrive très-légitimement tour à tour, en effet, de présenter les choses dans l'ordre où elles se sont passées, de les grouper sans nul égard aux différences des temps et des lieux, d'exprimer la substance du fait plutôt qu'aucune de ses circonstances. Ce qu'il faut puiser toujours et toujours dans ces sources vénérables, c'est l'intelligence du fond : le fond du sujet que l'on a eu le bonheur de leur emprunter, le fond de cette connaissance de Dieu et de l'homme, du problème de la vie, si utiles pour en bien rendre toutes les situations. Méditez, méditez encore : moralement, vous y puiserez le don de devenir meilleur, et si vous êtes artiste, de plus, au profit de vos œuvres, des richesses sans borne. Si on connaissait bien la filiation d'où dérivent dans le domaine des arts chrétiens les grands talents et les génies supérieurs, on verrait qu'il faut toujours remonter à un homme qui a beaucoup médité les vérités du salut et les saintes Écritures.

Concurremment avec les sources inspirées, avec les articles de foi, il est dans l'histoire ecclésiastique, dans la vie des saints, dans les croyances généralement admises par les catholiques, dans les traditions dont les probabilités, après un examen sérieux, l'emportent sur les doutes, et en général dans les documents de toutes sortes, qui jouissent d'une authenticité incontestable, ou seulement qui en approchent, un fonds si riche et si varié de sujets moraux appropriés à toutes les situations, qu'on demandera aujourd'hui avec raison à l'artiste pourquoi il irait en chercher à des sources d'une autorité plus douteuse. Les exigences, cependant, de la critique moderne ne doivent pas aller jusqu'à une sévérité excessive. Attentif à profiter de toutes les connaissances aussitôt qu'elles paraissent au grand jour, instruit lui-même, ou se laissant diriger par des gens instruits, l'artiste se sert de la monnaie courante, il n'est pas tenu de la mettre en suspicion aussitôt que, dans le cabinet de quelques érudits, il s'est élevé quelques doutes sur la valeur de son titre.

D'ailleurs, il lui est permis de faire une importante distinction ; et telle source d'information à laquelle il pourra utilement recourir pour étudier les moyens de représenter un sujet donné, ne lui offrirait pas un fondement assez solide, s'il s'agissait de lui emprunter la pensée première de son sujet lui-même. Il est, au contraire, quant au détail de ses représentations, des circonstances parfaitement avérées, si on considère la réalité des faits, auxquelles il sera libre de ne pas s'assujettir, si elles doivent l'empêcher de se faire aussi facilement comprendre, et mal s'adapter aux espaces et aux procédés dont il dispose.

S'astreindre à suivre toujours le dernier mot de la science, quant à la forme et à la couleur, par exemple, des vêtements de Notre-Seigneur et des apôtres, à la manière dont ils étaient couchés, lors de la cène, tendrait plutôt à la pédanterie qu'à l'exactitude. On les représente communément assis, quoique sachant très-bien qu'ils étaient couchés, parce que c'est la manière la plus prompte, la plus facile de dire qu'il s'agit d'un repas, quand on s'adresse à des gens qui s'assoient généralement pour prendre leur nourriture, parce qu'il est difficile de composer un tableau où on lise les pensées du maître et des disciples, où l'on saisisse leurs physionomies, comme dans la Cène de Léonard de Vinci, si on les montre dans les positions qu'ils pouvaient occuper réellement. Dans la représentation du baptême de Notre-Seigneur, il est encore plus difficile de montrer tout à la fois les choses absolument comme elles ont pu se passer et de répéter ce qu'elles doivent dire.

L'artiste, en beaucoup de cas, sera excusable d'ignorer des détails de circonstances; mais il vaut mieux ne pas les ignorer; et quand aucun motif d'agencement artistique, quand aucun besoin de pensées à exprimer ne le demandera, il sera mieux aussi de se conformer en tous points aux probabilités et à plus forte raison aux certitudes historiques. Ainsi, qu'Isaac apparaisse, lorsqu'il porte le bois de son sacrifice, non pas comme un jeune homme dans la force de l'âge, selon ce que l'on peut apprendre dans la sainte Écriture, mais comme s'il avait été encore un enfant, ni le pathétique du sujet ni la composition de l'artiste ne peuvent rien y gagner. Le boiteux guéri par saint Pierre et saint Jean sur les degrés du temple était de l'une et de l'autre jambe dans un état de débilité si complète, qu'il fallait tous les jours le porter au lieu où il mendiait sa misérable vie. Il eût été préférable, de la part de Raphaël, de se servir de ces données pour le représenter dans son carton d'Haptoncourt, plutôt que d'en faire une sorte d'estropié de profession, très-capable de se transporter lui-même partout où il y a une aumône à recueillir. On l'admettra sans difficulté avec Ayala, tout en contestant à cet auteur d'avoir proportionné sa critique à l'importance de la chose, lorsqu'il a consacré deux paragraphes de son livre à une différence aussi peu sérieuse[1].

Ayala est plus gravement fondé à se plaindre de la présence d'une ou plusieurs sages-femmes lors de la nativité de Notre-Seigneur, la substance du sujet étant sérieusement altérée par l'addition d'une semblable circonstance. Faisons cependant observer, dès à présent, que, loin d'émettre ainsi un doute sur la parfaite virginité de la Mère de Dieu, on se proposait plutôt de lui rendre témoignage, comme nous le verrons plus amplement dans la suite. Les exemples trop répétés que l'on en trouve nous mettront néanmoins en garde contre l'usage des écrits apocryphes;

---

1. Ayala, *Pictor Christianus eruditus*, in-fol. Madrid, 1703, Lib. I, cap. I, § 5, p. 2.

ils nous avertissent aussi de ne pas emprunter sans discernement à l'observation de la vie usuelle les particularités secondaires, utiles à la représentation d'un fait, et nous empêchent de prendre comme règle l'imitation sans contrôle des monuments appartenant à ce que nous appellerons cependant les bonnes époques de l'iconographie.

VI.

DES SOURCES D'AUTHENTICITÉ DOUTEUSES.

Si attentif que vous soyez à puiser aux sources authentiques, elles ne vous diront pas tout ce qui est nécessaire à la représentation des faits que vous leur avez empruntés. Imaginez alors des circonstances conformes à la substance des faits : vous le pouvez sans manquer à la fidélité que vous leur devez; vous pourriez également grouper des circonstances qui en réalité se sont passées avec quelque différence de temps et de lieu, ou exprimer la substance du fait plutôt que ses circonstances. Il faut de la liberté, et il n'en faut pas trop ; il n'en faut pas trop surtout pour l'imagination, cette conseillère qui vous servira puissamment si vous savez la contenir, qui vous égarerait si vous la preniez uniquement pour guide ; puis gardons-nous de nous isoler. Pour nous préserver de l'isolement, Dieu a fait que nous ayons tous les mêmes besoins et des désirs analogues. Ce besoin que ressent l'artiste de suppléer au silence de l'histoire, le besoin de rechercher, par le menu des circonstances, ce qu'elle ne dit qu'en général, de supposer même ce qu'elle ne dit pas pour représenter ce qu'elle dit, nous l'éprouvons tous, dès que nous voulons nous y attacher de près et le méditer. La curiosité nous y porte, les maîtres de la vie spirituelle en tiennent un compte sérieux. Ils conseillent, dans une méditation destinée à servir de nourriture à nos âmes, de fixer notre attention, en nous faisant intérieurement à nous-mêmes des tableaux plus ou moins vraisemblables.

Ce besoin commun va si loin, ce désir naturel de voir revivre sous ses yeux, dans le cadre tracé par les grandes lignes des faits connus, les hommes et les choses vers lesquels se portent nos pensées et nos affections, est quelquefois si ardent et si pur que Dieu y prête la main ; il est permis de croire que, dans certaines révélations particulières, il vient au secours de l'imagination dans les âmes privilégiées qui en sont l'objet, jusqu'à leur faire apercevoir, comme s'ils étaient présents, les détails de la vie de Jésus-Christ, de la sainte Vierge et des saints, dans la pleine réalité de leur existence passée. Dans cet ordre de grâces, il y a des degrés; et il est des cas où Dieu vient seulement en aide aux facultés naturelles, au lieu de se mettre, pour ainsi dire, à leur place : il en résulte quelque chose comme les méditations de saint Bonaventure. A-t-on rien vu de plus suave, de plus vivant, de plus vraisemblable? On sent que le docteur séraphique, avançant dans la voie du vrai avec le triple secours de ses souvenirs traditionnels, d'un tact exquis des convenances et d'une imagination réglée selon la foi, a dû peu s'écarter de cette voie. Qu'un peuple tout entier, que plusieurs générations successives agissent ainsi, en quelque manière, et qu'il en résulte un composé, où ce qui vient de souvenir, d'imagination et de conjecture ne puisse plus être distingué et reconnu, comme cela aurait lieu dans l'esprit de celui qui en serait uniquement l'auteur : vous avez la légende. La légende peut jeter dans l'art des trésors de poésie, mais ne lui demandez pas de discernement, car si quelquefois elle confine à l'histoire, il arrive aussi qu'elle coule pleinement dans la fable.

Les écrits apocryphes sur l'histoire de l'Ancien et du Nouveau Testament se présentent sous un jour plus défavorable : leur prétention à se couvrir de noms vénérables, à se mettre en quelque sorte sur le même pied que les saintes Écritures, a déterminé l'Église à signaler leur manque d'authenticité par une décision formelle. Plusieurs de ces écrits ont été composés par des sectes hérétiques avec une intention directe de falsification; cependant, ils renferment des débris de traditions primitives, et ils ont quelquefois tout le charme des meilleures légendes. Nous ne conseillerons jamais de leur rien emprunter qu'on ne trouverait pas ailleurs; mais ne serait-ce aller trop loin que de proscrire tout ce qui nous arrive en même temps par d'autres voies, et, ne se trouvant pas cependant mentionné dans les livres canoniques, pourrait être soupçonné de venir originairement de ces écrits frauduleux?

Ils peuvent alors, au contraire, être véritablement utiles, comme moyen de confrontation, et pour aider à comprendre ce dont on n'aurait sans eux qu'une imparfaite intelligence. Il en est d'eux un peu comme des eaux fangeuses, qui deviennent claires et potables en séjournant sur un lit de cailloux de roche bien pure.

Ce qui nous viendrait de ces sources douteuses, après avoir longtemps reposé dans un milieu bien solidement catholique, aurait perdu tout ce qu'il avait de limon, et, question de réalité historique à part, il pourrait sans danger continuer à entretenir de bonnes pensées et à produire des effets salutaires.

Prenons garde que nous nous supposons en des conditions telles qu'après avoir épuisé tout ce qu'il était possible de tirer des sources authentiques, il appartiendrait à l'imagination, si elle était réduite à elle-même, de compléter seule ce qui lui manquerait de détails pour la représentation d'un fait : il suffit alors, pour légitimer l'usage des moyens d'information d'un ordre moins sûr, dont nous venons de parler, qu'ils soient préférables à des suppositions telles que pourrait les rêver le commun des artistes.

Il est toujours difficile de savoir dans quelle mesure Dieu est réellement intervenu dans ses plus merveilleuses communications avec les saints : il l'a fait quand il lui a plu pour des fins spéciales, souvent sans aucun rapport avec l'application à laquelle nous essaierions de les étendre, souvent en vue d'un but moral, qui laissait à l'imagination, quant à la représentation des faits, toute la liberté de son cours ; et l'approbation même de l'Église ne fait que mettre hors de doute, pour les révélations particulières qui en sont l'objet, l'édification à tirer de leur lecture et l'orthodoxie de leur doctrine. Mais on ne courra aucun risque si on cherche dans les écrits des saints la meilleure manière de voir, de comprendre, d'imaginer les choses comme peuvent se les représenter les âmes les plus droites, les mieux placées, les plus proches de la lumière. Au contact de ces âmes l'étincelle sacrée vous gagnera ; vous obtiendrez l'onction qui pénètre, le sens qui vivifie, et le don de les communiquer.

Beaucoup de légendes ont été, de même, tellement imprégnées de la piété des peuples, que l'artiste chrétien peut souvent y chercher d'heureuses inspirations. Par leur moyen, non-seulement il suppléera, dans les détails, au silence de l'histoire, il la ravivra. Et pour être passées, dans la suite des temps, par des mains impures, qui mettent dans l'obligation d'en user avec réserve et discernement, elles n'ont pas toujours entièrement perdu leur première saveur.

VII.

DE L'ICONOGRAPHIE COMME SOURCE D'INFORMATION.

L'imagination peut elle-même accessoirement suppléer au silence de l'histoire : alors, cependant, nous lui recommandons de s'arrêter et de voir s'il n'est pas entre le domaine de l'histoire et le sien propre des sources intermédiaires, où il lui sera utile de puiser et des échos de la vérité et un souffle plus élevé, et une communauté de vues qui préserve du caprice et de l'isolement.

Le privilége de l'art et de la poésie vis-à-vis de l'histoire va plus loin que d'imaginer les circonstances, que celle-ci laisse dans l'ombre ; l'artiste est autorisé à figurer certaines circonstances accessoires, autrement même que l'histoire ne les montrerait, si elle était minutieusement consultée ; mais, alors, nous lui conseillerons d'être plus réservé que le poëte ; et ce n'est pas sa propre imagination ni aucune des sources qui avec tant d'avantage la peuvent encore nourrir et guider, quand les données positives de l'histoire viennent à lui manquer, qu'il devra faire entrer en concurrence avec l'histoire elle-même : alors, il s'agit pour lui ou de voir plus substantiellement les choses ou de les dire plus clairement : les licences auxquelles il a droit sont des figures de langage que l'usage doit déterminer, comme étant le principe et la règle du bien parler.

Qu'il représente les choses comme elles se passent de son temps, c'est quelquefois nécessaire, pour être suffisamment compris du commun des hommes ; il ne les induit pas en erreur, puisqu'il ne s'agit pas de leur apprendre, par exemple, comment étaient chaussés les Grecs et les Romains, mais de les édifier au spectacle de la patience d'un martyr, mis à mort par les uns ou les autres. Il en est un peu comme des noms français, sous lesquels sont connus nos princes francs de la première race : l'intégrité de l'histoire n'exige nullement que, parlant une autre langue, on y transporte la consonnance des noms qu'ils portaient dans la leur ; pas plus que, racontant les événements d'un règne, on n'est tenu d'apprendre à ses lecteurs comment le roi portait les cheveux et la barbe. Ces connaissances peuvent être utiles, mais vous ne pourriez les faire entrer dans votre plan, sans appesantir et embrouiller votre marche.

Que tels historiens tentent cependant de rendre à nos aïeux leurs noms germaniques, pour mieux mettre en relief la différence qui les séparait, au sortir de leurs forêts, de nos mœurs civilisées, la prétention, jusqu'à un certain point, peut se justifier ; mais il ne faut pas non plus se laisser prendre à de telles refontes de physionomies, car il arriverait fort bien que les compagnons de Clovis, s'ils s'entendaient appelés de ces noms durcis à plaisir, sans égard aux habitudes d'une prononciation inconnue, n'y répondraient pas plus qu'en les voyant transformés dans un nouvel idiome.

Si heureux que soit un mot, il ne dit pas tout ; d'un trait de plume on n'épuise pas une question, et jamais un seul livre ne saurait même suffire pour en vider aucune entièrement. Pour obtenir la connaissance complète d'un événement, d'une pensée, d'une situation, il faudrait l'envisager sous différentes faces ; et divers modes de représentation répondent dans la réalité des faits à divers points de vue, qui, très-différents, peuvent être également vrais.

Que veut-on dire de la chose ? C'est d'abord ce dont est obligé de se rendre compte quiconque entreprend d'en parler, d'en écrire, ou de la représenter. Qui prétendrait en tout dire, tout en représenter à la fois, ou en parlerait mal, ou ne pourrait en donner que des images confuses.

C'est alors qu'il importera à l'artiste d'être suffisamment renseigné sur les moyens divers jusque-là usités pour la représentation de son sujet ; l'ordre de connaissance auquel il devra recourir à cet effet, est ce qui constitue l'iconographie, et la plus grande partie de nos études sera destinée à réunir des notions iconographiques sur les personnages et les sujets que l'art chrétien est le plus souvent appelé à mettre en scène.

Pour le moment, nous nous contenterons de poser en principe certaines considérations destinées à se développer et à s'éclaircir par les applications que nous nous proposons d'en faire, et à déterminer ainsi d'une manière générale la valeur de l'iconographie comme règle de langage, soit qu'on la prenne en elle-même, soit qu'on la compare aux sources d'informations précédemment passées en revue.

L'iconographie est la langue de l'art fixée par l'usage : à ce titre, elle a une valeur propre ; réduite à sa seule autorité, elle mérite encore d'être respectée ; elle va jusqu'à couvrir de sa protection certains éléments de représentation dont l'origine pourrait être défectueuse, car ce n'est plus alors l'origine que l'on considère, mais l'expression consacrée d'une utile vérité.

L'iconographie a une valeur propre, mais non pas une valeur souveraine. Sa valeur dépend tout entière de la vérité des pensées exprimées par son moyen, de leur à-propos, du bien qui en doit résulter.

On ne peut jamais se prévaloir de précédents iconographiques pour employer des modes de représentation qui tendraient à altérer l'essence du sujet, à dénaturer un fait principal ou des circonstances importantes, à obscurcir quelque vérité ; à plus forte raison, devrait-on les rejeter, s'ils favorisaient des erreurs graves, bien que, dans l'intention de leurs auteurs, ils fussent étrangers à ces erreurs. En matière d'orthodoxie et de morale, l'iconographie est toujours justiciable des légitimes gardiens de la foi et des mœurs.

Il ne suffit même pas qu'un mode de représentation puisse être réputé indifférent à ces points de vue essentiels, pour qu'il soit en droit de se prévaloir d'une possession acquise, jusqu'à entrer en balance avec des circonstances réelles et connues d'un fait et l'emporter sur elles ; il faut pour cela qu'il offre les éléments d'un bien, qu'il exprime des pensées vraies et qu'elles soient inhérentes à la chose représentée.

Un mode de représentation peut, il est vrai, être préféré à des réalités d'importance secondaire, uniquement à raison de l'agencement artistique; mais, dans ce cas, il ne tient plus son droit d'aucuns précédents iconographiques, à supposer que ces précédents existent sans rien dire à l'esprit ni au cœur. Il importerait cependant, alors, d'en tenir compte et d'accorder le pas à ce qui serait usité sur ce qui proviendrait de la seule invention de l'artiste, toutes les fois que son œuvre ne devra pas en souffrir.

Nous parlons des cas où une formule iconographique ne porte pas avec elle un enseignement palpable, car, dans le cas contraire, l'artiste fera bien de s'y assujettir, sans avoir même la pensée que son œuvre puisse en souffrir.

L'iconographie n'embrasse point directement les œuvres d'art dans leur entier. Ce n'est même pas, à rigoureusement parler, en qualité d'œuvres d'art, c'est-à-dire eu égard à leur beauté artistique, qu'elle les embrasse. Elle est un langage, et l'idée qui s'y attache comme telle répond, dans ces œuvres, aux choses qui ont une signification précise, indépendamment de toute perfection de forme, aux attributs principalement, à certains rapprochements de sujets et de personnes, à l'ordre de leur juxtaposition ou de leurs situations parallèles. L'observation des règles du langage iconographique laisse ordinairement une grande latitude, par rapport aux effets artistiques; cependant, comme, au fond, l'idée s'y trouve renfermée, l'artiste ne saurait mieux faire que de s'en inspirer ; et si parfois il lui semble être ainsi serré de trop près, qu'il fasse un effort sur lui-même pour s'élever jusqu'à l'intelligence de cet obstacle prétendu: ce qu'il croyait une gêne est ce qui soutient le mieux le talent ordinaire, et ce qui soulève le plus haut le talent supérieur.

VIII.

APPLICATION AU MARIAGE DE LA VIERGE DE RAPHAEL.

Rien de ce qui sert, dans les arts, à déterminer le sujet et les éléments principaux de sa représentation, n'est de nature à diminuer le mérite de son invention, en dehors du génie personnel. Il est entendu, en effet, que l'invention, considérée comme qualité suréminente, consiste moins à trouver qu'à comprendre et à sentir. C'est par l'intelligence et le sentiment qu'un grand artiste s'approprie tout ce qui lui est donné.

Admettez qu'il faille reproduire un événement dont on vient d'être témoin : aux yeux de ceux qui en ont été également les spectateurs, croyez-vous que l'artiste ne saura utiliser ses facultés créatrices, s'il en est heureusement doué ? Ce n'est pas sans doute une épreuve de photographie que vous lui demandez.

Dans une action qui a eu nécessairement ses phases successives, et d'autant plus difficiles à immobiliser, qu'elles ont été plus rapides, ce n'est pas un incident, un aspect, un côté que vous voulez voir revivre même avec exagération d'ombre et de saillie : c'est le fait lui-même qu'il faut vous mettre sous les yeux, dans sa vraie et complète originalité ; c'est une résultante de tous les incidents, de toutes les faces, de tous les aspects, groupés dans un seul instant, sous une seule face, sous un seul aspect.

Vous seriez peut-être plus facile à contenter ; et si l'artiste prenait le côté comique de la chose, vous vous prêteriez à rire là où vous trouveriez grand sujet de pleurer ; mais alors, ce n'est ni à vous, ni à ceux qui feront consister leurs succès à vous amuser, que nous avons entrepris de nous adresser.

Mettez plusieurs peintres à l'œuvre à la fois, pour représenter l'événement qui vient de se passer : ils y apporteront chacun la teinte de son esprit et de son tempérament, et ils pourront tous plaire, chacun à sa manière ; mais soyez sûr que celui-là l'emportera sur tous, qui, saisissant un trait dominant de la chose, reproduira ce que tous avaient vu, en le faisant sentir comme tous voudraient l'avoir senti.

Pour tenir de ses devanciers le sujet de ses fables et le rôle de pres que tous ses personnages, La Fontaine en est-il moins créateur dans ses charmants tableaux ? Il est créateur au point d'être inimitable et intraduisible. Lorsque Grandville lui a prêté son crayon et ses spirituelles saillies, on a pu croire un instant qu'il avait réussi à le rendre ; mais le goût, mûri par la réflexion, dira qu'en créant lui-même une œuvre pleine d'originalité, il n'a fait que le travestir.

Raphaël n'avait que vingt ans lorsqu'il peignit le *Mariage de la Vierge* qui est devenu le plus précieux joyau du musée de Milan. Tout entier livré aux leçons de son maître, il ne visait certainement pas à faire autrement que le Pérugin, et il était sans doute bien loin de sa pensée de songer à faire mieux. De tous les éléments iconographiques dont il s'est servi, il n'en est pas un qui ne lui soit commun avec tous les peintres de la même école, qui se plaisaient à répéter à l'envi ce gracieux sujet. Eux-mêmes, ils les avaient tous empruntés à l'école de Giotto. Ces moyens de représentation avaient donc reçu cette sanction du temps et de l'usage dans un milieu profondément catholique, à laquelle ils devaient une autorité que, pour quelques-uns, leur seule origine aurait rendue contestable.

L'Évangile ne pouvait donner que la pensée première du sujet. En nous disant que Marie était épouse de Joseph, il nous invite à méditer sur cette union d'une pureté angélique; l'Église, en lui consacrant un jour de fête, en lui dédiant des autels, nous y invite plus directement encore, et l'art chrétien est mis en demeure de la représenter. D'ailleurs, ni l'Évangile, ni l'Église dans ses enseignements, ne nous disent rien des circonstances de cette bienheureuse union; des traditions passées à l'épreuve de la plus sévère critique ne permettent guère de douter, cependant, que Marie ne fût dans la fleur de la première jeunesse, lorsque sa virginité fut mise sous la garde de son chaste époux; il serait encore moins permis de douter que Joseph ne fût lui-même demeuré toujours vierge, nonobstant ce qu'on lit de contraire dans quelques-uns des écrits apocryphes; et bien qu'il eût alors, selon toute vraisemblance, acquis la plénitude de l'âge mûr, il est selon toute probabilité, malgré les assertions contenues dans ces mêmes écrits, qu'il n'était pas arrivé à la vieillesse. L'anneau de la sainte Vierge est, d'après des traditions respectables, honoré dans la cathédrale de Pérouse; il y a donc lieu d'en conclure qu'elle reçut de saint Joseph, au jour de leur mariage, cet insigne de l'union conjugale. Marie ayant été élevée dans le temple où elle s'était consacrée à Dieu dès sa plus tendre jeunesse, il est croyable que c'est dans ce lieu et sous l'autorité des prêtres que s'accomplit son union avec Joseph. Là s'arrêtent les données d'un caractère plus ou moins sérieusement historique.

L'imagination aurait-elle eu à faire seule les frais d'invention sur l'unique donnée d'une union aussi pure, qu'aurait-elle pu faire de mieux que de se représenter une jeune fille dans toute la candeur de la première innocence, et un protecteur dans toute la force de la maturité, en faisant intervenir la vue du temple et la présence du prêtre, pour mieux en dire la sainteté, conformément à la pratique des Juifs comme à celle des chrétiens auxquels on s'adresse, et en prenant pour symbole de leur contrat nuptial le signe même le plus universellement admis? Et quant au surplus, n'aurait-il pas été permis au peintre de supposer que d'autres prétendants parmi les enfants de la tribu de Juda, attirés par les charmes indicibles de cette fleur de Jessé, avaient songé à se prévaloir de leurs degrés de parenté, pour unir leur sort à la fille de David, dans un temps que l'on savait être proche de l'accomplissement des promesses divines? Joseph aurait été choisi : tout le reste admis, il était naturel de penser qu'il ne l'avait pas été sans quelque manifestation de la volonté divine : on ne pouvait mieux faire, alors, que de s'attacher à quelqu'un des moyens dont Dieu s'était déjà servi pour la faire connaître, et aucun n'était plus convenable que celui-là même par lequel Aaron et sa race avaient été désignés pour le souverain sacerdoce. Voilà donc Joseph en possession de ce rameau béni, de cette tige qui se couvre de fleurs, lorsqu'elle était naturellement condamnée à demeurer à jamais improductive. Que sur cet emblème sacré un oiseau du ciel vienne se reposer, ce sera une convenance de plus ; qu'entre les mains du chaste époux de Marie, il se change en lis, ce sera une convenance d'un autre genre. Or, tout cet enchaînement d'idées imprégnées d'une si suave poésie, tout ce qui s'en est suivi et tout ce qui peut s'ensuivre ne méritait pas d'être condamné parce qu'on le trouve rapporté dans les écrits apocryphes, avec un mélange de scories. On ne voudrait pas aujourd'hui aller le puiser directement à ces sources impures, mais on le prendrait, avec Raphaël, dans le trésor où se sont amassées les richesses devenues le patrimoine de l'art chrétien, avec plus de profit qu'en rêvant soi-même quelques circonstances nouvelles ; on le ferait d'autant plus volontiers qu'on se sentirait soutenu par les pieuses méditations, par exemple, de cette humble Sœur Catherine Emmerich, dont les vues ont une si grande vraisemblance et paraissent si bien porter le cachet d'une assistance supérieure.

Ce que Raphaël a inventé dans son tableau, c'est-à-dire ce qu'il a rendu avec un sentiment exquis de son sujet, avec une supériorité qui le distingue de tous ceux qui l'ont précédé ou suivi dans les mêmes errements, c'est cette impression de suave pudeur qui règne dans le groupe principal ; c'est ce chaste et confiant abandon avec lequel Marie laisse aller sa main vers le gardien de sa virginité ; c'est cette gravité de Joseph, conforme aux côtés austères de son rôle ; c'est cet air pensif du prêtre, pressentant dans cette union un doux mystère, d'une portée bien au-dessus de ce qu'il peut comprendre.

Mais le jeune artiste se serait-il bien rendu compte de ces pensées dans les termes dont nous nous servons pour les exprimer ?... Qu'importe, puisqu'il nous les suggère. Un instinct naïf, qui l'eût seul guidé dans la voie la plus propre à faire ressortir par la méditation ce que renferme ce sujet virginal, appartiendrait encore et au premier chef, au génie de l'invention : il n'arrive point aux hommes ordinaires de rencontrer aussi bien, fortuitement.

Ce qui est encore particulier à Raphaël, dans ce tableau, c'est la manière dont il a mis en relief et le temple et le groupe principal : ce sont des mérites de composition, mais qui tiennent aussi à l'invention, car il faut s'être bien pénétré de son sujet, pour le mettre en saillie à la fois avec autant de fermeté et autant de simplicité.

Quant aux rameaux brisés par les prétendants évincés, c'est aussi un trait fondé sur des précédents iconographiques, dont on peut tirer bon parti, meilleur, nous oserons le dire, que ne l'a fait le jeune et glorieux élève du Pérugin : on ne démêle pas assez dans quels sentiments agissent les jeunes gens qu'il a mis en jeu à cette occasion. Il faudrait que ce fût dans le sentiment de leur propre indignité. En présence de Marie, on ne saurait rien admettre qui ne soit d'une pureté hors de toutes les données communes. Il est de tradition, même parmi les infidèles de l'Orient, qu'incomparablement belle comme elle l'était, sa vue réprimait toutes les impressions qu'excite la beauté chez les autres femmes. Qui, avec le pinceau de Raphaël, le comprendrait comme le faisaient le docteur Angélique [1], ou le docteur Séraphique [2], s'élèverait jusqu'à un chef-d'œuvre supérieur encore à celui que nous a légué le jeune peintre d'Urbin, et la supériorité de ce nouveau chef-d'œuvre, réalisée par l'expression, mais due à une possession plus parfaite du sujet, tiendrait surtout à l'invention, dont nous venons de nous entretenir, comme passant la première entre toutes les parties de l'art.

1. S. Thomas d'Aquin, *Commentaire sur le livre des Sentences de Pierre Lombard*, 3. Dist. quæst. 3, art. 1, quæst. 1.
2. S. Bonaventure, Serm. *de Nativitate*.

ÉTUDE IV.

DE LA COMPOSITION.

I.

QU'EST-CE QUE LA COMPOSITION ?

Semblable à l'auteur dramatique qui choisit ses personnages, leur trace à chacun son rôle, dessine leurs caractères et détermine le temps, le lieu, les circonstances où il les mettra en scène, l'artiste, quand il possède bien son sujet, prend des dispositions analogues pour le rendre heureusement. Il les calcule en raison du but qu'il se propose, des procédés de son art, de l'espace qu'il est appelé à remplir. Ce choix pourrait être considéré au point de vue spéculatif de l'invention, en tant qu'il appartient à la prise de possession pleine et entière du sujet ; mais, comme il se fait sur ces confins où commence l'usage des moyens pratiques, nous nous croyons permis de passer, pour en parler, sur le terrain de la composition.

La composition consiste, en peinture, dans l'art avec lequel toutes les parties d'un tableau sont choisies et associées les unes aux autres, de manière à former un tout qui représente suffisamment le sujet et soit embrassé sous un seul point de vue.

La composition, entre les mains d'un artiste, est une œuvre de l'esprit qui s'adresse à l'esprit. En conséquence, elle est soumise aux mêmes lois et justiciable des mêmes juges que la composition littéraire ; mais elle a des formes qui doivent être calculées pour le plaisir des yeux, et, à ce titre, il faut avoir le sens artistique, pour bien en juger.

Une composition, exprimant d'une manière vraiment vive et pénétrante les pensées et les sentiments inhérents au sujet, satisfera un spectateur médiocrement attentif au jeu de la scène ; et cependant elle choquera, par des défauts très-réels d'agencement, un autre spectateur plus sensible au bien joué. Ces appréciations se modifieront en sens inverse, en présence d'un autre tableau qui, mieux composé pour satisfaire la vue, parlera réellement moins bien à l'esprit et au cœur.

Il y aurait là un sujet de dissentiment, pour ceux qui se proposeraient de classer, dans l'estime de leurs auditeurs ou de leurs lecteurs, les œuvres d'art anciennes et modernes et leurs qualités très-diverses ; mais il n'y en aura pas pour nous, qui voulons mettre l'artiste chrétien sur la voie simultanément de toutes les qualités qui peuvent être compatibles. Nous lui demanderons de prendre les moyens de satisfaire à la fois le chrétien, l'homme de goût et le peintre, en les tenant, chacun à leur rang, dans l'ordre où nous venons de les nommer. Ainsi il ne fera rien pour l'esprit, qui ne soit en même temps pour les yeux ; rien pour les yeux, qui ne soit d'abord pour l'esprit.

On confond trop souvent la composition même, avec la disposition et l'ordonnance. La composition est le terme général qui comprend tous les autres ; à elle seule appartient le choix des principaux éléments propres à la représentation. Ce choix, rangé par nous dans l'étude que nous consacrons à la composition, a pu l'être, par quelques auteurs, dans le chapitre de l'invention : ces auteurs réduisant, alors, la composition elle-même au rôle subordonné de la disposition, sans qu'il leur soit possible de les distinguer en aucune manière.

La disposition consiste uniquement, comme l'indique son nom, à disposer les éléments de la représentation d'une manière convenable pour le regard ; et l'ordonnance n'en diffère que par une nuance peu sensible : elles envisagent l'une et l'autre les mêmes choses et se proposent le même but ; mais la première s'y attache surtout avec une pensée d'ordre et de clarté ; la seconde, avec une pensée d'ordre et d'harmonie, qui provoque le sentiment du beau. Nous disons volontiers : une sage et habile disposition, une belle et noble ordonnance.

Que les hommes et les choses, que tous les éléments de représentation, nettement disposés, agréablement ordonnés, aient été choisis avec intelligence, ou parmi ceux qui, ayant participé à la réalité de l'action, sont le mieux en rapport de convenance avec la pensée qu'il s'agit de faire ressortir, ou comme résumant la vive portée d'un sujet plus vaste ; que leur disposition fasse apprécier leur importance relative, que l'ordonnance mette en relief leurs caractères essentiels : vous aurez réuni toutes les conditions qui font les compositions d'un mérite supérieur.

Les qualités exigées de toute composition sont l'unité, la vérité, la clarté et le charme pittoresque : elles sont toutes comprises dans les conditions dont nous venons de parler ; il sera utile, cependant, que nous fassions de chacune d'elles une étude à part.

Nous verrons ensuite comment il faut adopter différentes sortes de composition, suivant que l'on veut exposer un sujet sous forme historique, ou en exprimer la substance par des voies symboliques. Un tableau de chevalet ne doit pas être composé comme une peinture murale, une fresque comme une verrière. Nous ferons en sorte d'indiquer en quoi les divers modes de composition qui leur conviennent doivent principalement différer ; et, ne pouvant prévoir tous les cas, nous les embrasserons tous dans nos considérations et nos distinctions générales.

II.

UNITÉ DE LA COMPOSITION.

L'unité est la première règle de toute composition artistique ou littéraire; sans unité, on ne saurait, de diverses parties, former un corps et marcher fermement vers un but; les impressions seraient confuses, fugitives, l'esprit ne saurait où se fixer, et les impressions de l'âme se heurteraient sans se mûrir.

L'unité, toujours féconde, ne doit pas être confondue avec une pauvreté stérile, une monotone uniformité ; elle comporte la multiplicité et la diversité des accessoires; mais, non contente de les unir par un lien commun, elle établit entre eux des gradations, elle les subordonne tous à la pensée capitale, au personnage essentiel, au héros de la scène, au nœud de l'action. Tels les membres d'un même corps dépendent tous de la tête.

Nous distinguons l'unité de pensée, l'unité de temps et de lieu, l'unité de point de vue.

L'unité de pensée consiste à n'avoir, dans un même tableau, qu'une seule pensée dominante; l'unité de temps et de lieu, à la comprendre dans une seule action principale; l'unité de point de vue, à concentrer l'attention sur un seul groupe, où cette action se dessine d'une manière décisive.

On manque à l'unité de pensée, si tous les mouvements, toutes les attitudes, tous les sentiments qu'on voit figurer dans le tableau, ne sont pas inspirés par la pensée dominante, ne sont pas conçus en vue de la faire valoir; si tous les effets, toutes les impressions ne ramènent pas vers elle, comme à leur dernière conclusion.

L'unité de pensée peut exister entre plusieurs tableaux groupés dans un même lieu, et concourant tous à un ensemble commun : ou comme les chants d'un seul poëme, ou comme les scènes d'un même drame, ou comme les chapitres d'un même livre.

L'unité de temps et de lieu exige qu'on ne fasse concourir à l'action que des personnages susceptibles de se trouver réunis, dans le moment donné. Qu'ils l'aient réellement été, c'est une autre question ; celle-ci ne tient plus à l'unité de la composition, mais à sa vérité. Entendues avec la dernière rigueur, les deux unités dont nous parlons limiteraient la représentation d'un fait à la seule circonstance qu'un coup d'œil peut embrasser dans un instant fugitif. Mais il n'est personne qui l'entende aussi sévèrement.

On accuse les anciens maîtres chrétiens de s'être fréquemment soustraits aux lois de l'unité, lorsque, dans un même tableau, ils ne craignaient pas de grouper les côtés successifs d'une même vie, d'un même événement, les développements d'une même pensée, où il y avait réellement la matière de plusieurs tableaux. Faisons remarquer que, si ce sont là des infractions à ces lois, elles n'atteignent que l'unité de temps et de lieu, et celle de point de vue, souvent même uniquement cette dernière. Chez ces maîtres, l'unité de la pensée est observée avec un sentiment du sujet toujours soutenu et suivi, que ne connaissent plus les modernes au même degré.

Combien n'avons-nous pas remarqué de tableaux réputés, avec raison, des chefs-d'œuvre de dessin, de couleur ; où la perspective, le clair-obscur, l'anatomie, sont observés avec autant de science que de goût; où les groupes, habilement combinés, s'échelonnant sur des plans gradués, donnent lieu de croire que l'on pourrait passer soi-même au milieu des acteurs vraiment vivants de cette scène dramatique ! On n'est point tenté de s'égarer, car toutes les lignes vous ramènent au point culminant de la composition. Et, cependant, il est de ces œuvres des maîtres en vogue, où l'unité de pensée n'est que bien superficielle ; il en est trop souvent où elle est ouvertement sacrifiée. Que font, par exemple, sur les premiers plans, beaucoup de ces figures destinées à former repoussoir ? Nous ne nions pas que, traitées ordinairement avec une certaine prédilection, elles n'aient, prises isolément, le don de flatter les connaisseurs, et celui d'attirer les yeux de la foule; mais cela même ne constitue-t-il pas la matière d'un grief ? Étrangères aux impressions qu'elles devraient réveiller en nous, elles ne font que détourner l'attention de son objet essentiel. Voyez la marchande d'œufs du Titien, dans le tableau de la *Présentation de la sainte Vierge*, au musée de Venise. Elle est pleine de vie et de vérité, mais ce n'est qu'une marchande d'œufs ! Que nous aimons bien mieux ces mères qui, dans les tableaux des vieux maîtres, montrent à leurs petites filles la charmante enfant qu'elles doivent s'efforcer de prendre pour modèle [1] !

---

[1]. Nous mettons (pl. xx et xxi) la partie principale du tableau du Titien en regard du

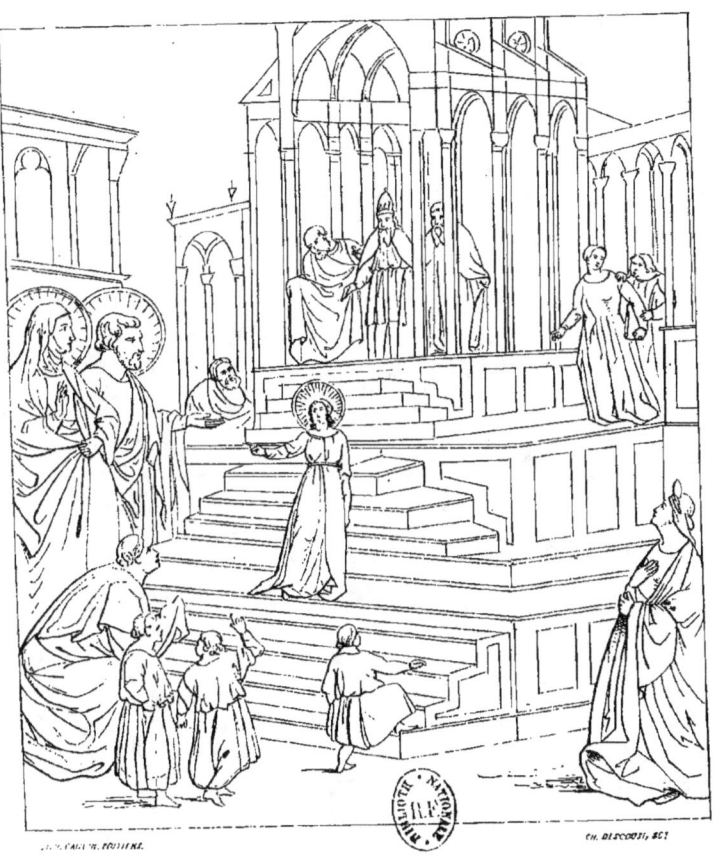

LA PRÉSENTATION DE MARIE

fresque de Thadée Gaddi.

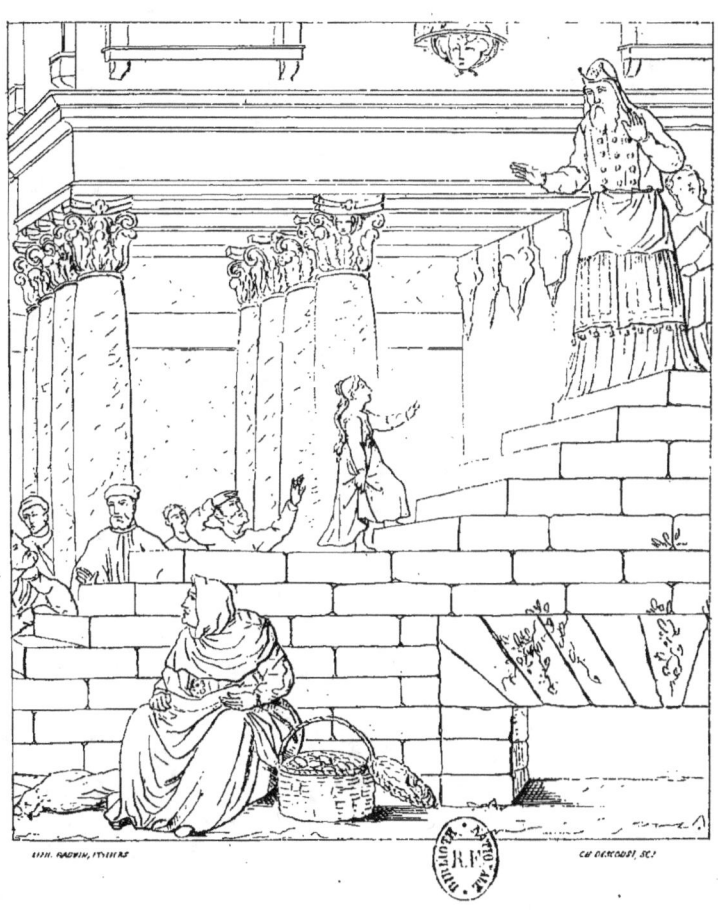

LA PRÉSENTATION DE MARIE.

fragment du tableau du Titien.

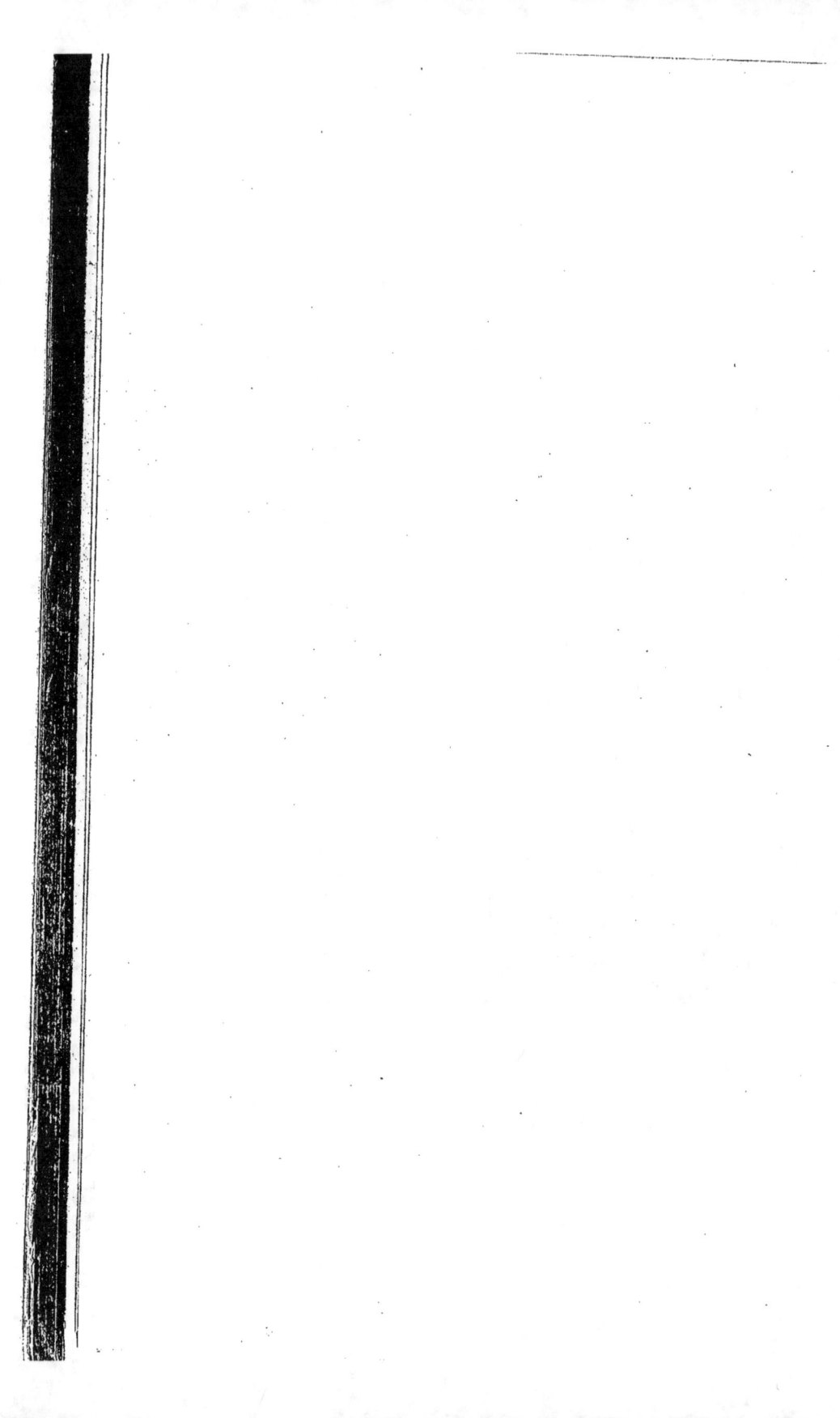

On nous parlera de vérité naturelle : dans la réalité, nous dira-t-on, sur le théâtre de la vie, les choses ne se passent-elles pas ainsi? Trouverez-vous, dans les occasions les plus sublimes, une foule si dégagée des soins vulgaires, que la marchande d'œufs n'y puisse avoir sa place? D'ailleurs, peut-on ajouter, c'est un contraste; il revient à l'unité, puisqu'il sert à mieux faire valoir le détachement de cette enfant, qui va si résolûment à Dieu, au milieu d'un monde absorbé par les petits intérêts et les soucis matériels de l'existence.

Il n'est pas douteux que le contraste ne revienne à l'unité, mais lorsque, par son opposition, il met effectivement plus en relief le trait essentiel qui doit seul ressortir.

Quant à la question de vérité, le moment venu de la traiter, nous la mettrons facilement hors de cause en ce qui concerne l'assertion que nous voulons réduire à sa juste mesure. Il n'est pas d'école qui n'ait ses artifices de composition. Et où en serait le peintre si, parce qu'il représente une action qui s'est passée sur une place publique, il était obligé, au contraire, d'y faire figurer tout ce qui est survenu simultanément dans le même lieu? Évidemment son droit comme son devoir, c'est de s'attacher uniquement aux choses qui ont trait à son action même, autant qu'elles peuvent, d'une manière ou d'une autre, en fortifier l'impression.

Parmi les personnages qui sont appelés à figurer, dans beaucoup de tableaux, par leur rapport bien réel avec le sujet, combien n'en voit-on pas encore qui, sous le même prétexte de vérité naturelle, s'y produisent avec une singulière incohérence de geste et d'expression ; d'autres, sans aller jusque-là, n'offrent, dans leur manière d'être, rien de gradué, rien de pénétrant, rien d'approfondi; si bien peints qu'ils puissent être, ils sont nuls, au moins quant à la pensée vers laquelle ils devraient tendre. On a observé la nature, mais on l'a observée tout à fait en dehors de la situation, et l'on pèche véritablement contre l'unité fondamentale de la composition.

S'agit-il d'une scène de martyre : vous l'avez prise par son côté le plus haut; vous ne souffrirez que rien, geste, attitude ou regard, vienne

---

même sujet traité par Thadée Gaddi, à Santa-Croce de Florence. Il ne viendra dans la pensée de personne de contester ce qui fait la supériorité du grand maître vénitien : il est facile de reconnaître que les lois des proportions, principalement dans les enfants, comme celles de la perspective, ne sont pas observées dans l'œuvre du xive siècle. Saint Joachim et sainte Anne, placés sur le second plan, apparaissent sans aucune diminution de taille proportionnelle aux personnages placés en avant. Mais, quoique dans le tableau du Titien, à part la marchande d'œufs, tous les spectateurs soient bien dans le sentiment du sujet, quelle supériorité dans l'intensité de la pensée exprimée par la composition du disciple de Giotto !

abaisser l'attention; tout la dirigera où vous voulez aller vous-même. Ailleurs on pourrait chercher à rendre les convulsions du mourant, la brutalité des bourreaux, la curiosité barbare des spectateurs, l'impassible cruauté du juge : ici, c'est le saint martyr lui-même qui doit fixer nos yeux et nous imprimer l'idée de la sainteté aux prises avec les tourments.

Le spectacle qui doit nous attirer, c'est un spectacle de résignation, de paix, de triomphe, d'aspiration céleste : nous ne devons voir, de la souffrance, que ce qu'il en faut pour donner plus de prix à ces sentiments. Le rôle du bourreau s'efface, ou s'affaiblit ; le juge reste stupéfait; et si quelque fidèle a pu se glisser dans la foule, il faut que, tournant avec lui nos regards vers le héros de Jésus-Christ, nous nous animions tous ensemble, s'il est besoin, à combattre le saint combat.

L'unité de pensée ne souffre point de transaction. Nous rendrons-nous coupables, au contraire, de trop d'indulgence, si nous cherchons des excuses pour ces tableaux où des actions différentes, au nombre de cinq, six, et même davantage, se déroulent sur la même page, parce qu'elles sont intimement liées par une pensée commune ? Parcourez les galeries du Campo Santo de Pise, vous verrez dans un seul tableau le résumé de la vie et des occupations de tous les Pères du désert[1]. Ce n'est pas une visite que vous faites en particulier à l'une de leurs solitudes, pour y voir les saints anachorètes qui l'habitent: vous avez parcouru la Thébaïde entière, la vie des Antoine, des Hilarion, des Pacôme, de leurs disciples, de leurs émules ; vous avez conversé avec chacun d'eux, et vous vous les représentez tous comme s'ils étaient actuellement vivants devant vous : ils prient, ils lisent, ils méditent et travaillent tous ensemble. A leurs pieuses occupations sont entremêlées des épreuves, des tentations, sans que la sérénité de l'ensemble en puisse être troublée, comme si tous les coups du dehors étaient impuissants à pénétrer une âme qui s'est donnée à Dieu tout entière.

Au fait, pour augmenter les ressources de l'art, c'était là une tentative qui aurait pu être hardie, si elle n'était naïve. La puissance du moyen en a-t-elle pour cela diminué ? Etait-ce un procédé aussi barbare qu'on le suppose ? Pour en juger, il faut voir l'effet qu'il peut produire. Or, cet effet est puissant : nous affirmons l'avoir éprouvé, sans qu'il en soit résulté, pour notre esprit, la moindre confusion. Est-il possible autrement d'exposer aussi bien une pensée, dans la vaste unité de ses développements ? Et s'il s'agit d'un seul événement, voyez encore, au Campo

---

1. Fresque des frères Lorenzetti. Ambrogio a représenté le même sujet, dans un petit tableau de la galerie des Utizzi, à Florence.

Santo de Pise, le tableau de la conversion de saint Reinier : le voici ébranlé par la grâce, le voici qui y correspond, le voici qui se rend! Trouvez un autre moyen pour faire apparaître aussi vivement la chose dans ses préludes, et se terminant par ses conséquences.

Dans le tableau de la prison de saint Pierre, Raphaël vous montre deux actions bien distinctes, accomplies par le même personnage. Et, cependant, oserait-on dire que l'effet de ce tableau soit affaibli et divisé par le manque d'unité? Il est vrai que les deux actions se confondent vraiment, là, dans une seule impression donnée au spectateur : saint Pierre passe du sommeil à la délivrance, avec la rapidité du jet lumineux que l'ange lance comme un éclair dans sa prison. Il fallait la puissance magique d'un semblable pinceau pour obtenir un pareil résultat. Nous n'en tirerons pas, en effet, cette conséquence que ce soit un exemple à suivre communément; à plus forte raison, ne voulons-nous pas conseiller d'imiter la multiplicité des actions, bien plus grande encore dans les compositions précédemment citées; nous admettrons, au contraire, qu'on observe à la fois, désormais, tous les genres d'unité, dût-on en dire un peu moins, pour le dire plus correctement.

Il n'est pas déraisonnable d'imposer à l'artiste l'obligation de se renfermer dans certaines règles de composition, comme on impose au poëte la mesure de ses vers. Que tout tableau soit composé de telle sorte que les hommes et les choses se présentent comme ils pourraient naturellement se présenter. On réunira des choses qui se sont passées successivement, mais en les disposant comme elles pourraient se passer simultanément. C'est à l'imagination du spectateur que le peintre confie le soin de faire ce qu'il ne fait plus lui-même : de composer une série de tableaux qui complètent, par les circonstances impossibles à grouper sous un même point de vue, la représentation mise sous ses yeux. Ce travail est facile dans un esprit cultivé, auquel un tableau rappelle tout et n'apprend rien; mais, on en conviendra, il est peu à la portée des masses. Aussi, l'art, devenu plus régulier, plus savant, nous dirions plus disert, est-il devenu, avec la perfection de ses procédés modernes, moins populaire. Ainsi vont les choses humaines : elles ne peuvent guère gagner dans un sens, qu'elles ne perdent dans l'autre.

Dans cette alternative, l'artiste chrétien qui veut se tenir à la hauteur de sa mission, doit s'efforcer de tout savoir, de tout pouvoir, dans tous les genres; il doit tout peser. Capable de satisfaire aux exigences de la culture artistique la plus soignée, il n'ignorera pas ce qui frappe, ce qui touche, ce qui instruit le mieux, ceux-là même auxquels, au dire des saints Pères, ses œuvres devraient principalement servir de livres. Aujourd'hui on aurait la prétention d'apprendre à lire à tous ; mais arrive-t-on seulement à faire que tous ceux qui ont appris à signer soient capables de lire?

Pour rendre l'enchaînement des faits, on a le système des tableaux successifs, divisés en compartiments distincts. Ce système peut souvent être utile, et il est commandé dans certaines occasions, mais il n'est pas toujours possible ; facilement il devient monotone, il fatigue la vue, et précisément il divise si bien les faits, que leur unité vous échappe.

Les exigences modernes ne sauraient vous interdire de faire une composition centrale, autour de laquelle vous groupez, en des encadrements de moindres dimensions, des compositions subordonnées, liées toutes entre elles par une pensée commune. Mais on dira que, par ce moyen encore, vous avez fait des tableaux, et non pas un tableau. Tout en cédant à ces exigences, est-on obligé de condamner le procédé mixte qui consiste, l'action principale étant seule représentée au premier plan, selon toutes les règles les plus rigoureuses de la composition, à échelonner dans les lointains, sur des plans secondaires, les circonstances qui peuvent lui servir de développement? On les pourvoit, chacune, d'un encadrement spécial, formé par un accident de terrain, un arbre, un monument, et on les dispose elles-mêmes, aussi rigoureusement que possible, selon les règles d'une bonne composition. Si, dans l'ensemble du tableau, on ne s'y attache pas plus qu'à un détail, ils ne nuisent pas plus à l'unité du point de vue, que ne le feraient des épisodes susceptibles de s'être passés simultanément avec la scène qui se développe en avant.

Bien que la scène du réveil et celle où saint Pierre est emmené par son bon Ange soient séparées par un mur épais, le tableau de Raphaël, dont nous parlions tout à l'heure, ne remplit pas ces conditions. En effet, les deux scènes sont sur le même plan; et si on éloignait celle-ci par des procédés de perspective, on ne peut le nier, l'effet du tableau serait fort affaibli ; on n'y verrait plus la continuation aussi directe de la même action ; dans ce sens, l'unité même en souffrirait. C'est un vrai sacrifice que l'art fait aux règles, devenues classiques. Pour ne pas lui en demander de trop grands, dans un sens où diminue sa puissance d'expression, arrêtons-nous donc là, et ne poussons pas plus loin la sévérité.

Il peut arriver que les goûts se modifient et que des goûts nouveaux lèvent, quelque jour, une partie des barrières que d'autres goûts ont posées. Ce qui n'arrivera pas, c'est que l'unité, dans les compositions de l'art, cesse d'être leur plus puissant moyen d'action sur les âmes et sur les sens. Mais l'unité véritablement ample et puissante élague à regret et embrasse volontiers, dans une certaine unité de temps et de lieu, une certaine unité de regard, tout ce qui est véritablement compris dans une vigoureuse unité de pensée.

III.

VÉRITÉ DE LA COMPOSITION.

L'unité n'est pas seulement la première des qualités d'une bonne composition : elle est le fondement de toutes les autres, elle leur prépare la voie, si bien qu'après l'avoir étudiée avec un peu d'extension, il nous suffira d'ajouter quelques mots relativement à chacune d'elles.

Comme l'unité, la vérité dans la composition s'applique à la pensée et aux formes extérieures. L'artiste a dû s'assurer de la vérité de sa pensée, par l'étude de son sujet et la validité des sources où il en a puisé la connaissance, et ce soin est du ressort de l'invention. Il doit ensuite, par le choix et la disposition de ses éléments de représentation, conformément à leur signification naturelle ou convenue, faire que cette pensée soit véritablement rendue, et c'est là ce qui constitue la partie la plus importante de la vérité de la composition. Il en résulte que cette vérité ne dépend pas si absolument de l'imitation de la nature, qu'il suffise, comme l'on dit, de prendre celle-ci sur le fait, pour l'obtenir elle-même sans réserve.

Il est beaucoup de choses, en effet, que la nature ne nous offre pas dans les termes où il faut les peindre. Sans parler de tout ce qui dépend de l'ordre surnaturel (et nous avons bien le droit de ne pas le passer sous silence, nous adressant à des chrétiens); sans parler de tous les sujets où l'on exprime des idées et des faits généraux, nous le disons, sans hésiter, même des compositions purement historiques : alors même, il faut faire poser, en quelque sorte, le sujet sous les yeux du spectateur, en le concentrant d'une manière qui diffère plus ou moins de la stricte réalité. On copie la nature pour l'étudier ; pour la rendre, il faut l'interpréter.

Nous l'avons déjà dit, il n'est point d'école qui n'ait ses artifices de composition. Prenez le moment où Notre-Seigneur est baptisé : il n'a pas été possible de reproduire cette scène, dans un tableau, avec l'exacte disposition des plans telle qu'elle a dû se présenter dans la réalité. Il a fallu choisir : ou plonger le corps du Sauveur dans un fleuve de forme archaïque et conventionnelle, ou prendre dans la nature un simple filet d'eau, tout au plus un ruisseau ; les pieds du Sauveur y sont trempés, difficilement l'eau montera jusqu'à ses genoux, et l'on vous donne cela pour un fleuve et une immersion. Si le spectateur s'en contente, n'est-ce pas également en vertu d'une convention ?

Les anciens, qui se sont si admirablement inspirés de l'imitation de la nature dans la reproduction du corps humain, dans leurs tableaux comme dans leurs bas-reliefs, disposent leurs personnages, ils les groupent, les font agir avec une mesure, une sobriété de moyens, qui tiennent autant de la convention que de la réalité ; mais on sent que cette convention elle-même est pleine de vérité, vu son rapport avec ce qu'ils veulent dire. Chez eux, ces personnages isolés les uns des autres, et par là même plus en vue, disent souvent beaucoup plus qu'ils ne le feraient, groupés dans une composition naturelle : un soldat représente toute une armée ; un geste, toute une action.

Les modernes, depuis la Renaissance, ont ordinairement adopté la disposition pyramidale. Motivée, tant qu'on le voudra, comme moyen d'obtenir l'unité du regard, la clarté, l'élégance, cette disposition ne saurait être donnée comme reproduisant les choses avec l'aspect sous lequel elles ont dû se présenter. Il n'y a qu'au théâtre, ou dans un atelier, qu'en réalité l'on pourrait poser ainsi. On admet avec raison qu'à part quelques circonstances rares et toutes spéciales, aucun personnage ne doit tourner la tête à l'opposé du spectateur ; on est obligé de faire asseoir ceux qui étaient couchés, parce qu'autrement on ne verrait pas suffisamment ce qu'ils font. Autant de raisons impérieuses pour recourir à des artifices de composition.

Les artistes chrétiens des époques précédentes demeuraient plus proches de la nature et recouraient moins à ces artifices, toutes les fois qu'ils n'étaient pas dominés par le besoin de rendre la pensée avec plus de clarté et de force. On le voit dans ces compositions auxquelles on reproche, au contraire, d'être trop plates, parce qu'en effet toutes les têtes y demeurent à peu près au même niveau. Cependant, s'ils n'avaient eux-mêmes imaginé quelques expédients pour faire incliner, abaisser, détourner à propos tels ou tels de leurs personnages, ils n'auraient pu les empêcher de se masquer souvent les uns les autres, et il leur fallait des efforts tout particuliers pour éviter les positions où leur inexpérience, en matière de perspective, se serait manifestée par des effets trop choquants.

La vérité, relativement à l'imitation de la nature, dans la composition, comme dans toutes les autres parties de l'art, tient à l'exactitude des rapports et à la justesse des impressions communiquées. Ce ne sont pas les notes mêmes qui résultent, dans la nature, de tous les genres de mouvements et du relief de toutes les formes, que l'on peut songer à transporter sur une surface plane et immobile: c'est une note correspondante. Il faut beaucoup observer et ne pas être esclave de ses observations; il faut, autant que possible, posséder la nature, l'aimer, en tenir les effets à sa disposition, en pénétrer les caractères, en étudier les attitudes, en apprécier toutes les nuances : et, maître alors de tous ses moyens, il ne faut les appliquer qu'avec ménagement, dirigé que l'on sera par l'intelligence de tout ce qui est exigé, d'ailleurs, pour une bonne composition, une composition plus vraie encore par ce qu'elle dit que par les moyens employés pour le dire.

IV.

DE LA CLARTÉ ET DES AUTRES QUALITÉS DE LA COMPOSITION.

La clarté de la composition, d'accord avec son unité, demande que la pensée dominante ressorte, dans la partie la plus saillante du tableau; elle demande que celui-ci ne soit pas trop encombré de personnages accessoires, et qu'aucun n'y soit admis dans un rôle, une attitude, un sentiment qui partagerait l'attention, au détriment du but bien défini que l'on doit se proposer.

La clarté est inséparable de la précision. Il faut, dans toute œuvre d'art, que le rôle, le caractère de chacune des personnes et des choses soit distinct et déterminé, motivé, par conséquent.

La clarté exclut la confusion : transporter dans un tableau le pêle-mêle de certaines foules, sous prétexte de vérité naturelle, ce serait mal comprendre la mission de l'art. Vous pouvez facilement donner l'idée de la confusion sans être confus vous-même : quelques indications suffisent ; par ce moyen, vous n'étouffez pas l'impression que vous devez vous proposer de donner ferme et vive.

C'est en faveur de la clarté de composition, autant que pour la satisfaction de l'œil, qu'est établie la règle de tourner la face des personnages vers le spectateur.

Il importe tellement d'être facilement compris, que, pour satisfaire à ce besoin, l'on ne craindra pas de rapporter à des temps qui ne les connaissaient pas, des usages devenus en possession de signifier ce que l'on veut dire, pourvu qu'on le fasse sans altérer la substance du sujet, et d'une manière qui soit suffisamment en rapport avec le point de vue où il est envisagé.

M. Selvatico veut que l'on saisisse, comme essentiel à toute bonne composition, le point dramatique de son sujet. En effet, dans les sujets historiques, dont il s'occupe spécialement, un événement étant donné, il importe de le représenter dans le moment où il est le plus susceptible d'émouvoir. Nous ferons observer, toutefois, qu'il ne s'agit pas tant de frapper fort, que de frapper juste, et que le point dramatique auquel il importe de s'arrêter, c'est celui où le sujet ressort avec le plus d'évidence, sous le jour propre à l'objet toujours moral, à l'enseignement toujours fécond que l'on a dû se proposer.

Il faut compter la vie parmi les qualités de la composition; c'est-à-dire que ce n'est pas assez de disposer habilement toutes les parties dans un ordre tout matériel : l'artiste doit sentir ses personnages palpiter sous son pinceau; s'ils prennent leur place dans le tableau, il faut que ce soit animés et conduits par les pensées et les affections qui les remplissent. Rencontrât-il les meilleures combinaisons de lignes et de couleurs, s'il est uniquement guidé par de froids calculs, il nous laissera aussi insensibles qu'il l'était lui-même.

La composition doit présenter un ensemble agréable à la vue; il est difficile qu'elle n'y réussisse pas, si elle réunit toutes les qualités que nous lui avons déjà demandées. Animée des couleurs de la vie, présentant toutes choses en bon ordre, empruntant à la nature une partie de ses charmes, prenant un ton plus élevé pour répondre aux élévations de la pensée, elle aura trouvé dans l'unité le principe de l'harmonie, et ces gradations qui, bien combinées, constituent la beauté même. Nous en conclurons qu'il faut d'autant moins faire sa première préoccupation de flatter les yeux, que l'on arrive sûrement à les satisfaire en suivant la voie où le pas est donné à des préoccupations d'un ordre plus élevé. Commence-t-on par obtenir quelque succès en prenant la voie inverse : on s'en contente facilement, on perd bientôt le bon goût, et, pourvu que l'on fasse de l'effet, on ne craint plus de se jeter en des compositions ou guindées, ou bizarres.

Il est passé en chose jugée qu'une bonne composition ne doit laisser nulle part des vides trop disproportionnés avec les espaces qui sont remplis, et que, sans être d'une symétrie trop affectée, elle doit combiner les masses de manière à ce qu'elles paraissent se faire équilibre, de chaque côté du groupe central. L'on conseille d'élever ce groupe au-dessus des parties latérales, et c'est ce qui constitue la disposition pyramidale.

C'est très-bien, pourvu que l'on atteigne ce résultat sans trop d'apprêt, sans rien lui sacrifier de plus essentiel. Il ne faut pas non plus se hâter de condamner une composition qui ne l'atteint pas, lorsqu'elle a obéi à d'autres exigences spéciales de son sujet, et surtout si elle a poursuivi avec succès des beautés d'un ordre supérieur.

Parmi les cartons d'Hamptoncourt, les classiques critiquent volontiers la composition de la *Tradition des Clefs*, comme se répartissant trop uniformément sur une ligne horizontale; cependant, à tout prendre, cette composition est une des plus belles des dernières années de Raphaël. Jésus-Christ s'avance, revêtu du manteau éclatant de la résurrection ses brebis paissent derrière lui; à sa rencontre s'avancent ses Apôtres; saint Pierre est à leur tête : le Sauveur lui remet les clefs, le Prince des Apôtres les reçoit à genoux, et l'on voit que tous ses compagnons sont pénétrés de la grandeur de cette scène; tous ils admirent, ou rentrent en eux-mêmes; ils font songer aux destinées de l'Eglise, qui va prospérer sur ce fondement inébranlable; saint Jean, entre tous, se distingue par l'élan juvénil de sa pensée : chez lui, on sent l'aigle et on sent l'ami. C'est vrai, clair, senti, plein d'unité, et nous ne voyons pas ce qu'une construction pyramidale y ajouterait d'agrément.

Il faut tenir compte, d'ailleurs, de la différence des sujets et de leur destination : les anciens maîtres faisaient preuve de beaucoup de bon sens, quand ils variaient leurs systèmes de composition, eu égard à ces différences. On leur reproche trop de symétrie ; mais ce grief ne saurait porter que sur leurs tableaux d'autel : leurs tableaux historiques, au contraire, comme nous l'avons déjà fait observer, pécheraient plutôt par l'absence de combinaisons calculées, les choses y étant quelquefois trop naïvement représentées, comme elles se présentent à la vue. Or, c'est surtout aux tableaux d'autel que convient la disposition symétrique et pyramidale : elle s'accorde avec la solennité qu'ils demandent. Les personnages y sont mis en représentation, à parler le langage officiel ; s'ils posent, s'ils se rangent en des attitudes et avec des mouvements plus contenus, ils n'en sont donc que mieux dans leur rôle. Dans ces conditions, la composition du peintre doit peu différer de celle du statuaire. Chez l'un et chez l'autre, trop de sécheresse sera un défaut, sans doute, mais un défaut plus pardonnable qu'un manque de gravité, impliquant l'oubli de la situation, et susceptible de tourner au maniéré ou au sans-gêne. C'est au goût de régler la mesure d'une élégance qui flatte et d'une dignité qui impose.

Nous avons prononcé le mot : tout ce qui concourt à faire une bonne composition ayant été pris dans une juste considération, il resterait encore quelque chose à faire pour la revêtir d'un dernier charme, si on n'y voyait l'empreinte de ce sentiment délicat et délié qui se nomme le goût. Le goût se manifeste dans la disposition des moindres objets, et il se prête trop bien à la variété des aptitudes et des circonstances, pour que nous puissions, dans nos aperçus généraux, nous proposer rien de plus que d'inviter l'artiste à le consulter soigneusement. Nous ne tenterons, dans cette matière délicate par excellence, ni de tracer sa marche, ni de lui indiquer sa direction.

V.

DISTINCTION ENTRE LES COMPOSITIONS SYMBOLIQUES ET HISTORIQUES.

Les qualités que nous venons de passer en revue conviennent à tous les genres de composition. Nous ne dirons pas qu'elles leur conviennent à des degrés différents : elles leur conviennent à tous, au suprême degré. Il n'est aucune de ces qualités qui, bien entendue, puisse, dans quelque cas que ce soit, pécher jamais par excès ; il n'y a de différence que relativement à la manière d'en faire l'application : bien appliquées, avec les modifications appropriées à chaque genre, elles le mettront en voie d'obtenir, au plus haut degré, l'effet que l'on doit spécialement en attendre.

Les différences qui existent entre les divers genres de composition tiennent surtout à la distinction et au mélange, en diverses proportions, de ces deux modes que nous appelons historique et symbolique. Si nous réussissons suffisamment à les définir, à déterminer la manière de les traiter, et le parti à tirer principalement de chacun d'eux, nous aurons jeté, sur les voies de l'artiste, un jour qui pourra lui être profitable en toutes circonstances.

Le sens des termes dont nous nous servons est déterminé par leur opposition : nous entendons par compositions historiques, celles qui se proposent directement la représentation des faits ; par compositions symboliques, celles qui ont en vue plus expressément de rendre des idées, plus ou moins abstraites, sous des formes figurées. Les premières tiennent du récit de l'historien ; les secondes, tour à tour des conceptions du penseur et des élévations du poëte. De la représentation des faits, dans le premier cas, il ressort sans doute des idées ; réciproquement, les hommes et les choses mis en scène pour exprimer des idées, dans le second, constituent un ordre de faits particuliers. Mais, dans les représentations historiques, les faits apparaissent tels qu'ils se sont passés ou auraient pu visiblement se passer, et les pensées qu'ils peuvent suggérer en proviennent, sans différence, comme les ferait naître la vue des faits eux-mêmes, ou leur souvenir. Dans les représentations symboliques, les faits prennent un caractère de généralité qui, en soi-même, échappe à l'observation des sens, et que, dans sa réalité, l'esprit seul peut saisir. Les unes et les autres sont fondées sur la nature de l'homme, qui possède un corps et une âme.

« Les images sont de telle nature, » dit le cardinal Gabriel Paleotti, « qu'elles peuvent représenter toutes les choses créées, soit proprement « sous leurs formes sensibles, soit d'une manière plus large, au moyen de « quelques signes qui leur sont ajoutés [1]. »

On doit considérer que toute action, toute attitude, tout rapprochement d'hommes et de choses, auxquels il s'attache une signification qui dépasse la portée naturelle de la représentation, ont, de cette sorte, la valeur d'un signe ou d'un symbole ; et la composition à laquelle ils appartiennent, participe plus ou moins du langage figuré ou symbolique.

Tous les faits de l'ordre purement moral, tous les êtres collectifs, tous les êtres de raison, — un peuple, une vertu, une puissance, — tous les êtres spirituels, — les anges, l'âme humaine, — ne peuvent se rendre en peinture que par des représentations symboliques ; Dieu surtout, en tant que Dieu, non-seulement parce qu'il n'a pas de corps, mais encore parce que, insaisissable dans sa nature infinie, on ne peut exprimer par des figures que l'idée de ses attributs, tels que nous pouvons les concevoir.

Une composition peut être symbolique par la pensée et historique dans la forme, quand on représente un fait dans ses conditions de vérité naturelle, mais de telle sorte, cependant, qu'on entend, par cette représentation, exprimer des idées, et que l'on trouve un point d'appui suffisant pour les faire effectivement comprendre, soit par le fait d'un usage passé à l'état de convention, soit au moyen d'indications spéciales, comme serait, par exemple, la correspondance avec d'autres représentations prises évidemment dans un sens symbolique. C'est ainsi que, dans l'art chrétien primitif, tel qu'il apparaît dans les peintures des Catacombes, les figures dorées des fonds de verre, les sculptures des sarcophages, on

---

1. Paleotti, *De Imaginibus sacris et profanis*, in-4°. Ingolstadt, 1544, p. 48.

est fondé à croire qu'il n'y a pas de composition historique qui ne doive être entendue dans un sens principalement symbolique, tandis qu'on reconnaît les conditions de composition proprement historique dans les mosaïques exécutées, au v⁰ siècle, dans la grande nef de Sainte-Marie-Majeure, où toute l'histoire de l'Ancien Testament a été représentée, à partir d'Abraham.

Selon qu'elle est entendue dans un sens historique ou dans un sens symbolique, la composition sera dirigée diversement, et quant au choix de ses éléments, et quant à leur disposition. Il importe donc, avant tout, de bien se fixer sur la mesure dans laquelle on entend lui donner l'un ou l'autre de ces caractères, afin de maintenir à cet égard une parfaite harmonie entre toutes ses parties.

Dans une composition historique, vous n'admettrez le concours d'aucuns personnages qui, en réalité, ne se soient rencontrés ou n'aient pu se rencontrer dans le cours de leur vie, pour participer au fait représenté.

Dans une composition symbolique, tous les personnages susceptibles d'exprimer une corrélation d'idées acquièrent le droit de se trouver réunis, et il n'y a rien de puéril comme l'accusation d'anachronisme portée par certains critiques des temps réputés classiques, contre les œuvres des temps réputés barbares, lorsque, par exemple, ils s'étonnent de rencontrer, près de la Crèche du Sauveur, d'autres adorateurs que Marie, Joseph et les pasteurs. Est-ce que quiconque médite sur le mystère de la naissance du Dieu enfant ne se transporte pas en esprit à Bethléem? Si donc, on l'y représente, on est dans le vrai. L'Eglise fournit à cette manière de voir le plus solide fondement, lorsque, tous les ans, au retour de chaque fête, elle nous fait assister à l'accomplissement des mystères dont elle célèbre la mémoire, et nous en dispense les fruits aux pieds de ses autels, avec une abondance qu'il n'est pas téméraire de réputer égale à celle que nous aurions recueillie dans l'étable, dans le Cénacle ou sur le Calvaire.

Il n'est donc rien de plus raisonnable que de nous montrer, par l'exemple des Saints pour lesquels nous avons le plus de vénération, comment nous pouvons, à notre tour, nous glisser sous l'aile de Marie pour adorer Jésus dans ses abaissements, et jouir de ses grâces enfantines.

Les compositions auxquelles nous faisons allusion, ont cependant quelque chose d'historique ; elles constituent un genre mixte que nous appelons plus proprement mystique. Les personnages étrangers au fait primitif, que nous y voyons figurer, y sont introduits pour prendre part à ce fait considéré dans sa réalité visible, à peu près comme son très-saint souvenir le rappelle, comme sa méditation nous le représente. Les personnages historiques, conçus tels que l'on peut historiquement les supposer, doivent par conséquent fournir alors tout le fonds de la représentation.

VI.

APPLICATION AU SUJET DU CRUCIFIEMENT.

Nous allons prendre le mystère qui s'est accompli sur le Calvaire, pour étudier les différents modes de composition qui peuvent être appliqués à un même sujet.

Le caractère symbolique l'emporte complétement dans ces tableaux où le Sauveur est étendu, vivant et sans souffrance, sur une croix richement ornée ; où sa tête est ceinte ou surmontée d'une couronne royale, quelquefois soutenue par les anges, quelquefois par la main divine; où l'Église triomphante recueille les fruits de son sacrifice, tandis que la Synagogue défaillante laisse tomber les insignes d'un règne évanoui ; où les morts sortent du tombeau ; où souvent Adam lui-même apparaît plein de vie, pour mieux attester la révocation de la sentence de mort portée contre le genre humain ; où le soleil, la lune, la terre et la mer personnifiés viennent rendre hommage à leur auteur et témoigner que la nature entière est renouvelée par le sang de la céleste victime.

A ces figures, toutes symboliques, peuvent se mêler néanmoins des personnages historiques: la sainte Vierge, saint Jean, souvent le porte-lance et le porte-éponge. Pour trouver un symbolisme qui absorbe plus absolument tous les éléments historiques du Calvaire, il faut remonter jusqu'à ces compositions primitives où l'Agneau figure seul sur la sainte montagne, où les fruits du divin sacrifice sont représentés par les quatre fleuves destinés à les transporter jusqu'aux extrémités du monde.

Mais les personnages historiques prennent eux-mêmes une teinte plus ou moins symbolique, selon le caractère de généralité qu'on leur attribue. Dans la sainte Vierge, on envisage la perpétuité de sa toute-puissante intercession, son incessante participation aux mérites de la croix, le modèle le plus parfait, pour nous apprendre à tourner, dans toutes les situations de la vie, nos regards vers le signe du salut.

Le cœur de Marie fut, sur le Calvaire, pénétré d'un glaive de douleur tel que jamais aucun autre cœur de mère n'en ressentit d'aussi perçant. C'est une question, cependant, de savoir jusqu'à quel point cette mère accomplie fut, en son corps, maîtresse de la nature, lorsqu'elle vit son Fils exposé à l'excès des tourments et enlevé à son amour par la mort.

L'héroïsme de son courage lui donna-t-il, jusqu'à la fin, assez de force pour soutenir un spectacle aussi déchirant? ou, comme signe de sa participation aux souffrances et au sacrifice du Sauveur, s'affaissa-t-elle un instant sous l'excès de ses propres tortures [1]?

Quoi qu'il en soit, admettons en ce moment qu'il soit permis de le supposer dans une composition historique. Entrons alors dans les vives péripéties du drame, tel qu'on peut se le représenter. A la mort du Fils de Dieu, on verra, sous un ciel obscurci, au milieu d'une foule de soldats, de bourreaux, d'ennemis, de curieux, foule tout à l'heure agitée, maintenant suspendue par une émotion incomparable, on verra Marie tomber en défaillance entre les bras des saintes Femmes qui l'avaient accompagnée en ces circonstances suprêmes.

Rien de semblable ne serait admissible dans une composition symbolique. Par là même qu'au pied de la croix, on entreprend de montrer les effets généraux de la Rédemption, accomplis par le Fils, on serait mal fondé à essayer d'y montrer aussi les effets naturels de la douleur sur la Mère. A ce point de vue, la pensée du triomphe l'emporte; si la douleur se manifeste, il faut qu'elle soit contenue; il faut que Marie offre son divin Fils, il faut qu'en elle la pensée du salut, voulue, comprise, acceptée, prenne le dessus sur tout autre sentiment. Il faut que saint Jean apparaisse comme la personnification ou du chrétien ou de l'apôtre, et que sa douleur, s'il en témoigne, soit surtout cette componction dont l'on trouve les motifs dans un salutaire retour sur soi-même. La lance et l'éponge nous rappellent, par leur contraste, l'eau et le sang qui, versés du cœur de Jésus, sont incessamment appliqués à notre régénération, en échange du fiel et du vinaigre dont nos péchés abreuvent le Sauveur. Il faut que Longin, en portant la première, nous inspire la confiance, et que le personnage chargé de la seconde nous excite à la confusion et au repentir. Il n'est plus question de savoir de quels sentiments ils étaient effectivement animés.

[1]. Benoît XIV, avant qu'il ne fût promu au souverain pontificat, dans son traité *De D. N. J. C., matrisque ejus festis*, De Festo dolorum B. Virginis, § 8, condamne hautement tout évanouissement de Marie dans le cours de la Passion, et il cite une décision du P. Carthagena qui, en qualité de maître du Sacré-Palais, avait ordonné de détruire toutes les images qui étaient tombées dans cette erreur. Mais cet ordre ne fut pas exécuté : à tel point que, sous le règne même de ce grand pape, on continua, jusque dans les missels sortis de l'imprimerie du Vatican et en regard du canon de la messe pontificale, de représenter la sainte Vierge défaillante, soutenue par les mains des saintes Femmes. En présence d'une si grande autorité, nous dissuaderons de tout notre pouvoir, quand nous reviendrons sur cette question, de laisser aller la douleur de Marie jusqu'à une pareille défaillance; mais en présence aussi d'une semblable tolérance, et en considérant d'où sont venus les exemples, nous n'osons pas nous montrer très-sévère dans leur appréciation.

Nous ne prétendons pas, d'ailleurs, tracer un programme, et encore moins limiter à des termes définis la pensée de l'artiste : de semblables sujets comportent autant de compositions différentes, qu'il peut légitimement, à leur occasion, germer d'idées dans les méditations du chrétien. Une représentation symbolique est bien, en effet, une formule de méditation : le choix des personnages, leurs caractères, leurs situations, leurs attitudes, toutes choses qui constituent la composition, doivent porter, en conséquence, une empreinte de gravité et de recueillement, d'accord avec leur expression. Nous devons la rappeler par anticipation, vu l'étroite solidarité de ces deux parties de l'art.

On peut méditer sur une composition historique; mais elle n'est pas, comme la composition symbolique, une méditation toute faite. A elle l'action, le mouvement, les saisissantes allures, les dispositions pittoresques, tout ce qui doit plus directement agir sur les sens.

Voilà donc deux genres de compositions si différents que, sur un même sujet, les règles, dont l'application serait d'une part justement exigée, seraient, de l'autre, inapplicables, si l'on voulait s'en servir pour porter un jugement. Et cependant ces deux genres peuvent se rapprocher, et, en beaucoup de points, se fondre avec des nuances infinies. En des temps où les pensées symboliques régnaient principalement, il n'est pas de composition historique qui n'en ait pris une teinte, et où tout ne tende à recevoir une signification déterminée; tandis, au contraire, que les esprits s'étant tournés de préférence vers l'observation des effets extérieurs, l'art s'est fait une obligation de les rechercher là même où il s'agit surtout d'exprimer des choses qui ne sont accessibles aux sens que par voie de figure et de comparaison.

Nous avons mis en opposition ces deux modes de représentations : la sainte Vierge au pied de la croix, ou dans le sentiment de sa libre participation au sacrifice de son divin Fils, ou dans celui d'une douleur de mère, sous laquelle, en Marie même, la nature aurait cédé; et nous les avons considérés comme applicables, l'une aux compositions symboliques, l'autre, aux compositions historiques. On a dû comprendre que ce n'était pas exclusivement. Si le corps de Marie s'était affaissé, sous le poids de son affliction, ce n'aurait été, que très-momentanément ; et c'est entrer, certes, au plus vif de la vérité historique, que de la représenter debout, *stabat*, comme le dit, d'après l'Evangile, le cantique même de ses douleurs; debout, et dominant toutes les angoisses de son âme. Seulement, une représentation traitée selon l'histoire demande que cette douleur apparaisse vivement exprimée, quoique fortement comprimée, tandis que le caractère plus élevé d'une représentation symbolique vous autorise à exclure du spectacle de la croix toute pensée douloureuse.

Prenez, au contraire, la direction de sentiments appelés mystiques, qui, dès le xiv° siècle, avait prévalu dans l'art chrétien ; revoyez le tableau de la salle du chapitre, au couvent de Saint-Marc, à Florence : c'est une œuvre tout ascétique, une méditation, et nullement un récit. Nous savons cependant que Marie y tombe en défaillance au pied de la croix, parce que le Beato Angelico, alors, se proposait surtout d'attendrir.

Nous sommes donc obligé de nous en tenir à cette maxime, après l'avoir éclaircie par les exemples précédents : à savoir, que, tout en passant de l'histoire aux symboles, et en les mélangeant avec une variété à laquelle il nous est impossible d'assigner des bornes, il est essentiel que, relativement à la proportion du réel et du figuré, l'artiste demeure, dans toutes les parties de sa composition, au diapason qu'il s'est à lui-même fixé. Ou plutôt, indépendamment du plus ou moins de réflexion de sa part, ce diapason résultera de certaines combinaisons principales. On ne pourra s'y tromper, et, guidé par le ton et le style du tableau, on évitera facilement de confondre la reproduction d'un fait avec l'expression d'une idée.

Et qu'on ne nous accuse pas d'aller au raffinement : il n'y a pas de langue qui n'ait des délicatesses équivalentes : la nôtre surtout en est pleine ; elle leur doit cette flexibilité qui la rend si propre à saisir les rapports variés, les degrés des choses. Au moyen d'une légère inflexion dans le tour de la phrase, des pensées très-différentes jaillissent tour à tour des mêmes termes, non moins vives et dégagées ; elles ont cependant quelque chose de commun, et, sans le dire, vous avez réussi à le faire sentir.

Voulez-vous, d'ailleurs, assurer la puissance de l'art et le rendre vraiment populaire ? Vous n'y parviendrez pas, si vous ne vous attachez à des compositions d'une intelligence rendue facile et devenue familière par une fréquente répétition. L'art étant considéré comme une forme de langage, il est de son intérêt d'observer les lois de tout langage, de se servir, par conséquent, de formules usitées. On les modifie selon les circonstances, en les assouplissant à sa propre pensée, mais conformément à des pratiques graduelles, passées elles-mêmes en usage, et qui, par là même, trouvent les esprits ouverts à ce qu'ils doivent comprendre. De temps en temps, l'iconographie s'enrichit de compositions nouvelles en tout ou en partie ; son domaine n'est point une enceinte fermée, mais on y arrive par des voies ouvertes, avec l'analogie pour guide ; et bientôt l'œuvre qui vient de paraître, aussi universellement comprise que ses devancières, partage avec elles les bénéfices d'un même droit de cité.

En procédant de la sorte, l'art a pu, et il pourra encore, avec profit, quand il le voudra, parler à tous ses degrés la forte langue des symboles, sans soulever, à chaque pas, une énigme, sans engendrer une erreur; et ses compositions gagneront beaucoup plus par l'intensité de leur effet, qu'elles n'auraient paru sacrifier quant à la variété des formes.

VII.

COMPOSITION DANS LA PEINTURE MURALE.

Ou bien les arts figurés sont pratiqués pour eux-mêmes, ou ils sont employés comme une dépendance de l'architecture, et alors ils ont un but plus ou moins direct d'ornementation. Faute d'avoir fait cette distinction, beaucoup de critiques modernes ont formulé leurs jugements sans tenir suffisamment compte des différents genres de peintures, et comme si toutes les œuvres qui émanent du pinceau devaient être composées en vue de paraître avantageusement dans un musée.

Astreinte à un état de sujétion, relativement au monument qu'elle doit revêtir de sa brillante parure, la peinture murale n'est nullement rabaissée par cette association; elle lui doit, au contraire, d'être la grande peinture, la peinture monumentale.

Il est bien, dans la construction d'un édifice auquel on destine ce riche complément, de ménager des espaces favorables aux compositions du peintre. C'est cependant aller trop loin que de subordonner l'architecture à la pensée de laisser de larges espaces où le pinceau puisse plus librement s'étendre.

Cette faute a été commise dans la chapelle Sixtine, et les chefs-d'œuvre qui la décorent auraient assurément beaucoup à gagner, si, avec plus d'harmonie entre les fresques grandioses de Michel-Ange et les scènes douces et placides peintes par ses devanciers, celles-ci étaient plus nettement détachées les unes des autres par de vigoureux encadrements d'architecture. La majesté du pontife fait l'honneur du vêtement sacerdotal.

L'œuvre de l'architecte arrivée à son terme, le peintre, quoi qu'il en soit, doit la prendre franchement comme elle lui est donnée. Dans tous les cas, il se souviendra que ses compositions doivent participer de la solennelle gravité de la pierre qu'elles sont appelées à recouvrir : elles doivent, par conséquent, se restreindre à une plus grande sobriété de moyens. Les pensées, les actions concentrées n'en seront pas moins senties ; sous une main habile, elles le paraîtront souvent même davantage. Mais elles ne le seront pas avec des attitudes, des mouvements aussi développés, avec un aussi nombreux concours de personnages, que dans la nature vivante et dans les œuvres où l'on doit plus absolument se proposer de la reproduire.

Dans l'architecture, il est une symétrie fondamentale, qui est commandée comme nécessité d'équilibre, plus encore qu'elle n'est conseillée comme question de goût. Toute composition littéraire ou artistique a quelque rapport de conformation avec la construction d'un édifice. La symétrie, la pondération des parties, le retour gradué à la même mesure, au même ton, au même son, à la même forme, constituent le rhythme dans le vers, dans la strophe, comme dans une succession de travées, de baies, de colonnes. Et aucune partie de l'art n'est mieux fondée à s'approprier ainsi les conditions de l'architecture, que la peinture monumentale, destinée à s'y rattacher par des liens plus étroits.

Il faudrait attendre un grand effet d'un ensemble de peintures où, avec la variété exigée par la différence des sujets compris dans une plus large unité, on retrouverait une sensible conformité d'ordonnance, répétée autant de fois que le monument offrirait au peintre d'espaces semblables, pour y placer des tableaux analogues.

Les contours mêmes qui déterminent la forme des tableaux ont, lorsqu'il s'agit de peindre un monument, une importance dans la composition générale. Leur exécution seule peut, sans inconvénient, être confiée à des mains subalternes. Trop souvent, on s'est contenté de la forme rectangulaire : en rapport, si l'on veut, avec les architraves des ordres grecs, elle ne l'est plus avec la ligne courbe qui règne dans l'art ogival. Celui-ci, dans ses meilleurs temps, l'emploie avec une noble réserve, dont on peut s'inspirer pour obtenir, dans la disposition d'une série de tableaux, les plus heureuses combinaisons.

Tracez un cercle, un quadrilobe ou quelque autre des figures les plus en usage au moyen âge ; vous obtenez par là même, en dehors des parties rentrantes, autant de contours merveilleusement disposés pour recevoir des compositions secondaires, accessoires du sujet principal.

C'est principalement en des verrières ou en des panneaux de petite dimension, ordinairement destinés à orner des meubles, que l'on a employé ces figures, et quelquefois utilisé les combinaisons auxquelles elles peuvent donner lieu ; mais on pourrait assurément s'en servir sur une échelle de beaucoup plus grande proportion.

La peinture murale et la peinture sur verre se rapprochent certainement, quant aux modes de compositions qui leur conviennent, et la première est un intermédiaire entre la seconde et la peinture de tableaux isolés, sur bois ou sur toile. Elles se prêtent également à cette disposition générale en compartiments réguliers, où, tout en ménageant des formes favorables à l'effet décoratif, l'artiste peut simultanément grouper et diviser les différentes parties d'un sujet, s'il sait tirer parti des moyens dont elles lui laissent la libre disposition. Le caractère grave et contenu des personnages ne nuira en rien, ni dans l'une ni dans l'autre, à la claire exposition de leurs actes, à l'intensité de leurs impressions.

Il faut cependant se garder de croire qu'il soit jamais à propos de transporter sur un mur une composition convenable pour une verrière, et réciproquement. Tenter de percer un mur par des effets de lumière et de perspective, serait ordinairement une méprise. Ces illusions sont bonnes pour des tableaux libres de toute dépendance avec aucun monument. On ne doit jamais oublier, au contraire, qu'une verrière est destinée, avant tout, à laisser passer la lumière du jour : c'est une surface plane et transparente, qui doit demeurer telle. Tout essai pour y transporter le relief des formes, la succession des plans, nous paraît puéril et malavisé ; tandis que, pour la peinture murale, c'est un genre de perfection auquel il est on ne peut plus légitime d'aspirer, que de détacher du mur les groupes, non-seulement comme s'ils étaient de marbre, mais en les animant par la couleur et l'expression, comme s'ils étaient formés de personnages vivants, posant dans une solennelle immobilité.

Qu'elle y apporte seulement un esprit de modération, et il lui sera quelquefois permis d'approfondir l'espace, et d'y imprimer un peu de mouvement aux figures. Le plus ou le moins dépend des circonstances, du ton général : nous ne critiquerons pas Raphaël pour avoir allongé les portiques de son *École d'Athènes* ; mais nous le défendrions, si on l'accusait de n'avoir pas assez éloigné, dans les profondeurs du ciel, la partie supérieure de sa *Dispute du Saint-Sacrement*. Et, passant dans une salle voisine, si nous observons son *Incendie du Borgo Vecchio*, nous ne craindrons pas de dire que ce tableau ne répond pas suffisamment à l'idée que nous nous formons de la peinture murale. Faites-le passer sur toile, transportez-le ailleurs, vous l'apprécierez également. Le sujet en a été choisi dans une pensée d'accord entre toutes les peintures de cette salle ; mais la composition l'isole, et s'il atteint le premier rang dans le genre de mérite poursuivi par l'artiste, c'est en délaissant le but, selon nous plus élevé, auquel le sujet, le lieu, les circonstances devaient le convier. Le miracle même de l'incendie arrêté, au moment où saint Léon IV se présente, le

Saint-Sacrement à la main, méritait de ne pas être relégué dans un lointain où il n'attire que faiblement l'attention.

Cependant, il ne s'agit là que d'une salle : quand l'art pénètre dans le temple, qu'il s'approche du sanctuaire, combien plus ne doit-on pas comprendre que, pour lui, la voie de la suprême grandeur, c'est la voie même qui lui est tracée par le caractère de l'édifice !

VIII.

COMPOSITION DANS LA PEINTURE SUR VERRE.

Sous l'empire de l'architecture ogivale, la peinture sur verre acquiert une grande importance. Toute la charge de l'édifice étant rejetée, par la combinaison des arcs, sur les piliers et les contreforts, on a été naturellement amené à ouvrir dans chaque travée de larges baies qui, offrant par elles-mêmes un champ très-vaste pour la décoration, en laissent ordinairement peu où la peinture murale puisse jouer le rôle principal.

C'est au XIIIe siècle que l'on a le mieux réussi, quant à la manière de tirer parti des verres peints, pour jeter sous les voûtes sacrées une lumière à la fois douce et brillamment colorée; pour faire étinceler les fenêtres du temple, comme si elles enchâssaient les plus riches écrins de perles, de saphirs et de rubis. Ces joyaux sont disposés dans un ordre harmonieux, et pour attirer incessamment les regards sur des figures capables d'élever l'âme et de saisir le cœur. Aux premières lueurs du jour, et le soir, tant que le crépuscule n'a pas achevé de se confondre avec la nuit, à ces heures choisies qui invitent au recueillement et aux plus vifs épanchements de la piété, semblables à ces astres qui brillent au ciel, dans la demi-obscurité de la terre, elles invitent à la prière et disent sur quoi méditer.

Une verrière bien composée, dans cet ordre de conception, demande une répétition de panneaux, aux contours à la fois simples, fermes et élégants, enchâssés de rinceaux de feuillages, qui, à leur tour, sous des formes différentes, réunissent les mêmes qualités. Chacun de ces panneaux formera un petit tableau. Tous ces tableaux seront comme les scènes d'un même drame, comme les strophes d'une même hymne, comme les chants et les épisodes d'un même poëme. Chacun d'eux ne devra réunir que le nombre de personnages strictement nécessaire pour rappeler l'action. Il faut, en effet, que ces petites figures se dessinent séparément, avec netteté, sur le fond, afin que, nonobstant une dimension réduite proportionnellement à l'effet ornemental que l'on doit en attendre et aux cadres qui les renferment, l'œil du fidèle puisse facilement saisir l'attitude et l'expression sur lesquelles repose tout leur effet moral. On y réussira en s'attachant à des poses simples, modérément accentuées, et que nous appellerons usuelles, parce qu'elles se présentent journellement.

Le XIIIe siècle offre les meilleurs modèles en ce genre; mais il ne faudrait pas en conclure que l'on doive aussi imiter les défauts qui trop souvent nuisent à la perfection de ses œuvres. Il faut éviter toute rudesse de trait qui ne serait pas suffisamment adoucie par l'éloignement; et, astreint à n'offrir à peu près que les silhouettes de ses personnages, solidement enchâssées par les lignes fermes des plombs, on a tout avantage à leur attribuer des formes d'autant plus pures qu'elles sont plus élémentaires.

Qu'on ne s'y trompe pas; malgré ces conditions qui semblent des entraves, ou plutôt à cause même de ces conditions, la peinture sur verre serait digne d'un artiste de génie.

L'artiste, dans cette peinture, n'exécute que des cartons; mais les cartons d'Hamptoncourt comptent parmi les chefs-d'œuvre de Raphaël. Il est vrai que ce sont de véritables tableaux, dont l'on peut dire que, pour être inachevés, à les considérer comme tels, leur mérite éminent, sous le rapport de la composition, n'en ressort pas moins tout entier. Si l'on considère quelle devait être leur destination, ne laissaient-ils pas, au contraire, à désirer sous ce rapport? Une tapisserie ne doit pas, elle-même, être composée identiquement comme un tableau; de là, des tapisseries du Vatican à leurs modèles, une plus grande infériorité relative que ne le comportait l'habileté des ouvriers.

Pour mieux justifier notre pensée, nous rappellerons plutôt les dessins des grands maîtres. C'est là que l'on surprend toute la fleur de leur génie, le jet le plus actif de leur inspiration. Pour mener leurs grandes œuvres au terme où nous les voyons, ils se sont fait le plus souvent beaucoup aider; et si brillante que fût la pléiade d'élèves dont Raphaël avait su s'entourer, tout observateur un peu pénétrant sentira qu'en prenant sous d'autres mains, même les meilleures, le relief des formes et l'éclat des couleurs, la pensée première du maître s'est quelque peu affaissée, dénaturée ou délayée. Eût-il lui-même, sans secours étranger, exécuté son ouvrage tout entier, il n'est pas d'homme qui puisse toujours demeurer égal à lui-même; il est des moments, des parties, où l'expression échappe au pinceau, à la bouche et à la plume, et demeure faible, si on la compare à l'énergie de la conception première, alors même qu'elle prend un éclat sonore, comme pour dissimuler son refroidissement.

La composition qui convient le mieux au panneau d'une verrière est ce que nous appellerions, si l'expression n'est pas trop hardie, une ébauche arrêtée, où l'homme supérieur peut en quelques traits mettre son cachet. Et s'il surveille ensuite lui-même l'exécution de l'œuvre, il lui sera d'autant plus facile d'obtenir que rien n'en altère la spontanéité, qu'il restera moins à faire pour la mener à son état définitif, et que l'art y prendra moins de part. Puis la combinaison de tous ces panneaux qui se tiennent et sont séparés, quelles ressources n'offre-t-elle pas à celui qui sait en tirer parti pour produire, comme à coups redoublés, un grand effet, et développer une large pensée! Voyez plutôt cette puissante composition de la *Nouvelle Alliance*, si magnifiquement interprétée par les éminents auteurs de la *Monographie des vitraux de Bourges*.

Quel autre genre de monument pourrait jamais, aussi bien qu'une verrière, permettre de grouper, avec autant de lucidité et une pareille unité, un si grand nombre de sujets distincts, liés par des rapprochements aussi heureux et aussi profonds?

Nous parlons de la peinture sur verre telle qu'elle était connue au XIII° siècle, avec la persuasion qu'on pourrait en adapter les éléments essentiels à tous les genres d'architecture. Il faut tenir compte cependant de la direction donnée postérieurement à cette partie de l'art. A considérer ses résultats, elle ne nous apparaît pas comme un progrès, quoiqu'elle coïncide avec des progrès véritables, et qu'elle soit caractérisée par leur mise en œuvre. En général, la lumière miroite désagréablement au milieu de ces tableaux de nature un peu hybride, au travers des membres de ces personnages qui demeurent plats, nonobstant les tons sombres prodigués tout autour pour leur donner du relief. Mais il y aurait sans doute mieux à faire; il est même des œuvres qui nous ont donné l'idée d'un genre où le choix des sujets, la composition, le dessin, la couleur, seraient combinés de manière qu'avec des couleurs douces et harmonieuses, des formes aériennes, les Anges et les Saints pourraient se montrer comme des apparitions d'en haut, suspendus à la lumière du jour, à moitié transparents, comme on peut se figurer les corps glorieux. Mais, pour obtenir des effets de ce genre, encore faudrait-il un mode de composition spécial.

C'est là toute notre thèse : elle avait pour but de démontrer comment il faut varier la composition selon les genres et les circonstances; nous avons voulu le faire sans nuire aux inspirations de l'artiste, nous réservant de le juger par les résultats.

ETUDE V.

DE L'EXPRESSION.

I.

DES TYPES.

A nos yeux, l'art doit être principalement une langue : nous devons donc avant tout demander à l'artiste d'avoir des pensées vraies et utiles, de belles pensées ; nous lui demanderons ensuite de les exprimer avec autant de justesse que de charme. Toutes les parties de l'art doivent concourir à ce résultat, mais aucune autre aussi directement que l'expression proprement dite, c'est-à-dire cette disposition du visage et des membres qui manifeste extérieurement les impressions de l'âme.

L'étude de la composition a dû nous apprendre à choisir les divers éléments, et principalement les divers personnages, qui doivent figurer dans un tableau, ou dans un ensemble de tableaux, pour rendre un fait, une idée, une série de faits ou d'idées. Elle a dû nous enseigner aussi l'art de les disposer de manière à atteindre simultanément, au plus haut degré, tous les résultats que doit se proposer l'artiste. Maintenant, prenant en particulier chaque personnage, nous avons à nous demander quelle expression il convient de lui donner, et quels sont les moyens à prendre pour la lui donner. Il y a dans l'expression quelque chose de mobile, qui dépend de la circonstance et des impressions du moment ; mais il y a aussi, en chacun de nous, un fond de caractère et de dispositions, auquel correspond ce qu'il y a de fixe dans la conformation et l'expression de notre visage et de tout notre corps. Ce fond immobile, sur lequel vient se mettre en scène tout ce qui passe et s'exprime, d'une manière plus ou moins accidentelle et fugitive, par l'attitude et le jeu de la physionomie, est, dans l'art, ce qui constitue le type : nous devons nous en occuper avant de nous attacher à l'expression proprement dite.

Dans l'étude de toutes les parties de l'art, nous sommes animés d'un même désir : celui de substituer l'esprit des saines traditions au décousu des fantaisies individuelles. La tradition nous a transmis des traits vénérables qui, dans leurs parties essentielles, sont communément attribués, comme nous espérons plus tard le démontrer, aux images de Notre-Seigneur Jésus-Christ. Les apôtres saint Pierre et saint Paul ont aussi été représentés, de toute antiquité, d'après un même type, dont on s'est peu écarté. Il est fort à regretter que, sous ce rapport, l'art chrétien, même à ses meilleures époques, se soit laissé aller à une indépendance qui n'a pas permis à ces exemples de se multiplier.

Quant aux types dont nous parlons, ils ne seraient pas authentiques, qu'ils auraient encore l'avantage de maintenir une précieuse unité entre toutes les représentations d'une même personne divine ou humaine ; de vouer à une constante vénération les traits attribués à Dieu et aux Saints, et d'éviter cette sorte de profanation qui consiste à leur attribuer les traits d'une personne vivante : fantaisie toujours regrettable, alors même qu'elle ne va pas jusqu'à chercher des modèles indignes d'un semblable rapprochement.

Si on s'y était attaché avec beaucoup de soin, on aurait pu conserver et nous transmettre, en tout ou en partie, les traits de beaucoup d'autres saints et illustres personnages ; maintenant, nous sommes réduits, la plupart du temps, à leur en composer de conventionnels. Ne le faisons du moins que dans l'impossibilité absolue de faire autrement, lorsque aucune trace de type historique ou antérieurement en usage n'est parvenue jusqu'à nous ; et alors, arrangeons-nous de telle sorte que ces types de convention soient encore aussi en rapport que possible avec tout ce que nous pouvons savoir de ceux auxquels nous les attribuons. Livrons-nous, à cet effet, à l'étude consciencieuse de leur vie, de leur caractère, de leurs habitudes ; travaillons aussi, non-seulement en vue de la perfection dans notre œuvre personnelle, mais de manière à donner un exemple qui ait des chances d'être suivi.

Il faut en conséquence que chacun commence par faire ce qu'il doit désirer des autres, qu'il adopte des traits déjà mis en usage par quelqu'un des artistes qui l'ont précédé, préférablement à ceux qui ne seraient qu'une boutade de sa propre imagination. C'est ainsi que pourront se former quelques-uns de ces types fixes dont nul n'osera plus s'écarter quand ils seront bien déterminés.

Les anciens mériteraient d'être imités, pour la précision avec laquelle ils ont su fixer les types de leurs principales divinités, selon le rôle et le caractère qu'ils leur supposaient, et pour la fermeté avec laquelle ils les ont maintenus.

Raphaël, dans les fresques de la salle de la Signature, s'est montré admirable par la manière dont il a su constituer les types des philosophes et des poëtes de l'antiquité. Son Homère surtout, dans ce genre d'invention, atteint au sublime.

« Tout homme », dit M. Selvatico, « est le type du sentiment qui le « plus fréquemment émeut son âme et le porte à agir [1]. » C'est en retournant cette idée, en prenant les traits qui caractérisent le mieux les sentiments connus pour avoir dominé dans un homme, que l'on réussit, sinon à refaire son portrait, du moins à lui attribuer des traits si bien appropriés à son caractère, qu'on ne puisse plus se le figurer autrement.

Mais qu'on y prenne garde, qu'on ne cherche pas des types à contre-sens : un philosophe, si véritablement sage qu'il ait été, d'une sagesse humaine, ne peut fournir le type d'un Saint : comme le dit Joseph de Maistre, on ne trouve pas saint Paul dans Platon ; il n'y est pas.

On ne le trouvera pas non plus en des poses de théâtre, encore moins en des airs d'énergumène. Il y a des gens aux yeux desquels la sainteté semble devoir être comme un torrent qui passerait avec fracas ; ils ne savent pas que c'est un fleuve qui coule à pleins bords. Figurez-vous un homme comme l'un d'entre nous, mais avec un calme, une plénitude, une sérénité qui demeure comme partie de son type, dans toutes les expressions qu'amène sur son visage la variété des circonstances.

Quant à ce que nous appellerions le squelette des traits, nous n'interdirions pas une étude modérée des observations faites par les physionomistes et même par les phrénologues. Ce qui nous paraît radicalement faux dans le système des seconds, c'est la division des facultés de l'âme, telle qu'ils la font, pour localiser ces facultés dans les cases du cerveau, confondant sur la même ligne des dispositions toutes négatives avec les puissances les plus vives de notre être. Mais il est certain que la forme des organes, la forme principalement de ceux qui ont leur siége dans la tête, correspond à certaines propensions de l'âme, qui, dirigées, corrigées, redressées, perfectionnées, n'en laissent pas moins, dans le bon comme dans le mauvais usage de la vie, une empreinte particulière. Donc, si l'on a l'esprit assez fort pour dominer, de toute sa hauteur, des recherches faites trop souvent avec la pensée de l'assujettir à la matière, on pourra éviter le ridicule et le danger de la phrénologie et n'en retirer que les profits.

D'ailleurs, les termes de comparaison les plus sûrs et les plus précieux se trouvent dans les portraits des Saints des trois derniers siècles, que l'on

---

1. Selvatico, *Pittore storico*, p. 342.

a généralement conservés, et ce sont là des types qu'il importe, au plus haut degré, pour la bonne direction de l'art, de connaître, d'étudier, de suivre et de ne jamais laisser tomber dans l'oubli.

II.

VÉRITÉ DE L'EXPRESSION.

Le peintre ne nous met que les corps sous les yeux; mais, au moyen de l'expression, c'est avec les âmes qu'il doit nous faire entrer en relation. Voyons comment il se servira de ce moyen pour les faire parler avec vérité, puissance et beauté.

L'expression doit être modérée pour être vraie, contenue pour être forte, mesurée pour être belle. Epris, un jour, d'un engouement excessif pour le mouvement et l'action, on avait compris dans une commune réprobation, tous les maîtres chrétiens d'une époque antérieure à la Renaissance : l'expression leur manquait, assurait-on; et, afin de se préserver d'un semblable reproche, on s'est mis à la faire vive et accentuée, comme si elle ne pouvait jamais dépasser les bornes de la nature.

Il est de fait, au contraire, que les affections de l'âme les plus vraies ne sont pas celles qui éclatent à l'extérieur avec le plus de violence.

Rien de plus facile, pour feindre ou l'admiration, ou la haine, ou la douleur, que d'étendre les bras, de contracter ses traits, d'incliner fortement la tête, d'ouvrir largement la bouche. Il est, au contraire, telle légère inflexion de l'œil ou du front, tel mouvement des lèvres, tel air de tête, telle direction de la main ou du regard, qui partent certainement du fond de l'âme : car qui voudrait s'en tenir à une si minime démonstration, quand il s'efforce de paraître sentir?

« Le mouvement de l'esprit », dit Léonard de Vinci, « fait mouvoir le « corps par des actions simples et faciles, sans le porter, violemment du « moins, d'aucun côté, parce que son objet est dans l'esprit, lequel n'é- « meut point les sens quand il est occupé en lui-même » [1], ou plutôt ne les émeut que modérément.

« L'étude de la nature », reprend M. Selvatico, « fait connaître à l'ar- « tiste combien sont éloignés d'elle beaucoup de ces mouvements usités

---

1. *Traité de la Peinture*, in-8°. Paris, 1808, c. 246. Comment les actions de l'esprit et les sentiments de l'âme font agir le corps par des mouvements faciles et commodes au premier degré, p. 200.

« par les peintres modernes, et principalement par ceux du XVIᵉ siècle,
« qui ont été trop loués. Il s'apercevra combien s'éloignent du vrai ces
« mains dont les doigts se tiennent écartés les uns des autres, comme
« pour montrer des merveilles, ces pieds contractés, comme le seraient
« ceux de bateleurs, et sur lesquels s'appuient des figures par trop artifi-
« cielles ; il s'apercevra combien sont fausses ces bouches ouvertes
« comme des cavernes, pour témoigner de la terreur, ces yeux renversés,
« *arroverciati,* pour indiquer qu'ils pleurent, ces bras lancés d'un côté et
« de l'autre, d'une manière désordonnée, pour témoigner qu'il règne
« dans l'âme, ou de la haine, ou de la colère, ou un amour désespéré. Alors
« il reconnaîtra comment les fortes passions se manifestent d'ordinaire
« par les seules inflexions du visage, et non par les mouvements con-
« vulsifs du corps [1]. »

Plus loin, le même auteur veut que l'on étudie les anciens maîtres, pour apprendre cette sobriété châtiée dans la composition, et, par-dessus tout, cette tempérance dans les actions et les mouvements, sur laquelle repose, en grande partie, la vérité de l'expression. « Ils avaient observé », ajoute-t-il, « que les impressions physiques, résultant d'une âme émue
« d'impressions fortes et subites, ne se répandent point par les membres,
« mais se concentrent ordinairement dans la physionomie, celle-ci s'im-
« prégnant rapidement des sentiments que soulève le cœur : c'est pour-
« quoi nous ne les verrons pas grouper leurs figures d'après certains con-
« trastes conventionnels, les poser sur la pointe des pieds, à la manière de
« danseurs, les bras jetés d'un côté, le torse tourné de l'autre. » Et il reprend un peu après les mêmes idées en ces termes : « Beaucoup
« d'artistes abusent par trop de certains mouvements empruntés aux
« danseurs et aux comédiens, qui exagèrent l'expression pour la rendre
« plus vive [2]. »

L'expression, avons-nous dit, doit être modérée pour être vraie. Ce n'est pas qu'il n'y ait des gens grossiers chez lesquels l'admiration se traduit aussitôt sous forme d'ébahissement, la crainte sous forme d'épouvante. « Le geste de l'homme grossier », dit encore M. Selvatico, « est
« toujours plus violent et plus multiplié que celui de l'homme bien
« élevé. » Dans les natures même les plus cultivées, il n'est pas rare de voir les agitations de l'âme aller jusqu'à la contorsion du corps. Mais, outre que l'expression modérée dans sa force est plus sûrement vraie dans la réalité même des impressions humaines, il s'agit surtout, pour nous,

---

[1] Selvatico, *Educazione del Pittore storico*, p. 385.
[2] *Id., id.,* p. 387.

de la vérité de l'art, et nous devons rappeler à l'artiste qu'ayant à créer un monument destiné, par le fait, à demeurer immobile, il doit, s'il veut lui imprimer une apparence de mouvement et de vie, fuir des fracas tels qu'il lui serait impossible de soutenir avec eux aucune comparaison prolongée.

Il serait chimérique de croire que l'art puisse jamais atteindre la nature par l'imitation des effets naturels : il la dépasse et ne l'atteint pas.

Paisible lui-même, mais non insensible, au milieu de toutes les passions appelées à se manifester sous son pinceau, l'artiste ne trouvera pas seulement, dans des expressions modérées, plus de facilité pour se maintenir dans le vrai : nous les lui proposons comme les meilleures conditions du beau, et les plus capables d'atteindre un degré véritablement supérieur d'intensité et de force.

III.

INTENSITÉ D'EXPRESSION.

Une force contenue est une force dont on est maître, dont on dispose, que l'on dispense, que l'on dirige ; si on ne la contient pas, elle vous échappe, ou plutôt elle vous a déjà échappé. Voyez un homme qui s'emporte, il perd de son autorité : voulait-il un bien, il l'a compromis ; voulait-il un mal, il sera moins à craindre. Au contraire, irrité, mais se possédant, sachant attendre, il choisira son temps, il saura où porter ses coups : sa vengeance sera mille fois plus terrible.

De même, dans l'expression, les explosions à grand tapage ne sont-elles pas, comme l'indique le mot d'explosion lui-même, comparables à une force d'autant plus impuissante désormais, qu'elle a produit tout son effet ? Elles vous ont étonné d'abord, vous avez cru qu'elles vous remuaient ; mais bientôt on s'y fait, comme les oiseaux aux hommes de paille.

Il n'y a de véritablement fort que ce qui dure. Pour qu'une impression de l'âme soit forte, d'une force soutenue et pénétrante, il faut que l'on voie d'où elle vient et où elle va, comme dans une sorte d'encadrement formé des impressions qui la précèdent et de celles qui la suivent. Or, comment pourrait-on, avec une expression qui déborde, qui contracte tous les traits, entraîne tous les mouvements, occupe tous les membres, accorder une place à ces nuances délicates d'expression, où se peignent nos luttes intérieures les plus vives? Ménagez des gradations : que la rougeur des joues laisse apercevoir l'impression qui s'efface, tandis que vous voyez déjà apparaître sur les lèvres la résolution qui va l'emporter. Au spectacle donné par une forte passion, par une action généreuse, vous nous ferez sentir comment on se laisse vaincre, comment on triomphe de la nature et de soi-même.

Ne croit-on pas que l'héroïsme de sainte Félicité, de sainte Symphorose et de tant d'autres mères chrétiennes qui exhortaient leurs fils au martyre, perdrait beaucoup à se voir représenté avec une chaleur qui ressemblerait au fanatisme sauvage de l'énergumène? Laissez voir sur leur front une sérénité qui nous dise quel espoir céleste les soutient : montrez-nous cependant que leur sein palpite, car elles surmontent les angoisses de la tendresse maternelle et ne les étouffent pas; et, de ces yeux brillants de courage, ne craignez pas de laisser voir qu'il vient de tomber une larme, tandis que la main se soulève avec une énergie décidée à ne pas fléchir.

C'est avec de semblables gradations et la sobriété qui les rend possibles, que l'expression peut atteindre son plus haut degré d'intensité.

Nous supposons donc le héros de la scène, traité avec cette vigueur tempérée qui, dans la réalité, appartient aux grandes âmes et aux caractères supérieurs, mais à laquelle doit prétendre encore quiconque se pique de savoir-vivre et de nobles habitudes.

Si, maintenant, les personnages subalternes révélaient, d'une façon trop saillante, les expressions plus accentuées de la passion qui les domine, ils attireraient forcément une trop grande part de l'attention, et l'effet principal en serait, par une conséquence nécessaire, d'autant plus diminué.

Il y a cependant un grand parti à tirer des contrastes : employés avec discrétion, ils doivent servir à donner plus de signification et de portée à l'expression que l'on veut mettre en saillie.

Il n'est pas de contraste plus grand qu'entre Notre-Seigneur Jésus-Christ et les auteurs de sa mort, ses juges et ses bourreaux. En même temps, il n'est pas de circonstances où il soit plus à propos de nous attacher à ce divin Sauveur tout entier, que dans les scènes douloureuses auxquelles il a consenti à s'assujettir pour notre amour. Il n'y en a pas où l'on doive davantage s'efforcer de le dédommager de ses opprobres; où l'on doive avec plus de soin éviter, en les représentant, de les renouveler, pour ainsi dire.

Voyez quel parti le doux, l'angélique Frère de Fiesole a su tirer de cette situation. Dans l'un de ses tableaux, Jésus se prêtant lui-même, avec un calme, une douceur sans égale, aux jeux d'une grossière soldatesque, s'est assis sur le trône dérisoire qui lui a été préparé. Sa majesté est telle qu'il se montre réellement, comme ils feignent de le supposer, leur roi à tous. Il a cette majesté de la vertu qu'aucune autre n'égale; ni les ignominies, ni les tortures ne la peuvent enlever, parce qu'elle n'a rien d'affecté, de tendu, d'emprunté. Il en serait ainsi chez un homme : qu'en sera-t-il donc quand c'est un Dieu qui consent à se dépouiller de tout le reste, mais qui ne souffre pas en lui-même la moindre diminution de ce qui peut exprimer sa sainteté et sa vertu ?

Les injures, les soufflets, les crachats ne lui sont pas épargnés. Mais, à considérer l'ensemble des attitudes, on pourrait croire qu'elles ont pour but de lui rendre ces réels hommages que l'artiste, en les peignant, lui rendait dans son cœur. Les yeux du Sauveur sont bandés : mais son voile est transparent; il voit qui le frappe, il voit qui l'injurie, et, s'il ne terrasse pas de son regard les coupables, c'est qu'il règne, ici, dans l'excès de sa bonté et de sa miséricorde. C'est un œil de compassion qu'il tourne vers ses ennemis. Laissez venir son jour : sans changer d'attitude, il n'aura qu'à rendre son regard sévère, et vous retrouverez le juge. Princes et valets, alors il les jugera tous, entouré de ces légions d'anges qui, aujourd'hui gémissants, ne lui font qu'une cour invisible.

Autant la vertu élève, autant le vice dégrade. Si vous dévoiliez par de trop poignantes expressions tout ce que cachent de hideux, dans leurs consciences, la plupart des acteurs, de ce drame lugubre, le contraste serait trop grand. Cette placidité qui doit dominer la situation, faute de s'étendre à l'œuvre tout entière, paraîtrait inévitablement affaiblie dans la personne du Christ lui-même. La haine des accusateurs, l'iniquité des juges, contenues, mais mal contenues, dissimulées, mais mal dissimulées chez Caïphe, sous un semblant de zèle pharisaïque; la révoltante faiblesse de Pilate, ses misérables tergiversations, perçant sous les dehors de la fierté romaine; la férocité des bourreaux, imparfaitement comprimée par une impression de crainte indéfinissable : toutes ces dispositions dégradantes se laissant entrevoir, imprimeront aux traits ces altérations qui expriment au dehors les abaissements du dedans. On n'en verra que mieux ressortir la supériorité ineffable, conservée dans les régions de l'âme, par Celui qui a laissé tomber son corps dans la dépendance de ses créatures les plus indignes.

Les contrastes d'expressions peuvent aussi se manifester entre des sentiments également vertueux, et servir à les faire valoir l'un par l'autre. Si, alors, cependant, les caractères affectaient une opposition trop saillante, l'effet serait manqué ou affaibli. Il faut les ramener à l'unité d'un

GROUPE DE FEMMES ÉCOUTANT LA PRÉDICATION DE S.^T ÉTIENNE,

d'après Fra Angelico.

bien commun, et donner à penser qu'aucun d'eux n'est dépourvu du genre de vertu qui domine chez les autres.

Dans son tableau des *Saintes Femmes en méditation près du tombeau de Notre-Seigneur*, Veit a mis admirablement en contraste les caractères de Marthe et Marie[1]. Celle qui est dans le caractère de Marthe, la tête levée, repasse dans son esprit beaucoup de choses, relativement au Sauveur qui est mort : ce qu'elle lui a vu faire, ce qu'elle lui a entendu dire, ce qu'elle en attendait. Dans ses souvenirs, comme naguère dans la pratique de la vie, elle ne néglige aucun détail. Marie, au contraire, n'a qu'une seule pensée : elle a perdu son bon Maître! Cette unique impression l'entraîne, et sa tête tombe sur son sein. Cependant ce sont bien deux sœurs, et toutes les deux sont dans l'accord parfait d'une même douleur et d'une même affection.

Nous serions porté à croire que Veit a emprunté au Beato Angelico la première idée de cette composition, à la fois si simple et si pathétique. Et l'on croirait facilement aussi qu'il s'est inspiré, en l'exécutant, du groupe de pieuses femmes, qui, dans les fresques de la chapelle de Nicolas V, au Vatican, écoutent la prédication de saint Etienne. Ce groupe nous servira pour montrer quelle variété de caractères, d'affections vives et profondes, il est possible d'exprimer sans grand éclat, avec la touche calme et limpide du vénérable peintre (pl. XXII).

Toutes ces femmes sont assises, dans une situation analogue; toutes ont la tête modestement couverte d'un voile blanc, d'une manière presque uniforme; leurs types diffèrent peu. Toutes sont comme suspendues aux lèvres du saint diacre, elles recueillent les trésors de grâces qui en découlent; leurs âmes, à toutes, sont remplies de foi, d'amour, de componction; et cependant il est, entre chacune d'elles, d'admirables gradations.

La foi de la première atteint sa plénitude. Elle laisse tomber ses mains l'une sur l'autre, pour montrer qu'elle est rendue, et, nature essentiellement pratique, elle semble, en détournant la tête, sans cesser d'écouter, être prête à porter, sur sa propre vie, l'application de ce qu'elle vient

---

1. Cette composition paraît tirée de saint Matthieu, c. XXVII, v. 61, où c'est Marie-Madeleine et une autre Marie qui sont désignées comme étant demeurées assises près du tombeau. Mais le peintre paraît s'être aussi rappelé une des fresques du couvent de Saint-Marc, à Florence, où le Beato Angelico a représenté deux Saintes Femmes assises et en méditation, tandis que Notre-Seigneur est en prière au Jardin des Olives, et les a désignées par leurs noms inscrits dans leurs nimbes : *Sancta Maria*, *S. Martha*. Ici, Marie est la sainte Vierge; mais il peut y avoir aussi une réminiscence de la sœur de Marthe. Il faut se rappeler que l'Église applique à la messe de l'Assomption l'évangile de Marthe et Marie.

d'entendre : ce serait Marthe! Marie attentive, pénétrée, pleine d'amour, d'actions de grâces, de componction, se retrouvera à des degrés divers dans ses compagnes.

L'amour ne dit jamais : « C'est assez »! L'une croise les mains sur son cœur, se soulève, tend son œil, son cou, comme prête à s'élancer. Une autre, presque semblable d'attitude, serrant ses mains à demi-fermées, concentre un peu plus son émotion : la bonté de Dieu la touche, ou elle admire la sagesse des voies divines. Une troisième paraîtrait plutôt s'attendrir; pensive, elle s'appuie doucement la tête contre la main; sa componction, son abandon à Dieu sont à leur comble; si elle tient par la main son jeune enfant, il semble que ce n'est plus que pour l'offrir au souverain Maître; et l'enfant, de son côté, renonçant aux préoccupations de son âge, est entraîné par l'attrait qui captive sa mère.

Plus en arrière, une autre de ces femmes, pleine aussi d'attendrissement, mais plus communicative, jette un regard sur sa voisine, comme pour lui transmettre le trop-plein des impressions qui la débordent ; mais celle-ci craint trop de perdre une syllabe de la parole de vie, pour en détourner son attention. Il en est une dernière, enfin, qui, faite pour personnifier l'humilité, semble se cacher dans le fond, les yeux modestement fermés, et recueillant dans l'intérieur de son âme la divine pâture.

Ce n'est plus à titre de contraste que nous nous sommes attachés à ce groupe charmant; ici, c'est l'accord qui l'emporte ; et la merveille, c'est que des nuances aussi délicates aient pu échapper au pinceau, et demeurer sensibles à ce point.

Veut-on une communauté d'expressions non moins intime, plus intime même, si l'on considère les âmes où elle se produit, car il s'agit d'une mère et d'un fils? Veut-on cependant que la diversité de nature soit plus accusée, qu'elle se manifeste plus virile dans le fils, plus tendre dans la mère? Que l'on prenne saint Augustin et sainte Monique, lorsque, à Ostie, interrompant leurs entretiens, ils élevaient simultanément leurs aspirations vers ces horizons infinis, vers ces avenirs inconnus, mais remplis d'espérances, dont le ciel et la mer leur offraient l'image. Que l'on considère le tableau d'Ary Scheffer. On y verra une nouvelle preuve de l'intensité d'expressions, des effets pénétrants, que l'art peut obtenir dans le calme et la sérénité des nobles affections.

Dans ces exemples, le peintre n'a rien à contenir, il n'a qu'à laisser couler : le flot est abondant, surabondant, mais il est maître de son cours, il se contient dans ses rives. Tel est le bien dans sa force, dans sa plus grande force ; pour l'artiste, il n'y a qu'à le voir, à le bien voir.

Est-ce que nous prétendons cependant renfermer l'art dans le cercle de ces expressions que l'on appelle mystiques, quelquefois, peut-être, pour se dispenser de les rendre usuelles? Nullement. L'art chrétien doit aborder toutes les situations et toutes les expressions qui s'y rapportent, autant qu'elles peuvent offrir un bon enseignement, disons le mot, être un sujet d'édification. Bien loin de lui interdire l'énergie et la vigueur, dans beaucoup de circonstances, nous lui en ferions un devoir. Mais ne pouvant, dans ces considérations, embrasser tous les cas, nous nous sommes attachés à ce qu'il y a de plus fondamental au point de vue où nous demeurons placés.

Le bien comme le mal se médite avant d'éclater. C'est dans la solitude du cœur, quand les heures de la nuit ont sonné, et que le sommeil se fait attendre, c'est alors que germe et mûrit le principe des bonnes et des mauvaises actions. Le grand jour ne fait que divulguer ce qui s'est préparé dans l'ombre, on dirait presque dans le repos, ou bienfaisant, ou funeste de la conscience. Celui qui, sans se laisser énerver par l'inaction, a pénétré, dans le calme et la réflexion, les secrets du cœur humain, ne sera point surpris au moment décisif. Vienne une affaire difficile : mieux qu'un autre, alors, il saura s'y engager, et, selon les besoins, se montrer prudent ou hardi.

De même, c'est en pénétrant, le pinceau à la main, dans les profondeurs mystérieuses de l'âme, où l'homme se fait ce qu'il est, où l'on cesse de rien apercevoir, dès que la source s'agite et se trouble; c'est en s'efforçant de surprendre et d'exprimer ce qui en sort de plus intime, qu'on se rendra capable de suivre l'âme elle-même, et de l'interpréter dans toutes les complications de la vie. On a fait le plus, on pourra le moins. Que l'intention se dévoile ou qu'elle se dissimule, on tient son secret. Dans ses chutes, dans ses retours, soit qu'il hésite, soit qu'il se laisse entraîner, dans toutes les péripéties qui font de chaque existence et de chacun de ses instants un drame tout entier, l'homme ne vous échappera pas.

Admettons que l'on fasse alors de l'éclat, de peur de paraître trop terne; que l'on élargisse ses mouvements, si l'on craint qu'ils soient mal compris, réputés froids ou embarrassés; qu'au lieu de donner la prééminence aux sentiments réglés par la vertu, et aux physionomies empreintes de sainteté, qui nous rappellent à la pensée de Dieu, nous portent au recueillement et vers la vie intérieure; qu'au lieu de faire régner ainsi, dans ses œuvres, ce qui triomphe du monde, on donne le spectacle des passions qui dominent dans son sein : il en sera comme de Raphaël emportant de l'école du Pérugin le feu du ciel : lorsque, s'il ne tomba, il fléchit du moins sous la pression d'un courant moins chrétien, toujours il conserva le don de rendre les âmes transparentes : ce don de l'expression, le premier de tous en soi-même, le premier aussi parmi ceux de Raphaël, et le seul qui lui assure, de l'aveu de tous les critiques, une prééminence incontestable sur tous ses rivaux.

IV.

BEAUTÉ DE L'EXPRESSION.

Accordons qu'en laissant déborder l'expression avec une certaine exubérance, on obtienne, vis-à-vis de la foule, des succès plus prompts et plus brillants : l'efficacité pénétrante et soutenue, à laquelle le temps n'ôte aucun prestige, dont au contraire il accroît le charme, restera le propre d'une beauté plus solide. Dans tous les genres, la mesure est une des premières conditions de la beauté, et l'expression, plus qu'aucune autre partie de l'art, ne saurait être vraiment belle, si elle n'est harmonieusement mesurée.

Chez Raphaël, à toutes les époques de sa vie et dans toutes les périodes de son génie, les plus belles expressions sont admirablement conformes à cette loi. Observez celles de ses œuvres qui réunissent le mieux tous les suffrages : les figures allégoriques des Vertus théologales, dans la galerie du Vatican, celles de la Théologie et de la Poésie, à la voûte de la salle de la Signature, comme celles des animaux symboliques dans le petit tableau de la *Vision d'Ezéchiel*; le Christ de la *Dispute du Saint-Sacrement*, celui de la *Descente de croix* du palais Borghèse, comme celui de la *Résurrection*, dans les cartons d'Hamptoncourt, ou celui du *Spasimo* de Sicile; les Pères de l'Église, dans la première de ces grandes compositions, comme les philosophes de l'*Ecole d'Athènes* et les poëtes du *Parnasse*. Dans leur ton ou mâle ou gracieux, chacune de ces têtes charme d'autant mieux que, toutes, elles attirent sans rien heurter. Dans le Christ de la *Transfiguration*, le *Saint Michel* du Louvre, la *Sainte Cécile*, il y a un certain développement de la partie matérielle, auquel il serait permis de préférer des formes plus en rapport avec le caractère céleste des personnages; mais ne considérez que leurs airs de tête: combien ne les trouverez-vous pas expressifs et en même temps mesurés !

On dira que, dans tous ces exemples, il s'agit de situations qui demandent des idées et des affections exceptionnellement nobles, calmes, élevées; une dignité de maintien, à laquelle Raphaël, tout le premier, ne s'est plus assujetti quand il a voulu mettre en jeu les impressions qui remuent le commun des hommes, dans les circonstances où ils se rencontrent sous son pinceau. Il est tel de ses personnages chez qui l'effroi, l'étonnement se peignent avec une vigueur qu'il n'est pas interdit de trouver belle. Encore faut-il qu'une vivacité d'expression n'aille pas jusqu'à la contorsion. La difformité n'est jamais belle; ou, s'il y a quelque beauté qui s'associe à son désordre, c'est que l'ordre s'y montre encore, au moins comme un débris, ou qu'il reparaît comme une lueur d'espérance. Il en est comme de la passion elle-même, lorsque, cessant d'être réglée par la vertu, elle est encore mesurée par elle. Ainsi, on voit des hommes corrompus conserver un reste de dignité humaine, dont l'efficacité ne s'arrête pas aux seules apparences : c'est un soutien qui les empêche de tomber aussi bas dans les abîmes du vice, et souvent c'est un point d'appui qui leur servira pour en sortir un jour.

Il y a des expressions de Raphaël qui, dans son intention, devaient certainement demeurer plus mesurées qu'elles n'apparaissent dans ses tableaux, leur exécution ayant été l'œuvre de ses élèves plus que la sienne propre; nous avons précédemment cité le père du possédé, dans la *Transfiguration*, comme donnant matière à cette observation.

D'ailleurs, les personnages secondaires ne peuvent jamais se prêter, dans un tableau, qu'à des beautés de second ordre. La plus haute des beautés, dans l'expression, repose sur de belles âmes, sur ces âmes supérieures qui dominent les circonstances plus qu'elles n'en sont dominées. Cette noblesse, cette dignité d'attitude et de regard, qui se manifeste plus vivement dans les occasions solennelles, suit partout ceux qui en portent ainsi l'empreinte. Elle n'a rien de guindé ; l'aisance, au contraire, est un des attributs les plus essentiels de la véritable distinction ; elle n'efface aucune des impressions de joie, de plaisir, d'enthousiasme, de crainte, de douleur, d'indignation, de colère, qui peuvent se faire jour; mais elle les mesure, et, en les mesurant, elle les élève en beauté, de degrés en degrés.

Il n'y a rien de beau au monde comme l'expression des Saints. Avez-vous eu le bonheur d'en rencontrer de vivants? Vous aurez été frappés de la sérénité de leur front, de la paix qui règne dans toute leur physionomie : c'est leur trait commun, on n'y verra pas d'exception. Suivez-les dans les circonstances les plus difficiles, dans les situations les plus émouvantes : ils s'émeuvent, ils sentent, ils vivent, mais ce fond de sérénité chez eux ne s'altère pas, car ils possèdent leur âme dans la paix. Et où serait pour l'art une plus haute fortune que de faire poser devant lui ces anges de la terre? Et que pourrait-il de mieux que de les rendre comme ils sont ?

L'art antique, selon l'expression de Joseph de Maistre, a su rendre la douleur belle, et cependant reconnaissable. Dans la Niobé, dans le Laocoon, cette douleur va jusqu'au plus affreux désespoir, elle glace le cœur parce qu'il n'y a rien après elle ; mais elle est mesurée par un admirable sentiment de la dignité humaine, par cette loi de l'harmonie dans les proportions, dont les héritiers des Grecs savaient ne point se départir.

Parcourez un musée rempli des chefs-d'œuvre de la statuaire antique : quel calme y règne ! Est-ce à dire que les passions humaines n'y soient pas exprimées ? On l'a dit. On a été, sous l'impression de ces grands effets de physionomie et de geste adoptés dans les écoles modernes, jusqu'à prétendre que l'Apollon du Belvédère était dépourvu d'expression. Nous maintenons qu'il en est rempli : chez lui, on voit la colère, l'indignation, l'ironie méprisante, sous l'impression frémissante du triomphe qui domine. Jamais on n'aurait pu le faire aussi bien, lui donner autant de majesté, si l'expression des sentiments qui se rencontrent en lui avait éclaté comme une explosion de passions vulgaires. Il a fallu un mot pour exprimer une chose aussi habituelle dans l'art réputé classique au premier chef : ce mot est celui de *placidité*. La placidité n'est point ce froid du marbre ou de la pierre, auquel le sculpteur doit concéder une certaine modération d'expression et de mouvement : tout ce qui nous reste de la peinture antique atteste que les peintres s'y assujettissaient également. La placidité n'est nullement la douceur ou l'énervement des caractères : c'est la mesure dans l'expression des plus vifs comme des plus doux sentiments de l'âme ; c'est le maintien de la beauté des lignes dans toutes les poses du corps humain.

« Winkelman fait observer très-justement », dit M. Selvatico, » que les chefs-d'œuvre de l'art grec se distinguent par une noble simplicité et une certaine quiétude grandiose, *quietà*, tant de l'attitude que de l'expression ». « Comme la mer », dit-il, « bien qu'elle soit tourmentée à la sur-
« face, demeure cependant tranquille dans le fond, ainsi l'expression des
« figures grecques montre toujours, au milieu des tempêtes des passions,
« une âme grande et imperturbable. Mais si les Grecs avaient toujours
« cela en vue, ils l'avaient encore plus quand ils voulaient représenter
« la Divinité [1]. »

La placidité répond à la vertu païenne, qui consistait à modérer ses passions, à ne les satisfaire qu'avec mesure, afin de ne compromettre ni sa vie, ni sa santé, ni sa position, ni le succès de son rôle. La sérénité, c'est le signe de la paix parfaite avec Dieu, de l'assujettissement complet du vieil homme, de ce triomphe sur tous les mauvais penchants de la nature, qui constitue la vertu chrétienne à son plus haut degré. La placidité est de l'essence du beau idéal, auquel les Grecs sont arrivés, dans

1. *Educazione del Pitt. stor.*, p. 358.

la représentation de leurs dieux et de leurs héros. Au moyen de la sérénité, l'artiste s'élève, dans l'Homme-Dieu, dans la sainte Vierge et les Saints, à cette supériorité d'expression qui, même avec une moindre perfection de formes, constitue au profit de l'art chrétien l'idéal de l'idéal.

Nous ne faisons pas une loi, pour s'y maintenir, de renoncer à toute expression vivement accentuée ; mais nous conseillons à l'artiste chrétien de la réserver pour des occasions rares. Il en est comme dans l'éloquence où les grands mouvements ne réussissent qu'à la condition d'être ménagés ; et l'on serait peu touché d'un discours constamment monté à un trop haut diapason.

V.

CONVENANCE D'EXPRESSION.

Les qualités générales de l'expression étant bien déterminées, il importe de se fixer sur le choix des pensées et des sentiments que l'on fera exprimer à ses personnages, en raison du caractère qu'on leur attribue et des circonstances où on les a placés. C'est là ce que nous appellerons la convenance d'expression.

Cette convenance doit être calculée à raison du sujet que l'on traite, du but que l'on doit se proposer en le traitant, et ne se fonder que secondairement sur l'observation journalière de ce qui se passe en des occasions plus ou moins analogues à l'objet de la représentation. On rencontrera difficilement un auditoire tout entier, suspendu à la parole d'un prédicateur, comme le groupe de femmes du Beato Angelico, dans la *Prédication de saint Étienne*. Se rappelât-on avoir vu des attentions plus distraites, quelques yeux somnolents, des enfants ennuyés tirant les jupons de leur mère, on n'en manquerait pas moins gravement à la convenance d'expression dont ce tableau nous donne un si parfait modèle, si l'on transportait dans un pareil sujet les expressions mêmes dont on aurait pu, d'après nature, enrichir son album. Il s'agit, en effet, de montrer l'efficacité des enseignements sortis de la bouche du saint diacre, et de nous donner une salutaire impression de recueillement.

On verra encore un exemple de convenance d'expression, dans la subordination à la figure du Sauveur souffrant, de toutes les impressions éprouvées en sa présence par les auteurs et les spectateurs de sa passion. Il faut même se persuader qu'on ne satisfera jamais bien aux exigences d'un bon enchaînement d'expressions, ni aux lois d'une bonne composition, si, en toutes circonstances, on n'élève jusqu'à un certain degré d'intensité supérieure, l'expression du personnage principal, du héros de la scène ; à moins qu'on ne prenne une autre manière de le faire valoir, en lui rapportant sensiblement la masse des autres expressions.

A côté de la *Prédication de saint Étienne*, aucun tableau n'exerce autant de charme sur tous ceux qui pénètrent dans la chapelle de Nicolas V, au Vatican, que celui de la *Distribution des aumônes par saint Laurent*. Or, le pieux artiste, dans ce tableau, semble s'être mis à la place du saint martyr qu'il prétendait honorer, en effaçant chez lui, sous le voile de la plus parfaite modestie, toute autre expression. Mais tandis que saint Laurent, la tête baissée, semble vouloir échapper à tous les regards, et se cacher pour ainsi dire en lui-même, tous les yeux se portent sur lui, si confiants, si vivants de reconnaissance, qu'il apparaît là vraiment comme l'ange de Dieu.

Ce n'est pas que, dans une occurrence donnée, il n'y ait de convenable qu'une seule expression. Le Beato Angelico pouvait faire mieux encore qu'il n'a fait : sans lever le voile de modestie dont il abrite saint Laurent, il pouvait lui insinuer sur les lèvres un sourire de satisfaction intime, où l'on aurait senti la charité qui se donne, associée à l'humilité qui s'anéantit. Il pouvait faire autrement, et donner la prééminence au premier de ces sentiments : attribuant à l'heureux distributeur des aumônes de l'Église un visage riant et ouvert, de sorte que l'on pût se demander quel est le plus humble, de celui qui s'oublie, ou de celui qui s'efface.

Selon la direction donnée au sujet, l'on peut choisir entre différentes séries d'expressions qui lui seront également bien appropriées ; mais que ce ne soit jamais de telle manière que le sens chrétien paraisse affaibli. Dans la plupart des tableaux modernes, les témoins d'un miracle se montrent étonnés, stupéfaits, ébahis, les bras tendus, le corps tourmenté, la bouche béante. Les peintres auxquels les pensées de Dieu et les manifestations de sa puissance sont plus familières, voient surtout, dans le miracle, un nouveau bienfait, une manifestation de la bonté divine; ils n'admettent pas alors que, chez des fidèles, la surprise doive l'emporter, et que l'admiration soit sans amour. Dieu est là : la foi se ranime, la piété s'enflamme, la reconnaissance soulève les mains; mais tous les mouvements sont contenus par le respect, et l'attention, au lieu de tourner à la curiosité, se fixe dans le recueillement, et s'élève jusqu'à la contemplation.

L'artiste chrétien pourrait-il désirer une mission plus noble que celle-ci : exprimer, du moins en partie, en toutes circonstances, les meilleures impressions que pourrait nous suggérer à nous-mêmes la situation donnée? Et puisqu'il nous transporte aux temps et aux lieux où les choses se sont accomplies, n'est-ce pas pour nous faire penser et sentir, non pas comme nous aurions pu le faire, mais comme nous le devrions, si réellement ces scènes se passaient sous nos yeux, et si nous en étions les véritables acteurs? Sans doute, il n'ira pas faire descendre de son siége le juge prévaricateur, pour le mettre, où serait sa place et la nôtre, aux pieds de la victime qu'il condamne. De la sorte, il n'y aurait pas de représentation possible. Mais, chez ce juge, on devinera un tel commencement de confusion, sous une assurance apprêtée, que nous ne saurions entrer un instant, par supposition, dans son rôle, sans nous sentir pleinement confondu. Le mal ne sera exprimé que pour nous inviter à le réprimer, à le corriger en nous, à le fuir chez les autres, avec une impression d'éloignement, de componction ou d'horreur.

Il convient qu'Héliodore, dans le temple, apparaisse terrassé et suppliant; qu'Attila, aux portes de Rome, fasse céder sa fureur à l'ascendant d'une puissance qui le domine.

S'agit-il, au contraire, d'un fait aux conséquences fécondes : il est beau de faire pressentir son importance, par l'expression de tous ceux qui viennent y prendre part. Dans la scène de la *Tradition des clefs* d'Hamptoncourt, tout l'avenir de l'Eglise est en perspective.

La convenance d'expression est encore relative aux différents genres de peinture, et il faut lui appliquer, à cet égard, toutes les modifications auxquelles la composition est également tenue de s'assujettir. La peinture monumentale demande des expressions plus graves, plus modérées, plus contenues, plus mesurées que des tableaux exécutés pour eux-mêmes, libres de tout engagement, sans corrélation directe avec l'architecture. Il sied peu à la peinture sur verre, avec les lignes arrêtées de ses silhouettes, de viser à l'expression des nuances les plus délicates de la physionomie : il lui faut des airs de tête fermes dans le sentiment principal, assez dégagés pour être facilement saisis, et cependant maintenus en harmonie avec un ensemble de décorations immobiles.

L'oubli des conditions réelles en vue desquelles ont dû être faites les œuvres qu'il voit réunies sous ses yeux, expose le visiteur d'un musée à bien des erreurs de jugement; mais les erreurs de l'artiste ont bien plus de conséquence, lorsque, travaillant pour une destination spéciale, il le fait en vue d'un succès de musée ; et l'expression étant, de toutes les parties de son art, celle qui est le plus comparable au discours, c'est surtout au point de vue où nous en parlons, qu'il nous sera permis de dire avec qui nous lui trouvons alors de la ressemblance. N'est-il pas comme un ministre de Dieu qui, chargé de parler en son nom, dans son temple, au lieu de monter dans la chaire sacrée avec la voix grave, convaincue, soutenue du prêtre, toujours accueillie dans le respect et le silence, y porterait les agitations d'une tribune, les prétentions d'une académie, les débats d'une audience?

VI.

DES ATTITUDES.

Le visage est principalement le miroir de l'âme; cependant, toutes les inflexions du corps concourent à notre gré, et souvent même contre notre intention, à révéler ce qui se passe au dedans de nous; et autant il est utile de modérer et de régler les mouvements et les gestes, pour mieux leur faire dire tout ce qu'ils peuvent exprimer, autant il serait peu sensé de ne rien leur demander, ou de ne leur demander que de faibles secours, quand ils sont, en réalité, des moyens très-puissants d'expression.

La physionomie est la fleur de l'expression; les attitudes, pour ainsi dire, en sont la tige, et les gestes en sont les branches. Après avoir passé en revue les qualités générales qui doivent se rencontrer dans cette partie de l'art, nous avons à faire porter nos observations sur la manière dont l'ensemble du corps, la main, le visage, sont appelés à concourir au but proposé; et nous parlerons naturellement de ces divers objets de notre étude, dans l'ordre même où nous venons de les nommer.

Il faut distinguer entre les attitudes irréfléchies, auxquelles on est porté selon ses dispositions intérieures, et le geste proprement dit, auquel nous recourons comme à un supplément de la parole, pour transmettre nos pensées. Notre corps se dresse, se penche, se laisse aller, selon que notre âme s'élève ou s'affaisse; et nous nous montrons ainsi d'autant plus ce que nous sommes, que nous y songeons moins, et que nous nous supposons moins observés. Ce sont surtout ces attitudes qui, pour être très-significatives, n'ont pas besoin d'être fortement accusées; et même, sous les yeux du public, quand on se sent regardé, pour peu que l'on ait idée de poser, il est rare qu'elles le soient, dans la réalité.

Sous une impression d'orgueil ou de colère, le corps se monte et s'étend: avec celle-ci, par la tension des muscles; avec celle-là, comme gonflé par l'air d'une respiration retenue. L'envieux et l'avare, au contraire, se courbent: l'un, en rentrant sur lui-même; l'autre, en se penchant vers l'objet déterminé ou indéterminé de sa cupidité. Le courage, la majesté, ajoutent à la taille, mais par le jeu plus facile des organes, sans rien de trop tendu ni d'outré. Ce jeu est plus ferme dans le sentiment du courage, car il prépare à l'action ; plus moelleux dans celui de la majesté, qui se sent maîtresse des circonstances, et qui, toujours, demeure au moins reine d'elle-même. Chez l'homme courageux, la poitrine s'ouvre, et les mains sont attirées vers elle, comme au centre des affections généreuses. Dans la colère, la poitrine se resserre et les bras se retirent en arrière; et quant à l'orgueil, s'il veut hausser la tête à l'égal de la majesté, c'est par un effort qui en projette en avant la partie inférieure, au détriment de la partie supérieure, qui se renverse en arrière.

La douleur abat, l'amour incline, la curiosité attire, la crainte éloigne, la compassion s'épanche, la haine se concentre.

Dans ces divers mouvements, les bonnes et les mauvaises affections se rencontrent et se croisent. Où l'on reconnaît toujours celles qui sont bonnes et honnêtes, c'est surtout en ce qu'elles maintiennent dans un état de flexibilité et d'équilibre les organes qui se contracteraient sous l'impression d'une passion plus ou moins désordonnée. Cette passion approche-t-elle de son paroxysme : la crispation arrive, la circulation s'arrête, le sang se glace. La colère n'est rouge qu'à ses premiers degrés ; l'orgueil lui-même ne le demeure pas jusqu'à la fin : toutes les mauvaises passions finissent par la pâleur, cet indice de la mort. Cependant toute pâleur n'est pas mauvaise. N'y a-t-il pas des souffrances dans la vertu, et des morts méritoires, comme il y a de saintes indignations ? Toutes les passions ne se crispent pas de la même manière, et les mouvements vertueux ne se crispent jamais, bien qu'ils affectent les mêmes attitudes fondamentales que les passions auxquelles ils ressemblent.

Que l'artiste chrétien observe donc et qu'il médite. Nul ne saurait lui enseigner par des combinaisons de mots ce qu'il lui sera facile d'apprendre de ses yeux et par ses propres réflexions. Il verra à quelles modifications variées les dispositions de l'âme peuvent incliner le corps, sans le faire sortir d'une certaine immobilité, du même genre que celle à laquelle l'art est tenu de s'assujettir. Il arrive journellement qu'on y est condamné par les circonstances, au plus fort des impulsions qui pousseraient aux démonstrations les plus vives ; et cette contrainte, loin d'apaiser l'émotion qui bouillonne, ne fait que l'activer, en la concentrant. D'ailleurs, on n'a pas soi-même qu'un seul désir et qu'une seule volonté : le bien, le mal, le pour, le contre, luttent en nous ; nos passions se favorisent ou se combattent tout à la fois ; on se retient et l'on s'excite ; et c'est quelquefois au moment où l'on retient le plus sa passion, qu'on va la laisser éclater avec le plus de furie. Tous ces états de l'âme ont des attitudes qui leur correspondent. Essayer de les saisir toutes, avoir la prétention de les rendre avec la variété de leurs nuances infinies, serait tenter l'impossible. Mais, par l'observation, rendez-vous maître des grandes lignes, et quand il s'agira de les traduire, en vous bornant au petit nombre de procédés graphiques dont vous pouvez disposer, rappelez-vous que vous avez des moyens très-efficaces de suppléer à leur insuffisance directe. Il n'est pas défendu, en effet, à l'artiste de charger un peu certaines attitudes, de celles qui expriment de mauvais sentiments, pourvu qu'il n'aille pas jusqu'à la caricature, dans les sujets sérieux.

En le lui accordant, nous ne nous départons pas du système de modération, de sobriété, que nous lui avons conseillé. Il peut se montrer sobre et modéré jusque dans certaines exagérations relatives ; c'est même par rapport à elles que la plus grande mesure lui est surtout commandée, ou plutôt, c'est grâce à cette mesure qu'il les peut rendre acceptables.

En règle générale, il n'y a que les mauvais côtés de la nature humaine qu'il soit permis de forcer ainsi, et cela surtout pour mieux les distinguer du bien auquel ils pourraient ressembler. L'harmonie et l'accord étant de l'essence du bien, on ne peut forcer celui-ci sur un point, sans le dénaturer ; tandis que l'idée du mal entraîne celle d'un désaccord, de telle sorte que, même en l'exagérant, il peut se faire qu'on ne le dénature pas. Et quant aux défauts de proportions par lequel il semblerait que l'on dût fausser les choses, on remarquera que, toute mesure étant gardée, le défaut, s'il y en a un, n'est que dans le moyen d'expression, ce moyen étant employé cependant de telle sorte qu'il fait comprendre les choses comme elles sont, et non pas à la lettre, comme il les montre.

Notez ensuite que la composition vient au secours de l'expression. On sait de quoi il s'agit; les expressions des divers personnages s'expliquent les unes par les autres. Il en est un qui s'irrite : on le comprend aussitôt, si on en aperçoit un autre qui l'apaise ou qui s'effraie. La puissance d'un orateur se fera vivement sentir, si l'on voit ceux qu'il entraîne, comme soulevés de leurs siéges, et ceux qu'il confond s'y tenant affaissés.

Il n'est rien que le peintre ne puisse exprimer, s'il sait user de toutes les ressources de son art.

VII.

DU GESTE.

Après le jeu du visage, c'est dans celui de la main que reposent nos moyens d'expression les plus vifs, les plus prompts, les plus décisifs, les plus variés ; et ce sont ceux qu'il est le plus facile d'analyser et de préciser.

On peut tout dire avec la main : le langage des sourds-muets en est la preuve. Ce langage semblerait même susceptible d'entrer tout entier dans le domaine de la peinture, puisqu'elle peut en reproduire littéralement tous les signes, sans avoir à les traduire. Il n'en est rien cependant, car ces signes, n'ayant de valeur que par leurs combinaisons successives, lui échappent par là même ; et, d'ailleurs, il appartient à l'art, non-seulement de rendre des pensées qui soient belles, mais encore de les rendre sous des formes qui le soient proportionnellement. Le signe est de pure convention, et aucune beauté ne lui est propre. Il n'en est pas ainsi du geste : il existe, entre la manière dont il se produit et les affections de l'âme, une correspondance naturelle, qui est déjà, par elle-même, une véritable source de beauté. Le geste s'emploie, il est vrai, avec calcul, pour aider la parole, quelquefois pour la suppléer ; mais il s'en faut de beaucoup qu'il soit toujours réfléchi. L'orateur, au contraire, le plus maître de ses moyens d'action, ne doit employer aucun geste qui ne soit dans la nature, au point de se produire spontanément, dans les conditions naturelles où l'art oratoire demande que l'on se suppose placé. Il n'en est pas autrement du peintre appelé à user du geste avec vérité, à s'en servir avec art.

La gesticulation est naturellement plus animée, à proportion que la parole fait défaut. Celui qui sait manier la parole, se sert de geste avec plus de mesure, mais non pas avec moins d'efficacité ; et celui qui doit manier le pinceau, à défaut de la voix, est assez riche, par les autres ressources de son art, pour rivaliser sous ce rapport avec l'orateur. On a remarqué que la main, dans le geste mesuré avec goût, ne s'élevait pas ordinairement au-dessus des yeux, ne s'étendait pas au delà des épaules. Nous ne ferons pas une règle absolue de le resserrer dans ces limites : trop d'illustres exemples viendraient nous contredire ; mais si l'on veut demeurer dans la mesure contenue et modérée que nous avons posée en principe, comme nécessaire à la vérité, à l'intensité, à la beauté de l'expression, on ne s'en écartera que rarement. On devra prendre alors les dispositions les plus propres à maintenir, dans la combinaison de ses lignes, des courbes harmonieuses et un ensemble agréable à la vue, et à éviter tout désaccord dans les impressions : deux choses essentielles, et faciles à compromettre par des mouvements trop larges et trop fortement accentués.

Combien d'expressions, au contraire, attachées à la seule position des mains, et que l'on peut rendre claires, senties, énergiques au besoin, par des mouvements aisés et naturels, sans aucun allongement ou avec un allongement moyen du bras !

La main appuyée sur le front indique un travail de l'intelligence, une méditation dirigée avec certain effort vers un objet cherché : effort léger et facile, si la main ne fait que toucher doucement le front ; effort d'autant plus laborieux, d'autant plus opiniâtre qu'elle s'y imprime plus profondément.

Possède-t-on mieux l'objet de ses investigations, s'agit-il plutôt de l'examiner que de le découvrir ? la main descend facilement sous le menton, et la tête s'y appuie à son tour, dans un sentiment de repos : repos qui n'a rien d'oisif, car c'est une autre forme de l'étude. Thadée Gaddi, à Santa Maria Novella de Florence, s'est servi avec bonheur de cette attitude, pour la figure de Boèce, dans la fresque de la *Glorification de saint Thomas*.

La main se relève-t-elle, en s'avançant vers la bouche ; un doigt surtout s'en détache-t-il pour envelopper celle-ci en se courbant ? c'est que l'esprit s'est remis à chercher, mais non plus en s'attachant à des questions purement spéculatives : il a une résolution à prendre. Si la main se ferme mollement dans cette position, il y met de l'indécision ; s'y fixe-t-elle, s'y enfonce-t-elle avec fermeté, comme dans le *Pensiero* de Michel-Ange : vous avez devant vous, soyez-en sûr, un homme qui a beaucoup de choses à considérer, qui voit beaucoup, et qui cependant ne voit pas tout ce qu'il lui faudrait savoir pour prendre un parti. Il ne se résout pas, mais il n'est pas irrésolu : il pense. Ce n'est plus l'étude du savant, c'est la méditation du politique.

La méditation faite avec un sentiment d'amour entraîne la main du côté de la joue, soit que la tête se relève comme pour posséder un objet de complaisance, soit que, cet objet étant éloigné, elle se penche, par un mouvement de tristesse et de mélancolie : la main alors tend à se rapprocher des yeux ; elle les atteint dans la douleur, et les recouvre dans la douleur profonde.

Toutes les fois qu'elle se soulève dans une attitude voisine de chacune de ces positions, elle témoigne d'une solution correspondante : elle s'est détachée du front, c'est qu'on a trouvé ; du menton, c'est qu'on a conclu ; de la bouche, de la joue, c'est qu'on a résolu, et tiré une conséquence pratique des pensées et des sentiments auxquels l'âme était livrée ; mais, si alors la main, au lieu de s'élever et de se soutenir, se laisse retomber, vous avez la preuve du contraire : on renonce à une recherche infructueuse, on se sent impuissant à conclure, à résoudre, à diriger, à maîtriser des impressions ou trop fortes, ou tirant trop à la langueur.

Ce court exposé comprend les principaux mouvements de la main, relativement à la direction et à l'impulsion des pensées, selon qu'elle se porte vers les différentes parties du visage. Vient-elle à peser sur le sommet de la tête, c'est que l'esprit est aux prises tout au moins avec une lourde difficulté ; et lorsque les deux mains s'y appesantissent à la fois, c'est le geste du désespoir. Orcagna, Fra Angelico, Michel-Ange, dans leurs *Jugements derniers*, n'en ont pas trouvé de plus expressif pour rendre celui des damnés ! La situation, demeurant accablante, devient-elle moins désespérée : les mains descendent sur le cou et se rapprochent des épaules. Pour peu qu'elles se soulèvent, elles passent du désespoir à la supplication, et l'on voit que, tant qu'on est capable de vouloir, le remède est toujours voisin du plus grand mal.

Dans la supplication repentante, les mains demeurent modérément ouvertes et rapprochées de la tête ; dans la supplication ardente, motivée par un grave danger, elles se tendent, se dressent, s'élancent en quelque sorte. Toujours levées vers le ciel, avancées par un mouvement plus facile, elles disent moins que l'on supplie, et deviennent plutôt le signe de la prière.

Une seule main ainsi levée, en s'allongeant, constitue la forme à la fois naturelle et légale du serment. Veut-on diriger sa pensée vers le ciel, non plus pour invoquer son témoignage, mais dans un but d'enseignement ? la main se ferme en plus grande partie, et un doigt seul reste entièrement levé, — geste qui a toujours pour objet une action à exercer sur les autres : démonstrations ou injonctions diverses, selon la hauteur, la direction, la tension de la main et l'allongement du bras. C'est ainsi que le doigt, rapproché de la bouche, invitera au silence, ou enjoindra avec autorité de le garder.

Le geste de la bénédiction le mieux caractérisé implique à la fois l'idée d'un appel à Dieu, qui fait lever la main, et d'une action bienfaisante et protectrice, qui la fait étendre sur ceux que l'on bénit. Maintenu, en conséquence, dans une situation intermédiaire, ce geste sera d'une intelligence facile ; plus abaissé, il s'applique particulièrement au sentiment de la protection ; plus relevé, il n'exprime que l'invocation. Il se complète par l'une des formes consacrées pour la bénédiction divine et sacerdotale, soit dans l'Église latine, où l'on élève les trois premiers doigts, les deux autres demeurant abaissés, soit dans l'Église grecque, où l'on rapproche le pouce de l'annulaire, les trois autres doigts demeurant élevés. Mais ce sont là des signes d'une haute valeur conventionnelle, plutôt que des mouvements purement naturels. Qui niera cependant qu'on ne puisse voir dans cette disposition des doigts, en partie ouverts, en partie fermés, quelque chose de la double tendance à élever la main et à la baisser, naturelle à celui qui bénit?

Il est constant que le geste de la bénédiction latine, au moins, a été très-souvent employé aussi comme geste oratoire, uniquement pour signifier que l'on prend la parole. On est assez naturellement porté alors à élever la main pour réclamer l'attention; on l'incline vers ses auditeurs, si l'on veut solliciter leur silence; on la maintient plus droite, si l'on parle d'autorité. Qu'on essaie de ce triple mouvement, qui tient du signal, de l'injonction et de l'apaisement: on verra avec quelle facilité on arrive, sans y penser, à élever la main modérément et à la fermer en partie.

Ce que l'on fait le plus naturellement est aussi ce qui se fait le plus aisément comprendre. Pour exprimer une même disposition de l'esprit, une même intention de la volonté, il est assurément beaucoup de manières et de variétés de gestes faciles à confondre; mais aussi l'art n'a aucun besoin de rendre tout ce qui serait possible, dans un cas donné. C'est parce qu'il doit s'en tenir, en toute situation de l'âme, aux moyens d'expression les plus précis, les plus distincts et les plus intelligibles, que nos observations peuvent être utiles à l'artiste. Et nous l'invitons, en s'observant lui-même, à les bien saisir, afin de les adopter uniquement, sans disséminer ses efforts.

On comprend que le geste oratoire se soit facilement confondu avec celui de la bénédiction: cette confusion était sérieusement motivée, dans un grand nombre de monuments où le Christ est représenté avec un caractère de généralité qui s'étend à tout ce qu'il est, à tout ce qu'il a fait, à tout ce qu'il a dit. On n'a pas à s'inquiéter alors de savoir s'il parle ou s'il bénit, lorsqu'il répand à la fois tout enseignement et toute bénédiction. Ailleurs, une semblable confusion n'est pas sans inconvénient, et il importe de la faire disparaître.

On y arrivera en observant que le geste oratoire se porte facilement sur le côté, la main tournée de profil et inclinée obliquement; tandis qu'il n'y a pas à se méprendre si la main levée pour bénir, et tournée de face, part du milieu du corps, et se dirige droit en avant. D'ailleurs, il est bon de réserver pour la bénédiction rigoureuse la position des doigts que nous pouvons appeler en quelque sorte sacramentelle, tout en maintenant ces mêmes doigts dans un ordre qui s'en rapproche, toutes les fois qu'il s'agit de la parole de Dieu, sortant de sa bouche, ou annoncée par quelqu'un de ses ministres.

De même que, rapprochée de la tête, la main indique les opérations de l'esprit, rapprochée de la poitrine, elle s'applique aux dispositions de la volonté, aux mouvements des affections. On pose la main sur son cœur, afin de protester qu'il bat pour le bien. Est-ce une protestation d'amour, une protestation de courage ? l'autre main le dira. Se joint-elle à la première : il n'y a pas d'équivoque, c'est l'affection qui proteste ; et tout mouvement qu'elle fait pour s'en rapprocher implique le même sentiment, à des degrés divers. Sous l'impression du courage, la main gauche retombe à demi-fermée, par la tension des muscles qui se préparent à l'action.

La protestation est-elle plus vive : dans l'un ou l'autre cas, la main se ferme à moitié sur le cœur, comme si on voulait le saisir pour le donner.

Sous l'impression d'une contemplation douce et paisible de l'objet aimé, les mains se croisent en s'appuyant sur la poitrine ; c'est le geste de la possession : l'on témoigne alors que l'on conserve son cœur pour celui que l'on aime ; qu'on se possède en état de lui être offert sans partage ; qu'on le possède lui-même, par son amour.

Dans cette situation, s'allume-t-il au fond du cœur de ces mouvements d'amour, comme le souverain Bien est seul capable d'en produire ? les mains alors, imitant naturellement l'impulsion de la flamme, montent et s'élèvent ; tandis que, dans le sentiment de la componction, elles fléchissent et se replient sur elles-mêmes, mais de telle manière, si l'amour l'emporte, qu'elles se serrent de plus en plus contre le cœur. Les deux mains jointes l'une sur l'autre, la paume en bas, expriment proprement l'embarras, la confusion ; croisées à l'articulation des poignets, comme si elles étaient liées, elles indiquent que l'on reconnaît un maître ; croisées par les doigts, elles signifient que l'on renonce à agir, que l'on se rend à discrétion ; mais si alors la confiance l'emporte, que la prière s'enflamme, les doigts se relèvent, et les mains, jointes par leur seul contact intérieur, semblent, en s'élevant, vouloir percer le ciel.

Les mauvaises impressions ont, en général, pour effet de faire fermer les mains. Ainsi, dans toutes les situations que nous venons de passer en revue, si elles se ferment plus que de raison, vous voyez percer le mal. Viennent ensuite les mouvements désordonnés, les crispations dont nous avons déjà relevé la signification malheureuse.

C'est une attitude propre à l'orgueil que de tenir la main élevée sur le sommet de la poitrine, et dirigée vers la tête, comme si on voulait se montrer soi-même. L'envie vous gagne-t-elle : la main dévie de cette position et s'incline vers le cœur en se serrant. L'avarice la tient non moins serrée, mais inclinée vers la terre. Cède-t-on à la volupté, à la gourmandise : la main se détend sans s'ouvrir, et se dirige vers les régions de la vie animale. Par la colère, elle se contracte en se rejetant en arrière, et la paresse la laisse tomber nonchalamment.

Une faible inflexion, en chacune des mauvaises passions ainsi exprimées, est ramenée au bien par l'expression de la vertu contraire. « Je suis cela ! » disait l'Orgueil, la main élevée devant la poitrine. « Je ne suis que cela, » reprend l'Humilité, ouvrant cette main, et l'abaissant en avant. La main de l'envie se serrait, en se concentrant vers un cœur non moins serré : c'est aussi à la hauteur du cœur que s'ouvre celle de la cordialité, que se tend celle de la bienveillance. La main de l'avarice n'a de même qu'à se retourner et à s'ouvrir, pour devenir la main de la générosité. On formera le geste de la répulsion, et on l'appliquera aux appétits grossiers de la nature, en relevant la partie antérieure de la main, dans la position même où ils auraient pu l'abaisser. Des mains qui s'ouvriraient doucement vers vous, sur les côtes mêmes où les aurait amenées la colère, vous exprimeraient certainement la patience, la douceur ; et dès lors qu'elles se relèvent de l'affaissement où les tenait la paresse, elles vous donneront aussitôt l'idée d'un homme résolu à l'action.

Qui appelle, qui rejette, qui offre, qui éloigne, qui s'étonne, qui s'effraie, se sert successivement de gestes bien connus. Il y en a pour toutes les impressions, pour toutes les situations ; mais ils dérivent, pour la plupart, de ceux sur lesquels nous avons basé nos observations.

Quant aux nuances d'impressions les plus délicates, à ces mouvements des passions qui se disputent une âme sans éclater, aux affections qui se dissimulent, se concentrent et se cachent, et n'en sont que plus vives et plus profondes, si l'artiste a le pouvoir de les faire rentrer dans son domaine, ce sera par l'étude de la physionomie qu'il réalisera cette merveille.

VIII.

DE LA PHYSIONOMIE.

Toutes les sensations du corps viennent aboutir au cerveau, toutes les impressions de l'âme ont leur correspondance dans la tête ; il n'en est aucune qui ne détermine une inflexion particulière du visage. Si on savait bien lire sur la physionomie, on y lirait tout ce qui se passe dans l'âme : tel dissimule, on y lirait la dissimulation ; tel est indécis, on y lirait l'indécision. Est-ce à dire que vous verriez l'homme tout entier ? Nous ne le prétendons pas. Lors même que vous pénétreriez au plus profond de son âme, vous ne le connaîtriez pas parfaitement : il ne se connaît pas lui-même. Vous verriez la pensée du moment, l'impression qui passe, l'acte fugitif, toutes choses qui ont leurs reflets, la plupart inaperçus, sur la physionomie. Tenons-nous-en à ce qu'on peut communément apprendre : pour qui sait observer, la moisson sera riche encore : si riche, qu'entreprendre d'en faire l'analyse, en gros seulement, comme nous l'avons fait pour le geste, serait se bercer d'une chimère. Rien de plus varié, de plus délicat, souvent de plus rapide que le jeu d'une physionomie. Elle vous a transmis une impression : voulez-vous vous rendre compte de ce mouvement presque insensible du front, de l'œil, de la bouche ? Impossible ! Et cependant, c'est un des priviléges de l'art, l'un des titres de sa dignité, que de pouvoir fixer sur une matière inanimée ce signe insaisissable de la vie, de la pensée, d'une affection. Vous avez vu, vous avez senti, vous avez compris : vous prenez un pinceau, vous tracez des lignes, vous distribuez des ombres et des couleurs ; et en présence de votre œuvre, pendant des siècles, il se trouvera des hommes qui verront, qui sentiront, qui comprendront comme vous l'avez fait... Et comment cette œuvre morte a-t-elle atteint l'efficacité de la vie ? Quels sont donc ces contours, cet empâtement si habile ? Quelle est cette inclinaison feinte du sourcil ou des lèvres, capable de parler à ce point ? Le compas à la main, grâce à l'immobilité du bois ou de la toile, vous pourrez, ce qui vous eût été impossible sur la nature vivante, nous dire jusqu'où s'étend cette teinte, où fléchit tel muscle, où il se relève ; mais ce sera pour nous faire mieux sentir la disproportion entre le moyen ainsi calculé, et le résultat obtenu. Nous n'avons pas besoin de demander à quoi on aboutirait, en faisant de l'expression avec de telles mesures et de semblables calculs. Les dessins de Lebrun peuvent certainement être utiles comme des jalons qui indiquent une direction générale. Eût-on réussi à produire d'abord un certain effet, en s'en servant à la manière d'un écolier qui cherche dans son dictionnaire le tour et le mot propre à la phrase : on paraîtrait bientôt d'autant plus froid, que l'on se serait servi de sourcils plus froncés, de bouches plus ouvertes, que l'on aurait, en un mot, tenté de mettre plus de vigueur factice dans ses expressions.

Que l'on essaie, au contraire, de copier à froid, après les avoir disséquées et réduites à des lignes analytiques, les expressions si douces et pourtant si pénétrantes du Beato Angelico : l'effet sera d'une insignifiance absolue.

Evidemment, pour exercer un entraînement sympathique, il faut d'autres procédés.

Admirable mystère de la communication des âmes ! L'on sent et l'on veut faire sentir, et l'on fait sentir. Le savoir-faire de la main, la finesse du coup d'œil y sont sans doute pour beaucoup : l'artiste ne peut s'en passer, ils ne pourraient surtout lui suffire. Tout repose sur un trait, sur une simple indication. Mais de même que, sentant ce que l'on veut faire sentir, comprenant ce que l'on veut faire comprendre, on subira soi-même, sans y penser, dans les muscles si sensibles du front, des joues ou des lèvres, les délicates impressions qui correspondent précisément aux passions et aux affections qui vous animent : de même la main assez expérimentée pour ne pas manquer, comme instrument d'exécution, obéit aux impulsions de l'âme; elle met dans ce trait, dans cette indication, justement ce qu'il faut pour faire sentir, comme vous sentez vous-même, toutes les âmes qui résonnent à l'unisson de la vôtre. Une vie se transporte dans une vie. Et nos bons anges ne se mettent-ils pas de la partie? Pourquoi ne le penserions-nous pas, quand il s'agit de sentiments nobles, généreux, d'affections pures? Lorsque le peintre, au contraire, dans la pratique d'un art qui porte en bas, si on ne le porte en haut, se laisse dominer au dedans par des pensées criminelles, de vaines fantaisies, des images impures, il est difficile que les expressions sorties de son pinceau ne servent pas à l'ennemi de tout bien, pour propager de semblables souillures.

Imprégnez-vous vivement, profondément, des pensées, des sentiments que vous voulez exprimer : c'est prendre le grand, l'essentiel moyen de les exprimer.

On vous dira : Pour peindre l'attention, tournez les pupilles vers l'objet qui l'attire, et abaissez les sourcils du côté du nez, ouvrez la bouche, principalement dans la partie supérieure ;

Pour peindre la vénération, inclinez la tête, les yeux presque fermés, la bouche aussi fermée ;

Pour peindre le rire et la joie, que les yeux soient à demi-ouverts et élevés vers les tempes, aux angles extérieurs, le nez et la bouche suivant ces inflexions, de sorte que les lèvres, obligées de se relever par le mouvement des angles de la bouche, paraissent gonflées ;

Pour peindre la douleur, dirigez dans un sens opposé les unes aux autres toutes les parties du visage, les cils s'élevant sur le centre du front, les paupières paraissant enflées, les orbites livides, les yeux ; les narines et la bouche tombantes, la tête comme abandonnée à son propre poids, s'en allant d'un côté ou de l'autre des épaules.

Ces indications ne sont pas à dédaigner; on les complétera par ses propres observations. L'observation vous dira tout ce qu'il y a d'expression dans un pli du front, une inclinaison du regard, un gonflement de narines, une rougeur de la joue, un pincement des lèvres. Vous en comprendrez le sens, vous en surprendrez la portée.

Mais vous ne vous êtes pas contenté de voir : nous admettons qu'à cet effet vous avez réfléchi. Les passions ont leurs ramifications et leurs détours : l'orgueil, qui s'étale dans l'ostentation, se pince dans la vanité, se roidit, se concentre dans le stoïcisme ; satisfait, il se sourit ; mécontent, il s'assombrit. Vous le savez, vous avez consulté les moralistes, et, ouvrant le *Traité de la Médecine des passions* [1], ce livre plein de science et de sagacité, vous avez compris quelles influences variées elles exercent sur les organes. Vous n'avez rien fait de trop : pour peindre le cœur humain, il faut le connaître, et rien de ce qui peut enseigner l'action réciproque du dedans sur le dehors, du dehors sur le dedans, ne saurait être étranger au peintre qui veut acquérir le don supérieur de l'expression.

Tout cela même est loin d'être suffisant. Pour être un grand maître, en fait d'expression, il faut sentir : sentir sans chercher à le montrer, et le rendre comme on le montre quand on le sent. Aimez et faites ce que vous voudrez. Ces paroles de saint Augustin sont bonnes aussi pour le peintre.

Pour rendre la vénération, qu'il vénère lui-même. Il s'est efforcé d'apprendre ; il a bien observé comment les autres vénéraient ; ses observations sont tombées juste : c'est quelque chose, ce n'est pas assez. Que ce sentiment passe en lui, alors il s'imprégnera dans les traits de son propre visage, il passera par sa main, il coulera dans son œuvre et nous sera transmis.

Mais s'il s'agit d'un sentiment qu'on ne peut pas avoir, qu'on ne doit pas avoir, d'un sentiment mauvais, nous dirons que, dans une œuvre chrétienne, l'expression du mal ne doit apparaître qu'à l'état secondaire, comme Dieu souffre que le mal lui-même se produise en vue d'un bien. Le positif, le définitif, c'est l'expression du bien. L'expression des mauvais sentiments aura pour but de justifier, d'expliquer, de mettre en relief le sentiment bon et vertueux qui doit se rencontrer au moins dans le héros de la scène : c'est celui-ci qui se propose à notre amour, à notre confiance, à notre admiration, à notre imitation. Il est le seul dont l'artiste doive pleinement éprouver le sentiment, pour l'exprimer dans sa vérité, dans sa force, dans sa beauté, et nous le transmettre avec plénitude.

Bien qu'il puisse, à la surface de son âme, essayer de quelques senti-

---

[1] Par M. Descuret, in-8°. Paris, 1841.

ments mauvais, comme un acteur qui se met dans son rôle ; tout en écoutant ces réponses de mort, qui se font toujours plus ou moins sentir à quiconque s'interroge dans les replis de sa propre nature, l'artiste véritablement chrétien ne leur laissera jamais prendre sur lui assez d'empire, pour les exprimer avec ces accents de vérité palpitante propres à l'impression que l'on éprouve ; mais, aussi, il ne sera pas exposé à les rendre avec un attrait trop séduisant et contagieux. Il ne les prendra jamais au moment de leur prestige. Il les considérera plutôt lorsqu'ils sont entrés dans la voie de dégradation où ils mènent. Alors, chez lui, tout ce qui apparaîtra sous une couleur de mal produira, conformément à ses désirs, un sentiment définitif de répulsion, de crainte ou d'horreur ; et c'est là ce qu'il aura surtout le don de communiquer. Fin observateur, attentif à l'étude du cœur humain, comme nous le supposons, il saura cependant arriver à ce résultat sans nuire à la beauté, à la dignité de son œuvre ; il saura dorer des allures coupables, mais en laissant voir qu'elles ne sont que dorées ; il permettra de hausser son maintien à une âme qui s'abaisse sous de vils sentiments, mais en laissant voir qu'elle se hausse ; il peindra de fausses assurances, mais on verra qu'elles sont feintes.

A qui sait se bien observer et convenablement s'étudier lui-même, il n'est pas aussi difficile qu'il semblerait, de prime abord, de réunir, dans l'expression d'une même physionomie, des sentiments divers, et jusqu'à des expressions contraires. Un sentiment peut demeurer encore dans les yeux et un autre apparaître, par exemple, déjà sur la bouche. Le geste peut ajouter à l'intensité d'une expression dominante sur le visage ; mais il peut la contrarier et la faire reconnaître comme étant feinte, combattue ou passagère. Les expressions enfin d'une même composition se complètent, s'expliquent les unes par les autres.

Au résumé, nous voulons un artiste qui se mette en état de dire beaucoup et de le bien dire ; nous voulons qu'il se rende maître de tous les moyens d'expression, et qu'il sache les employer avec la mesure et la sobriété nécessaires pour les accorder et les faire concourir au but bien déterminé et toujours utile, moral, religieux, qu'il a dû se proposer. Il pourra alors être suave, sans être moins expressif d'ailleurs. Chez lui, le naturel exclura tous les genres d'affectation : la mièvrerie, qui est celle de la douceur et de la grâce ; le guindé, qui est celle du digne. Et, soigneux d'embellir et de grandir son âme, il nous fera goûter, par l'expression, le charme de tout ce qui est pur, noble, généreux, le charme de tout ce qui est saint.

ÉTUDE VI.

DU DESSIN.

I.

RÈGLES GÉNÉRALES DU DESSIN ET DES PROPORTIONS.

L'art ne saurait exister en dehors des moyens d'exécution qui lui sont propres et qui lui donnent un corps. Jusqu'ici nous nous sommes attaché presque uniquement à son âme. La composition et l'expression comptent parmi les parties extérieures, parmi les moyens d'exécution de l'art; mais elles s'adressent principalement à l'esprit par le moyen des yeux, et rendent des pensées et des affections par des moyens plastiques. Maintenant il nous faut revenir sur nos pas, et nous occuper spécialement de ces parties toutes matérielles de l'art, qui lui sont aussi nécessaires que le corps et ses organes à notre complète existence.

Il n'entre point dans le plan de nos études de fournir à l'artiste, sur les parties techniques de l'art, toutes les notions dont il a besoin; il les trouve réunies dans une foule de traités spéciaux qui se complètent les uns par les autres, depuis de Piles jusqu'à Montabert, et à la *Grammaire des Arts du Dessin*, par M. Charles Blanc; puis il les complétera surtout par sa propre expérience. Mais nous nous adressons, autant qu'aux artistes eux-mêmes, voués à la pratique de l'art chrétien, à tous ceux qui veulent sérieusement se rendre capables d'en apprécier les œuvres, à ceux auxquels il appartient de décider et d'expliquer les commandes, d'en surveiller, d'en accepter l'exécution; et nous devons leur offrir un résumé de ces matières, qui les préserve d'y demeurer par trop étrangers, jusqu'à ce qu'ils aient pu recourir aux sources où ils seront à même de s'en instruire parfaitement.

Après avoir tenté d'en exposer succinctement les premiers principes, nous essaierons d'en apprécier l'application. Nous chercherons quelle signification on peut donner aux formes et aux couleurs, et nous nous mettrons en voie de déterminer, en conséquence, la mesure dans laquelle cette signification doit influer sur leur choix.

Commençons par les formes : nous avons d'abord à les examiner selon qu'elles sont en elles-mêmes, ensuite selon qu'elles paraissent : c'est-à-dire à nous occuper du dessin en général, et, en second lieu, de la perspective.

La représentation de l'homme occupe dans l'art, et surtout dans l'art chrétien, une place d'une telle prépondérance, que tout le reste ne vient après que dans un rang secondaire. Les formes humaines apparaissent ou dans leur état de nudité native, ou recouvertes des vêtements dont l'usage est devenu un besoin et un devoir. De là, pour nous, trois nouvelles subdivisions, consacrées : la première, à l'étude du nu, de son usage, de ses abus ; la seconde, aux vêtements et aux draperies ; la dernière, à toutes les choses qui peuvent être appelées à figurer dans un tableau chrétien, soit à raison de leur signification, soit pour en former le fond, soit à titre d'accessoires.

Le dessin consiste, à strictement parler, dans le tracé des simples linéaments qui déterminent les contours des corps ; mais, dans une acception plus large, il se prend pour la détermination de toutes leurs formes, et principalement des formes, des proportions, des attitudes du corps humain, quel que soit le moyen dont on se serve pour les arrêter et les faire sentir. Milizia le définit « l'art de donner à chaque objet sa
« vraie mesure et proportion ; de déterminer les formes au moyen de
« contours divers, et de fixer, par ce moyen, les attitudes et les expres-
« sions de toutes sortes de figures, et dans toute espèce de cas que l'on
« puisse imaginer [1]. »

A la justesse du coup d'œil, à l'adresse de la main, un bon dessinateur doit associer une sérieuse connaissance de l'anatomie, et plus encore, selon l'observation de M. Selvatico, celle de la physiologie : car ce sont des corps vivants qu'il est appelé à mettre en scène.

« Le dessin », dit Léonard de Vinci, « se divise en deux parties, qui
« sont la proportion des parties entre elles, par rapport au tout qu'elles
« doivent former, et l'attitude qui doit être propre au sujet et convenir à
« l'intention et aux sentiments qu'on suppose dans la figure repré-
« sentée [2]. »

Il ne fait à peu près que se répéter, en donnant plus de développement à sa pensée, quand il ajoute : « Trois choses sont à observer dans les

---

[1]. Milizia, *l'Arte di vedere nelle belle arti*. Bologna, 1826, T. 1, p. 206. Selvatico, *Pittore storico*, p. 161.

[2]. Léonard de Vinci, *Traité de la Peinture*, in-8°. Paris, 1803, ch. XLVIII, XLIX, p. 33.

« proportions : la justesse, la convenance et le mouvement. » Sous le nom de justesse, il comprend, en effet, ce qu'il vient de dire de la proportion en général : la mesure exacte des parties considérées par rapport les unes aux autres, et par rapport au tout à la composition duquel elles doivent concourir. Sous le nom de convenance, il donne à entendre ce qui convient à l'âge, à l'état, à la condition des personnages : en sorte que, dans une même figure, on ne voie pas les traits d'un jeune homme associés aux membres d'un vieillard ; des formes disparates d'homme et de femme réunies sur un même corps. Le mouvement tel qu'il l'entend ici n'est autre chose que l'attitude elle-même, considérée, non plus comme un moyen d'expression, mais par rapport aux modifications qu'elle apporte dans l'allongement et le raccourcissement des muscles, par rapport au jeu des articulations, en suivant les lois de la pondération et de la statique.

On a coutume, d'après Vitruve, de rapporter aux proportions de la tête toutes celles du corps humain. La hauteur totale du corps est réputée devoir être de sept à huit têtes, ou d'environ dix faces : la face s'étendant du sommet du front au-dessous du menton. La longueur à prendre à l'extrémité des mains, les bras étendus, est réputée égale à celle du corps. Mais ces mesures ne sont pas parfaitement exactes : la tête, quand elle n'est que le huitième du corps, est trop petite et ne convient qu'à des athlètes ; la longueur de la face ne peut servir d'unité de mesure, puisqu'elle n'est pas fixe ; cette unité doit être prise sur une partie osseuse. M. Charles Blanc, après avoir fait ces observations, a recherché et retrouvé avec beaucoup de bonheur, sur des monuments égyptiens, le canon de Polyctète. L'unité de mesure, d'après cette règle connue bien antérieurement même au célèbre statuaire, est le médius droit de la main étendue : la hauteur totale du corps la comprend dix-neuf fois. On

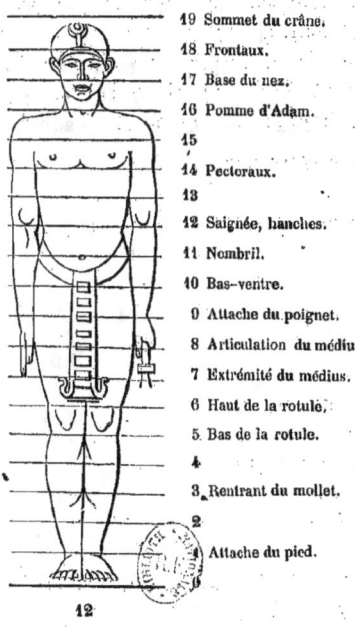

Proportions du corps humain.

compte trois mesures semblables, du sommet de la tête à la naissance du cou (pomme d'Adam), ce qui revient à peu près à la mesure de sept têtes pour le corps entier, peu de chose en plus [1].

Aucunes mesures d'ailleurs ne peuvent être employées avec une telle rigueur, qu'elles ne comportent pas de variétés. « Il peut se faire », dit encore Léonard de Vinci, « qu'un homme soit bien proportionné, étant « gros et court ou avec un corps délié, étant d'une taille médiocre ou « atteignant une haute taille [2]. » Les proportions d'un homme ne sont pas celles d'une femme, encore moins celles d'un enfant.

Chez les enfants, tout est ramassé, arrondi ; les jointures sont faibles et resserrées, tandis que le reste des membres est rempli et potelé. Toutes les formes s'allongent avec le progrès de l'âge ; jusqu'à leur entier développement, elles tendent de plus en plus à prendre cette inflexion aussi éloignée de la roideur de la ligne droite que de la mollesse d'une trop grande courbure, à laquelle on donne le nom de *méplat*, c'est-à-dire mi-plat. La tête cependant ayant à proportion pris tout d'abord plus de développement, il faut, si l'on s'en sert toujours comme terme de comparaison, ne donner que six longueurs de tête à l'enfant de trois ans : c'est l'âge où est atteinte la moitié de la croissance. A six mois, l'enfant n'arrive qu'à la hauteur du genou de l'adulte, et quand il atteint la moitié de la cuisse, son corps est de cinq longueurs de tête. La largeur des épaules, la hauteur de la jointure du genou, qui, dans la première enfance, ne dépassaient pas la longueur d'un visage, atteignent, chez les adultes, une étendue proportionnelle du double.

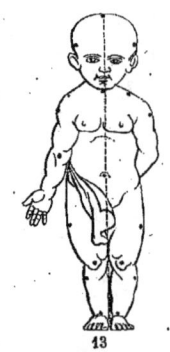

100 Sommet de la tête.
75 Bas du menton.
50 Nombril.
22 Milieu du genou.
5 Attache du pied.

13
Proportions d'un enfant de 3 ans.

Chaque mouvement, chaque attitude amène un changement dans les proportions. Tels muscles s'étendent, d'autres se gonflent et se raccourcissent ; une épaule s'élève, l'autre s'affaisse ; le bras étendu, on compte moins de longueurs, à partir de l'épaule jusqu'à son extrémité, que s'il

---

1. Charles Blanc, *Grammaire des arts du dessin*, p. 39 à 50.
2. *Traité de la Peinture*, cap. XVI.

était tombant ; le poignet s'amincit lorsque la main se serre ; il se grossit dès qu'elle s'ouvre, et l'avant-bras se modifie simultanément en sens contraire [1]. On ne saurait mouvoir une partie du corps, que toutes les autres ne s'en ressentent: c'est un travail commun, pour se conserver en équilibre. L'homme qui se tient debout a toujours besoin de faire un certain effort. Le repos, dans cette position, n'est jamais complet : suivant qu'on s'incline d'un côté ou de l'autre, qu'on s'arrête, qu'on se prépare à marcher, le travail des muscles varie et prend mille formes différentes. Qu'un homme marche, qu'il coure : il n'y a pas seulement différence de vitesse dans le mouvement, mais changement complet dans les procédés de locomotion.

D'après tout ce que nous venons de dire, on comprend que l'étude du dessin, après avoir absorbé plus de temps et de soin qu'aucune autre partie de l'art, demeure encore, de toutes, la plus féconde en écueils.

Cependant l'attention de nos lecteurs amenée à l'observation des faits, par l'aperçu que nous leur avons présenté, en saisira rapidement le caractère général ; et quant à l'artiste, nous tâcherons de lui être utile, en réfléchissant avec lui sur le choix des formes et des attitudes, qui, sans nuire à sa mission, peuvent lui permettre de simplifier sa tâche.

II.

QUALITÉS DU DESSIN.

L'exactitude est une qualité essentielle du dessin. Il n'est point de cas où l'on ne doive observer les proportions du corps humain, où l'on puisse se permettre aucune difformité. Point de membre estropié, point de mouvement manqué, point de poses impossibles ! Les grands maîtres des XIIIe, XIVe et XVe siècles ne sauraient, par leur exemple, dispenser de cette règle. En effet, s'ils ont faibli en cette matière, sans perdre les droits que tant d'autres titres leur donnent à notre admiration, ils l'ont fait en dehors de tout parti pris, avec une inexpérience qui les excuse, mais qui n'excuserait plus personne. Admettons qu'ils n'aient point poursuivi, comme objet principal, l'habileté qui leur manque dans la pratique du dessin : on ne peut méconnaître, dans tous les cas, qu'ils l'ont toujours considérée comme un objet important, et qu'ils n'ont cessé d'y viser. Leurs progrès sous ce rapport, à partir du renouvellement de l'art dans le sens moderne,

---

1. Léonard de Vinci, *Traité de la Peinture*, p. 149.

en Italie, furent lents mais continus. Cimabué était en progrès sur les maîtres grecs que Vasari lui attribue; Giotto sur Cimabué. Le Beato Angelico profita des progrès de Masaccio, auquel il survécut, après l'avoir devancé. Le Pérugin suivit dans le même sens une progression non moins manifeste. Nous pouvons en dire autant des écoles du xve siècle en Flandre et en Allemagne. Chez nous, qui nous sommes principalement distingués, au xiiie siècle, dans le genre monumental, la même observation, outre qu'elle ne saurait s'attacher à des noms propres aussi connus, aurait besoin d'être modifiée, mais nullement dans ce sens, que nos imagiers aient jamais négligé systématiquement le dessin de leurs figures. Au contraire, les poses simples et nobles qui leur étaient commandées par les lignes de l'architecture, écartaient de leurs œuvres les difficultés pratiques dont il eût été hors de leur compétence de pouvoir triompher.

Or, c'est là l'un des nœuds de la question : il n'est pas permis de commettre les fautes, mais il est parfaitement légitime d'éviter les situations qui les font commettre. Nous condamnons les membres ou trop longs ou trop courts, les membres mal attachés. Mais qui oblige à tenter des tours de force de gymnastique? Et pourquoi assujettirait-on l'artiste, comme condition du succès qu'il doit ambitionner, à n'omettre aucun des muscles du corps humain ? Craint-il d'échouer dans une attitude, il peut en choisir une autre ; nous l'y encouragerons d'autant mieux que, le plus souvent, par l'effort qu'elles impliquent, ces poses difficiles à rendre sont aussi désagréables à la vue, qu'elles seraient pénibles à quiconque essaierait effectivement de s'y maintenir avec continuité. Et quant au mérite qui reposerait principalement sur la difficulté vaincue, le but que nous poursuivons est trop noble pour que nous en fassions beaucoup de cas.

D'ailleurs, ce n'est pas seulement la correction qu'il importe d'observer dans le dessin : la clarté, la pureté, la facilité, l'harmonie, demandent à entrer en ligne de compte; et, par-dessus tout, doit passer cette haute convenance qui se rapporte au but moral de l'art, et dont aucune considération ne doit distraire ni l'artiste, ni le spectateur.

Relativement à la clarté, nous dirons du dessin ce que nous répéterons avec plus d'instance, quand nous parlerons de la perspective et des raccourcis : il faut éviter soigneusement toute position si savante que le commun des hommes ait de la peine à s'en rendre compte. La pureté exige que les contours soient fermes et sentis ; elle exclut les fondus trop vaporeux, et son exagération mène à la sécheresse. Le Pérugin est certainement plus sec que la nature ; mais aussi comme ces contours nets

T. I PL. XXIII

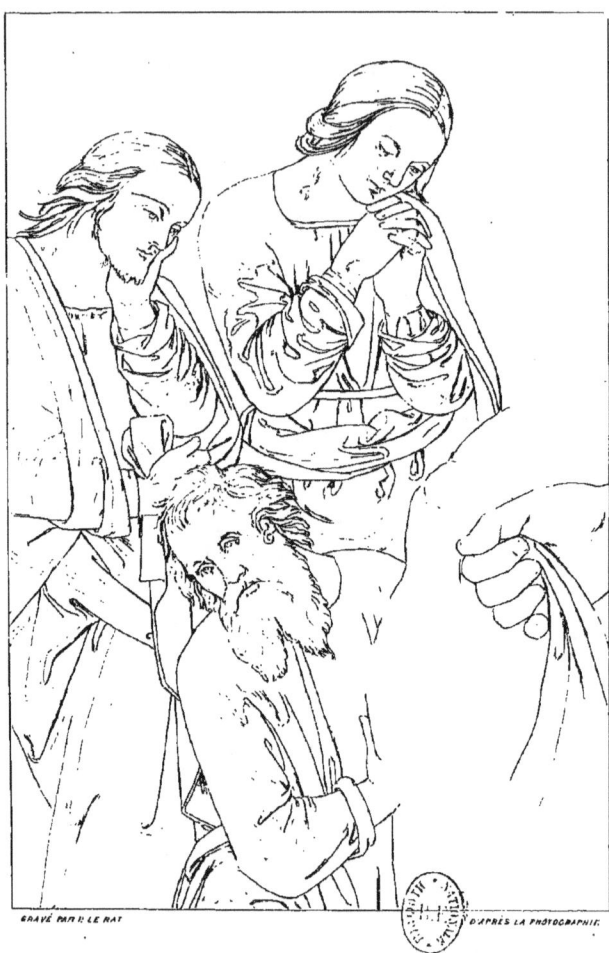

DESSIN DU PERUGIN

pour la Descente de Croix de la Galerie Pitti

et précis disent vivement ce qu'ils veulent dire [1] ! Il n'y avait qu'un pas à faire pour élever, sous ce rapport, le dessin à un idéal dont Raphaël s'est tout d'abord rapproché singulièrement ; mais bientôt il l'a dépassé, quand il a voulu serrer de trop près l'insaisissable nature, et plus encore sous l'empire des exagérations imposées par la mode du jour.

C'est déjà une erreur que de vouloir rendre trop absolument ce que l'on voit par une observation minutieuse. Essayez de rendre l'idée, l'image que l'on se fait aussitôt après avoir vu : vous aurez bien plus d'empire sur les esprits, car vous suivrez leurs procédés naturels. Autrement, vous vous bornez à l'analyse d'une seule sensation, tandis que l'image est le résultat de beaucoup de sensations rapides. Par la pénétration des teintes et le rejaillissement des reflets, c'est une merveille comme les contours se fondent sans disparaître, comme l'esprit les démêle et les arrête, sans nuire au charme qui en résulte pour les sens. L'œuvre de l'art est un compromis entre la sensation directe, produite extérieurement sur la vue, et l'impression des objets, qui demeure intérieurement.

Un enfant qui saisit un crayon ne cherche à dessiner que les profils vifs et saillants des choses. L'art, tant qu'il conserve plus ou moins de sa naïveté native, agit un peu de même, et c'est aussi dans ces conditions qu'il a le plus d'accès près des masses. Satisfaire l'homme du peuple et l'enfant, c'est là son fondement ; élever leur goût, en s'élevant lui-même jusqu'à procurer de légitimes jouissances aux esprits cultivés, c'est là, sous ce rapport, son couronnement.

Revenant au maître de Raphaël, et à Raphaël lui-même, tant qu'il le suivit de près, nous conviendrons encore que, chez leurs personnages, les membres étaient un peu trop grêles et les poses trop tendues. Mais, en cela également, le but fut promptement dépassé : les formes se remplirent au point d'être épaisses et massives ; et, à force de vouloir donner de la souplesse aux mouvements, on leur fit perdre de leur naturel et de leur noblesse. Ici encore, la perfection est entre les deux extrêmes, et, arrivé à de certaines limites, ce n'est plus en avançant, c'est en se soulevant que l'on pourrait l'atteindre. Nous rappellerons, en effet, l'exemple d'un dessin à la fois noble et facile, dans une période pourtant de grande inexpérience encore : ce sont les figures que Giotto le premier apprit à suspendre, à jeter en l'air, soulevées par l'extase ou affranchies par nature, comme sont les anges, des lois de la pesanteur (pl. XII). Ces figures bien comprises excluent tout effort. On ne saurait cependant montrer qu'elles se

---

1. Nous donnons (pl. XXIII) un dessin original du Pérugin : on remarquera combien il est étudié, combien il vise à la correction dans tous les détails. Il suffirait, pour l'attester, de la main qui, à l'autre extrémité du tableau, doit tenir le linceul.

soutiennent dans l'espace, sans un certain mélange de moelleux et de vigueur dans le dessin, que n'eut pas le Pérugin, mais que Raphaël s'appropria bien vite, au contraire. Sans doute la plupart des figures doivent être posées et non pas suspendues; le plus souvent même, il importe qu'elles fassent l'effet d'être solidement établies sur le sol; mais la facilité du dessin, nécessaire pour les suspendre, se répandra, si on a su l'acquérir, sur toutes les attitudes pour leur donner de l'aisance, sur tous les contours pour leur assurer de la grâce. Il ne sera pas besoin, pour montrer qu'on la possède, de viser à des mouvements qui feraient preuve d'une flexibilité exceptionnelle.

Nous ne donnerons pas surtout le nom de dessin facile à des œuvres où l'effort des muscles se fait sentir trop fortement, bien qu'elles aient pu être exécutées réellement avec une grande facilité de main. Nous parlons d'un genre de mérite que Michel-Ange a marqué au coin de son génie : il possédait à fond la mécanique du corps humain; sa puissance d'exécution est prodigieuse; mais nous parlons aussi du goût, et, chez lui, c'était le côté faible. Il est bon assurément de se familiariser avec les plus grandes difficultés du dessin, pour se mettre en état d'aborder, sans laisser paraître aucun effort, toutes les situations légitimement demandées. Mais les études d'atelier ne sont pas à leur place, hors de l'atelier lui-même. Nous les comparons volontiers aux échafaudages indispensables à la construction d'une voûte : après avoir demandé plus d'habileté et de travail peut-être que tout le reste de la construction, ils n'en sont pas moins destinés à disparaître aussitôt que l'édifice peut se passer de leur appui.

Nous parlons du goût, c'est-à-dire de ce sentiment délicat du beau et du convenable, qui se nourrit d'impressions douces et intimes plus que de transports. Il est facile à blesser, mais il trouve aussi des jouissances dans les moindres choses, quand il les voit à leur place.

Or, l'harmonie et la beauté du dessin sont précisément, parmi les qualités de l'art, de ces choses qui brillent au second rang, dans un éclat modeste, quand on les considère à part des beautés de la composition et de l'expression : beautés vraiment d'ordre supérieur, auxquelles le dessin doit concourir, comme première condition de son harmonie. Mais il y a aussi un certain accord de lignes et de contours qui, par lui-même, exerce un grand charme sur les esprits disposés à le sentir; et pour l'obtenir, on doit éviter tout ce qui serait heurté, forcé, exagéré, sans jamais tomber dans le lâche et l'indécis, car un bon dessin doit avoir autant de fermeté et de hardiesse que de flexibilité et d'aisance.

La réunion de toutes ces qualités revient à la ligne méplate. Le méplat, on le comprend, s'incline et se redresse en variétés infinies, toujours entre les extrêmes. Et quant à sa mesure, motivée par le caractère des formes et les besoins du mouvement, elle est insaisissable au compas, mais le goût sait parfaitement la fixer.

III.

DU CHOIX DES FORMES.

La notion du dessin s'applique aux formes d'une manière si intime que, parmi les considérations qui se rattachent à son étude, nous avons à nous enquérir de la manière dont l'artiste chrétien devra diriger le choix des formes, selon le caractère de ses personnages.

Copiera-t-il servilement la nature telle qu'un poseur la lui peut offrir ? L'idéalisera-t-il à la manière de l'antique ? Au lieu d'en accuser fortement tous les muscles, se contentera-t-il de l'indication générale des formes et des proportions, sans s'inquiéter ni des organes qui fonctionnent dans les chairs, ni des membres qui se cachent sous les vêtements ? Nous lui conseillons d'éviter l'excès dans tous les sens.

Ce sont des Saints et des Saintes qu'il est appelé à peindre principalement. Il est entendu que, même dans les compositions où ils sont jetés au milieu d'une foule animée des plus mauvaises passions, ils doivent donner le ton et la mesure à l'œuvre tout entière. Or, c'est un privilége de l'art de s'élever au-dessus des réalités présentes, en vue des réalités non moins certaines que nous promet l'avenir. Les corps des Saints sont destinés à l'état glorieux : cette ferme croyance autorise à élever, dès à présent, leurs figures au-dessus d'un grossier réalisme. Puis, les considérant comme type, on s'accoutumera à représenter le corps humain, en général, un peu moins comme nous le voyons tous les jours, sous l'empire des passions et des habitudes qui le dégradent, un peu plus comme le voudraient à leur service les plus nobles âmes.

On le voit, c'est bien là un idéal, mais un idéal fondé sur l'intelligence de la nature ; un idéal comparable à l'idéal antique, mais qui procède d'une autre source, et qui, s'il se préoccupe de rendre les formes parfaites, y vise surtout en les spiritualisant.

Quant à la saillie des muscles, s'il est des membres que l'on peut accuser trop justement de ressembler à des sacs de laine, n'en est-il pas que l'on a pu comparer à des sacs de noix ? Nous demanderons bientôt à l'artiste une étude du nu, à la fois sérieuse et modérée, afin qu'il sache, à découvert comme sous le voile des draperies, tenir son dessin dans le vrai caractère des formes et des mouvements, avec une telle mesure que, sous ce rapport, il n'attire pas l'attention et n'ait pas à la craindre.

Nous ne parlons là, on le voit bien, que du caractère commun et du ton général dans les formes adoptées par un artiste ; il est évident qu'il doit ensuite les varier selon le caractère propre à chacun de ses personnages. Tout en relevant la nature entière au-dessus du niveau où elle est déchue, il évitera de confondre les races ; il fera sentir ces différences qui naissent chaque jour par l'effet du genre de vie et des circonstances, et s'accentuent avec le cours des générations. Ainsi il est des formes nobles et élégantes qui proviennent de la distinction des habitudes ; il en est de régulières qui sont dues à la modération des désirs ; la continuité du labeur leur donne de la force, de la vigueur et aussi de la rudesse ; la rigueur des privations les affaisse ; le déréglement des mœurs les énerve ; et chacune des modifications qui se manifestent ainsi dans les formes, porte avec elle une signification correspondante aux causes qui ordinairement la produisent.

Telles formes peuvent être choisies pour donner l'idée d'une vie austère, telles autres pour signifier une vie pure. Les Italiens donnent le nom de *morbidesse* à une moelleuse délicatesse, un certain velouté des chairs qui s'obtient avec l'aide du coloris et du clair-obscur, mais qui nous paraît devoir être principalement attribué à la souplesse des contours. Nous concevons cette morbidesse dégagée de tout caractère voluptueux ou efféminé ; et alors elle peut parfaitement servir à rendre, chez une vierge, chez un chaste jeune homme, cette fraîcheur de sang, cette harmonie des organes qui n'ont jamais été troublés par le souffle des passions.

Il y a aussi des différences à observer dans les formes, selon les sujets. Il faut que le peintre s'inspire des temps et des lieux où il veut se transporter, et qu'il ait égard également à ceux où il travaille, à la classification dans laquelle son œuvre sera rangée. Si son tableau doit orner, au lieu de la maison de Dieu, le salon d'une famille chrétienne, l'obligation subsistera toujours d'être édifiant et moral, mais non pas, dans l'exécution du même sujet, de se monter au même diapason.

En un mot, toutes les règles des convenances applicables aux autres parties de l'art, à l'invention, à la composition, à l'expression, le sont également au dessin et au choix des formes. On le conçoit facilement, puisque le dessin comprend en lui-même toutes ces choses, d'une manière spéciale : le choix des formes est de l'invention ; les disposer relativement à leur nature et à l'effet que l'on veut produire, c'est faire une composition ; et de là il doit résulter une expression déterminée. Dans la pratique, il est nécessaire de fondre ensemble toutes ces choses, dont l'infirmité de notre langage nous oblige à traiter séparément, et que nous ne pouvons étudier que l'une après l'autre. Ainsi, la perspective, dont nous allons parler, n'est que le dessin considéré par rapport aux lois de la perception visuelle, qu'il est obligé de respecter.

IV.

NOTIONS DE PERSPECTIVE.

Autres sont les formes et les dimensions des objets, autres les formes et les dimensions sous lesquelles ils apparaissent, en réalité, à notre vue. Mais l'expérience et la réflexion viennent à l'aide des sens ; l'esprit fait disparaître les différences qui résulteraient de la seule sensation ; et l'image intérieure qui lui reste des choses se conforme à la connaissance complète qu'il en a, et non pas seulement à la seule apparence qui résulte de quelque situation particulière. C'est cette image, cette idée préconçue que le dessin tente invariablement de reproduire dans la naïveté de ses premiers essais. Mais voici une autre difficulté : les membres d'un même corps, les traits d'un visage ne peuvent, sous aucun aspect, se présenter à nous, tous à la fois, chacun avec l'apparence que nous sommes accoutumés à lui prêter ; le nez veut être vu de profil ; nous nous figurons les yeux vus de face. L'enfant qui commence à crayonner s'en tire en associant un œil de face avec un nez de profil. Les peuples chez lesquels l'art n'a pas reçu de culture, en demeurent généralement aux procédés de l'enfance ; et quelquefois, dans un esprit hiératique, ils les ont conservés, — les Égyptiens, par exemple, — longtemps après avoir atteint un état de civilisation très-avancé.

Il faut de l'étude et une certaine maturité de réflexion pour obtenir un premier accord, à demi-satisfaisant, entre les exigences de l'esprit et celles de la vue. Il faut de la science pour bien se rendre compte de la manière dont on voit, pour analyser la déformation des contours qui résulte de tant d'obliquités diverses. Il faut une grande dextérité pour rendre toutes ces lignes qui paraissent habituellement dans la nature, et dont on ne peut dire absolument qu'elles y sont.

Ces difficultés bien comprises, l'on sera moins sévère pour les écoles qui, cultivant avec supériorité d'autres parties de l'art, et s'attachant moins que nous à la perspective, en ont mal observé les lois ou bien ont essayé de les tourner au moyen de quelque compromis. On saura que les artistes auxquels revient, au contraire, le mérite d'avoir rendu fort accessibles ces connaissances et ces aptitudes, ne les ont pas obtenues eux-mêmes sans beaucoup de travail et d'habileté. Aussi n'ont-ils pas toujours résisté, après s'en être rendus maîtres, à la tentation d'en faire parade, non-seulement jusqu'à leur sacrifier les intérêts majeurs du sujet, mais de manière à exercer moins de charme et à se faire plus difficilement comprendre, au seul point de vue de ces régions moyennes de la sensation, au delà desquelles ne peuvent aller ni leurs principes, ni leur but.

Dans l'état actuel des choses, l'artiste chrétien se fera une obligation de posséder les règles de la perspective, et il se mettra en état de les appliquer avec une rigueur mathématique. C'est par ce moyen qu'il perfectionnera la justesse de son coup d'œil et pourra habituellement se passer des procédés géométriques. Alors il saura mieux ce qui ne peut s'omettre, ce qui ne peut, au contraire, s'observer sans choquer le regard ; il apprendra à choisir les situations qui tournent les difficultés sans violer les principes ; et s'il croit pouvoir s'accorder quelques licences, il ne le fera ni maladroitement, ni sans mesure, ni par hasard.

La perspective, considérée comme science, enseigne à disposer, sur la surface plane d'un tableau, toutes les lignes qui concourent à sa composition, dans l'ordre même où la nature les offrirait à la vue, leur longueur et leur direction étant déterminées par l'angle sous lequel on les aperçoit[1].

Deux circonstances concourent à donner de l'acuité aux angles visuels : l'éloignement des objets, et leur obliquité.

L'éloignement se traduit, sur un tableau, par une diminution de dimension, qui, ne déformant rien, et montrant chaque objet selon les rapports naturels de ses proportions, ne saurait soulever aucun problème embarrassant : l'exécution en est facile et l'impression toujours satisfaisante ; et s'il importe de la déterminer exactement, c'est afin d'assigner à chaque chose sa juste place, et de ménager la succession des plans.

L'obliquité produit les raccourcis, sorte de diminution aussi et de raccourcissement des lignes et des contours, mais qui, se produisant sur certaines parties d'un objet dont d'autres parties se montrent avec toute leur étendue relative, le défigure nécessairement. Ainsi, en perspective, un carré ne paraît plus carré : vu de face, il prend, suivant l'éloi-

---

1. Ces notions générales sont empruntées soit au *Traité de la Peinture* de Montabert, soit au *Traité élémentaire de la Perspective* de M. Salme.

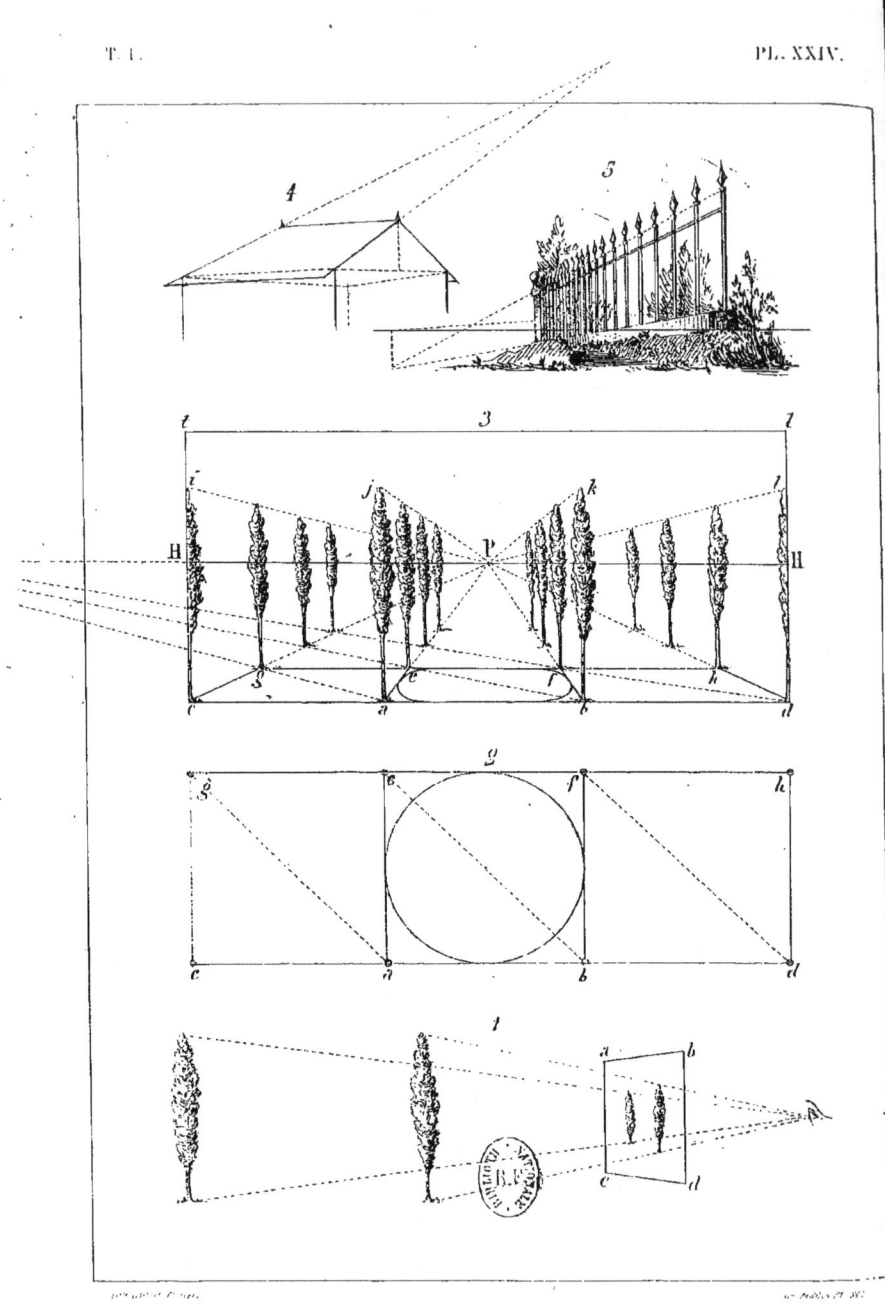

FIGURES DE PERSPECTIVE ÉLÉMENTAIRE.

gnement, la forme d'un trapèze ou d'un triangle ; vu de côté, celle d'un quadrilatère irrégulier, qui varie autant que les situations. De même du cercle : il affecte une figure qui correspond, avec ses irrégularités, à celles mêmes du carré où il serait inscrit; figure qui, en fait, et très-rapprochée, peut sembler ovale, mais qui ne saurait l'être parfaitement, pas plus qu'un carré, en perspective, ne saurait donner la figure d'un parallélogramme [1].

Ces figures de perspective se déterminent cependant avec une précision mathématique. Tous les points soumis au regard donnent naissance à des lignes qui, venant converger vers l'œil, peuvent être considérées, dans leur ensemble, comme formant une sorte de cône ; et tout tableau est comparable à une section qui serait formée dans ce cône visuel. On s'en rend parfaitement compte au moyen d'une vitre sur laquelle on remarque la position respective qui serait occupée par l'image de chaque objet et de chacune de ses parties, si on les dessinait. Or, ce que l'on ferait sur une vitre, il faut le faire dans un tableau [2].

A cet effet, on suppose le tableau placé verticalement, et l'on fixe un point où son plan serait rencontré perpendiculairement par le rayon visuel du spectateur. Ce point est appelé *point de vue;* la ligne horizontale passant par le point de vue, dans le plan du tableau, se nomme *ligne d'horizon*. On détermine aussi la distance de l'œil du spectateur au tableau, distance qui doit être proportionnée à l'étendue que l'œil embrasse d'un seul regard, et qui doit être, en conséquence, de deux ou trois fois la largeur du tableau.

Toutes les lignes qui, dans la nature, seraient parallèles au plan du tableau, y seront représentées sans aucun changement de direction, et toutes leurs parties conserveront ent e elles les mêmes rapports naturels. Les lignes non parallèles au tableau seront, au contraire, toutes modifiées dans leurs directions. Celles qui sont parallèles entre elles, et, en même temps, non parallèles au tableau, concourent vers un même point, situé, suivant le plus ou moins d'obliquité, en dehors ou en dedans de celui-ci ; ce point est sur la ligne d'horizon, pour toutes celles de ces lignes qui

---

1. Pl. XXIV, fig. 2, $aefb$, on voit un carré en plan géométrique ; fig. 3, ce même carré $aefb$, prenant en perspective la forme d'un trapèze ; et l'on constate que le même carré placé au point P prendrait celle d'un triangle. Le carré semblable $hegf$, fig. 2, placé obliquement par rapport au spectateur, prend en perspective la forme déterminée par les mêmes lettres, fig. 3. On voit aussi par les mêmes figures quelle forme doit prendre un cercle en perspective.

2. On voit (pl. XXIV, fig. 1) comment deux arbres d'égale grandeur, placés à d'inégales distances, pourraient être dessinés sur la surface de la vitre $abcd$.

sont horizontales : celles qui sont au-dessus s'inclinent de haut en bas, celles qui sont en haut s'inclinent de bas en haut. Perpendiculaires au tableau, elles doivent converger au point de vue ; obliques, elles convergent vers des points latéraux, nommés *points accidentels*.

Quand les lignes parallèles entre elles ne sont ni horizontales, ni parallèles au tableau, elles se dirigent vers les points situés au-dessus ou au-dessous de la ligne d'horizon, que l'on nomme *points aériens* ou *points évanouissants*, selon qu'elles-mêmes s'inclineraient, dans la nature, de bas en haut, ou du haut vers le bas [1].

La situation des objets étant connue, ou, ce qui revient au même, étant déterminée par l'artiste, selon les besoins de sa composition, et supposée telle qu'elle serait dans la nature, on peut en choisir les points principaux, lier ces points par les lignes que l'on voudra, lignes qui répondront, suivant les besoins, ou aux contours des objets, ou aux axes de leurs différentes parties, ou à leurs positions respectives. Ces points, ces lignes, le point de vue, la distance étant connus, on obtient, soit par des moyens graphiques, soit par des calculs fondés sur les éléments de la géométrie et les propriétés des triangles, les points et les lignes qui doivent leur correspondre dans le tableau.

On ne déterminera pas ainsi tous les points, toutes les lignes que l'on veut peindre, toutes les modifications de contours qui doivent résulter des effets de perspective. Nous n'avons parlé que des points principaux, et, sauf pour les monuments de main d'homme, tracés à la ligne droite, les lignes que l'on détermine sont des lignes fictives. Il faut que le sens artistique, appliqué à l'observation de la nature, fasse le reste, et remplisse convenablement les intervalles. Théoriquement, un tableau pourrait s'exécuter tout entier par des moyens graphiques, mais, à coup sûr, il serait mortellement froid. L'observation et le sens artistique peuvent, quoique insuffisamment, suppléer à la règle et au savoir ; aucun procédé technique ne saurait les suppléer.

---

1. Pl. XXIV, fig. 3, soit $c\,d\,t\,t$, le tableau ; P, le point de vue ; H H, la ligne d'horizon ; lignes parallèles au tableau, $c\,a\,b\,p$, $q\,e\,f\,h$; lignes horizontales, parallèles entre elles, perpendiculaires au tableau, convergeant au point de vue, fig. 2, $c\,g$, $a\,e$, $b\,f$, $d\,h$; fig. 3, indiquées par les mêmes lettres ; et même figure, lignes des sommets des arbres, i P, j P, k P, l P ; lignes parallèles entre elles, horizontales, mais obliques par rapport au tableau, fig. 2, $a\,g$, $b\,e$, $d\,f$; fig. 3, mêmes désignations : prolongées, elles se rencontrent au même point sur la ligne H H. Si le sol sur lequel les allées se prolongent, au lieu d'être horizontal, était incliné et montait, le point de jonction serait au-dessus du P, et serait un point aérien ; si le sol était descendant, le point de rencontre serait plus bas et deviendrait un point évanouissant. On voit aussi un point aérien oblique, fig. 4, point de rencontre des lignes d'un toit, et un point évanouissant, fig. 5, point de rencontre des lignes d'une grille sur un plan incliné.

C'est pour dessiner la tête humaine que la justesse du coup d'œil est principalement nécessaire. En théorie, les procédés mathématiques de la mise en perspective lui seraient parfaitement applicables ; mais les contours de la tête et du visage sont si variés, les parties en sont si rapprochées, que cette application, en fait, serait pénible et difficile. Jamais elle ne saurait dispenser de ce sentiment délicat des choses qui ne s'analyse pas. Il est certain cependant que, sans la connaissance de la perspective, l'artiste, dirigé par la seule observation, arrivera rarement à mettre de l'harmonie entre les parties d'une tête ; comment donc, sans ce secours, réussirait-il à grouper heureusement différentes figures ?

Tous les contours du corps humain sont formés de lignes plus ou moins courbes ; la tête approche de la figure d'une sphère allongée. On détermine la perspective des lignes courbes par les mêmes procédés que celle des lignes droites ; en feignant des lignes droites qui joignent les points que l'on veut déterminer sur les courbes, et l'on obtient, par un procédé facile, une approximation équivalant, dans la pratique, à l'exactitude la plus rigoureuse. Cependant, la perspective des lignes courbes demeure toujours courbe.

Dans une figure régulière, les traits ou les axes des yeux, des narines, de la bouche, et en général des parties doubles et similaires du visage, sont perpendiculaires à l'axe de la tête et parallèles entre eux. Si la figure est vue de face ou de profil, à la hauteur du rayon visuel, et sans aucune inclinaison, ces lignes paraissent droites, et demeurent parallèles dans le tableau ; si la figure est de trois quarts, elles doivent fuir et concourir vers un point commun ; si le point de vue s'abaisse ou s'élève, il résulte de la rondeur du visage, qu'elles doivent se courber, et cette courbure, inclinée du haut vers le bas ou du bas vers le haut, s'accroît dans l'un ou l'autre sens, si la tête se relève en arrière ou si elle s'abaisse en avant.

De face, les traits indiquant la direction des principales parties du visage se déforment peu, mais leurs contours se raccourcissent considérablement. De trois quarts, les effets de perspective se font sentir dans les deux sens. De toutes les situations où l'on peut voir la tête, c'est de profil qu'elle offre le moins de lignes fuyantes et raccourcies : aussi cette situation est-elle choisie spontanément par quiconque essaie, d'une main inexpérimentée, de tracer les linéaments d'un visage.

Il faut encore compter parmi les effets de perspective nécessaires à calculer, ceux qui sont propres aux ombres et aux images réfléchies. Dans l'un et l'autre cas, il y a un double calcul à faire. Il faut déterminer la position que l'ombre ou l'image réfléchie prendrait dans la nature, d'après l'espèce, la direction, la distance, l'étendue proportionnelle de l'objet lumineux par rapport à l'objet interposé, d'après les angles d'incidence et de réflexion. Et les apparences de ces figures diverses sont soumises ensuite aux mêmes lois que celles des objets eux-mêmes.

De nouveaux calculs ont besoin d'intervenir, lorsque la surface du tableau, que nous avons supposée plane, se modifie, qu'elle devient courbe, par exemple, ou qu'elle est formée de plusieurs plans : circonstances qui se rencontrent fréquemment pour la peinture murale. Une surface concave, comme celle d'une voûte, allonge les lignes pour la vue ; une surface convexe, comme celle d'une colonne, les raccourcit : le peintre, en conséquence, les tracera plus courtes dans le premier cas, plus longues dans le second, pour les ramener à l'apparence qu'il prétend leur donner.

Tout cela peut se faire avec précision, par des calculs et des opérations graphiques dont il est facile, dans l'état de nos connaissances, de se rendre capable. Nous supposons que l'artiste ne s'est pas laissé décourager par le défaut de séduction inhérent à ces études, et nous le suivons dans les soins qui lui restent à prendre pour en faire une juste application.

V.

PRATIQUE DE LA PERSPECTIVE ET DES RACCOURCIS.

Il importe de placer au point de vue de perspective le personnage, l'objet, le groupe, sur lequel il est utile d'attirer principalement l'attention. L'on doit ensuite chercher, pour toutes les autres parties de la composition, des conditions de perspective en rapport avec le rôle qu'on leur fait jouer. Ce soin appartenant plus particulièrement à la composition elle-même, nous n'avons pas à y revenir explicitement. Il faut aussi que les objets considérés physiquement et en eux-mêmes se présentent de manière à faire comprendre facilement leurs formes véritables ; il faut qu'ils satisfassent le regard et ne l'étonnent pas. A cet effet, il y a encore lieu de choisir. Si vous disiez à un élève : « Lorsqu'il s'agit de faire un tableau d'après nature, copiez toujours tout ce que vous voyez », vous l'induiriez souvent en erreur. De l'avis des maîtres les plus expérimentés, vous devez lui apprendre à choisir un aspect convenable, à la portée, à la hauteur de l'œil ; lui apprendre à se rendre compte de l'apparence que prendraient les objets dans telle situation où il ne peut pas se placer, et qui est cependant la bonne, celle sur laquelle il doit baser ses calculs. L'art bien entendu veut que l'on fasse son possible pour présenter chaque chose et chacune de ses parties, sous l'aspect où elle se développe le mieux, selon l'idée qu'on s'en fait communément. Chercher les difficultés de raccourcis, pour se donner le mérite de les vaincre, est abusif, alors même que l'on réussit à observer les règles sans choquer le regard et à faire illusion. Nous posons au contraire en principe que la nécessité seule peut excuser celui qui les affronte, quand ce n'est pas à titre d'étude. Les succès dans ce genre ne sont jamais que d'une médiocre valeur, si l'on considère l'art par ses côtés les plus élevés. On en obtient quelquefois d'équivalents par des moyens où le génie artistique a peu à faire. Pour tromper l'œil, il ne faut qu'un effet d'optique, un jeu accidentel de la lumière tombant sur une simple indication, pour peu qu'elle soit favorisée par la disposition de celui qui cède à l'illusion. Par contre, avec beaucoup de science et d'adresse, on fait souvent des raccourcis qui satisfont les connaisseurs parce qu'ils sont conformes aux principes, mais dont l'impression sur le public est désagréable et peu intelligible : cela suffit pour les condamner. Il y a une différence essentielle entre les choses représentées par l'art et celles qui, dans la nature, se présentent sous les mêmes lignes de perspective : celles-ci, on vient de les voir, on va tout à l'heure les considérer sous des aspects différents ; les premières, au contraire, sont montrées avec une fixité qui déroute. Léonard de Vinci fait observer que, physiquement, un objet peint ne peut pas se détacher du tableau comme un objet réel, par cela seul que les deux yeux plongent en réalité derrière celui-ci, plus profondément que ne sauraient le représenter les lignes de la perspective, rapportées nécessairement à un œil unique. Ajoutez que les yeux ne demeurent pas inactifs quand ils regardent. Un objet, surtout, leur apparaît-il sous une forme problématique : une inclinaison insensible leur suffit pour modifier les conditions du regard ; et, sans aucun mouvement du corps, ils peuvent voir sous autant d'aspects que la prunelle peut prendre de positions différentes, en circulant dans l'étendue de son orbite. Il est beaucoup de ces inflexions du regard, aussi promptes qu'insaisissables. L'œuvre du peintre, mathématiquement, au contraire, ne prend qu'un seul aspect, un aspect invariable. La lumière qui l'éclaire, toujours la même dans le tableau, varie incessamment au dehors, et si le jour est favorable dans un instant donné, il nuit à l'effet dans le moment qui suit. L'art ne peut pas lutter avec la nature, s'il ne lui oppose que des procédés géométriques. Les vrais moyens de l'atteindre servent aussi à la dépasser, car ce sont des secrets de l'âme.

En dehors de ces circonstances, on admire, comme autant de perfections, dans les œuvres de l'art, leurs rapports avec la nature. Ces œuvres servent, par leur interprétation, à nous en faire saisir les beautés et pressentir les mystères. Mais, en dehors du premier mouvement de surprise causé par une apparition subite et accidentelle, quel est l'homme qui, après avoir goûté et contemplé un tableau, un tableau sérieux, le plus beau des tableaux, s'imaginera avoir vu un coin de la nature elle-même ? On dit l'avoir vu, et on peut le dire avec vérité, mais au figuré, comme on le dirait après une lecture. Dans l'un ou l'autre cas, si nous avons été vivement impressionnés, c'est avec le secours prêté par notre esprit au peintre, à l'écrivain ; et c'est toujours au dedans de nous que se forment les plus vivantes images.

Il y a des raccourcis indispensables, auxquels, par cela même, l'œil est habitué : le nez, les oreilles d'une figure de face sont, de toute nécessité, représentés en raccourci. Mais les proportions, ainsi ramassées, choquent d'autant plus facilement que les objets ont, en réalité, plus de développement. Et nous nous demandons s'il s'est rencontré un corps entier, un bras, une jambe, vus très en raccourci dans un tableau, qui aient jamais réussi à satisfaire le commun des spectateurs.

On suspend une figure au sommet d'une voûte, d'un plafond, d'une coupole ; on la montre de bas en haut, et l'on prétend nous faire croire que nous la voyons comme si elle franchissait l'espace, pour aller habiter au plus haut des cieux. Nous estimons heureux ceux dont les yeux sont assez complaisants pour se prêter à pareil prestige ; mais, en vérité, s'il en est d'autres auxquels ces figures paraissent lourdes, désagréables et même estropiées, ils méritent aussi de l'indulgence, quand même l'œuvre qu'ils ne peuvent admirer serait signée des plus grands noms.

Que la figure s'allonge sur une face latérale, alors il en sera tout autrement, et notre âme se prêtera facilement à l'impression que vous voulez lui donner.

Choisissez donc les poses, les situations, les points de vue de toutes choses, et surtout du corps humain, de telle sorte que, tout en les assujettissant aux lois de la perspective, vous nous les montriez sous le jour et dans les conditions mêmes où il nous est naturel de nous les représenter.

VI.

LICENCES EN PERSPECTIVE.

Nous avons posé en principe que l'artiste chrétien s'est fait une obligation de l'accord entre les lois de la perception visuelle et celles de la perception intellectuelle. Il observe à cet effet les règles de la perspective, mais il choisit les termes de leur application. Nous avons cependant laissé apercevoir que nous pourrions admettre des exceptions. Ces exceptions sont de deux sortes : il y en a qui tiennent à une difficulté accidentelle de composition, d'autres qui sont applicables à des genres de peinture pris dans leur entier : les premières se rapportent principalement aux effets de perspective anatomique, compris sous le nom de raccourcis ; les secondes sont surtout relatives à la succession des plans.

Quant aux raccourcis, il en est d'amenés par des situations si naturelles, qu'il n'est pas toujours possible de les éviter, par des artifices de composition, sans nuire à la représentation du sujet. Si ces raccourcis, cependant, devaient être d'un effet désagréable et d'une intelligence difficile, il serait bien sévère d'interdire tout moyen terme où l'on allongerait la projection exigée par la science, mais en homme qui connaît cette science, qui lui porte du respect, qui ne s'en écarte ni brusquement ni grossièrement. Alors les procédés géométriques deviennent des jalons dont on ne s'écarte que le moins possible. Mais, en de semblables situations, c'est au goût de tenir le compas, et le goût doit s'approprier, avec une sagacité particulière, ces procédés naturels, mi-physiologiques, mi-psychologiques, par lesquels on rapporte ce que l'on voit à ce que l'on sait : tellement qu'une simple indication, quand elle est bonne, opère des effets plus heureux et plus complets que beaucoup d'œuvres où l'accumulation des moyens savants a pour dernier résultat de faire mieux remarquer ce qui manque.

Il y a des genres de peinture qui ne comportent pas l'application des lois de la perspective à la succession des plans, par la raison qu'elles n'offrent, ne sont censées offrir et ne doivent offrir qu'un seul plan. Ainsi en est-il de la peinture sur verre, la mieux entendue, la plus monumentale.

Le vitrail demeure alors, en principe, ce qu'il est toujours de fait, une surface translucide. On en peut faire une décoration pleine de charme, une page pleine d'enseignement, un objet d'art éminent, sans lui ôter ce caractère de surface unique. On en dirait autant de la broderie d'un vêtement sacerdotal ; et c'est ainsi que les anciens envisageaient la peinture de leurs vases, qu'ils ont portée à un si haut degré de perfection.

On peut, il est vrai, sur des verres qui réfractent la lumière, comme sur toute matière qui la réfléchit, appliquer des combinaisons de lignes, d'ombres, de couleurs, pour obtenir le relief des formes et la suite des plans, de manière à former un tableau qui vise à l'imitation de la nature dans tous ses effets. Il est même permis de croire que, entre les mains d'un grand artiste qui saurait en exploiter les ressources et en éviter les inconvénients, ce genre de peinture pourrait atteindre un degré de mérite supérieur ; mais alors le tableau devient tout, le monument est oublié. Il en est de même d'un tableau sur étoffe, d'un tableau sur poterie : si l'on songe à l'étoffe, si l'on se souvient du vase, ce sera ordinairement pour regretter que le tableau ne soit pas mis en vue plus favorablement; ou plutôt, par l'effet de la perspective combinée avec toutes les autres ressources techniques de l'art, la verrière, l'étoffe, le vase disparaissant, on ne devrait plus voir que les objets représentés, soit qu'ils nous apparaissent, dans une verrière, comme une vision, soit qu'ils se rapprochent de cette sorte de réalité voisine de l'existence, qu'ils peuvent prendre dans un tableau ordinaire.

Si donc il arrive que nous voulions non pas seulement un tableau, mais la fenêtre d'une église, mais un vêtement, mais une aiguière qui serve à nos usages, et que nous les voulions cependant non pas riches, mais précieux, de cette valeur que l'art, pris dans sa plus haute acception, peut seul leur donner, on comprendra que nous cherchions les moyens de faire de la peinture en conservant à la surface sur laquelle elle repose le caractère qui lui est propre.

La peinture alors n'admet qu'un seul plan. Si c'était d'une manière absolue, on n'y verrait figurer que des silhouettes, où les règles de la perspective ne seraient passibles ni d'applications, ni d'infraction.

A la rigueur, tout objet perçu par le regard lui offre autant de plans successifs que l'on pourrait faire de coupes perpendiculaires dans l'espace qu'il occupe. Pour peu que l'on veuille lui donner du relief, distinguer ses parties par un faible échelonnement, des moyens de perspective deviennent nécessaires dans une mesure correspondante. N'est-ce plus un seul objet, est-ce tout un groupe de personnages que l'on met en scène ? S'ils sont considérés comme n'occupant tous ensemble qu'un seul plan, évidemment on l'entend dans un sens relatif, par comparaison à des groupes que l'on supposerait plus éloignés, avec des intervalles distincts. Dans cet état de cause, si toutes les lignes nécessaires pour figurer votre groupe étaient mises parfaitement en perspective, au lieu de s'arrêter sur une simple surface, vos yeux plongeraient dans une profondeur égale au moins à l'espace nécessaire pour contenir la scène représentée. Mais admettons que nous avons non pas à susciter, mais à éviter plutôt toute sensation de ce genre, et que notre mission est de vous offrir un ensemble de lignes et de couleurs flatteuses à la vue, avec des figures qui vous rendent une action, des sentiments, des idées, des caractères. Alors, après avoir choisi les positions les plus simples et les plus faciles, au point de vue de la perspective, nous estimerions avoir réussi, ses combinaisons n'étant adoptées que juste autant qu'il le faut pour détacher les figures des unes des autres, si nous obtenions que vous ne songiez même pas au relief que ces figures peuvent avoir.

De semblables combinaisons sont si naturelles, si favorisées par le bon sens, dans le genre secondaire dont il s'agit, que leur succès est vraiment facile ; et ce serait peut-être trop s'y attacher que d'en parler autant, si la grande peinture, la peinture murale, devait absolument se les interdire. Nous l'avons vu en traitant de la composition : dans cette association de l'architecture et de la peinture, où l'une trouve à s'embellir, l'autre à se grandir, il s'en faut de beaucoup que les murs doivent toujours disparaître. Il arrive qu'au moyen de la perspective, on peut, au profit commun, élargir l'espace pour la vue sans nuire au caractère monumental de son enceinte ; et dans cette profondeur que le peintre aura su se créer, il lui sera loisible de loger, avec tout le relief et la vie désirables, les hommes et les choses qu'il a mission d'évoquer : mais que ce soit pour les faire eux-mêmes entrer dans le temple, afin qu'ils prient avec nous et nous édifient avec eux. Ainsi, ces murs sacrés, on ne les fera pas disparaître, on ne les percera même pas, c'est-à-dire qu'on ne jettera pas nos regards au dehors comme s'ils étaient ouverts ; on s'interdira les lointains ; on sera sobre de seconds plans. Ces seconds plans, néanmoins, paraîtront souvent utiles, quelquefois nécessaires ; il leur appartient de compléter, d'expliquer, d'éclairer la représentation du sujet, par des groupes et des actions accessoires. Quel parti prendre, lorsque les conditions de perspective auxquelles l'artiste a dû se restreindre par les considérations précédentes, ne laissent plus en vue assez d'espace pour les faire figurer au point et dans les proportions où il serait naturel de les apercevoir ? La peinture de haute et moyenne décoration ne demeurera point alors dans l'état d'infériorité auquel on la condamnerait, relativement au but moral de l'art, en la privant tout à fait de ces moyens d'atteindre la pensée et de remuer le cœur. Elle indiquera ce qu'elle ne pourra représenter ; elle indiquera selon les lois de l'intelligence ce qu'elle ne peut représenter selon les lois physiques de la nature.

Un des effets de la perspective est de diminuer graduellement la dimension des objets à raison de leur éloignement. Le peintre verrier, réduit rigoureusement, ou à peu près, à un seul plan géométrique, veut-il indiquer que tel ou tel personnage, tel ou tel groupe participent simultanément à l'action principale, mais y participent à distance et d'une manière indirecte ? Il se contentera de les isoler sur le champ de ses panneaux ; il indiquera leurs formes plus légèrement et avec de moindres dimensions. Personne alors ne s'y trompera si, en prenant cette licence, il a su agir avec mesure et avec goût. Chacun rétablira par la pensée la vérité de la situation ; il y verra sans difficulté ce qu'on a voulu lui faire voir. On ne saurait être choqué de ne pas rencontrer dans une œuvre d'art ce que cette œuvre, son genre bien compris, ne comporte pas ; mais ce qui choque toujours, c'est qu'on ait mal fait ce qu'on annonce avoir voulu faire.

Dans la peinture murale, on pourra recourir à des moyens plus ou moins analogues, selon ce qui sera accordé à la perspective, soit qu'on en adoucisse les lois avec intelligence, soit qu'on puisse les observer avec entente, sans rien sacrifier du caractère monumental et du but moral attachés au sujet et réclamés par les circonstances.

En un mot, dans quelque genre de peinture que ce soit, il est toujours préférable, si on le peut, d'observer les lois de la perspective : les situations qui permettent de s'en écarter partiellement ne dispensent pas de s'en tenir rapproché et de montrer qu'on n'en perd jamais le sentiment.

Nous n'avons parlé jusqu'à présent que de la perspective linéaire ; mais il faut lui associer la perspective aérienne, qui se rattache à l'emploi des couleurs et aux effets du clair-obscur. Tous ces moyens réunis doivent concourir à l'impression définitive que le peintre prétend donner, quant au rapprochement, à l'éloignement, à la position des hommes et des choses. Ils peuvent s'aider, se modifier, se corriger les uns par les autres ; et c'est par leur emploi combiné que se communiquera ce sentiment vrai de la nature, que l'artiste a si bien le don de transmettre, quand il en est heureusement pénétré lui-même, quelles que soient les voies qu'il prenne pour tout concilier.

ÉTUDE VII.

DU NU.

I.

HISTORIQUE DU NU.

Adam et Ève venaient de pécher ; Dieu les appela : ils se cachèrent parce qu'ils avaient compris qu'ils étaient nus, et Dieu lui-même se chargea de leur fournir de premiers vêtements.

Depuis cette chute funeste, nos sens sont restés dans un état de révolte ; la vertu est possible, mais à la condition de tenir toujours enchaîné un ennemi dont les hommes les plus avancés dans la perfection ne méprisent pas impunément la puissance.

Partout où la décadence de la nature humaine est ignorée ou méconnue, il paraît tout simple que l'on ne craigne pas de lever les voiles qui la doivent couvrir ; et cependant le païen lui-même, partagé entre le bien qu'il connaît et qu'il aime, partiellement du moins, et le mal qui l'entraîne, divinise les passions et, d'un autre côté, enseigne à les contenir ; il adore, dans ses divinités, tous les genres d'ignominie, et il ne voudrait pas que sa femme ou ses filles pussent les considérer sans rougir.

Aristote, dans sa *Politique* [1], veut que les magistrats prohibent toute représentation impudique ; mais nous n'insisterons pas sur son autorité, parce qu'il n'eût pas entendu comprendre sous ce terme tout ce que nous y comprendrions. Ce n'est ni dans les lois, ni dans les écrits des philosophes, c'est au fond des consciences qu'il faut aller surprendre ce témoignage d'âmes naturellement chrétiennes.

Praxitèle ayant exposé dans l'île de Cos, pour les vendre au même prix, deux Vénus dont l'une était nue et l'autre vêtue, celle-ci fut préférée parce qu'elle était plus modeste [2].

---

1. *Pol.*, lib. VII, c. xviii.
2. *Trattato della Pittura et Scultura, uso et abuso loro, composto da un theologo* (le P. Otonelli) *e da un pittore* (Pierre de Cortone), in-4º. Florence, 1652, p. 45.

Homère met dans les mains d'Ulysse un rameau d'épais feuillage dont il se couvre pour paraître devant les Phéaciens sans blesser la décence [1].

Cicéron accuse les Grecs d'avoir introduit dans Rome les statues entièrement nues qui originairement en étaient proscrites [2].

Avant lui, le vieil Ennius avait dit que le commencement de la corruption était venu, dans cette ville, de la détestable habitude, introduite par les citoyens, de se montrer dans un état de nudité plus ou moins complet [3].

Martia, fille de Varron, ne voulait pas peindre des figures d'hommes, parce que, de son temps, elles étaient ordinairement nues [4].

On arrivait aux plus mauvais temps du paganisme; un peintre fameux alors, nommé Arellius, qui fleurit un peu avant l'avénement d'Auguste à l'empire, osa représenter, nues probablement pour la plupart, les femmes avec lesquelles il avait eu des relations impudiques, et les exposer dans les temples sous le nom des déesses qu'on y adorait; mais Pline taxe sa conduite de criminelle, et il la signale comme un principe de décadence pour l'art [5].

Bientôt après, l'art chrétien débutait par de timides essais, sous les voûtes des Catacombes. A côté du dévergondage païen, la reproduction intégrale et sans voile du corps humain pouvait paraître indifférente en elle-même; il ne semble pas que les premiers fidèles aient attaché la moindre importance à l'éviter dans les sujets qui l'amenaient naturellement. Ces sujets, d'ailleurs, sauf peut-être de rares exceptions, se réduisent à deux catégories : des figures allégoriques empruntées plus directement aux habitudes de l'ancienne société, avec des significations plus ou moins nouvelles; de saints personnages de l'histoire sacrée, dépouillés de leurs vêtements pour être exposés à divers supplices, comme Daniel dans la fosse aux lions, les jeunes Hébreux dans la fournaise, Jonas précipité dans la mer, puis rejeté par le monstre marin.

Adam et Eve se rencontrent souvent aussi dans les cimetières chrétiens; mais parmi les nombreuses reproductions de leurs figures qui ont été publiées, nous n'en avons point remarqué où ils ne soient recouverts au moins de la feuille de figuier.

Toutes ces figures sont exécutées avec une grande réserve et se réduisent à de simples indications, dans tout ce qui eût été capable d'offusquer

---

1. *Odyssée*, chant VI.
2. *Tuscul.*, lib. IV.
3. *Tuscul.*, lib. IV.
4. Otonelli, p. 37.
5. *Naturalis historiæ*, lib. XXXV. Dresde, 1848, § 10 ou 37 suiv. les édit., p. 75.

des yeux comme ceux des Cécile et des Agnès. Ces figures n'étant elles-mêmes que des signes convenus, en quelque sorte hiéroglyphiques, il n'était jamais nécessaire de les considérer attentivement : il suffisait d'en apercevoir l'ensemble pour reporter sa pensée sur les plus saints de nos mystères qu'ils étaient destinés à rappeler.

Quelque minimes que dussent donc être les inconvénients de ces nudités, à une époque où il y avait autant de chaste simplicité dans les obscurs réduits où se cachaient les disciples de l'Évangile que de corruption dans la Rome officielle, il était difficile qu'elles n'en eussent aucun ; les pasteurs les plus clairvoyants, en comprenant ces dangers, durent comprendre aussi qu'ils n'ajoutaient aucune valeur à des œuvres composées dans un but d'édification chrétienne. On doit probablement à ces sages considérations un certain nombre de figures voilées représentant Daniel, Jonas, etc. [1]. Ne faudrait-il pas y voir l'indice d'une époque relativement récente, où l'art chrétien aurait commencé à sentir le besoin de se dégager de ses réminiscences païennes ?

Pendant tout le moyen âge, nous croyons pouvoir le dire, les figures nues sont, en général, demeurées rares. Les artistes prirent quelquefois alors, nous ne le dissimulerons pas, des libertés qu'on ne leur permettrait plus aujourd'hui : était-ce de leur part toujours naïveté ? L'antique ennemi n'y était-il pour rien ? N'y faut-il voir aucune trace des doctrines impures des Cathares et des Patarins, etc.? Nous ne nous attacherons pas à ces questions, ni surtout à la question encore controversée des *obscœna*. C'était, il nous suffit de le savoir, la piété, la foi naïve des peuples qui permettaient d'accepter toutes les nudités que l'on pouvait croire réclamées par le sujet. A des esprits ainsi disposés, ces nudités ne présentaient que l'idée du vice, et à l'idée du vice un bon chrétien ne sait que détourner la vue et la pensée. Mais nous ne voyons pas que, pendant cette période, le nu ait jamais été recherché pour lui-même, comme un bien, comme une beauté.

Il commence à se multiplier au XVe siècle : c'est un des symptômes du naturalisme. L'art, s'éloignant de sa mission tout intellectuelle et en quelque sorte sacerdotale, va se montrer moins occupé d'instruire et de toucher. Il cherchera de plus en plus à plaire, par l'imitation des formes de la nature envisagée comme but et non pas seulement comme moyen.

C'est à dater de cette époque que l'Enfant Jésus est généralement représenté tout nu. Les peintres les plus pieux, ceux qui se sont le mieux maintenus d'ailleurs dans le sentiment chrétien, se sont cru permis,

---

1. Bosio, *Roma sotteranea*, p. 263, 517, 521.

presque tous, de prendre cette liberté. Ils le faisaient, il faut le dire, avec une grâce naïve et tout à fait en rapport avec l'idée de l'innocence qu'ils pensaient ainsi représenter. Bientôt le mal fit de rapides progrès, et lorsque Savonarole essaya d'y mettre un frein, à Florence, il put arracher des mains des artistes, pour en faire un bûcher, des tas immenses d'œuvres de toute sorte, où les règles de la décence n'étaient pas observées.

Quant aux ravages accomplis en France, on en peut juger par cette *Assomption* de la Vierge de toute pureté, retrouvée à Saint-Denis et publiée par M. Didron [1], en contraste avec une chaste sculpture du XIIIe siècle. Dans cette dernière, les anges, parce qu'ils ont une forme humaine, ne touchent même pas les amples vêtements de Marie : l'artiste a interposé une auréole de nuages entre leurs mains et le corps de la plus pure des créatures.

On connaît les licences que s'est permises Michel-Ange dans son fameux

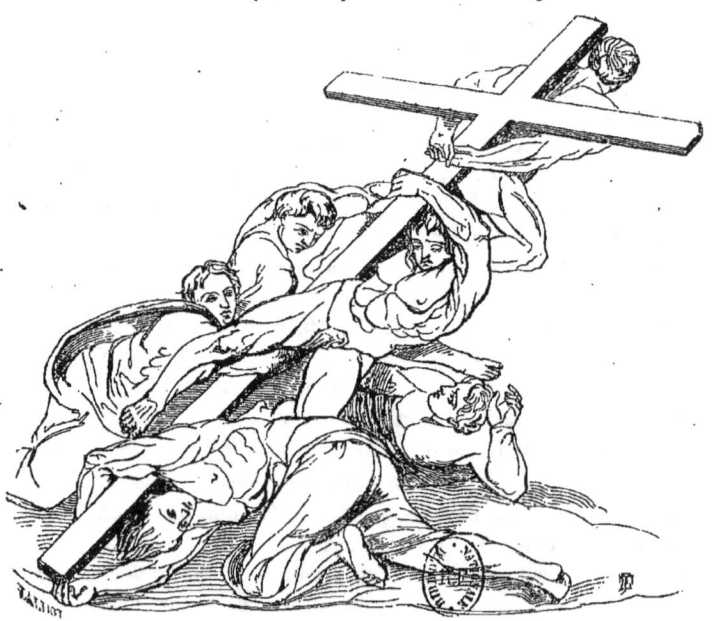

14
Anges du Jugement dernier, de Michel-Ange.

Jugement dernier. Dans le lieu saint, au-dessus des autels, n'est-il pas

---

1. *Annales archéologiques*, T. XII, 1852, p. 300 et 310.

inouï qu'il ait représenté tant de Saints, des Saintes, des Anges sous la figure d'adultes vigoureusement conformés, sans rien dissimuler de ce que les règles les plus vulgaires de la décence doivent apprendre à cacher? Il vit, au contraire, dans un sujet si éminemment épique et religieux, une magnifique occasion de faire du nu dans les positions les plus singulières et les plus difficiles au point de vue de l'anatomie.

Pour mettre le lecteur plus immédiatement en état de juger de la voie où s'est engagé Michel-Ange, nous reproduisons ici un groupe d'Anges, portant la croix, de son *Jugement dernier*, avec les voiles dont les couvrit Daniel de Volterre; et nous mettons en regard un ange accomplissant les mêmes fonctions, dans le *Jugement dernier* d'Orcagna, au Campo Santo de Pise.

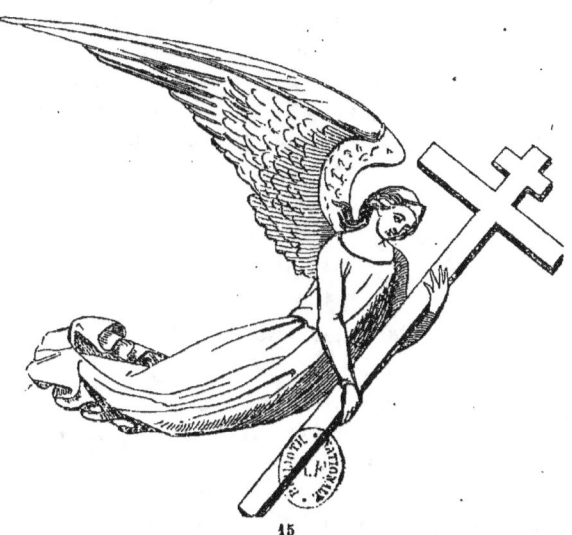

15

Ange du Jugement dernier, d'Orcagna, à Pise.

Michel-Ange était une puissance: on raconte que l'un des papes sous le règne desquels il poursuivit sa longue carrière, s'étant plaint des nudités du *Jugement dernier*, l'artiste le trouva mauvais. « Si le pape veut que personne n'y trouve à redire, aurait-il dit, c'est à lui de réformer les mœurs. » Parole absurde, car Notre-Seigneur Jésus-Christ a bien laissé à son Eglise des sacrements qui confèrent aux fidèles la force de combattre victorieusement la concupiscence, mais non pas des moyens de l'éteindre, tant qu'ils vivent dans ce monde.

Après la mort de Michel-Ange, saint Pie V voulut, au dire du Père

Otonelli [1], faire disparaître le *Jugement dernier*, comme étant une cause de scandale plutôt qu'un honneur pour la religion. Ce fut un grand émoi dans le monde des artistes : l'un d'eux, homme recommandable, obtint du saint Pontife qu'il ne consommât pas cette destruction. L'œuvre de Michel-Ange fut conservée, comme l'on conserve les monuments de l'antiquité païenne, à titre d'objet d'étude, sans en admettre la pensée. Le Saint se contenta de faire jeter des draperies sur les nudités les plus choquantes. Ce n'était pas assez de cette concession, aux yeux d'un monde où le côté moral des choses paraît avoir exercé peu d'empire ; Daniel de Volterre, chargé de cette réparation, fut tourné en ridicule par ses confrères.

Enfin, l'abus arriva à un tel point que, de nos jours, quand a commencé la réaction, Tommaseo et M. Selvatico ont pu dire : « N'est-ce pas une « idée *singulièrement de travers*, dans un temps où l'on ne voit point les « hommes et les femmes, par les rues, ôter leurs chemises pour se mettre « plus à l'aise, d'avoir imaginé qu'il n'y ait rien de beau comme de repré-« senter les héros, et jusqu'aux Saints et aux Saintes, dans une situation « où l'on serait bien honteux d'être surpris soi-même [2] ? »

II.

RÈGLES POUR EXCLURE LE NU.

La religion est la mère des arts : jamais ils ne grandissent si bien qu'à l'ombre de son sanctuaire, sous l'inspiration directe de son souffle divin. Essaient-ils cependant de s'affranchir, veulent-ils vivre de leur propre vie : elle ne les abandonne pas, elle les encourage encore, elle devient leur amie ; elle les prend à son service tels qu'ils s'offrent à elle, à la condition de les faire fléchir sur les points qui ne souffrent aucune transaction.

Le nu en était venu à passer pour la première, presque pour l'unique condition du beau : les experts le disaient. La liberté d'en user laissée aux artistes, trop grande à nos yeux pour les véritables besoins de l'art, pouvait facilement paraître alors de son essence.

Sous les yeux des papes, dans leurs propres palais, dans des églises où présidait un clergé sérieusement dévoué au salut des âmes, cet abus s'in-

---

1. *Trattato della Pittura*, page 329.
2. Tommaseo, *Della bellezza educatrice*, p. 62 ; Selvatico, *Pittore storico*, p. 411.

troduisit en beaucoup d'autres œuvres, où, bien plus que dans celles de Michel-Ange, la décence eut à souffrir.

Le nu de Michel-Ange s'étale sans respect pour les convenances, pour la pudeur chrétienne ; mais il n'est pas sensuel : partout où le grand artiste a mis la main, s'il accorde trop à la matière, on sent l'énergie d'une âme qui la domine, et l'on est peu tenté d'en subir les misérables impressions. Beaucoup d'autres, même lorsqu'ils sont plus couverts, sont moins chastes.

La tolérance fut grande; les réclamations cependant ne manquèrent pas : les conciles, les papes, les saints élevèrent assez la voix pour ne pas nous laisser plus de doute sur la persistance du mal que sur les efforts tentés pour en arrêter la propagation. Tous les théologiens qui s'en sont occupés se plaignent amèrement de ces images qui, selon l'expression de Catharinus cité par Ayala [1], sont propres à exciter des passions mortelles et ne servent de rien à la piété.

Le cardinal Frédéric Borromée [2], Otonelli [3], Molanus [4], Sarnelli [5], protestent également; Borghini [6], Lomazzo [7], ont à ce sujet des paroles non moins sévères.

En aucun temps plus que dans le nôtre, il n'importa de les rappeler : aujourd'hui, nous avons en face de nous un naturalisme brutal qui, prenant pour point de départ la négation de la chute de l'homme, est le dernier mot de toutes les erreurs contemporaines.

Ce qui était toléré autrefois ne peut plus l'être. Pie IX, marchant sur les traces de son bienheureux prédécesseur, saint Pie V, n'a pas craint de faire voiler, au risque d'exciter des murmures, tous les anges qui, dans la basilique du Vatican, soutiennent les portraits des papes. Qu'ils murmurent donc, tous ceux qui demeurent sous l'empire d'idées dont le règne a trop longtemps duré dans les arts. A nos yeux, plus on les affranchit de la matière, plus on les élève. Nous nous adressons d'ailleurs aux artistes qui veulent sincèrement être le plus chrétiens possible, ou à ceux qui, les faisant travailler, sont en droit d'exiger d'eux qu'ils le soient momentanément au moins. Nous exprimerons donc notre pensée tout entière; nous chercherons, dans l'intelligence des dogmes de l'Église,

---

1. *Pictor christ.*, p. 10.
2. *Pictura sacra*, L. I, cap. VI, dans les *Symbolæ litterariæ* de Gori. Rome, 1751, T. VII.
3. *Tratt. della Pittura*.
4. *De imaginibus sacris*.
5. *Lettere ecclesiastiche*, T. I, p. 155.
6. *Il Riposo*.
7. *Tratt. della Pitt.*

quelle peut être la signification du nu, et dans les saintes règles qu'elle nous a données, quel peut être son usage légitime.

Toute représentation obscène, déshonnête, lascive ou peu modeste, doit être sévèrement bannie de toute maison chrétienne, à plus forte raison de la maison de Dieu. Ce ne saurait être pour nos lecteurs l'objet d'un doute; il serait superflu de leur rappeler les décrets du Concile de Trente et du pape Urbain VIII, et les décisions des théologiens, qui condamnent ces abus ou en signalent le danger [1]. Ce qui nous importe, c'est de savoir dans quelle mesure l'usage du nu est compris dans ces prohibitions justes et sévères.

Le nu par lui-même, c'est-à-dire la reproduction intégrale et sans voile de la nature, n'est ni obscène, ni lascif, et voilà pourquoi, suivant les temps et les circonstances, il a pu être plus ou moins toléré. La juste application de ces qualifications dépend de circonstances que la nudité aggrave toujours sans doute, mais qu'elle ne fait pas toujours naître, qui naissent souvent sans elle. Ne suffit-il pas d'une attitude, d'un geste, pour blesser la pudeur? « Une femme nue, au contraire », dit Tommaseo, cité par le marquis Selvatico, » peut être plus pudique qu'une religieuse « couverte de sa guimpe [2]. » Ces deux auteurs ne le disent pas pour autoriser l'abus du nu : le passage auquel nous empruntons cette pensée est destiné à le combattre.

Que les images nues ne soient pas contraires à la modestie, c'est en effet une chose qui ne se rencontre pas ordinairement dans la pratique. Otonelli va plus loin : il dit qu'il est rare qu'elles ne soient pas obscènes, bien que l'Eglise, il vient de le reconnaître, ne les traite pas comme telles d'une manière générale [3].

« Elles sont un péril pour un grand nombre d'âmes », ajoute un peu plus loin le même auteur, et il cite ce passage de saint Basile : « Les enfants « même de Dieu sont si faibles que la moindre nudité qui, des beautés du « corps, laisse apercevoir quelque chose de plus qu'à l'ordinaire, les « expose à succomber. *Sufficit ad modicum nudata pulchritudo Dei filios* « *ad voluptatem emolliri* [4]. »

En conséquence, nous appuyant sur l'autorité du pieux cardinal Borromée, d'Ayala, de Molanus, et de bien d'autres qui, en cette matière,

---

1. *Concile de Trente*, sess. XXV ; Urbain VIII, *Constit. du* 15 mars 1642 ; S. Antonin, *Summa*, Pars II, L. VIII, § 11 ; Paleotti, lib. I, c. XX ; Baronius, anno 354, T. VII, p. 492, etc.
2. Tommaseo, *Della bellezza educatrice*, p. 62 ; Selvatico, *Sull' educazione del Pittore storico*, in-8°. Padoue, 1842, p. 411.
3. *Trattato della Pittura*, ch. II, quest. IV.
4. *Id.*, lib. II, quest. V ; S. Basile, *De vera virginitate*.

sont véritablement compétents, nous croyons pouvoir proposer les conclusions suivantes.

Toute nudité complète dans les adultes doit toujours être proscrite de l'art chrétien, comme peu modeste, comme notoirement dangereuse, comme ne tenant pas suffisamment compte de la fragilité humaine.

Aucune raison valable ne la réclame jamais, même dans les enfants ; et par les mêmes motifs, quoique d'un moindre degré, on ne devrait jamais non plus se permettre une pareille nudité en les représentant.

Toute nudité partielle qui n'est pas commandée par le sujet doit être évitée comme n'étant pas assez chaste, comme pouvant facilement dégénérer en des abus plus graves, comme suspecte de se rattacher à quelque mauvais penchant, tout au moins comme inutile au point de vue moral et religieux, comme de nature à détourner l'art de ses plus nobles aspirations, comme contraire aux habitudes des gens bien élevés, dans la réalité de la vie.

« Pourquoi montrer dans un tableau », s'écrie Erasme cité par Molanus, « ce que l'on cache partout ailleurs, par une honte bien entendue ? » « Que l'on rejette pour le moins, répète Ayala, toute nudité qui peut facilement

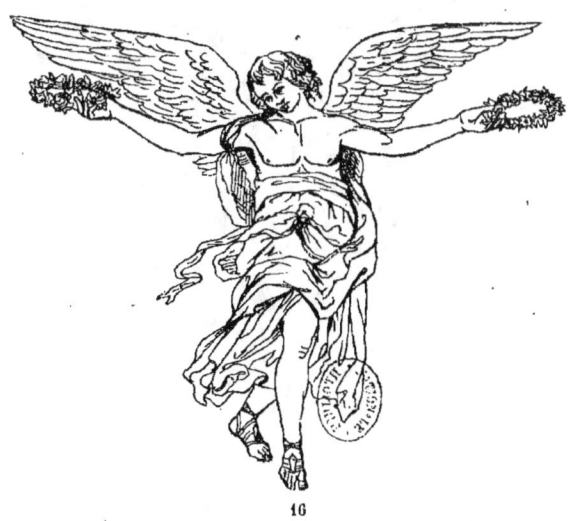

Ange couronnant sainte Cécile et saint Valérien. Fresque de Saint-Louis-des-Français, à Rome.

être évitée. » Et quand il parle ainsi, il ne l'entend pas, gardons-nous de le croire, d'une nudité complète : car pour celle-là, il ne l'admet jamais que dissimulée. Le cardinal Frédéric Borromée réclame contre ces membres, ces jambes, ces cuisses trop souvent découverts, sans aucun respect pour ceux que l'on représente; sans tenir plus de compte, ajouterons-nous, des usages des temps où l'on est censé transporté, que des convenances exigées par le nôtre; quelquefois même malgré des impossibilités matérielles.

Nous ne comprenons pas, par exemple, comment les draperies de l'ange du Dominiquin, que nous mettons sous les yeux du lecteur, peuvent se tenir ainsi suspendues. Cet ange, tiré des fresques de Saint-Louis-des-Français, à Rome, vient couronner sainte Cécile et saint Valérien, au moment où ils consacrent leur virginité au Seigneur; dans son mouvement général, il est beau sans doute : le serait-il moins quand ses draperies retomberaient plus naturellement? Nous mettons en regard l'ange de la chapelle Sainte-Cécile, à Bologne, que le Dominiquin n'a fait évidemment qu'imiter, et nous demandons à qui l'on donnera la préférence, bien que ce dernier, œuvre d'un élève peu connu de Francia,

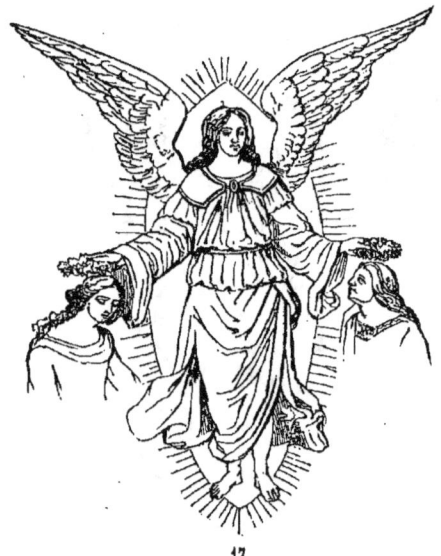

17

Même sujet par Chiodarolo. Fresque de la chapelle de Sainte-Cécile-des-Bentivoglio, à Bologne.

n'ait déjà plus dans son drapé toute l'angélique simplicité primitive, et qu'il n'ait pas la vigueur d'exécution de l'élève de Carrache?

Qu'objecter à nos conclusions? que le nu est la première des beautés, le nerf de l'art? que les exigences du sujet le doivent souvent réclamer?

Les premières des beautés de l'art chrétien sont toutes de l'ordre moral: ce sont les beautés de l'âme, qui se concentrent dans les têtes, qui en jaillissent par le jeu des physionomies.

Le corps humain est sans doute, dans l'ordre matériel, le chef-d'œuvre de la création; nous dirons plus, il a reçu le plus haut degré d'honneur où une créature puisse atteindre: il a été élevé, dans la personne du Fils de Dieu, à l'union hypostatique avec la Divinité; il mérite d'être admiré, il doit être traité avec un souverain respect.

L'harmonie de ses proportions, le mécanisme savant de ses muscles, le délicat velouté de ses chairs ne sont cependant que des beautés matérielles: elles ne peuvent, en conséquence, entrer en ligne qu'au second rang, dans l'art chrétien.

Traiter avec respect le corps humain, n'est-ce pas surtout le couvrir?

Nous ne le nions pas, l'art a sa chasteté: le nu qu'il laisse à découvert, il a pour ainsi dire une manière de le voiler. Qui a vu et goûté les chefs-d'œuvre de l'antique nous comprendra. L'idéal antique parle bien plus à l'esprit qu'il ne s'adresse aux sens. Il y a, dans ce nu, je ne sais quelle retenue, une certaine fermeté de lignes que nous comparerons volontiers à la vertu des héros du paganisme: vertu réelle, noble reste d'une grandeur déchue, qui modère les passions, mais ne les dompte pas, qui maintient la dignité dans la pose et laisse la conscience se souiller, vertu qui n'entre point dans le ciel et ne saurait suffire au chrétien. S'il voulait en demeurer aux proportions de la vertu païenne ou à l'idéal de l'art grec, il ne les atteindrait même pas: il est tenu de faire beaucoup mieux, sous peine de valoir beaucoup moins.

Le nu, si heureusement qu'on en corrige les impressions, lorsqu'il atteint le beau idéal, ne fait, après tout, que transiger avec ce feu intérieur incessamment prêt à corrompre les plus belles choses autant qu'à nous perdre nous-mêmes. Le chrétien doit travailler à l'éteindre, et c'est à cette condition seulement qu'il s'élèvera à cet autre idéal que Joseph de Maistre oppose au premier sous le nom de beau céleste[1]. « Il me souvient, « dit l'illustre écrivain, que, dans un journal français très-répandu, on de- « mandait au célèbre auteur du *Génie du christianisme* « si une nymphe « n'était pas un peu plus belle qu'une religieuse ». En les supposant re- « présentées par le même talent ou par des talents égaux (condition sans

---

1. *Philosophie de Bacon*, T. II, p. 289.

« laquelle la demande n'aurait point de sens), il n'est pas douteux que
« la religieuse serait plus belle [1]. »

Le nu est le nerf de l'art : en un sens, nous n'en disconvenons pas. Est-ce à dire qu'il soit toujours nécessaire de le voir ? Il suffit qu'on le sente.

En d'autres termes, il faut que le drapé des vêtements, que tous les mouvements du corps soient en rapport avec ses justes proportions, avec le jeu des articulations et des muscles.

Le nu ne doit se montrer que véritablement appelé par les exigences du sujet. Ces exigences, nous les avons déjà reconnues : elles peuvent demander des personnages entièrement nus ; mais il suffit au spectateur de comprendre qu'ils le sont, il n'est jamais utile de lui laisser voir la nudité tout entière ; les artifices de la composition donnent toutes facilités pour dissimuler tout ce qui a besoin d'être dérobé aux regards.

Adam et Eve nous apparaissent dans le Paradis terrestre : un tronc d'arbre, un rameau de feuillage ne peuvent-ils pas s'interposer en partie devant nos yeux ?

Avez-vous à nous représenter Noé dans son état d'ivresse, — état plein de mystère ? Pourquoi le manteau de ses enfants ne serait-il pas déjà étendu sur lui ? Voulût-on s'attacher au moment qui précéda cet acte de piété filiale, on n'aurait plus, comme Benozzo Gozzoli, au *Campo sunto* de Pise, l'excuse de la naïveté. L'on devrait faire qu'il se rencontrât quelqu'un des personnages entre nous et le saint patriarche. En lui imposant la nouvelle humiliation de subir nos regards, ne nous exposerait-on pas nous-mêmes à ce sourire coupable qui valut à Cham une terrible malédiction ?

S'il était des sujets incapables de se prêter à de semblables mitigations, nous n'hésiterions pas à les interdire. Tous ceux qui, en eux-mêmes et dans le récit, offrent d'utiles enseignements, ne sont pas bons à mettre sous les yeux sans rien dissimuler. Ce n'est pas avec une intention louable que tant d'artistes et d'amateurs ont affectionné à l'égal des Vénus et des Léda, certains sujets bibliques, comme la chaste Susanne surprise dans le bain, ou David séduit à la vue de Bethsabée.

Que nul sujet exigeant le nu en des conditions un peu délicates ne soit adopté, s'il ne promet des fruits d'édification bien solides.

Que l'artiste chrétien, obligé par les exigences de son sujet à laisser quelqu'un de ses personnages à découvert, en de pareilles conditions, apporte de tels correctifs que les sens ne puissent être amollis. Ces cor-

---

[1]. *Philosophie de Bacon*, T. II, p. 293. »

rectifs, il les trouvera naturellement dans les circonstances elles-mêmes, en s'appuyant sur ces deux sortes de significations qui, seules, peuvent légitimer l'usage du nu. Ou bien cet état est l'attribut de la première innocence, ou bien il est destiné à exprimer la peine, le dénûment, le dépouillement, la privation. Dans le premier cas, il ne saurait porter l'empreinte d'une pureté trop angélique; dans le second, loin de provoquer aucune impression que l'on soit obligé de réprimer, il doit exciter la compassion.

Nous allons, en conséquence, poursuivre l'étude du nu successivement sous ces deux rapports : sa signification en bien, très-rarement applicable, et sa signification en mal, susceptible, au contraire, de fréquentes applications.

III.

SIGNIFICATION DU NU EN BIEN.

Comme attribut de l'innocence, la nudité convient à Adam et Eve avant leur chute, et nous croyons qu'elle ne convient à aucun autre. Indépendamment de la réalité historique, on ne pourrait peut-être pas représenter autrement cet état de parfaite félicité dont ils sont déchus [1]. Mais le symbole ne devrait pas leur en être conservé au delà de leur péché. Lorsque Dieu a porté l'arrêt de leur condamnation, et qu'ils sont chassés du Paradis terrestre, ils doivent déjà être cachés sous des feuillages ou bien être revêtus des peaux de bêtes dont Dieu daigna lui-même les couvrir.

Après une dégradation qui s'est étendue à la race humaine tout entière, où allons-nous retrouver l'innocence? Sera-ce dans les enfants? mais ils apportent en naissant, nul ne l'ignore, la souillure originelle, et il faut pour les en laver le bain sacramentel des eaux du baptême; ils acquièrent ainsi un nouvel état d'innocence : pour le caractériser, aura-t-on recours à la nudité de l'innocence primitive? Non assurément; il est un autre attribut propre à ce nouvel état : la robe baptismale. On le voit donc, quelle différence profonde ne doit pas se trouver entre la représentation de ces deux innocences! Tandis que l'innocence d'Adam et d'Eve n'avait pas besoin de vêtement, la robe sans tache devient le symbole obligé d'une innocence plus parfaite.

Un vêtement qui, enveloppant tout le reste du corps, laisse apercevoir

---

1. Ayala, *Pict. christ.*, lib. I, cap. v, p. 12.

dans son entier la tête, ce noble siége de l'âme, était propre plus qu'aucun autre à exprimer la réhabilitation, par l'esprit, d'une nature encore enfouie par la chair dans les profondeurs de la corruption et de la mort.

Le vieil homme subsiste, mais il est *revêtu* d'un homme nouveau, rendu capable de tenir dans l'assujettissement ce corps de péché, en attendant qu'après l'avoir déposé un jour, il le reprenne, mais *revêtu* d'immortalité. Alors l'œuvre de la régénération sera consommée, alors il n'y aura plus aucune portion de nous-mêmes qui soit un sujet de honte.

Allons-nous donc reprendre les attributs de l'état d'innocence où Dieu, en le créant, avait placé le premier homme? Mais non: il semblerait que nous avons recouvré précisément ce que nous avions perdu, tandis que ce dont nous allons jouir, nous le devons aux mérites d'un autre. Nous en avons été recouverts comme d'un *vêtement*: c'est à cette condition qu'il nous a été possible d'apporter à l'œuvre de notre salut la part, bien réelle cependant, de notre coopération. Ce ne serait pas assez. Nous sommes montés en dignité; notre corps ne sera plus seulement innocent, il sera spiritualisé. Il faut exprimer cette pensée par un signe nouveau.

Nul n'entrera dans la salle du festin s'il n'est *revêtu* de la robe nuptiale, de cette même robe blanche de l'enfant, préparée pour le grand jour des noces célestes, de cette robe lavée dans le sang de l'Agneau sans tache, et c'est par-dessus cette robe que sera étendu l'éternel manteau de gloire: *Stolam gloriæ* [1]. Le juste sera tout entier *revêtu* des vêtements du salut, il sera paré des ornements de la justice: *Induit me vestimento salutis, in indumento justitiæ circumdedit me* [2].

L'innocence primitive aurait permis de montrer le corps tout entier à découvert; mais, pour exprimer l'innocence réparée, on ne doit pas même laisser soupçonner ses formes. Si le type de la première est la chasteté conjugale portée à un degré de pureté que nous ne saurions plus concevoir, le type de la seconde, c'est la virginité. La nouvelle Eve, la Vierge immaculée, précisément parce que, dès le premier souffle de sa vie, elle fut élevée en pureté et en grâce bien au-dessus de l'état d'innocence de la première femme, ne saurait nous apparaître trop modestement vêtue.

---

1. *Paroissien Romain*, verset des 1res Vêpres des Confesseurs, Introït des Docteurs, Antienne de *Magnificat* de la Toussaint, etc., etc. *Apocalypse*, VII, 14, etc. On lit dans les Actes de saint Timothée et de sainte Maure, qu'ils furent crucifiés et restèrent neuf jours attachés à la croix. Pendant qu'ils subissaient ce supplice, sainte Maure, dans une vision, vit sur deux trônes la robe ou le manteau de gloire, *stolam*, et la couronne, qui étaient préparés pour elle et pour saint Timothée, son mari. (Boll., 3 mai, p. 379.)

2. Isaïe, LXI, 10.

Ayala ne supposait pas qu'un artiste catholique pût aller jusqu'à l'excès d'audace signalé par M. Didron, et que nous avons rapporté : *Neque enim eousque processit catholicorum audacia* [1] ; mais il trouve une trop suffisante matière à ses gémissements, dans cette multitude d'images où, selon son expression, Marie ressemble plus à une Vénus qui cherche à séduire par les grâces de son corps, qu'à la très-sainte Mère de Dieu. « Vous la voyez, s'écrie-t-il, les cheveux étendus, les épaules et le cou « découverts, et jusqu'à son très-chaste sein : quelquefois aussi, ses « pieds sont nus [2]... »

Il est à remarquer en quels termes il réprouve jusqu'à la nudité des pieds. Les couvrir, c'est témoigner qu'on ne saurait aller trop loin dans ce genre de respect, relativement à celle que l'Eglise appelle un *jardin fermé*. Ayala s'appuie encore de l'autorité de Clément d'Alexandrie, qui va jusqu'à désapprouver, de la part des femmes en général, toute nudité semblable.

D'ailleurs, par une raison symbolique, les pieds nus sont spécialement appropriés aux représentations de Notre-Seigneur Jésus-Christ, des Apôtres et des Anges ; les attribuer à d'autres sans motif, n'est bon qu'à mettre de la confusion dans l'iconographie chrétienne.

Quant au très-chaste sein de Marie, dans le sens où Ayala en parle, toute la partie supérieure du corps étant également découverte, il ne devrait y avoir personne, ce nous semble, s'il tient à son nom de chrétien, qui ne fût choqué de cette nudité, comme d'une haute inconvenance. Mais, d'après de graves autorités, il y aurait lieu de se demander s'il n'est pas permis de représenter la divine Mère allaitant le Sauveur du monde, ou bien encore lui montrant le sein dont elle l'a nourri, pour solliciter sa miséricorde en faveur des pécheurs, conformément à ces touchantes paroles de saint Bernard : *Mater ostendit filio pectus et ubera ; filius ostendit patri latus et vulnera*. Molanus le pense [3], et un assez grand nombre d'images vraiment pieuses sembleraient autoriser ces représentations par leur exemple.

Dans l'une des salles de la galerie de Bologne, on s'arrête avec bonheur devant un petit tableau de Francia, qui représente saint Augustin en suspens entre les consolations spirituelles, figurées par le lait que Jésus enfant puise au sein de sa très-sainte Mère, et les souffrances figurées par le sang de ce même Dieu, répandu sur la croix du côté opposé.

Néanmoins, c'est un sujet dont il serait facile d'abuser, et, sans rien

---

1. *Pict. christ.*, L. I, c. IV.
2. *Id.*, L. IV, c. I, § 1.
3. Lib. I, c. xxxi. Lib. I, c. xxxvii, suppl. édit. Migne.

lui ôter de ce qu'il a de si touchant, il serait indubitablement préférable de faire comprendre au spectateur, par la composition, que la Mère très-pure offre son sein à son divin Fils, ou le lui montre, sans qu'il fût donné à des yeux charnels de l'apercevoir. On ne saurait, au moins, y mettre trop de réserve et de modestie, en n'entr'ouvrant le voile que le plus légèrement possible.

En ce qui concerne la pureté de Marie, la délicatesse ne pouvant être trop exquise, nous ne saurions admettre, quelle que puisse être la valeur de l'usage, que, même au jour de sa naissance, ses chairs à jamais virginales ne soient pas soigneusement cachées aux regards profanes. Nous objecterait-on ce grossier prétexte : qu'elle n'est pas venue au monde tout habillée ? Pourquoi, répondrons-nous, entre les différents moments dont la suite forme une action, l'artiste ne choisirait-il pas celui où elle vient d'être enveloppée de langes ?

D'après une pieuse légende, au moment où les Saintes Femmes ensevelissaient Notre-Seigneur, une nuée lumineuse vint leur dérober la vue de son corps sacré. Catherine Emmerich, dans ses *Méditations*, rapporte quelque chose d'analogue sur la naissance du Sauveur. Qui empêcherait d'étendre à la naissance de sa Mère le parfum de cette suave pensée, et de former à Marie comme un vêtement de vapeur céleste, en attendant qu'elle ait pu en recevoir un plus conforme aux usages de cette vie mortelle ?

Il ne faut pas perdre de vue que la réserve est de plus en plus commandée aux peintres modernes. Antérieurement à l'immense progrès que l'art a réalisé, quant aux qualités plastiques, au commencement du XVIe siècle, le nu était loin d'avoir cet aspect palpitant de vérité naturelle qu'on a su lui donner depuis. Dans les écoles primitives, il était moins vivant ; la vie, concentrée dans les têtes, s'y dessinait avec une telle richesse de nuances profondes et délicates, qu'il ne manquait rien à la pensée pour donner un libre cours aux plus poétiques expansions ; et le nu étant moins développé, sa vue avait de bien moindres inconvénients.

A l'enfant s'attache, sans contredit, une idée d'innocence relative. A ce titre, nous voyons surtout beaucoup d'enfants complétement nus figurer dans les œuvres, d'ailleurs pleines de piété, des écoles les plus spiritualistes et les mieux imbues de l'esprit traditionnel, principalement au XVe siècle. Ces œuvres méritent de l'indulgence ; nous devons faire en sorte surtout de les regarder avec autant de simplicité que leurs auteurs en ont mis à les faire.

La pente était glissante cependant, et, entre autres circonstances, ce fut par elle que le nu fît une si terrible irruption dans le domaine de l'art. Au xv° siècle s'introduisit, presque généralement, l'usage de représenter l'Enfant Jésus dans un état de nudité aussi contraire à la réalité historique qu'aux véritables notions du symbolisme. Bientôt après, les Anges furent aussi victimes de ce préjugé contagieux.

Le Sauveur, aussitôt après sa naissance, fut enveloppé de langes : le texte sacré est précis sur ce point. Prétendrait-on s'arrêter à l'espace insensible qui put s'écouler avant que sa très-sainte Mère lui rendît ce premier soin ? La faute serait moins grave sans doute relativement au Fils que relativement à la Mère. La pudeur n'a pas les mêmes exigences pour l'un et l'autre sexe. Cette nudité du divin Enfant, au moment de sa naissance, pourrait servir à exprimer le dénûment dans lequel il voulut venir en ce monde. Nous ne nions pas qu'on puisse se la permettre, en observant les règles générales de la décence ; mais précisément parce que le Sauveur est le type parfait de l'homme renouvelé, ce ne sera pas en sa qualité d'Agneau sans tache qu'on le privera de toute espèce de vêtement.

Ces langes, d'ailleurs, dont il fut enveloppé, ont une signification qui doit nous être chère : ils expriment l'état d'abandon dans lequel le divin Emmanuel s'est donné à nous, comme un enfant qui, lié de toutes parts, est incapable de tout mouvement, sans la volonté de celui qui le porte [1].

Fidèle plus ordinairement à vêtir l'Enfant Jésus, le Beato Angelico, sur l'un des anciens panneaux d'armoire qui, de la sacristie de l'*Annunciata*, à Florence, sont passés dans la galerie de l'Académie, n'a pas craint de soulever les langes qui couvraient ce divin Enfant ; il nous a permis d'apercevoir l'opération même de la circoncision. Nous conseillerions sans doute aujourd'hui d'y mettre un peu plus d'artifice de composition, et de laisser un peu moins de liberté à nos yeux. Pour réclamer cependant ce dépouillement de Jésus, la réalité du fait était d'accord avec sa signification, comme prélude du sang répandu sur la croix ; et, dans cette circonstance, nous préférons de beaucoup la naïveté un peu crue du bon religieux, à la fantaisie de tant d'autres qui, sans autre motif qu'un agencement réputé plus pittoresque, font flotter au vent ou tomber à terre, ne fût-ce qu'en partie, ces langes dont Marie, autant par respect que par amour, s'était empressée de couvrir son divin Fils.

Les Anges étant de purs esprits, les formes corporelles dont nous sommes obligés de les revêtir, pour rendre sensibles leur présence et leur

---

[1]. *Vie de la B. Mecthilde*, par Lansberg ; Venise, 1690, in-4°, p. 5.

action, ne sauraient être trop dégagées de ce que les nôtres ont de plus matériel. S'il est utile de leur attribuer quelques-uns de nos membres, c'est comme expression d'une faculté commune avec nous. Nous leur donnons des bras quand ils agissent ; des pieds, quand ils doivent se poser sur la terre ; la tête, toujours, parce qu'ils sont tout intelligence. Quant au reste du corps, nous ne pouvons rien de mieux, pour dissimuler ce qu'il aurait de trop matériel, que de le dérober sous d'amples vêtements.

Lorsque, d'après les saintes Ecritures, les Anges ont pris une figure humaine pour remplir quelque mission parmi les hommes, ils se sont montrés, on ne peut en douter, complétement vêtus, suivant les usages de ceux à qui ils étaient envoyés.

Les Prophètes nous décrivent les Séraphins, dont ils avaient aperçu la figure, comme ayant des ailes toutes spéciales pour se couvrir.

Pour se dispenser de les vêtir, il n'y a pas lieu d'invoquer l'intégrité de leur nature, ni l'un de ces cas exceptionnels que nous pouvons quelquefois admettre, quand il s'agit des hommes.

Il ne nous est donc possible d'apercevoir aucune excuse plausible en faveur des artistes des trois derniers siècles, pour les justifier d'avoir substitué aux types vraiment angéliques des siècles précédents, ces petits enfants ou ces grands garçons qui font de lourdes et ridicules culbutes dans les nuages. Avec la meilleure volonté du monde, il nous est impossible d'y découvrir des Anges.

La robe ou le manteau de gloire, *stola gloriæ*, est l'attribut des élus en possession du bonheur éternel : nous l'avons suffisamment établi au point de vue décisif du symbolisme liturgique ; mais nous laisserions notre tâche incomplète, si nous ne considérions la question sous ses autres faces.

La robe nuptiale, le manteau de gloire, nous dira-t-on, ne sont que des métaphores. Sans doute ; mais l'art peut-il mieux faire que de traduire en images ce que l'Eglise, dans ses chants, exprime sous les figures du langage ?

Il importe beaucoup plus de présenter, d'une manière édifiante et instructive pour les vivants, des vérités indubitables, comme la résurrection de la chair, le jugement, la gloire des élus, que d'être exact à reproduire, sur l'état futur des morts, des particularités dont nous ne pouvons avoir une réelle connaissance.

Qui de nous peut comprendre et se figurer quel sera, dans l'autre vie, un corps glorieux ? Et l'on aurait la témérité de croire qu'avec un peu de terre broyée, l'on mettrait sous les yeux une ressemblance fidèle des ineffables splendeurs d'une vie inaltérable? Non! de semblables choses nous dépassent de toute la hauteur qui sépare le ciel de la terre ; ce que nous pouvons mettre à la place n'est que fiction ; et fictions pour fictions, nous ne saurions trop préférer celles qui nous rappellent à des vérités d'un ordre moral bien certain.

Quand Luca Signorelli, à Orvieto, quand Michel-Ange, dans la chapelle Sixtine, ont représenté les morts reparaissant d'abord à l'état de squelettes, puis se recouvrant de leurs chairs ; quand d'autres leur font ouvrir la terre, soulever la pierre de leur sépulcre, pense-t-on que, anticipant sur les réalités futures, ils nous les mettent en partie sous les yeux ?... Non, rien de tout cela ne saurait rendre comment tant de poussière dispersée aura repris soudain, au milieu d'une multitude innombrable de corps réunis dans un même lieu et rendus à la vie, la place qu'elle avait occupée en chacun d'eux.

Ce que nous offrent ces grands peintres, ce sont des fictions plus ou moins heureuses, qui servent à fixer notre pensée sur ces grands événements. Ils auraient pu tout aussi bien, comme d'autres l'ont fait, sans manquer davantage à la vérité, nous montrer les morts sortant du tombeau encore enveloppés de leurs linceuls.

Que, dans l'acte même de la résurrection, les corps apparaissent dans un état de nudité suffisamment dissimulé, nous n'y voyons pas grand mal. Les corps des justes, cependant, ressusciteront glorieux, et il nous paraît hors de doute que, pour exprimer dans le langage de l'art les priviléges de ces corps spiritualisés, il est aussi nécessaire de leur donner des vêtements, qu'il serait absurde de prétendre s'approcher de la vérité par un grossier réalisme emprunté à la vie présente.

IV.

SIGNIFICATION DU NU EN MAL.

Considérée en mal, la nudité, loin de rester l'attribut de l'innocence, devient la marque du dénûment, l'effet de la spoliation, la suite de la pauvreté, une forme de la misère, la compagne du supplice, une cause de souffrance, un sujet de honte, un état d'ignominie. L'expression d'une de ces choses et les circonstances pénibles qui les accompagnent devant absorber l'attention comme objet principal, le nu pourra se montrer dans une plus grande mesure sans amollir les sens.

Quelque accident grave vient-il nous émouvoir, la pudeur la plus délicate envisagera, sans même y songer, ce qu'elle n'eût pas voulu souffrir sous ses yeux dans un moment ordinaire. La chaste fille de saint Vincent de Paul ne craindra pas de panser une blessure, et la jeune vierge, en présence du martyr dépouillé, ne songera qu'à combattre à son tour les combats du Seigneur.

Nous nous démentirions cependant, si nous permettions d'en conclure que tout événement capable, dans sa réalité, d'absorber notre attention, d'exciter notre enthousiasme, au point de ne plus nous laisser d'yeux pour voir ce qui, habituellement, ne doit point être vu, puisse impunément nous être représenté sans aucun voile, dans les productions de l'art : ce serait par trop présumer de la puissance de ses illusions.

Au point de vue du dépouillement, il y a lieu d'envisager la nudité sous deux aspects différents, suivant qu'elle est bien ou mal supportée : tantôt c'est une épreuve salutaire et méritoire; tantôt c'est un châtiment.

Dans le premier cas, Notre-Seigneur Jésus-Christ est le modèle par excellence : car l'un des traits les plus pénibles de sa douloureuse Passion a été de se voir dépouiller pour être exposé entièrement nu à la face de tout un peuple. Beaucoup de Pères de l'Eglise, d'auteurs ecclésiastiques, pensent que cette nudité fut absolue.[1] : le second Adam, selon eux, ayant voulu sauver l'homme dans l'état où le premier l'avait perdu. Quelques autres écrivains pensent, au contraire, que le Sauveur, pour éviter de paraître dans cet état en présence de sa très-sainte Mère et des Saintes Femmes, se ceignit lui-même les reins d'un voile. Sainte Brigitte rapporte une révélation qu'elle aurait eue dans ce sens.

Quoi qu'il en soit de la réalité historique, il suffit bien de se conformer à cette version, pour donner au dépouillement du Fils de Dieu crucifié toute la signification pathétique qui s'y rattache, et nul désormais n'oserait songer à représenter le divin Crucifié dans une complète nudité.

Les mêmes pensées sont applicables à la flagellation de Notre-Seigneur Jésus-Christ, à toutes les circonstances où son divin corps, mort ou vivant, nous est présenté dans le sentiment de son sacrifice et de ses humiliations.

Souvent Jésus mort nous est montré entre les bras de sa très-sainte Mère, des saints Anges, de ses disciples, qui nous apprennent par leur exemple à méditer sur cet émouvant spectacle. La pensée de la divinité, le respect qu'elle impose, doivent se mêler, dans ces représentations, à

---

1. Saint Cyprien, saint Athanase, saint Cyrille de Jérusalem, saint Ambroise, saint Augustin et autres, cités par Molanus ou son annotateur ; éd. Migne, L. IV, c. IV.

l'expression de la douleur ; nous n'en excluons pas une sainte familiarité : Madeleine pénitente ne doit pas être privée du privilége de baiser ces pieds que, du vivant de son divin Maître, elle a déjà baisés et arrosés de tant de larmes. Un pieux évêque cependant, avec qui nous avons eu l'honneur de nous entretenir de ces matières, aurait voulu que jamais ni les mains de Madeleine, ni celles d'aucune des Saintes Femmes ne touchassent immédiatement les chairs sacrées du Sauveur. Un pan de linceul, un fragment de bandelettes peuvent toujours artistement se rencontrer à point, pour satisfaire à l'idée de la pureté la plus exquise, sans nuire à l'effet général.

Il n'est rien que nous trouvions plus intolérable que de voir Madeleine, la sainte pénitente, vêtue tout au plus comme elle aurait pu l'être aux plus mauvais jours de sa vie coupable. Depuis sa conversion, elle a dû s'efforcer, à force de modestie, de décence et de retenue, dans sa mise comme dans sa conduite, de racheter des scandales dont le souvenir devint pour elle une source de larmes intarissables.

On rapporte que Madeleine, dans la solitude de la Sainte-Baume, où l'on croit qu'elle se renferma pour gémir loin du regard des hommes, vit successivement tous ses vêtements se consumer. Le moyen âge nous a légué des figures où ce modèle des pécheresses repentantes n'a plus conservé pour se couvrir qu'une longue chevelure, descendue miraculeusement jusqu'à terre, pour voiler précisément, même dans leur décrépitude, ces chairs que l'on ne craint pas au contraire d'exposer aux regards dans toute la fraîcheur de la jeunesse. On a cru peut-être pouvoir s'autoriser de ces exemples : il faut bien plutôt y voir une condamnation de toutes ces Pélagie, ces Marie Egyptienne, ces Madeleine, qui, au dire d'Ayala, loin de porter à la pénitence, ne font que suggérer des pensées dont il faut faire pénitence.

S'il pouvait être permis de représenter ces saintes pénitentes nues ou demi-nues, il faudrait tout au moins que leurs corps eussent visiblement subi tous les effets des plus rudes macérations ; que leur teint fût hâlé par le soleil, pâli par les jeûnes : et alors, observe le même auteur, nous n'y verrions pas tant d'inconvénients.

Allons plus loin ; pour être assuré de ne pas faire du nu avec indécence, que l'on commence par n'en pas faire hors de propos. Que des Saints, par esprit de mortification, de gaîté de cœur et avec un mépris des convenances qui ressemblerait à du cynisme, se soient dépouillés de leurs vêtements, comme certains artistes paraîtraient le supposer, c'est ce qui ne peut tomber sous le sens.

Saint Jean-Baptiste, d'après les textes de l'Evangile, était très-complétement quoique grossièrement vêtu. Saint Paul, premier ermite, quoique vivant seul dans le désert, s'était tissé une robe de feuilles de palmier; saint Antoine la considérait comme un précieux héritage, et s'en revêtait au jour solennel de Pâques. Ce n'est pas la nudité, mais un vêtement pauvre qui convient à ces pieux solitaires.

Le tableau de la *Communion de saint Jérôme*, du Dominiquin, est assurément un précieux monument. L'art chrétien s'en fait honneur autant que la galerie du Vatican qui le possède. Si cependant le grand maître auquel on le doit, averti par un ami charitable, eût jeté sur les épaules du saint vieillard quelque grossier cilice, son chef-d'œuvre, rendu plus conforme aux habitudes du temps de saint Jérôme et aux nôtres, en eût-il été moins émouvant? En eût-il moins rappelé l'état de pauvreté où s'était réduit l'austère habitant de la Palestine, nourri naguère dans les délices de Rome? Ici toutes nos prescriptions précédentes sont rigidement observées : il n'y a certes pas à craindre que ce corps mourant et décrépit inspire autre chose que la compassion et la pensée des fins dernières. Mais nous voudrions qu'on restât dans le vrai, parce que l'art a souvent beaucoup à perdre, s'il essaie de s'en départir, et nous ne voyons pas ce qu'il pourrait jamais y gagner.

Disons-le toutefois à la décharge du Dominiquin : la nudité, en des proportions quelquefois égales à celles qu'il lui a données, était devenue depuis longtemps un des attributs de saint Jérôme. On y voyait un signe de son renoncement au monde et de sa vie ascétique. Ce n'est pas nous qui repousserions entièrement, même en dehors de l'histoire, un symbolisme traditionnel fondé sur de saines notions iconographiques; mais nous croyons que le but a été un peu dépassé, et nous le disons d'autant plus facilement que notre critique porte sur un point secondaire.

A part quelques types consacrés par l'iconographie chrétienne, il n'y a pas lieu habituellement de recourir à la nudité dans la représentation des saints pénitents, si ce n'est pour rappeler certains faits où la nature se montre si bien domptée, que le spectateur, s'il est ému, le doit être d'un salutaire effroi.

Saint Benoît se roule au milieu des épines; saint Bernard se jette dans un étang glacé : les épines, la glace, nous cachent déjà une grande partie du corps, et le reste ne nous apparaît que tout ensanglanté, ou raidi et tremblant par la rigueur du froid. On pourrait indéfiniment multiplier les exemples auxquels s'applique la même observation.

Il est cependant une circonstance où la nécessité exige que l'on se dépouille de ses vêtements, dans un esprit de pénitence : c'est le baptême. Nous demandons pour cette raison même, quant à la manière de traiter ce sujet, une grande circonspection.

S'agit-il de Notre-Seigneur Jésus-Christ, baptisé par son précurseur? le nu ne doit se montrer que très-secondairement. On ne doit pas craindre d'étendre autour de sa personne sacrée un ample voile. Il paraîtrait plus simple et plus conforme à l'Evangile de le plonger profondément dans l'eau; mais il y a là des difficultés de composition peut-être insurmontables. Les artistes du moyen âge les esquivaient en accumulant d'une manière toute conventionnelle, sous la forme d'un monticule, les eaux du Jourdain; on n'oserait maintenant s'écarter aussi gravement de l'imitation de la nature, à moins que ce ne soit dans une composition plus ou moins archaïque, destinée à un ancien monument.

S'il s'agit du baptême administré dans l'Eglise, et qu'il se fasse dans une cuve, on est plus maître de la composition. Quoi qu'il en soit, ce sera l'occasion d'appliquer les règles générales que nous avons essayé de poser, et l'on aura soin que l'expression de l'humilité, de la contrition, prédomine dans les néophytes, sur les particularités un peu délicates, nécessaires à l'accomplissement des rites sacramentels.

En abordant la question de certains genres de martyre, nous ferons observer qu'il en est de telle nature qu'il n'est pas possible de songer à les représenter. Ce serait s'associer à l'infamie de ceux qui ont inventé ces supplices, et non pas au mérite de ceux qui les ont soufferts. Dieu, en de semblables occasions, a souvent fait des miracles pour protéger la pudeur des vierges qui lui étaient consacrées. On sait, par exemple, que sainte Agnès reçut miraculeusement un vêtement qui la déroba aux regards des jeunes libertins auxquels ses juges prétendaient la livrer [1].

L'usage, chez les Romains, était de dépouiller entièrement les criminels pour les livrer au supplice : par conséquent les chrétiens, qui étaient traités comme les plus criminels des hommes, devaient habituellement subir cette ignominie. Nous ne voyons pas qu'il soit utile pour cela de les représenter dans l'état de nudité où on les mettait, quand le genre de tourment auquel ils sont exposés ne l'exige pas pour être compris. Dans le cas contraire, il y a lieu d'appliquer de nouveau tout ce que nous avons cru précédemment devoir demander, relativement à l'agencement de la composition, à la prédominance des affections de l'âme, à l'état de souffrance et de contraction où doivent être leurs membres inondés de sang, pour exclure tout ce qui sentirait une délicatesse trop sensuelle.

Mais ce n'est pas seulement au moment même de leur martyre, que l'on a cru devoir représenter ces héros de notre sainte religion dans l'état

---

1. *Pict. Christ.*, L. I, c. v, p. 15.

de nudité où ils étaient alors. Il en est auxquels on l'a attribué comme trait caractéristique, au même titre que les instruments de leurs supplices. C'est ainsi que saint Sébastien est ordinairement représenté sous la figure d'un beau jeune homme tout nu et percé de flèches. Tant qu'il l'a été de la manière primitive, surtout avec ce charme de candeur, de piété, cet esprit de sacrifice qu'ont su lui donner le Perugin et Francia, nous ne pouvons que modérément nous en plaindre ; mais bientôt après il en résulta des conséquences fâcheuses. Nous en avons la preuve dans l'histoire du *Saint Sébastien* de Fra Bartholomeo. Depuis sa profession religieuse, le célèbre dominicain consacrait tout son talent à des tableaux de piété ; aussi ses rivaux l'accusaient-ils de ne pas savoir faire le nu. Pour prouver que leurs accusations portaient à faux, il fit un saint Sébastien. Le tableau fut placé dans l'église de son couvent, à Saint-Marc de Florence ; bientôt les confesseurs purent en apprécier les inconvénients, et l'on jugea plus sage de le mettre à l'écart. On en conclura facilement qu'il sera toujours préférable de représenter les martyrs dans des conditions qui excluent la possibilité de renouveler une pareille expérience.

L'ordre de notre marche nous amène à parler de la nudité comme étant la conséquence du vice ou son châtiment. Trop souvent il s'en est paré, abjurant toute honte : il est juste de la lui imposer, lorsqu'il voudrait en dissimuler l'horreur, et qu'elle devient la marque indélébile de sa défaite.

Prenons garde toutefois de peindre le vice sous ses propres couleurs : ce serait se rendre sa dupe ou son complice. Il est reconnu, en saine morale, que ni la bouche, ni la plume, ne doivent jamais se souiller par une certaine peinture du vice : à plus forte raison, l'art chrétien doit-il la bannir de son domaine.

Ce n'est pas le vice lui-même, c'est sa perversité et ce sont ses suites qui réclament toute la vigueur du pinceau chrétien. La nudité ne doit donc pas être mise sous les yeux des fidèles, dans les conditions où elle plaît au vice. Elle ne doit être, en quelque sorte, qu'un symbole qui indique comme honteux ce que le vice montre comme attrayant.

La nudité est, dans ce sens, l'attribut du vice personnifié, des démons, des damnés, et même des possédés, comme étant momentanément sous la puissance du démon.

Les âmes du Purgatoire n'ont pas encore le précieux manteau de gloire qui les attend. Nous ne saurions guère concevoir qu'elles soient vêtues, à moins que ce ne soit pour rappeler les différentes positions qu'elles ont occupées sur la terre. Elles doivent nous apparaître enveloppées en grande partie dans les flammes où elles sont plongées.

Il en serait de même des damnés, si nous ne devions les apercevoir que dans les profondeurs de l'enfer. Des lueurs lugubres et de ténébreuses vapeurs ne nous laisseraient jamais qu'entrevoir leurs membres déformés. Mais il peut arriver que l'on veuille, à la manière du Dante, varier leurs supplices, ou bien les faire apparaître au grand jour du jugement : il nous semble incontestablement permis, dans ces diverses situations, de leur laisser les insignes du rang qu'ils ont perdu. Cependant le nu pouvant rester un caractère propre à leur état, il importe de nous demander comment, par rapport à eux, on le devra traiter.

Il est sans doute une empreinte de dégradation et de torture, une couleur de l'enfer qui n'inspireraient que de l'horreur ; mais nous craindrions l'exagération en ce genre. La perfection de l'art repousse le laid, alors même qu'il s'agit d'en rappeler l'idée.

Les anciens nous ont donné, à cet égard, des exemples au-dessous desquels nous ne devons pas laisser descendre l'art chrétien. Jamais ils n'ont pu se résoudre à représenter la terrible égide sous une forme véritablement horrible.

Attribuant de même au vice personnifié et jusqu'aux victimes de l'éternelle justice, une certaine modération d'attitude et de sentiments, vous laisserez apercevoir dans sa dégradation le souvenir d'une nature qui était l'œuvre de Dieu ; vous vous efforcerez de donner une impression d'horreur, de répulsion, de difformité et d'excessive souffrance, sans rien mettre sous les yeux de hideux, de laid, de repoussant.

Le nu même, dans ces circonstances, devant donc se maintenir en des proportions que l'œil ne puisse trouver désagréables, on serait facilement exposé à retomber dans les écueils auxquels l'art chrétien doit se soustraire. Voici la conclusion que nous en tirons : moins on lui donnera de nu, moins il en laissera paraître, plus sa tâche sera facile ; il ne fera qu'y gagner, comme source de pieux enseignements, comme moyen d'édification, comme formule de prière ; il s'élèvera et se maintiendra plus sûrement dans les régions du beau véritablement idéal.

V.

ÉTUDE DU NU.

En restreignant dans de sévères limites l'usage du nu, nous allégeons déjà en grande partie les difficultés pratiques que son étude doit offrir.

L'artiste qui veut avant tout rester le fidèle observateur de ses devoirs d'homme et de chrétien, n'en doit pas moins avoir le noble dessein de ne rester inférieur à aucun de ses concurrents. Il ne peut se passer d'une sérieuse connaissance du corps humain, pour en rendre avec vérité les proportions et les mouvements, pour rendre le nu lui-même dans les occasions qui le réclament nécessairement. Sa situation n'est pas sans analogie avec celle du médecin, mais elle est moins impérieuse et plus délicate. Plus délicate, car s'il s'en tient sans scrupules aux pratiques d'atelier, il aura constamment sous les yeux la nature pleine de vie et de santé, tandis que le médecin porte ses investigations sur des corps morts ou malades; moins impérieuse, car il est bien plus essentiel au médecin de posséder à fond l'anatomie, qu'il ne l'est pour l'artiste de travailler d'après le modèle vivant.

Nous ne prétendons pas fixer à l'artiste, tel que nous le supposons, les limites qu'il doit savoir s'imposer; elles sont nécessairement variables, suivant les aptitudes, les natures, les caractères. Nous nous contentons de lui rappeler que, destiné à représenter des corps très-habituellement vêtus, il peut acquérir une grande partie des connaissances nécessaires à sa profession, d'après des modèles qui le soient convenablement eux-mêmes. Les figures anatomiques lui prêteront d'ailleurs un grand secours. L'étude de l'antique, dans une sobre proportion, lui profitera jusqu'à un certain point plus que celle de la nature même : elle lui apprendra à l'ennoblir. Il peut ensuite porter ses études successivement sur différents membres du corps, et réserver pour des moments choisis, où il sera plus fortement armé contre les mauvaises impressions, celles de ces études qui le pourraient exposer davantage.

Vasari, tout passionné qu'il était pour les études anatomiques, telles que les avait développées Michel-Ange, son maître et son ami, disait du Beato Angelico: « Les Saints qu'il a faits ressemblent plus à des Saints que « ceux d'aucun autre peintre. » Si, partant de là, nous considérons que les Saints sont les chefs-d'œuvre de Dieu, et que l'excellence de l'art, à son plus haut degré, c'est la ressemblance la plus parfaite de ce qu'il y a de plus beau dans la création, quelle place ne mériterait pas, au-dessus des plus grands maîtres, l'humble religieux de Fiesole !

Il n'a pas systématiquement négligé le nu, dira-t-on. Non, il l'a, au contraire, aussi bien réussi qu'aucun autre artiste de son temps, quand il l'a légitimement rencontré sous son pinceau. Bien loin de faire nous-même un système de négliger le nu, nous ne croyons pas que l'artiste chrétien y puisse porter trop de soin. Nous voudrions qu'il fût toujours fidèle à observer la vérité générale des proportions et des mouvements, autant que les études et l'expérience modernes ont appris à le faire ; mais, nous le demandons, quel inconvénient y aurait-il à emprunter au Beato Angelico, à Memling, à Francia, au Perugin, à Raphaël dans sa première manière, des formes un peu moins matérielles que celles qu'on étudie dans les ateliers de nos peintres et de nos sculpteurs ?

L'idéal des Grecs a rendu le nu plus décent : le céleste des chrétiens l'élèverait au plus haut degré de pureté où il puisse atteindre. Moins palpitant de vérité naturelle, il n'en serait pas moins vrai par la pensée symbolique. L'imitation de la nature, de la réalité matérielle, est le corps de l'art ; le symbole en est l'âme.

ÉTUDE VIII.

DES VÊTEMENTS.

I.

DES VÊTEMENTS ET DES DRAPERIES EN GÉNÉRAL.

Les vêtements acquièrent d'autant plus d'importance dans la pratique chrétienne de l'art, que des restrictions plus sérieuses lui sont imposées quant à l'usage du nu. Nécessités par l'intempérie des saisons et par le sentiment de la décence, les vêtements répondent originairement à un état d'infirmité physique et d'infirmité morale : on les prend néanmoins comme une parure, et l'on s'en fait un honneur. Ce rapprochement n'étonnera pas, si l'on veut réfléchir : le vêtement n'est pas le signe de l'infirmité, il est au contraire son remède ; et quant à l'infirmité morale, il devient le signe de sa réparation. Les vêtements ne sont donc pas faits seulement pour couvrir : c'est avec raison que l'on s'en sert pour se parer, et il est juste de leur accorder une signification conforme à la situation morale, à l'état social de ceux à qui on est accoutumé à les voir porter. Nous avons dit le mot : les vêtements ont une valeur sociale ; et tandis que la nudité, ou totale ou partielle, dénote le dénûment d'un état natif, isolé, individuel, le vêtement indique aussitôt que l'on tient, sinon un rang, au moins sa place dans une société.

Avant même que l'enfant ne soit né, la jeune mère prépare avec complaisance les langes qui doivent le couvrir ; il en est peu de si pauvre qu'elle ne trouve quelque bout de dentelle, quelque lambeau d'étoffe de couleur plus vive, pour en border au moins une modeste coiffure. A peine a-t-il vu le jour, que non-seulement il est vêtu, mais il est orné. Il est bien faible et il crie, mais on voit qu'il a une famille, et, dans cette débile créature, le membre de la cité déjà se laisse apercevoir. Dans la société chrétienne, en effet, toute place donne un rang ; l'enfant y naît citoyen, sans préjudice cependant des rangs plus élevés que comporte l'ordre hiérarchique de tout corps bien organisé ; et dès la première enfance, la différence des situations sociales se fait sentir par la manière de se vêtir.

Nous n'avons pas à nous occuper des vêtements, en tant qu'ils pourvoient à des besoins physiques, et nous avons suffisamment établi leur nécessité relativement à nos besoins moraux, en combattant les fausses tendances d'un art qui voudrait les supprimer. Maintenant nous avons à les étudier à deux points de vue : selon qu'ils doivent plaire et selon ce qu'ils peuvent signifier, afin que l'artiste apprenne à les disposer pour l'agrément de la vue, et qu'il s'en serve comme d'un utile moyen pour transmettre sa pensée.

C'est un art que de se bien vêtir, un art sérieusement compris dans le domaine du beau. Le métier s'en empare, le mauvais goût s'en mêle, la mode le revendique ; mais l'essence de la chose reste, et il appartient à l'artiste, au vrai artiste, de la relever dans ses œuvres.

Nous disons : l'art de se bien vêtir. Nous devrions dire : l'art de bien vêtir ses figures, pour témoigner qu'il s'agit d'un idéal. La pensée d'élever jusqu'au sérieux du langage littéraire, des soucis et des soins où il se dépense journellement tant de vanité, de futilité et de fantaisie, provoquerait infailliblement le sourire. Nous en demandons pardon à cette moitié tout entière de la société qui, réunissant en elle le plus de charmes, sait le mieux comment les faire valoir. C'est chez elle assurément que l'on trouvera le plus de délicatesse dans le goût, les meilleurs jugements en fait de convenances. Mais il est une tyrannie à laquelle l'esprit du monde ne permet pas de se soustraire : on est tenu de se conformer à la mode de son temps, et il faut voir les choses de bien haut, avoir un esprit bien dégagé, pour remettre au lendemain à prendre la mode du jour. Les gens les mieux doués, en fait de goût, sont ceux qui savent éviter les plus grands excès de la mode, saisir au passage ce qu'elle peut faire surgir comme par hasard de bon et de bien, se l'approprier de bonne heure, le garder longtemps, ne le modifier que légèrement, ne l'abandonner qu'à la dernière extrémité. Poussée par la vanité, par un désir effréné de primer les autres et de se primer en quelque sorte soi-même, la mode va promptement aux exagérations : la tendance est-elle vers les étoffes fermes, elle ne s'arrêtera qu'après les avoir rendues raides comme des planches ; l'on voulait, pour les consulaires de l'empire romain en décadence, des étoffes riches : les anciens diptyques nous les montrent bariolées de figures démesurées ; la mode veut des souliers pointus, elle va jusqu'aux poulaines ; les dames chinoises s'estropient pour se faire de petits pieds ; les Européennes, pour amincir leur taille, mettent à la presse les organes les plus essentiels à la vie, et sèment de difformités les générations à venir ; tour à tour la taille monte jusqu'aux aisselles et s'abaisse jusqu'au-dessous des hanches ; hier, il fallait être renfermé dans une gaine, aujourd'hui on ne sera pas content si on n'étale une largeur d'étoffe capable d'habiller tout une famille.

Voyez, dans les monuments de toutes les époques, quelle différence de goût entre les mises et les costumes empruntés aux usages du temps, et ceux qui, réputés appartenir à des êtres supérieurs ou venir d'une antiquité plus éloignée, ont été conçus selon les inspirations plus élevées de l'art. Comparez, par exemple, les coiffures des dames romaines avec les figures des divinités sculptées à la même époque et réunies dans le même musée : d'un côté, l'apprêté, le guindé, sinon l'excessif ; de l'autre, la grâce et l'aisance. Ces grands chapeaux à longues visières pointues, du xiv° siècle, ne sembleraient-ils pas ridicules, même ailleurs que sur la tête des amis de Job, dans la fresque du Campo Santo de Pise, où, du reste, Giotto a su noblement draper leurs larges vêtements ? Il faut avouer que l'art lui-même, tout en voulant prendre les errements qui lui soient propres, fait fausse route quelquefois : ainsi il y a un miroitage apprêté, quelque chose de trop cassant dans l'ampleur des draperies au moyen desquelles les artistes du xvii° siècle modifiaient les costumes de leur temps.

L'art, l'art sérieux de bien vêtir ses figures, consiste à faire ressortir tout ce qu'il y a de beau dans l'homme, dissimulant chez lui, non-seulement tout ce qui est altéré et difforme, mais tout ce qui tient à sa décadence et porte la marque de sa dégradation. Et par ce qu'il y a de beau dans l'homme, il ne faut pas seulement entendre les formes du corps : les vêtements doivent aussi faire valoir la beauté morale, qui réside principalement dans la tête.

Choisissez des vêtements qui, autant que possible, soient toujours souples sans être flasques, qui aient de l'ampleur sans surcharge, qui soient ajustés sans être tendus ni tirés. Enveloppant le corps suivant ses besoins, ils prendront naturellement, sans le tenir comme emprisonné, ses formes générales ; ils se prêteront avec aisance à ses mouvements et se courberont en plis doucement ondulés.

Il y a des beautés toutes particulières, attachées aux contours d'une étoffe bien drapée, aux reflets de la lumière qui s'y joue : aucun vêtement n'est bien entendu s'il ne sait les ménager. Montabert[1] cite plusieurs auteurs qui sont d'accord pour professer que l'on doit draper par larges plis, principalement sur les grandes formes. Si de petits plis sont exigés

---

1. *Traité de la Peinture*, T. VI, p. 547.

par la nature de l'étoffe ou des mouvements, ils veulent au moins qu'on leur donne peu de relief, et conseillent de les masser par série, de telle sorte que, réunis en certain nombre, ils fassent l'effet d'un grand pli. Recommandée, en particulier, relativement aux effets de clair-obscur, la distribution harmonieuse par masses larges et simples est applicable à toutes les parties de l'art, en tant que, par leurs mesures et leurs proportions, elles sont susceptibles de produire une sensation agréable et soutenue.

On recommande également, par les mêmes motifs, d'éviter l'uniformité de plusieurs plis de même forcé et de même grandeur placés à côté l'un de l'autre, et l'aspect dur et cassant que leur donnerait l'angle droit.

Avant tout, il faut être naturel. L'écrivain que nous venons de rencontrer sur son terrain, vient en quelque sorte nous appuyer sur le nôtre, quand il donne comme les draperies les plus vraies parmi les œuvres de la peinture moderne, celles du Pérugin et celles de Raphaël avant sa dernière manière [1].

Tous les peintres, en effet, voulurent alors prétendre à cette vigueur de touche, cette *furia*, cette *maestria*, faute de laquelle ils risquaient d'être traités de niais, *goffo* : injure qui fut si amère pour le maître de Raphaël. Chacun à l'envi se mit à charger la nature, et jusqu'aux Carrache, les drapés devinrent de plus en plus lourds et tourmentés. Tous les produits de l'art antérieurs à cette impulsion nouvelle furent réputés des essais timides et des tâtonnements embarrassés.

Chaque tissu doit se draper selon le mode qui lui est propre, et faire connaître, à la forme de ses plis, s'il est de lin, de laine ou de soie. Il faut aussi adapter chacun d'eux à l'usage qui lui convient le mieux. De nature à retomber en plis multipliés et moins variés, un tissu de lin serrera le corps de plus près. Un beau vêtement de laine étalera, sans les briser, les larges et profondes courbures de ses plis. Plus larges et moins profondes, les inflexions d'une riche étoffe de soie valent surtout par leur éclat; il faut en être sobre, prendre garde de faire disparaître les formes sous une ampleur somptueuse, et ménager cependant assez d'espace pour donner lieu au tissu de déployer ses brillants reflets.

On comprend, d'ailleurs, que chacune de ces matières étant susceptible de se tisser en beaucoup de façons, d'une flexibilité fort différente, leurs drapés et leurs plis, et conséquemment la manière aussi de les porter, doivent varier proportionnellement.

---

1. *Traité de la Peinture*, T. VI, p. 549.

II.

VÊTEMENTS ÉLÉMENTAIRES.

Tous les genres de vêtements employés à couvrir le corps proprement dit, — la coiffure et la chaussure formant des catégories à part, — reviennent à trois types élémentaires : la tunique et le manteau des Grecs, et la braie des Barbares, devenue notre pantalon. La ceinture n'est qu'un accessoire de la première ; le voile, quand il s'allonge, n'est plus qu'une modification du second ; la troisième, quand elle prend une importance du premier ordre, usurpe sur le rôle de la tunique ; mais nous sommes bien obligés de reconnaître cette importance, puisqu'elle l'a obtenue effectivement.

La tunique est la base de l'art de se vêtir ; dégageant la tête, laissant les bras et les jambes plus ou moins libres, elle recouvre toute cette partie moyenne du corps qui renferme, dans ses mystérieuses profondeurs, tous les organes destinés à fonctionner, loin de la vue, pour l'entretien, le renouvellement et la propagation de notre vie matérielle. Il n'est rien là qui ait besoin d'être vu. Le nu ne nous montrerait qu'une enveloppe ; et, bien choisi, le vêtement en est une seconde, qui laisse apercevoir tout ce qui peut se révéler convenablement, c'est-à-dire les formes les plus générales du corps.

La tunique ne doit pas embarrasser le cou, mais elle doit l'atteindre ou s'en approcher. Suivant les circonstances, elle touchera le sol, ou elle se relèvera jusqu'au-dessus du genou, assez pour laisser la pleine liberté des mouvements dans l'action, d'autant mieux qu'il lui sied alors d'être légère. Si on en retranche quelque chose de plus, on la rend trop courte, et, même au point de vue du goût, elle devient défectueuse et manque de grâce. Depuis des siècles, elle a été défigurée chez nous dans le costume des hommes, au point de devenir méconnaissable. L'ayant réduite, dans le pourpoint, à ne couvrir que le buste, puis échancrée de la manière la plus singulière, dans nos fracs, nous avons été obligés de faire, de la prolongation donnée à nos chaussures, ou de la braie de nos pères les Gaulois et les Germains, la partie principale de nos vêtements extérieurs. Chez des peuples très-civilisés, fils aussi des Romains, et chrétiens comme nous le sommes, cette braie n'aurait jamais dû être qu'un vêtement de dessous. Il semble que nous ayons voulu, étant très-vêtus, nous donner l'air de ne pas l'être. Le sentiment du mieux à cet égard nous est cependant si bien resté, que le prêtre perd quelque chose de notre respect, s'il veut se vêtir comme tout le monde ; et, pour peu qu'il laisse seulement apercevoir, au bas de sa longue tunique, le vêtement que nous portons si dégagé, il semble avoir un sans-façon peu conforme à la gravité de son caractère. Le magistrat est tenu aussi, quoique moins strictement, de substituer, dans l'exercice de ses fonctions, un costume plus digne, à notre mise vulgaire. La robe qu'il revêt alors tient lieu à la fois de la tunique et du manteau, et remplit simultanément l'office de l'une et de l'autre.

Le manteau, soit qu'il recouvre les deux épaules, soit qu'il se suspende sur l'une d'elles, soit qu'il retombe jusqu'aux reins, soutenu sur les avant-bras, ou qu'il prenne d'autres positions, le manteau, souvent laissé en partie flottant, est appelé, par sa mobilité même, à produire les plus heureux effets de drapé. Tandis que la tunique représente, dans le vêtement, le côté utile ou le nécessaire, le manteau est pour le corps le meilleur des ornements. Le manteau, ajouté comme un complément, implique l'idée du rang social ; il devient même le signe de la dignité supérieure. Il a fallu la légèreté de notre goût, une diminution dans la gravité de nos mœurs, et l'affaiblissement graduel de nos meilleures traditions, pour nous porter à délaisser le manteau autant que nous l'avons fait. Jusqu'au XVIIe siècle, il était réputé indispensable à toute tenue où l'on veut paraître tout ce que l'on est et rendre tout ce que l'on doit.

Il y a une quinzaine d'années, nous avions observé, dans une vallée des Pyrénées, toute une population parmi laquelle le manteau était encore revêtu, comme signe de respect, par tous les hommes, au moment où ils entraient dans l'église. Sept ans après, étant retourné dans la même église de village, à peine avons-nous remarqué un petit nombre d'habitants qui eussent encore conservé leur antique usage.

En vain aujourd'hui, avec la fréquence et la facilité de nos communications, espérerait-on voir longtemps subsister aucuns traits saillants de mœurs locales : raison de plus, pour le chrétien autant que pour l'artiste, de leur accorder au moins une mention et de sympathiques regrets.

Ces choses, si elles ne s'identifient pas avec d'honnêtes sentiments, avec ces croyances qui sont la vie des peuples, en sont au moins le signe et le préservatif. Mais, un peu plus tôt ou un peu plus tard, chacun cède au torrent du jour. Si l'esprit de conservation survit aux changements que la mode amène, il arrive, par un retour bizarre, que des fantaisies, tout à l'heure nouvelles, deviennent, lorsqu'elles commencent à vieillir, le partage de ceux qui veulent demeurer le plus fortement attachés aux antiques mœurs. La perruque à la Louis XIV n'est-elle pas devenue, en Angleterre, l'attribut de la magistrature la plus grave ?

Comment l'art ne se trouverait-il pas entraîné lui-même dans les engrenages de cette roue qui, plus puissante, s'il est possible, que celle de la fortune, entraîne dans son orbite ceux-là mêmes qui, croyant lui résister, ne font que lui obéir, sur un segment plus éloigné du rayon ? Du moins, que l'art ne lui cède que de puissance à puissance, ou plutôt comme une autorité légitime obligée de compter avec un pouvoir de fait. C'est-à-dire qu'en adoptant les vêtements et les costumes commandés par les temps et les lieux, il s'efforcera d'en atténuer les écarts, d'en remplir les lacunes, de les ramener autant que possible, sans les dénaturer, aux types correspondants qu'un meilleur goût lui pourrait suggérer. Il restera toujours vrai qu'un vêtement de dessous sera en voie de réforme et d'amélioration, s'il tend à reprendre la forme de tunique ; de même pour un vêtement de dessus, s'il prend de l'ampleur et devient un manteau, mais toujours avec aisance, en conservant ou en acquérant de la souplesse, en évitant toute affectation, car l'affectation n'est que la parodie de la beauté.

III.

VÊTEMENTS CHEZ LES ANCIENS.

Il est passé en règle, aujourd'hui, que l'artiste doit se piquer d'une exactitude spéciale, dans la reproduction des costumes de chaque époque et de chaque peuple. Cette exactitude, en effet, est un moyen d'exprimer leurs mœurs et leurs tendances ; et représenter un homme vêtu comme il l'a été au milieu de ses contemporains, vêtus aussi chacun à leur manière, c'est dire déjà, en grande partie, quel il était et dans quel milieu il a vécu. Evitons cependant une prétention impossible à soutenir, et prenons garde qu'il ne se cache sous cette prétention une face du naturalisme : en fait de costume aussi, l'art dira plus que l'œil ne peut apercevoir, et il ne dira pas tout ce qui peut tomber sous la vue.

A supposer que l'art grec nous eût transmis la véritable tenue des dames d'Athènes, lorsqu'elles parcouraient les rues de la ville au temps de Périclès, il ne nous apprendrait pas comment on se vêtait à Sparte, à Corinthe ou à Argos. Chacune de ces petites républiques avait certainement ses costumes et ses usages à part, et l'on ne peut douter qu'ils n'aient varié de la sixième à la centième olympiade.

Avec notre prétention à la couleur locale, combien d'erreurs ne commet-on pas jusque dans les sujets contemporains ? Quand il s'agit de remonter à des temps plus ou moins éloignés, on voit, par ces exemples mêmes, combien il serait chimérique de vouloir faire porter une prétendue exactitude de l'art sur des connaissances que les recherches les plus savantes ne peuvent que rarement atteindre.

S'appuyant sur ce fondement, que les mœurs en Orient varient peu, on a essayé de vêtir successivement les anciens patriarches, ou quelque peu à la turque ou plus complétement à l'arabe. Il y a du vrai, surtout dans le second cas; mais la donnée n'est pas suffisante. Elle l'est d'autant moins que, au temps même d'Abraham, il n'y avait certainement pas identité de costume entre les différentes tribus de la race de Sem, réparties dans les vastes contrées où le saint patriarche établit sa tente, d'Ur jusqu'à la terre de Chanaan.

L'essentiel, quant à la vérité des costumes, c'est d'abord de ne rien faire de contraire à ce qui est connu. Puis l'on se servira comme d'une base, de ce f. agment de connaissance, afin de constituer, pour chaque peuple, un type de vêtements en rapport avec tout ce que l'on sait aussi de son caractère et de ses mœurs. Il en résulte que l'art, presque toujours, a lieu de faire usage de son goût dans le choix et la disposition des vêtements, et cela d'autant plus que les notions historiques, de nature à s'imposer, ne lui arrivent que rares ou obscures.

Si nous ne savions rien de l'histoire du premier homme, nous dirions que, pressé par un double besoin, aussitôt qu'il sentit la nécessité de se vêtir, il dut rouler une grande peau de bête autour de ses reins, en jeter une autre sur ses épaules, et bientôt après en coudre plusieurs ensemble, puis tisser leurs poils et les employer plus commodément d'une manière analogue. L'aide que Dieu daigna lui prêter, pour la confection de ses premiers vêtements, ne change rien à l'idée que nous devons nous en faire. C'était ce qu'il y avait de plus naturel et de plus convenable, et tout ce que nous savons de la civilisation à la fois simple et très-cultivée des peuples de l'antiquité biblique, nous autorise à croire qu'ils s'éloignèrent peu, jusqu'à la fondation des grandes monarchies de l'Orient, de ces dispositions primitives de la tunique et du manteau. Le bon goût des Grecs sut les fixer dans leur art, mais avec un certain raffinement de grâce, un certain abandon calculé pour l'effet, dont la simplicité plus naïve et plus chaste de l'âge patriarcal doit toujours se distinguer.

Le manteau de Noé, la tunique longue et très-ornée de Joseph [1], son manteau, témoignent que nous n'en sommes pas réduits aux seules con-

---

1. *Tunica talari et polymita.* (Gen., XVII, 23.)

jectures. Laissant de côté, à cause de leur caractère tout symbolique, les peintures des Catacombes dont nous pourrions nous autoriser, les plus anciennes représentations historiques des patriarches qui nous soient connues, sont les mosaïques de Sainte-Marie-Majeure [1], réputées du ve siècle; les costumes y reviennent aux termes que nous venons d'exprimer, et l'on peut assurément, l'imperfection de leur travail mise à part, les prendre pour modèles, avec la pensée de montrer Abraham, Isaac et Jacob, sinon absolument tels qu'ils étaient de leur vivant, au moins d'une manière très-conforme à l'idée que nous en donnent les saintes Écritures. On y voit la tunique portée longue ou courte, avec ou sans manteau; le manteau lui-même s'allongeant et se drapant diversement selon la dignité, le sexe, la condition, la disposition actuelle des personnages. En tenue militaire, ils prennent la cuirasse sur la tunique courte, et ils diffèrent peu des soldats romains, tels que ceux-ci sont représentés sur la colonne Trajane: il n'est guère douteux, en effet, que les auteurs des mosaïques de Sainte-Marie-Majeure se soient inspirés de ce monument. Les Grecs et les Romains ayant toujours conservé, au moins dans les formes consacrées par leurs arts, les éléments fondamentaux du mode le plus naturel de se vêtir, on concevra que ces mosaïstes se soient rapprochés de la vérité, en les ramenant à la plus grande simplicité. On ne peut que les louer d'avoir en même temps, pour rappeler l'Orient, couvert la tête des patriarches d'un turban, mais d'un turban si simple et si peu développé qu'il paraît primitif lui-même, et ne peut se confondre avec les coiffures analogues, en usage parmi les habitants modernes des mêmes contrées. Nous en dirions autant du burnous des Arabes: on peut l'attribuer aux Patriarches, mais en le simplifiant encore; le burnous élémentaire, c'est le manteau, avec un de ses pans jeté sur la tête, mode de la couvrir qui était spécialement usitée chez les Romains, en des circonstances déterminées. C'est aussi en ramenant aux formes les plus élémentaires le surplus des vêtements de ces peuples encore pasteurs et tout imprégnés du type sémitique, que l'on peut s'en servir pour reconstituer le costume des patriarches; et alors on ne fera que prendre une autre voie pour arriver à la conclusion même que nous venons d'exprimer.

Les peuples demeurés près de leur berceau commun étaient destinés à conserver la civilisation primitive, que laissaient bientôt s'affaiblir et se perdre ceux qui se livraient trop promptement à des pérégrinations aventureuses. Les premiers ne tardèrent pas à se trouver réunis, sous la

---

1. Ciampini, *Vet. mon.*, T. I, pl. L, etc. (très-inexactement); Valentini, *Basilica Liberiana*, pl. LXVII, etc. (mieux rendu).

domination des grands empires qui se succédèrent en Asie, jusqu'à l'arrivée des Romains. Il s'introduisit alors chez eux des habitudes de luxe et de faste dont se ressentirent les formes des vêtements. Les monuments perses et assyriens, venus nouvellement à notre connaissance, témoignent qu'il arriva chez eux ce qui arrive ordinairement quand la richesse l'emporte sur le goût : en chargeant les vêtements de matières précieuses, on les rend lourds; ils perdent en souplesse et en grâce ce qu'ils acquièrent en éclat. Il est à croire que Salomon et ses successeurs imitèrent en ce point les autres rois de l'Asie, et, en admettant qu'ils aient su y mettre au plus haut degré les qualités que comporte le genre, c'est-à-dire la majesté et la grandeur, ils ne durent pas se soustraire à l'influence du courant asiatique.

En Asie, on ne fut simple, semble-t-il, que par nécessité; en Grèce, on le fut par goût, avec élégance alors, souvent avec recherche, et, sous d'humbles vêtements, on pouvait encore prétendre, par la manière de les porter, au genre de beauté que l'art s'efforçait de mettre, sous ce rapport, le plus en relief.

Peu tendue et modérément échancrée, la tunique des femmes grecques, telle qu'elle apparaît dans les monuments de l'art, est liée immédiatement au-dessous des seins, mais soulevée légèrement au-dessus de la ceinture; elle retombe gracieusement et la recouvre de manière à dessiner la taille à sa juste place : bien différente en cela des tentatives faites au commencement de ce siècle pour en imiter l'effet. D'ailleurs, pour se vêtir à la grecque, la première condition serait d'avoir les mœurs de la Grèce, et, chez nous, ce qu'il faudrait de flottant pour réussir en de semblables essais, paraîtrait aussitôt, et non sans raison, d'un laisser-aller peu convenable. Abandonnons donc aux robes antiques leurs plis ondoyeux, leurs jets habilement négligés; n'ayons point la prétention de faire que les nôtres s'appliquent sur nos membres, au point d'en dessiner entièrement les formes comme si elles étaient mouillées. Nous sommes trop guindés, il est vrai; néanmoins tout n'est pas au pire, grâce à Dieu, dans la part qui nous est faite, et, si nous voulons l'améliorer, partons tout doucement du point où nous sommes; alors, en prenant aux Grecs quelque chose de leur goût, nous nous souviendrons que l'art qui a donné naissance à tant de chefs-d'œuvre, décent ordinairement, si l'on veut, à sa manière, tendait à un déshabillé auquel l'usage même simultané de la tunique et du manteau semblait souvent n'avoir nulle mission de pourvoir.

Ainsi les artistes grecs comprenaient la beauté d'un vêtement bien drapé, au point de s'en servir pour orner le corps, sans chercher à le couvrir. En conséquence, comprenons nous-mêmes que, portés, autant qu'ils l'étaient, à idéaliser les formes corporelles, ils idéalisaient aussi la disposition des vêtements. Ne cherchons donc rien dans leurs monuments qui puisse nous renseigner sur les costumes d'aucun temps, comme le ferait chez nous la collection d'un journal de modes : nous pouvons seulement apercevoir quel était le goût dominant sur les sommets de la civilisation à laquelle ils appartenaient.

Le drapé de la tunique, du manteau long, du peplum ou manteau court ajusté à la taille, tout dans les figures des femmes grecques tend à la grâce, et nous ne voyons pas qu'elles aient rien perdu de cette qualité quand ces vêtements étaient attachés autant qu'ils devaient l'être. Chez les hommes vêtus de la tunique courte et de la chlamyde ou manteau court et flottant, il y a quelque chose de leste et de dégagé qui va bien à l'action ; et ils savent prendre une attitude singulièrement grave et magistrale quand ils se drapent dans leur pallium ou manteau long.

Ce dernier caractère domine dans le costume des Romains, de même famille que celui des Grecs. Ce que l'un gagne en élégance, le second le rachète par un sentiment plus soutenu de dignité ; on en voit la preuve dans la manière de porter la *stola* et la *palla*, c'est-à-dire la robe et le manteau long des matrones romaines. Mais ce qui mérite principalement d'être remarqué, c'est l'usage habituel que les Romains faisaient de la toge. La toge était elle-même une sorte de manteau long, et si l'on considérait uniquement la différence du drapé, qui la distinguait du pallium grec, elle ne mériterait qu'une attention partagée avec celui-ci ; mais elle était pour les Romains un vêtement vraiment national, servant à les désigner, *togatum genus*, et, originairement au moins, il paraît qu'ils en faisaient quelquefois leur unique vêtement. Quant à sa forme, on n'en connaît bien que les effets de drapé : la coupe qui servait à les obtenir a été, on le sait, l'objet de beaucoup de recherches, qui n'ont pu aboutir à vider entièrement la question.

La toge était commune à toutes les classes, mais avec des différences caractéristiques de couleur et d'ampleur, adaptées aux rangs et aux circonstances ; c'était un vêtement de représentation, et l'on s'explique que, dans l'art, elle ait été adoptée conformément à un type uniforme, sans tenir compte des variétés de costumes qui, à Rome comme ailleurs, passaient sans qu'on y attachât une grande importance. C'était un vêtement de ville, et, à l'exemple des peuples dont nous avons parlé précédemment, les Romains, dès qu'ils prenaient les armes, le quittaient ordinairement pour un costume plus dégagé, qui revient toujours à la tunique courte et à la chlamyde.

Il n'entre pas dans notre plan de passer en revue les différentes formes que reçurent les vêtements, sous différents noms. Pour représenter les généraux et les soldats romains, les monuments né manquent pas : les bas-reliefs de la colonne Trajane, sous ce rapport, n'ont pas besoin d'explication. Pour notre part, nous nous contentons d'un aperçu qui nous a conduit jusqu'au delà de la venue du Sauveur, et nous devons nous occuper des vêtements qui lui ont été généralement attribués, et, après lui, à ses Apôtres.

IV.

VÊTEMENTS ECCLÉSIASTIQUES.

Nous représentons Notre-Seigneur Jésus-Christ et ses Apôtres vêtus d'une manière qui diffère peu, à nos yeux, de celle des Grecs et des Romains, drapant le pallium ou la toge sur la tunique longue. La différence caractéristique ne consiste que dans le plus de simplicité : la tunique et le manteau drapent parce qu'ils sont souples et qu'ils sont amples, mais sans aucune prétention à se draper, sans une coupe de vêtement qui aurait pour but de le faire, ou avec plus d'élégance, ou avec une noblesse étudiée.

Ce n'est pas seulement Notre-Seigneur et les Apôtres que nous représentons ainsi, mais généralement tous les saints personnages du Nouveau Testament, que nous entendons placer dans les situations ordinaires de la vie civile. En effet, les conditions essentielles de ce costume n'étaient particulières à la civilisation grecque et romaine que par le juste sentiment du beau qui les a fait maintenir, alors que la perfection de l'art était portée à un si haut degré. Primitivement elles appartenaient, comme nous l'avons vu, à la civilisation patriarcale, et l'on se persuadera sans peine qu'elles se soient toujours conservées, en Palestine, dans les familles simples et aisées, où se maintenait le fond de ces antiques mœurs; jusqu'à ce qu'elles se soient rencontrées, dans un certain accord, avec les goûts mieux réglés des nouveaux maîtres que l'Europe donna successivement à la trop molle et trop fastueuse Asie.

Nous savons d'ailleurs, par l'Evangile, que la tunique de Notre-Seigneur était sans couture, tissue d'une seule pièce et impossible à diviser; tandis que les autres parties de ses vêtements étaient ou de moindre valeur et susceptibles d'entrer comme équivalents réciproques dans les lots que se firent les soldats, ou de nature à se partager en plusieurs morceaux, comme la grande pièce d'étoffe qui formait le manteau. On s'explique très-bien, en conséquence, que saint Martin ait pu, dans la suite, partager le sien, et continuer à se servir de la moitié qu'il avait conservée. On voit aussi que cette partie du vêtement s'enlevait facilement, par l'exemple de ce jeune disciple qui, en prenant la fuite, la laissa entre les mains des émissaires chargés d'arrêter son divin Maître. Cette circonstance rappelle le manteau de Joseph qui, ayant aussi à fuir dans une circonstance très-différente, laissa également échapper son manteau entre les mains de la femme de Putiphar.

Nous sommes aux temps apostoliques : c'est dans les coutumes alors en usage qu'il faut chercher l'origine des principaux vêtements liturgiques, ou seulement ecclésiastiques, dont l'importance est d'autant plus grande dans l'art chrétien, qu'il est appelé à les attribuer aux Saints dont la représentation lui est le plus demandée.

Il paraît à peu près certain, d'une part, qu'aucun vêtement d'une forme absolument spéciale ne fut d'abord affecté à la célébration des saints mystères; de l'autre, cependant, que tout vêtement ne fut pas indifféremment employé par les évêques et les prêtres, dans l'exercice de leur ministère sacré : ils choisissaient à cet effet, avec un soin particulier, ceux qui étaient réputés les plus convenables, les plus décents, les plus dignes : il faudrait en conclure que, suivant les lieux, le pallium des Grecs ou la toge des Romains durent être considérés à peu près comme indispensables, et Ferrari avait pensé, en effet, que la chasuble est dérivée de la toge[1], opinion en faveur de laquelle, en dernier lieu, M. l'abbé Tapin[2] nous semble avoir apporté des raisons décisives.

Il faut admettre alors que la toge, dans sa dernière forme au moins, était cousue et fermée, et qu'on la revêtait comme plus tard la chasuble elle-même, avec cette différence que, l'ouverture supérieure étant laissée plus spacieuse, on pouvait y passer non-seulement la tête, mais encore le bras droit. Effectivement, nous remarquons, dans la *Rome souterraine* de Bosio[3], une figure de saint Paul, dont le vêtement supérieur réunit ces caractères ; seulement il est beaucoup plus court que la toge ne se portait habituellement. M. l'abbé Tapin a su fournir d'autres exemples analogues.

D'après une autre opinion très-répandue, la chasuble viendrait de la *pænula*, dont elle reproduit plus immédiatement la forme. Nous ne parlerons pas de l'objet désigné sous ce nom dans le texte latin de la IIe épître à Timothée, et que saint Paul avait laissé à Troade[4], parce que la signification du mot employé dans le texte grec permet de douter si

---

1. Ferrari, *De re Vestiara*, 2 vol. in-4°. Padoue, 1685, T. I, lib. I, cap. XXXVI, p. 104.
2. *De l'origine de la chasuble.* (Revue de l'Art chrétien, 1867, p. 149, 187.)
3. Bosio, lib. III, cap. LXI, p. 519 ; Aringhi, lib. IV, cap. XXXVII.
4. II Timoth., IV, 13.

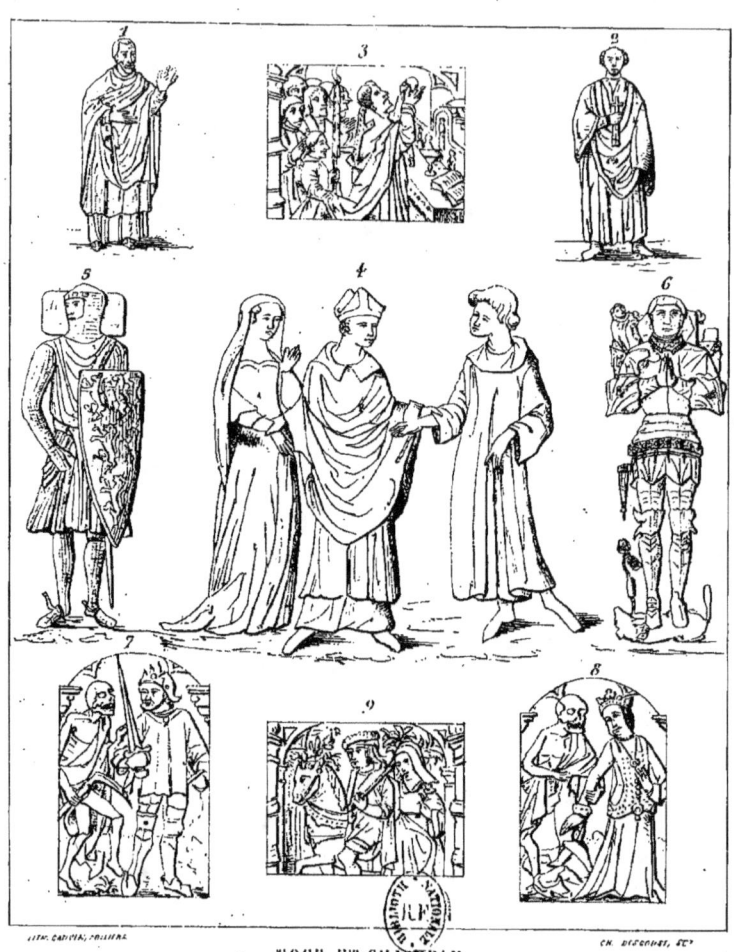

TOGE ET CHASUBLE
ARMURES ET VÊTEMENTS CIVILS
du VI.e au XVI.e siècle.

l'objet en question était bien un vêtement. C'est probable, mais non certain ; et, dans tous les cas, il ne paraît pas que cet objet eût un rapport quelconque avec la célébration des saints mystères. On sait d'ailleurs parfaitement que la pénule était, dans l'origine, une sorte de manteau en cuir ou en étoffe de consistance ferme, et qu'elle était destinée à préserver du froid et de la pluie. Dans cet état, elle n'eût pas donné naissance au plus sacré des vêtements liturgiques. Mais on a prétendu que, plus tard, l'usage s'introduisit de confectionner des pénules en étoffes souples et riches, et de les substituer à la toge. Alors on s'expliquerait qu'il fût arrivé quelque chose d'analogue à ce qui se passe tous les jours dans nos vêtements, où des formes se confondent sous des noms différents, où des noms se conservent avec des formes nouvelles.

Les noms de la chasuble sacerdotale : — *planeta*, qui, selon Baronius, viendrait du grec πλανης et signifierait «qui embrasse tout le corps»; *casula*, petite maison, — s'accordent mieux avec l'ampleur de la toge, et feraient supposer qu'à l'exemple de celle-ci, la chasuble, lorsqu'elle fût appelée de ce nom, n'était point encore échancrée, pour se relever plus aisément sur les bras. La pénule, au contraire, a dû toujours recevoir cette échancrure : la résistance de la matière, nécessaire pour préserver contre les intempéries des saisons, l'aurait rendue sans cela trop incommode, quand elle avait principalement cette destination. Passée ensuite à de plus nobles usages, il paraît, par de nombreux exemples, où elle est attribuée, dans les monuments chrétiens, aux Apôtres, à la sainte Vierge, comme à de simples fidèles [1], qu'elle conserva cette forme, qui la distingue alors de la toge ; mais la *planeta* elle-même ne tarda pas à s'échancrer plus généralement, quelque peu de la même manière : de là est provenue la confusion.

On sait d'ailleurs comment la chasuble, pendant tout le moyen âge, continuant à être modérément échancrée, et faite en étoffe souple, drape avec cette simplicité majestueuse qui la rend propre plus qu'aucun autre vêtement imaginable à ce rôle sacré auquel elle demeurera exclusivement consacrée [2].

---

1. Martigny, *Dict. des Ant. chrét.*, p. 526, 661 ; Buonarotti, *Vetri*, pl. xvi, 2 ; Garucci, *Vetri ornati*, pl. xx, 7 ; Donati, *Dittici degli ant.*, pl. vi, p. 213 ; *Annales archéol.*, T. I, II et IV, articles de M. Victor Gay.

2. On voit, pl. xxv, fig. 1, Gordien, père de saint Grégoire le Grand, d'après une peinture contemporaine, où le pontife est lui-même représenté et sur laquelle nous reviendrons dans la suite ; fig. 2, Maximien, évêque de Ravenne, d'après une mosaïque du vi[e] siècle de l'église Saint-Vital dans cette ville, où il est représenté avec l'empereur Justinien. On remarquera l'analogie de la toge portée par le patricien laïque avec le costume de l'évêque. Saint Grégoire lui-même porte le même vêtement que son père ; seulement, comme

Beaucoup de vêtements recouvrent à la fois le prêtre à l'autel: un plus grand nombre sont attribués à l'Évêque et plus encore au Pontife suprême. Chacun de ces vêtements est motivé par une signification particulière, mais la chasuble les prime tous, et l'aube vient après elle : c'est-à-dire que, la tunique et le manteau étant de l'essence de tout costume bien ordonné et complet, l'aube et la chasuble sont la tunique et le manteau attribués au ministère sacerdotal, dans ce qu'il y a de plus élevé : la chasuble comme revêtement riche et solennel, l'aube comme vêtement fondamental qui brille par sa pureté.

Aussi faut-il que l'aube soit du lin le plus pur, et, dans l'esprit de la liturgie, elle devrait remplir cette condition avec une plénitude et une simplicité que l'usage ne lui accorde pas. Au nom de la beauté solide, dont nous poursuivons la recherche dans toutes les parties de l'art, sans nul titre pour exprimer aucune pensée sur ce sujet à un autre point de vue, il nous sera permis de regretter que, avec d'excellentes intentions, on aime à charger l'aube de broderies et de dentelles au delà de ce que l'Église conseille. Qu'elle est belle cependant, dans l'éclat de sa pureté virginale, la blanche tunique qui retombe des reins du prêtre à l'autel ! Que l'artiste du moins le comprenne, comme il comprend le noble jet d'une colonne ou d'un arceau : trop de ciselures, trop de marqueteries ne feraient que leur nuire; dans tous les genres, le luxe des fioritures est le plus grand écueil du beau. Pour tout ornement, la robe de lin ne demande que d'étroites bordures. C'est au manteau de soie, c'est-à-dire à la chasuble, qu'il appartient de se prêter aux somptueuses broderies.

Il n'est point de notre sujet de parler de tous les vêtements liturgiques; nous avons seulement à nous occuper de ceux qui sont usités dans les représentations de l'art, pour caractériser les degrés du ministère sacré ; et il nous suffira de dire encore un mot de la chape, de la dalmatique et du surplis ou *cotta*.

La chape ou pluvial était originairement, comme l'indique le second de ces noms, une sorte de manteau destiné à protéger les ministres du sanctuaire contre les intempéries des saisons, lorsqu'ils exerçaient leurs fonctions en plein air, principalement lorsqu'ils se rendaient processionnellement au lieu de la réunion des fidèles. Elle s'agrafait dès lors sur la poitrine et portait un capuchon; on croit qu'elle provenait de l'antique

---

signe de leur dignité, ce vêtement, chez lui et chez l'évêque de Ravenne, est surmonté du pallium sacré. La fig. 4, représentant le mariage du père et de la mère de saint Thomas Becket, d'après une miniature du XIIIe siècle, donne un exemple de chasuble à cette époque; fig. 3, un prêtre, au moment de la consécration, représentant le sacrement de l'Eucharistie, dans les *Heures* de Simon Vostre, en donne un autre exemple, de la fin du XVe siècle.

lacerna. Devenue un vêtement ecclésiastique, elle doit prendre des formes essentiellement graves; il serait puéril de la vouloir plier aux mouvements et aux formes du corps, mais il n'est nullement de son essence de s'étendre avec raideur, comme pour former une pyramide de marbre. Dans les formes du moyen âge, où elle retombe avec aisance en larges plis, elle réunit vraiment les conditions de dignité et de beauté noblement élégante qui lui sont le mieux appropriées.

La dalmatique tire son nom et son origine des Dalmates. Lorsque les Romains commencèrent à l'employer au IIe siècle, c'était déjà un vêtement de distinction. Les empereurs eux-mêmes la portaient comme telle, et « de bonne heure », dit M. l'abbé Martigny, « les papes furent dans « l'usage de la décerner aux évêques [1] »; néanmoins, aux yeux du peintre, la dalmatique est principalement l'attribut du diacre et du sous-diacre, puisque l'évêque ne la porte que cachée, pour la plus grande partie, sous ses autres vêtements. L'usage iconographique veut qu'on en revête tous les diacres, même ceux de la primitive Église, qui, en réalité, ne la portaient pas encore. La dalmatique, par sa forme, est une tunique; mais elle remplit plutôt le rôle d'un manteau : en conséquence, elle doit avoir plus d'ampleur que si elle était destinée à former un vêtement de dessous. Effectivement, dans le principe, elle était très-ample; alors aussi elle était très-longue et descendait jusqu'aux pieds. Il y aurait à craindre qu'en lui attribuant cette forme, on ne la rendit difficile à reconnaître; l'artiste fera mieux de lui donner une longueur modérée et de la draper largement. Quant à ces fausses manches qu'on lui avait adaptées, au point de vue de l'art, on ne saurait y songer; d'ailleurs l'usage s'en est perdu heureusement, et l'on est revenu aux véritables manches larges et un peu courtes, que l'on était censé avoir voulu imiter.

Les noms de rochet, de surplis, de *cotta*, s'entendent toujours d'une tunique de lin ou d'une autre toile blanche qui en imite le tissu. Plus courte que l'aube, cette tunique s'en distingue encore par l'absence de ceinture. Nous n'en décrirons pas les variétés, plus ou moins serrées ou flottantes, plus ou moins pourvues de manches larges ou étroites : elles ne sont pas identiques dans les diverses contrées catholiques, pour les mêmes attributions. Il nous sera seulement permis de témoigner notre prédilection pour le surplis ample et souple, auquel on est généralement revenu en France lors du retour au rite romain.

Ces vêtements, portés, suivant les circonstances, à tous les degrés de la hiérarchie ecclésiastique, doivent être considérés, dans l'iconographie

---

1. *Dict. des Ant. chrét.*

chrétienne, comme propres aux clercs des ordres inférieurs : il est facile, en effet, de leur donner un aspect de simplicité gracieuse qui va bien aux jeunes ministres du sanctuaire, tel qu'était saint Louis de Gonzague.

V.

VÊTEMENTS MONASTIQUES.

Peu de Saints ont achevé de se sanctifier dans les situations profanes que le monde peut offrir : il n'en est peut-être pas qui, libres de tout engagement, y soient demeurés jusqu'à la fin de leur vie. Il en résulte qu'à part un petit nombre de saints rois revêtus des insignes de leur dignité, de quelques saints guerriers, tous ou presque tous martyrs, les personnages qui tiennent le premier rang dans les œuvres du peintre chrétien, s'ils ne sont revêtus d'un habit ecclésiastique, ont, pour la plupart, à se montrer sous quelqu'un des costumes monastiques. Ces costumes sont variés mais faciles à connaître ; on les trouve tous réunis dans différents recueils, et c'est avec raison que Dom Piolin, bénédictin de Solesmes, s'est plaint, dans la *Revue de l'art chrétien*, des artistes qui, à une époque où l'on a tant de prétention à ce genre d'exactitude, confondent sans distinction les enfants de saint Benoît, de saint Dominique, de saint François, de saint Bruno, etc. [1].

A cet égard, cependant, deux questions se présentent : Est-on bien fixé sur l'habit que portaient les Saints voués à la vie monastique des siècles primitifs ? Les costumes de ce genre doivent-ils être considérés comme favorables à la beauté de l'art, ou bien lui sont-ils une entrave ?

Nous ne voyons pas que l'on sache rien de positif sur le costume des saints personnages qui, avant saint Benoît, quittèrent le monde pour servir Dieu, ou dans la solitude, ou dans l'ombre d'un monastère ; mais on doit penser que, disposés à choisir tout ce qu'ils rencontraient de plus simple, de plus grossier et de plus décent dans la forme comme dans la couleur des vêtements, ils durent peu s'éloigner des usages que le grand patriarche des moines d'Occident consacra ensuite, par les prescriptions d'une règle positive. C'est donc une manière d'être clair et d'être vrai que de s'en approcher, au moins d'une manière générale. Il est vrai que saint Benoît lui-même ne prescrit rien quant à la couleur de son habit monastique, et c'est bien après lui que, la branche aînée de son innombrable postérité

---

1. *Revue de l'Art chrétien*, 1865.

religieuse ayant adopté le noir, le blanc devint l'attribut de quelques autres rameaux de sa famille, tels que les Cisterciens, les Camaldules, tandis que le brun restait généralement dévolu aux Frères convers. Ici donc, la liberté demeure entière, pour adopter une de ces trois nuances. Mais cette liberté n'existe pas également, quand il s'agit de quelques Saints auxquels divers ordres religieux font remonter leur origine, comme les Augustins au grand évêque d'Hippone. Il est évident qu'en le faisant représenter tel qu'ils sont vêtus eux-mêmes, ils dérouteraient tous les regards. Ce n'est pas que les insignes épiscopaux qu'on a coutume de lui attribuer, comme à tous les autres évêques de son temps, soient plus dans la réalité historique : mais ils expriment une vérité qu'on ne réussit point, par un autre moyen, à rendre également intelligible ; en conséquence, nous ne nous rangerons point parmi les nouveaux adversaires de ce procédé iconographique.

Le costume épiscopal a une somptueuse majesté, dont les artistes s'accommodent facilement. Mais on cite tel peintre refusant la commande d'un tableau de saint Benoît, pour n'avoir pas, disait-il, à surcharger son œuvre des masses noires exigées par les vêtements du saint Patriarche et de ses disciples. Effectivement, c'est surtout sous le rapport de la couleur que l'austérité des costumes monastiques semblerait faite pour légitimer la répugnance des artistes. La grossièreté de l'étoffe, l'uniformité de la mise excluent les plis variés et onduleux ; mais ces vêtements sont ordinairement amples, et d'une forme rationnelle qui les rend propres aux lignes nobles d'un drapé large. Bien compris, ils relèvent la dignité de l'homme envisagé par ses meilleurs côtés, en cela même qu'ils sacrifient tout ce qui est capable de rabaisser en lui l'œuvre de Dieu.

Celui qui prend les dehors de l'humilité pour se grandir, ne s'humilie pas et se grandit encore moins ; mais quand on s'humilie sincèrement, on se grandit nécessairement ; car tout l'espace que vous abandonnez en vous, c'est Dieu qui le remplit à votre profit. Le vêtement ne fait pas l'homme ; mais, appliqué avec vérité, il l'exprime. Étant admis un état de l'âme qui constitue une beauté morale du premier ordre, le vêtement qui, par de réelles convenances, se rapportera à cet état, participera de sa beauté.

Que ces considérations soient le point de départ de l'artiste ; qu'il distribue la lumière, qu'il ménage les contrastes en conséquence, et il ne manquera pas de rencontrer des aspects où l'œil le plus délicat, analysant les détails, sera étonné de voir combien les replis d'une robe de bure ou d'une soutane noire peuvent refléter de tons doux et harmonieux.

Le portrait d'un Frère de la Doctrine chrétienne est devenu un chef-d'œuvre, parce que Horace Vernet s'est attaché, en le peignant, à rendre la dignité de l'homme, une dignité suave et sereine, au milieu des rares accessoires d'une vie pieuse, pauvre et austère. On ne s'arrêtera pas, sans doute, à ce tableau, principalement pour le plaisir des yeux ; mais il n'y a rien dans ses formes, sa lumière et ses couleurs, qui ne plaise à la vue et qui, par son harmonie avec la pensée fondamentale, ne contribue au charme qu'il exerce.

Au lieu d'un portrait isolé, qu'il s'agisse de représenter toute une communauté réunie pour la prière, dans la paix de l'âme et l'élévation du cœur, ou vaquant, avec la pensée d'en haut, aux soins d'ici-bas : on pourra également enchâsser la scène dans une telle combinaison de jours et de teintes, que l'œil même s'y complaise, et que tout y paraisse beau, même le vêtement terrestre de ces âmes célestes.

Supposons, au contraire, l'homme de Dieu que vous avez à représenter, ayant besoin de se montrer au milieu du monde : il le domine par l'ascendant de sa vertu, ou il va le vaincre par la supériorité de sa patience. La mise sévère, mais simple et vraie, du religieux, contrastera heureusement avec la pompe des costumes que la mode du siècle a mis en vogue. Là vous aurez, si vous croyez en avoir besoin, l'éclat qui scintille et la draperie qui chatoie, et, sans assombrir l'effet général d'un brillant coloris, vous saurez mettre en relief le vénérable héros de la scène, par le contraste même de sa tenue plus modeste.

VI.

VÊTEMENTS SÉCULIERS.

Pendant longtemps, la vérité des costumes n'occupa que fort peu les artistes. La nature des sujets qui leur servaient de thème ordinaire, l'idée qu'on y attachait, soit dans les écoles encore païennes de la Grèce et de Rome, soit dans celles auxquelles le christianisme imprimait une direction nouvelle, paraissaient pouvoir les en dispenser. Une situation était envisagée par rapport à tous les hommes qui peuvent en général s'y rencontrer; on était peu porté à la restreindre spécialement aux personnages chargés de la mettre en action, et l'art employait préférablement les manières de se vêtir, auxquelles, dans son domaine, le goût avait donné une sorte de consécration.

C'est au ixe siècle, suivant l'observation du R. P. Cahier, que le costume contemporain commence à se montrer, dans les sujets où il ne s'agit pas

de représenter la divinité ou les apôtres [1], et « avant que le costume popu-
« laire », ajoute-t-il en note, « prescrive dans les monuments, les Saints
« sont généralement costumés à l'ancienne manière, tandis que souvent
« peuples et rois prennent tous la mise de l'époque où vivait l'artiste ».
L'ignorance des costumes usités dans les siècles passés est sans doute
partiellement la cause de cette manière d'agir; mais cela tient surtout
encore à une certaine indifférence de la personnalité : les princes et les
peuples sont montrés tels qu'on est accoutumé à les voir ou à se les
représenter dans l'usage journalier de la vie, au lieu de l'être, comme
précédemment, selon les traditions de l'art. C'est sur ce point une sorte
de première dérivation dans le sens du naturalisme. Les Saints, au contraire, sont maintenus dans une catégorie à part, précisément parce
qu'on arrive à les considérer dans leurs types individuels, et qu'on se les
figure cependant au-dessus des conditions communes au reste de l'humanité.

Sans déroger aux prescriptions d'exactitude qui lui sont imposées, l'art
moderne pourra, dans le plus grand nombre des cas, conserver aux Saints
un caractère exceptionnel, par ce fait, — objet de l'une de nos observations précédentes, — qu'arrivés au point culminant de leurs vies, il y a
presque toujours lieu de leur attribuer ou des vêtements sacerdotaux ou
des habits monastiques. Lorsqu'on entreprend de représenter toute leur
histoire, il en est cependant un grand nombre qui, dans leurs premières
années, doivent apparaître vêtus d'habits séculiers, comme on l'était plus
généralement de leur temps. L'artiste chrétien, en ce qui les concerne
comme relativement à tous les autres personnages appelés à figurer dans
ses compositions, n'a pas à reculer devant une soumission modérée aux
exigences passées aujourd'hui à l'état de chose jugée. Il aura recours aux
monuments originaux, il se servira des recueils qui les reproduisent littéralement; mais il doit se méfier de tous les costumes du moyen âge ar-
rangés par voie d'interprétation; et s'il est nécessaire d'interpréter les
anciens monuments, nous lui conseillons de se mettre en état de le faire
par lui-même.

Les éléments essentiels des costumes grecs et romains, que nous devrions, avec plus de raison, appeler naturels et primitifs, c'est-à-dire la
tunique et le manteau, se maintinrent, nonobstant de grandes modifications de formes et des variétés de noms, jusqu'au xive siècle; et même
jusqu'au xve, la robe longue demeura généralement en usage pour toute
personne qui devait garder la dignité du caractère, et en toute circon-

---

1. *Annales de la Philosophie chrétienne*, 1839, p. 129. — Sous le nom d'*Achery*, art. sur les miniatures du moyen âge.

stance qui réclamait cette gravité. A l'origine, la tendance des princes francs avait été principalement d'imiter les costumes impériaux, alors en usage dans la seconde capitale de l'empire. L'influence de l'Orient, sous ce rapport, fut entretenue par l'activité du foyer artistique que l'art y conserva, et par la nécessité où l'Occident fut longtemps d'en tirer ses plus riches étoffes. Dans les riches manuscrits du XIe siècle, provenant de la cathédrale de Bamberg et de l'empereur saint Henri, aujourd'hui conservés à la bibliothèque de Munich, le costume de ce prince est encore à peu près celui des empereurs d'Orient [1].

Cependant la richesse des modes lourdes, qui avait prévalu chez les Grecs du Bas-Empire, nonobstant l'influence qu'elle dut exercer sur la tenue d'apparat de quelques hauts personnages, n'empêcha pas nos costumes nationaux de conserver, en général, un caractère de simplicité relative, jusqu'à l'époque du brillant épanouissement de la civilisation occidentale au XIIIe siècle. Alors le roi de France « venoit au jardin de « Paris une cote de chamelot vestue, ung seurcot de tyreteine sanz man- « ches, un mantel de cendal noir autour son cou [2]. » Il est vrai que le roi vêtu si simplement était saint Louis. Et il résulte d'un certain démêlé sur le ton de la plaisanterie aigre-douce, survenu un jour entre le sire de Joinville et maître Pierre de Sorbonne, que, dans l'occasion, le premier, avec un habit que lui avaient laissé ses père et mère, était vêtu plus richement que le roi, et que le surcot de fin camelin porté par le second était également supérieur à celui de ce prince [3]. Le naïf chroniqueur nous apprend aussi que le luxe des draps d'or et d'argent, des fourrures de prix, était alors porté très-loin de la part des grands. Mais les habits modestes dont pouvait se contenter saint Louis, sans y mettre d'affectation, nous donnent la mesure de l'usage chez le commun de ses contemporains.

A la fin du XIIIe siècle, le luxe prit des proportions beaucoup plus exagérées. Nous citerons encore Joinville, qui s'en plaignait au roi Philippe le Bel, avec sa bonhomie vive et sensée : « Onques, » disait-il à ce prince, » en la voie d'outre-mer là où je fuz, je n'i vis cottes brodées, « ne les roy, ne les autrui. Et il me dit qu'il avoit tiex atours brodez de « ses armes, qui li avoient cousté huit cent livres parisis. Et je li diz que « il les eust mieux emploiés se il les eust donnez pour Dieu et eut fait « ses atours de bon cendal enforcié de ses armes si comme son père « faisoit [4]. »

1. Forster, *Monuments de la Peinture en Allemagne*, T. I, p. 114.
2. Joinville, éd. de M. Natalis de Wailly, p. 42.
3. *Id.*, p. 24.
4. *Id.*, p. 16.

Quant à se permettre de paraître en public avec un vêtement supérieur si court que le haut de chausse demeurât seul pour couvrir la moitié du corps, sans dissimuler aucune de ses formes, on ne commença à le faire que dans le siècle suivant, et ce ne fut pas sans soulever de vives réclamations. Il fallut encore bien des années d'oscillation avant que l'œil pût s'y accoutumer, au point de laisser cette mode devenir usuelle au XVIe siècle.

Dans le costume militaire lui-même, la tunique, sous le nom de cotte d'armes ou sous d'autres noms, recouvrait l'armure de fer [1]. Ce furent les couleurs, les fourrures, les parements dont on la revêtit, tout autant que les emblèmes portés sur les *escus* ou boucliers, qui donnèrent naissance aux armoiries : il faut se le rappeler pour bien en expliquer les pièces principales.

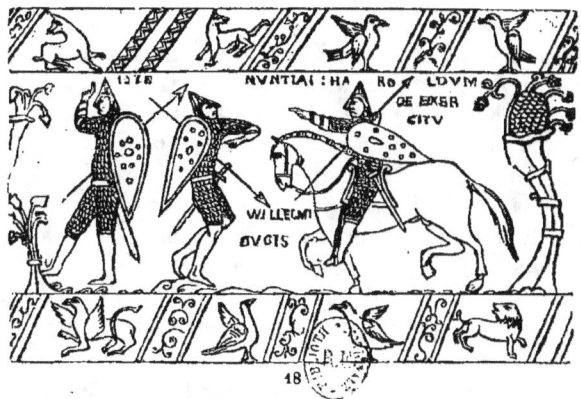

Armures du XIe siècle. (Fragment de la tapisserie de Bayeux.)

L'armure de fer, jusqu'au XIVe siècle, était formée d'un réseau de mailles, et le haubert ou cotte de mailles en constituait la partie supérieure. Mais successivement, en voulant la rendre plus défensive, on

---

1. Notre planche XXV, fig. 5, donne l'exemple d'une armure du XIIIe siècle, portée par Guillaume Longue-Épée, comte de Salisbury, fils naturel de Henri II Plantagenet. Celui d'une armure du XVe siècle est donné, fig. 6, par Robert Lord Hungerford, enseveli dans la cathédrale de Salisbury, en 1455. On voit, fig. 7, par le costume du connétable, dans la *Danse des Morts* de Simon Vostre, la transformation que subit la cotte d'armes sur les confins du XIVe au XVe siècle. La fig. 8, représentant la reine dans la même série, et la fig. 9, représentant les occupations du mois de mai dans le calendrier des *Heures* de Simon Vostre, montrent quels étaient le costume des femmes et le costume civil des hommes à la même époque, comparés à ceux du XIIIe siècle, donnés par le père et la mère de saint Thomas Becket, fig. 4.

l'avait rendue tellement lourde et embarrassante, que, lors des grandes guerres nationales des Français contre les Anglais, sous Philippe de Valois, on se vit dans la nécessité de la modifier. L'on inventa alors l'armure en plaques de fer battu articulées; mais l'usage d'enrichir celle-ci de ciselures, de dorures, de bas-reliefs, ne se répandit pas aussitôt, et la cotte d'armes continua longtemps encore de la recouvrir.

Au xvie siècle, on entre en plein costume moderne, abandonnant dans la manière de se vêtir toute trace d'antiquité, au moment même où l'amour et l'étude de l'art et des lettres antiques étaient portés jusqu'à l'engouement. Le pourpoint règne jusqu'au milieu du xviie siècle. On voit des exemples d'habit en des estampes du temps de Louis XIII, mais ils sont rares. Dans une édition de Molière de 1687, les hommes sur le retour de l'âge portent le pourpoint, et les jeunes élégants sont revêtus de l'habit. On a remarqué combien cet habit à la Louis XIV a d'ampleur et comme il est solennel; mais il se portait avec un apprêt, et souvent une surcharge d'ornements accessoires, qui pourraient faire regretter, sous le rapport du goût, l'aisance du costume à la Louis XIII.

Dans le siècle suivant, l'élégance de l'habit, toujours apprêtée, mais plus dégagée, est en rapport avec la modification qui s'introduisait dans les mœurs; et le frac, qui l'emporta aux approches du nôtre, par son caractère à la fois simple et sévère, mais sombre et mesquin, représente assez bien les bons côtés comme les parties faibles de nos mœurs; d'autant plus que, obligatoire comme tenue de cérémonie, il est peu aimé et cède facilement la place à des mises d'un sans-façon plus commode.

Chez les femmes, à part les coiffures démesurées des xive et xve siècles, qui coïncident avec un raccourcissement sensible de la taille et l'allongement des queues, mais seulement pour les grandes dames, tout le moyen âge se passa sans changements extraordinaires jusqu'au xvie siècle. Alors les robes, à partir de la taille, se tendirent et s'échafaudèrent, en sens inverse, sous la forme de deux cônes gigantesques. Elles retrouvèrent plus de grâce et de naturel au xviie siècle, s'élargirent et se guindèrent de nouveau au xviiie, puis se simplifièrent aux approches de la Révolution. Elles prirent ensuite, dans le sens d'une simplicité affectée, une tournure de retour faux et prétentieux aux formes antiques de la Grèce, et enfin se soumirent à toutes les oscillations qui, avec des phases très-diverses de bon et de mauvais goût, leur sont imposées aujourd'hui, principalement par ceux qui se croient intéressés aux changements les plus rapides de la mode.

Il suffit amplement à notre but d'avoir, par cet aperçu général, indiqué à l'artiste la mesure des recherches qui, relativement à l'objet dont il s'agit, lui peuvent être utiles avant de commencer un tableau.

D'ailleurs, un costume reconnu de l'authenticité la moins douteuse ne doit pas lui servir de type obligatoire, pour vêtir tous les personnages de l'époque à laquelle ce costume appartient. En tout temps, il faut tenir compte des différences très-considérables que les âges, les rangs, les états, les goûts, les biens établissaient autrefois encore plus qu'ils ne le font de nos jours. A côté de ceux qui adoptent la surcharge et la mode nouvelle, il y a toujours des gens simples qui, dans tout ce qu'ils portent, offrent ordinairement les meilleurs modèles que l'art puisse choisir.

VII.

SIGNIFICATION DES VÊTEMENTS.

La signification des vêtements dépend originairement de ceux qui en font usage et des circonstances où ils sont usités ; mais, une fois établie, cette signification se soutient par elle-même : elle devient une sorte de langage et une partie importante de l'iconographie. Au moyen des vêtements, vous dites aussitôt quel caractère vous entendez attribuer à vos personnages, dans quelle situation vous les placez. Un habit sacerdotal ou simplement ecclésiastique élève aussitôt l'esprit dans la région des pensées religieuses; un costume monastique dénote un homme qui s'est mis au-dessus du monde, en y renonçant ; des vêtements royaux expriment la majesté de la souveraine puissance ; la robe du magistrat vous fait songer à la maturité de jugement que demande la justice, et la seule vue d'un uniforme a fait bondir plus d'un jeune courage.

C'est un malheur quand de tels vêtements ne sont pas respectés, surtout par celui qui les porte; mais alors même ils ne perdent pas aussitôt leur signification : c'est au contraire la chose représentée qui semble souffrir, et c'est à elle que remonte l'injure.

La signification attachée à certains vêtements constitue, en elle-même, un ordre de beauté morale qu'il est fort important de relever par un heureux accord de formes; mais elle est indépendante de cette beauté matérielle, et il arrive qu'une forme défectueuse est relevée par la signification du vêtement, au point de mériter que l'artiste la traite avec des égards proportionnés au respect qu'elle obtient à bon droit dans la réalité de son usage. Il faut ne toucher qu'avec précaution, ne modifier qu'avec réserve le vêtement sacerdotal auquel l'œil du fidèle s'est accoutumé.

Ce n'est pas dans un monde où le succès ne couronne pas toujours le bon droit, c'est dans cette autre vie où la faim et la soif de la justice seront rassasiées pleinement, qu'il faut attendre, avec la réunion de tous les biens, la satisfaction parfaite du goût, dans la réunion de tous les genres de beauté. Maintenant il faut savoir nous contenter, quand le principal l'emporte. Or, les altérations du goût atteignent les choses les plus sacrées; mais le principal l'emporte lorsque, par le fait même d'un goût qui s'égare, l'on arrive, par exemple, à des formes aussi complétement séparées de toutes les manières vulgaires de se vêtir, et dans le présent et dans le passé, que celles du prêtre à l'autel.

Qui pourrait, en le voyant, être tenté de croire que, devant cette table mystérieuse, il pût se vêtir de la sorte pour offrir, pour manger et boire un pain et un vin ordinaires? Le blasphème est possible, parce qu'il l'est toujours, et accordons que le doute le soit aussi; mais celui qui, présent à l'accomplissement de cet acte ineffable, nie et outrage, celui-là s'est jugé lui-même, assurément, au fond de sa conscience. La singularité seule du vêtement serait incapable de produire une semblable impression : dans la pratique de leurs usages superstitieux, les fausses religions en peuvent imaginer de plus exceptionnels; mais ce qui leur est impossible, c'est de jamais obtenir qu'ils soient portés avec cette gravité soutenue à laquelle le prêtre catholique se sentirait assujetti par la foi du fidèle, alors même que, dans un état de déplorable exception, il l'aurait perdue lui-même.

Nous ne croyons pas que la chasuble ait à craindre un affaiblissement de sa signification plus du ciel que de la terre, en recouvrant tout doucement, pour ne blesser aucun œil accoutumé à ses formes, son ampleur et sa souplesse primitives. Mais nous estimerions de bien peu de ressource l'esprit du peintre qui, la trouvant comme elle est, ne saurait pas s'en arranger. Qu'il en prenne résolûment son parti : que le corps du prêtre disparaisse sous l'ornement sacré; que cet ornement ne soit plus qu'un tableau orné d'une croix, et que l'artiste appelle à son secours toutes les pensées, toutes les affections que cette situation peut réveiller; qu'il les exprime dans la tête du ministre de Dieu, chez les assistants, jusque dans les détails de l'orfroi, et nous ne craindrons pas de lui assurer un succès.

A la signification des vêtements, revient la question de savoir jusqu'à quel point il est permis de les attribuer aux personnages, en dehors des circonstances où ils ont pu les porter. L'art chrétien du moyen âge a été très-large sous ce rapport : veut-il représenter un pape, il ne craindra pas, pendant son sommeil même, de maintenir sur sa tête la tiare qui sert à le faire reconnaître. Voici, dans un vitrail de la cathédrale de Canterbury, le roi Henri II, nu et à genoux pour être flagellé, comme pénitence du meurtre de saint Thomas : sa tête n'en est pas moins ceinte d'une couronne d'or. Le même artiste, s'il lui avait été possible de représenter le supplice de Louis XVI, l'aurait sans nul doute fait monter sur l'échafaud la couronne en tête. De ce naïf contraste ne jaillirait-il pas une pensée singulièrement belle? Il y a, dans la majesté royale, un caractère indélébile qui, une fois acquis, ne saurait plus se perdre ; il survit à l'opprobre, il survit à la mort ; et prenant pour guide les pratiques de l'art dont nous parlons, nous pourrions aller jusqu'à dire qu'il survit à la damnation. En effet, dans l'enfer même, aux XIIIe et XIVe siècles, vous verrez tous les insignes des dignités de ce monde ; et il n'est rien de plus vrai que la pensée exprimée en ces termes : qui a péché comme prêtre, comme roi, sera éternellement sous le poids du caractère auquel il a manqué ; et dans la récompense, au contraire, chacun se retrouvera virtuellement tout ce qu'il a été. Non pas que personne, là-haut, doive à ses grandeurs temporelles un accroissement d'honneur : l'honneur n'est distribué dans le ciel qu'en raison du degré des vertus ; mais le caractère dont on aura été revêtu dans le monde, concourra à constituer des types à jamais acquis.

Nous sommes trop éloignés de la naïveté du moyen âge, pour tenter, aujourd'hui, de dire ces choses par toutes les voies dont il disposait sans scrupule ; mais ne nous imaginons pas que tout soit à notre profit, dans les raffinements de notre critique : si ingénieuses que soient nos ressources, jamais nous ne trouverons un autre langage aussi populaire, aussi parlant que celui des anciens maîtres de l'art.

Ce qui demeure possible et ce que nous tenons à justifier, c'est un moyen terme entre des procédés devenus trop archaïques, et la rigueur qui interdirait à tout personnage son costume caractéristique, en dehors de toutes les circonstances officielles où il est vraisemblable qu'il l'ait effectivement porté. Nous ne voulons pas que l'on condamne nécessairement comme un anachronisme, tout costume employé, avec une semblable signification, par delà les temps où l'on sait qu'il a été réellement en usage. Tout dépend du caractère plus ou moins symbolique, plus ou moins historique que l'on prétend donner à sa composition.

Nous parlons de moyens termes : c'en est un très-convenable que de rapprocher d'un personnage les vêtements, les insignes les plus propres à faire rapidement comprendre quel il est, sans qu'il soit besoin de l'en revêtir. Honorius III voit en songe deux inconnus qui soutiennent la basilique de Latran prête à tomber en ruine. Dieu voulait ainsi lui faire comprendre qu'il envoyait à son secours, pour consolider sur ses bases l'Église ébranlée, deux Saints reconnus bientôt pour être François d'Assise et Dominique de Gusman. Maintenant le Pape ne portera plus ses ornements pontificaux jusque pendant son sommeil, comme Giotto les lui a donnés dans les fresques d'Assise ; mais on les verra déposés près de son lit, et aussitôt on comprendra tout aussi bien que cet homme endormi est le Vicaire même de Jésus-Christ.

Les vêtements spéciaux ainsi employés ne sont plus qu'un attribut, et l'on peut s'en servir pour faire connaître la situation sociale de toute une classe de personnages, tout aussi bien que l'on caractérise chacun des Saints par des attributs spéciaux.

Dans l'exemple que nous venons de citer, d'ailleurs, il s'agit d'un songe : il serait donc impossible de représenter le sujet, sans recourir à des moyens qui tiennent plus ou moins du style figuré. Il en est de même, avec bien plus de raison, toutes les fois que l'on va chercher son sujet par delà les vérités visibles, dans les vérités relatives à une autre vie. C'est à l'artiste lui-même alors qu'il appartient de juger ce qu'il lui faut de tact et de discernement, pour se servir des costumes propres à faire connaître ses personnages, et ménager les susceptibilités du public auquel il s'adresse.

On prétend que, dans la succession de Paul Véronèse, l'on compta pour une valeur considérable une collection de ces riches étoffes dont il aimait à revêtir les convives de ses festins. Il s'agissait pour lui de faire de la couleur, sans égard, sous le rapport des costumes, ni aux réalités, ni aux vraisemblances historiques, ni à aucune vérité d'un ordre religieux ou social. On lui passait cette liberté, cependant, parce qu'elle était dans le goût du jour. De la vie, du mouvement, de la couleur, avec de la vérité naturelle, voilà ce que l'on demandait dans un tableau, à propos d'un sujet quelconque. Dans cet ordre d'idées, il y avait place pour plus d'un grand peintre. Nous ne refusons à Paul Véronèse ni cette qualité, ni notre part d'admiration pour tous les genres de mérite réalisés dans ses œuvres. Mais on comprend qu'il ne soit pas le peintre que nous demandons ; et si jamais il survient une disposition des esprits qui autorise une égale indépendance dans le choix des vêtements, nous préférons que ce choix soit dirigé de manière à soulever des idées, et des idées qui découlent de l'essence du sujet : le sujet étant choisi lui-même en vue de quelqu'une de ces bonnes et fécondes pensées que le peintre chrétien doit toujours avoir pour objet d'exprimer.

ÉTUDE IX.

DES FIGURES ACCESSOIRES.

I.

DES ANIMAUX.

Les animaux, les arbres, toutes les plantes, les fleuves, les rochers et toutes les constructions humaines, depuis la plus humble chaumière jusqu'aux palais et aux temples les plus somptueux, tout ce qui est visible dans la nature animée ou inanimée, est du domaine de la peinture. Sur toutes ces choses, la sculpture exerce en grande partie les mêmes droits. Et quand l'art se fait résolûment chrétien, il n'en résulte aucunement qu'il ait à resserrer les limites de son empire.

Tout ce que nous avons dit jusqu'ici du dessin ou des formes en général, s'applique principalement au corps humain, à la manière de le représenter et de le revêtir. Cependant on pourra aussi y puiser, si nous ne sommes pas resté trop au-dessous de notre tâche, des notions capables de guider dans la représentation de toutes les œuvres de Dieu et de toutes les œuvres de l'homme. Quelques observations spéciales restent seules utiles à ajouter.

Presque toujours, quelques-unes de ces choses qui viennent en seconde ligne après l'homme lui-même, ont à figurer dans les compositions de l'art, ou comme accessoires, ou comme fond de perspective; il en est même qui, en qualité d'emblèmes, prennent, dans certaines circonstances, une importance capitale. L'agneau, la colombe sont employés pour figurer ou le Dieu incarné ou l'Esprit-Saint. L'aigle, le lion, le taureau, avant de servir d'emblèmes aux évangélistes, avaient été montrés à Ezéchiel pour les annoncer prophétiquement, et pour signifier les forces diverses de la puissance et de la sagesse divines, représentées par des esprits angéliques. Marie est une rose, un cèdre, une tour, l'arche d'alliance. Le palmier, l'olivier, le chêne sont appelés à remplir un rôle, quelquefois important, dans l'iconographie chrétienne.

L'ordre que nous suivrons en cette matière sera celui-là même de la dignité entre les œuvres de Dieu : les animaux viendront d'abord, puis les arbres, les plantes, le paysage. L'architecture, œuvre de l'homme, aura son tour en dernier lieu.

C'est surtout aux animaux que s'appliquent la plupart des observations faites relativement au dessin du corps humain. La même exactitude dans l'imitation de la nature est requise quant aux formes et aux proportions. Mais l'artiste a d'autant plus besoin d'ennoblir son modèle, que, naturellement, il s'agit de types moins relevés, et que l'animal est appelé à prendre dans l'œuvre un rôle plus important.

Sous l'impression des tendances naturalistes, aux xiv°, xv° et xvi° siècles, on vit beaucoup de figures d'animaux s'introduire dans les représentations sacrées, sans être demandées pour le développement du sujet. Les fresques de Benozzo Gozzoli, à Pise, et les œuvres d'Albert Durer en offrent les exemples les plus remarquables. Cette forme du naturalisme prend, chez le disciple du Beato Angelico, une tournure naïve qui s'harmonise avec ses pieuses inspirations; mais, à cause de cette naïveté même, ce sont des exemples qui ne peuvent plus être imités qu'avec ménagement. Le ton familier de certaines scènes patriarcales peut autoriser la présence des plus habituels commensaux de l'homme, mis en scène avec toute la simplicité du rôle que nous leur voyons jouer personnellement autour de nous. Les chevaux figurent tout naturellement dans une armée, les bestiaux dans une scène rurale, et le diapason n'a pas à s'élever beaucoup pour les représenter dans ces conditions accessoires.

Mais voici le cheval sous la main de Dieu qui vient de l'appeler à la vie, et qui admire lui-même la beauté de ses œuvres; sous les yeux d'Adam, au moment où il est nommé roi de la création; sous les yeux de Job, lorsqu'il célèbre, en poétiques accents, les grandeurs du noble animal : le voici qui bondit, qui hennit, qui frappe du pied la terre. Voici la lionne épiant la proie qui sera la pâture de ses jeunes lions. Il ne suffira plus de se rappeler ce que l'on a vu; il faudra saisir l'essence même de ces types, tous admirables dans l'ordre qui leur appartient : l'onagre indompté, le rhinocéros sauvage, comme le bœuf qui, sous le joug, se laisse conduire par un enfant; et mettre en relief, sans rompre l'harmonie, celles de leurs formes qui en résument le mieux l'idée.

Le bœuf et l'âne qui, auprès de la crèche, reconnaissent leur Maître; le jeune âne que Jésus choisit pour monture, le jour de son entrée triomphante à Jérusalem; celui que l'art chrétien a consacré à son service, pour l'emmener en Egypte et le sauver de la fureur d'Hérode, ont acquis des droits à un intérêt d'un autre genre. Ce n'est plus l'idéal du type, on pourrait dire la dignité du rang, qu'il s'agit de faire ressortir, mais une sorte de sentiment. L'animal n'est pas indifférent envers celui qui le nourrit, et il s'attache à celui qui seulement le caresse : étudiez-le alors, et vous apprendrez comment il témoigne ses affections. Mais il faut y ajouter quelque chose des nôtres, quand nous l'appelons à l'honneur de nous représenter, ou que nous voyons en lui l'image de ce que nous devons être. Considérez plutôt cette brebis d'un ancien sarcophage, qui vient recevoir les caresses du Bon Pasteur.

Ce n'est plus assez d'ennoblir les types des animaux, et de les faire participer à notre manière de voir et de sentir, lorsque les esprits célestes et Dieu même empruntent leurs formes, ou se les attribuent par des tours de langage qui se traduisent dans l'art par les figures elles-mêmes. Il faut, autant que possible, les surnaturaliser alors, et développer surtout chez eux ce qui les rend propres à une mission aussi éminente. Raphaël est admirable, sous ce rapport, dans son petit tableau de la vision d'Ezéchiel : petit de dimension, mais d'une singulière gran-

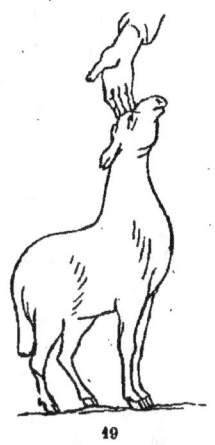
19
Brebis caressée par le Bon Pasteur. (IVe ou Ve siècle.)

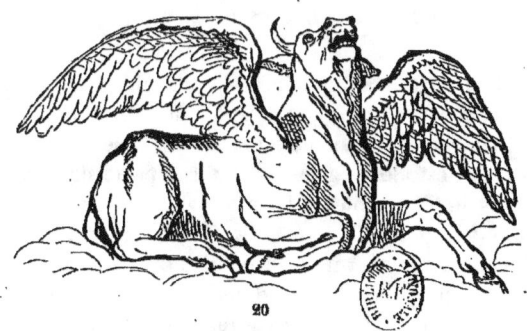
20
Bœuf de la vision d'Ézéchiel. (Raphaël.)

deur par le style. Vous n'avez pas vu de lions ni de taureaux comme ceux-là, avec des formes médiocrement développées, annonçant tant de puissance et physique et morale. On sent qu'ils tiennent tous de l'aigle, dont ils ont les ailes ; et cependant ils conservent vigoureusement les caractères de leurs propres types, et ne tendent nullement vers la nature mixte et fabuleuse du griffon, comme il leur arrivait souvent au moyen âge. C'était aussi une manière de les surnaturaliser. Exigeant de l'artiste moins de coup d'œil et une main moins habile, elle avait son prix, pour rendre facile au commun des talents ce sentiment élevé et poétique des choses, qui, maintenu comme tradition dans l'art, fut certainement la source où Raphaël puisa ses plus belles inspirations.

Encore faut-il remarquer que l'art avait de bonne heure laissé se rabaisser le rôle des emblèmes évangéliques. Observez-les notamment dans les miniatures des évangéliaires carlovingiens : ils vous apparaissent franchement comme des anges suspendus dans le ciel, un peu au-dessous de Dieu, et dictant, en quelque sorte, à saint Matthieu, à saint Marc, à saint Luc et à saint Jean, les récits sacrés que ceux-ci écrivent encore assis sur la terre.

Est-il rien de lourd, comparativement, comme ces grands bœufs modernes, couchés à côté de saint Luc, et même comme ces lions qui ne reposent aux pieds de saint Marc que pour y prendre, en quelque sorte, leur sommeil ; et jusqu'à ces aigles qui semblent, auprès de saint Jean, avoir perdu l'usage de leurs ailes ?

II.

PLANTES ET PAYSAGE.

Quoique vivants, les êtres inanimés ne peuvent pas être élevés jusqu'à rendre, par la physionomie, les pensées et les affections de l'homme, de l'ange, de Dieu même ; mais ils servent aussi à les représenter par voie d'emblèmes ; et c'est alors également qu'il importe de faire le triage de leurs éléments les plus nobles et les plus caractéristiques. Il est juste que le lis se simplifie, quand il repose devant Marie, dans le vase spirituel qui lui-même la représente ; il serait puéril alors d'imiter toutes les feuilles et les follicules qui ornent sa tige dans la nature. Le choix à faire pour représenter de même le palmier, le cèdre, l'olivier, revient à leur attribuer des formes quelque peu conventionnelles ; mais il ne faut pas que la convention aille jusqu'à mettre en oubli l'essence du type naturel, et à inaugurer des figures de pure fantaisie. Bien que le palmier soit une colonne, on ne suivra pas de trop près les traces des anciens monuments où il cesse pour ainsi dire d'être un arbre.

Le paysagiste, quand il veut peindre un orme ou un chêne, ne prend nul souci de calquer la silhouette de chacune de leurs feuilles : il saisit l'effet d'ensemble de leurs feuillages, et, s'il est maître de son art, il produit sur les sens des impressions aussi vraies, aussi distinctes et souvent mieux senties, que ne le ferait, de prime abord, la vue de la nature elle-même. Si la nature, ensuite, vous paraît avoir des beautés supérieures; si, dans ces scintillements de la lumière qui se joue au travers du feuillage, les effets vous charment à mesure qu'ils se multiplient, c'est encore au peintre que vous le devez : vous ne verriez pas aussi bien, s'il ne vous avait appris à bien voir.

Le sculpteur ne peut pas procéder de la même manière, pour mouler une fleur ou un feuillage. Il ne massera plus les effets, mais il les résumera par traits caractéristiques. Le paysagiste supprime le détail, le sculpteur l'accentue en l'élargissant ; et il arrive à tracer, mais dans une autre langue, une traduction également vraie. Ce n'est pas la nature, mais un moyen d'en insinuer l'intelligence, mieux quelquefois que par la vue des objets eux-mêmes. Mis au service de l'architecture, le sculpteur est tenu plus absolument à ces formes fermes, pleines, arrêtées ; il convient même à la peinture de s'en approcher, quand elle devient monumentale ; et il lui sied toujours un peu de l'être, quand elle prend un tour symbolique.

L'église de Saint-Martin-des-Monts, à Rome, doit son principal relief, aux yeux du commun des visiteurs, aux paysages dont le Guaspre a orné ses murs. L'histoire du prophète Elie n'est là qu'un prétexte ; mais on y voit des sites d'un caractère noble, une nature qui, sans beaucoup de couleur, sans beaucoup de mouvement, porte à la méditation, mais n'a rien d'austère; quelque chose qui rappelle, sans l'égaler, le genre du Poussin lui-même, considéré comme paysagiste : un genre que l'on pourrait, jusqu'à un certain point, appeler sculptural. Mais ce caractère, qui demeurerait saillant si ces peintures étaient transportées dans un musée, n'est pas suffisant à la place qu'elles occupent. Elles font trop oublier l'église si l'on s'y attache, et facilement on les néglige si l'on est venu ou prier dans le sanctuaire, ou recueillir les impressions que doit inspirer l'ensemble de ses souvenirs et de ses constructions. C'est une question même de savoir si les églises comportent des peintures murales où le paysage proprement dit soit jamais à sa place, ne fût-il employé qu'à titre de fond, et la scène principale reprît-elle l'importance qu'elle n'a pas à Saint-Martin-des-Monts. Tout au moins est-il nécessaire, non-seulement que le paysage soit dans le ton du sujet, toujours choisi dans un but d'édification, mais qu'il serve à le faire valoir. Et le tout doit être combiné de telle sorte, que l'architecture du temple ne soit pas sacrifiée à des accessoires destinés au contraire à lui profiter.

Les anciens maîtres de l'art chrétien étaient préservés de cette difficulté par leur inhabileté même dans cette partie de l'art. On voit qu'ils n'étaient insensibles à aucun des charmes de la nature; mais voulaient-ils faire passer ces sortes d'impressions dans leurs œuvres, ils entassaient, presque sans perspective, les rochers, les arbres, les fabriques. Par ce procédé, ils ne pouvaient donner qu'une indication incapable de jamais distraire des vives affections et des puissantes pensées vers lesquelles ils portaient, avec une allure si franche, tous leurs moyens d'expression. Ce n'est qu'au XVe siècle que le paysage commence à faire pressentir ce qu'il sera dans l'art moderne. Benozzo Gozzoli lui témoigne, dans ses fresques du Campo-Santo de Pise, cette même affection que nous lui avons vue pour les figures d'animaux. On peut ajouter qu'il y met une certaine vérité, mais en ce sens que l'on comprend ce qu'il a voulu rendre; il est d'ailleurs trop loin de le bien faire pour tomber dans aucun des écueils qui viennent de nous préoccuper.

Le Pérugin fit réaliser un grand progrès au paysage, et lui imprima ce cachet mystique qui caractérise ses œuvres. Avec le Beato Angelico, on sait que le mysticisme fut suave et serein comme il semble que, seul, un Saint puisse l'être; avec le Pérugin, il eut des élans comme les esprits élevés peuvent en avoir. Vu les liens du naturalisme et du mysticisme, il se manifeste, dans la manière du Pérugin, une disposition à étudier la nature, mais pour l'élever et la transformer dans un idéal qui lui est particulier. On sent que le peintre a observé, qu'il a goûté ces sites de l'Ombrie, en réalité si doucement entrecoupés de vallées, si suavement terminés par leurs lointains de montagnes et de collines aux teintes azurées, aux reflets irisés. Il nous est arrivé quelquefois de rencontrer de ces arbres sveltes, au rare feuillage, qu'il admet seuls à l'honneur de représenter la vie végétale, dans sa nature immatérialisée. Les premiers vents de l'automne ne leur avaient laissé que la moitié de leur feuillage; les derniers rayons de l'été les avaient vivement dorés; et, dessinés en fermes silhouettes, sur un ciel pur, aux rayons du soleil couchant, ils semblaient ne tenir à la terre que pour servir d'appui à qui voudrait prendre son vol et s'en détacher [1].

Les cieux racontent la gloire de Dieu; les montagnes et les fleurs, les arbres chargés de fruits, les cèdres et les prairies, les torrents et les rochers, tous le célèbrent à l'envi, et c'est assez de les prendre tels qu'ils s'offrent à nos regards pour nous mêler à leurs concerts et les appeler à figurer dans les nôtres. Le peintre ne sera donc pas condamné, en dé-

---

1. Nous devons à l'amitié de M. O. de Rochebrune le dessin d'après nature et la gravure d'un arbre, avec une esquisse de paysage (pl. XXVI), qui prouvent que, même dans nos contrées, avec du goût, du coup d'œil et un talent élevé, on peut rencontrer et saisir les éléments d'une nature idéale à la manière du Pérugin.

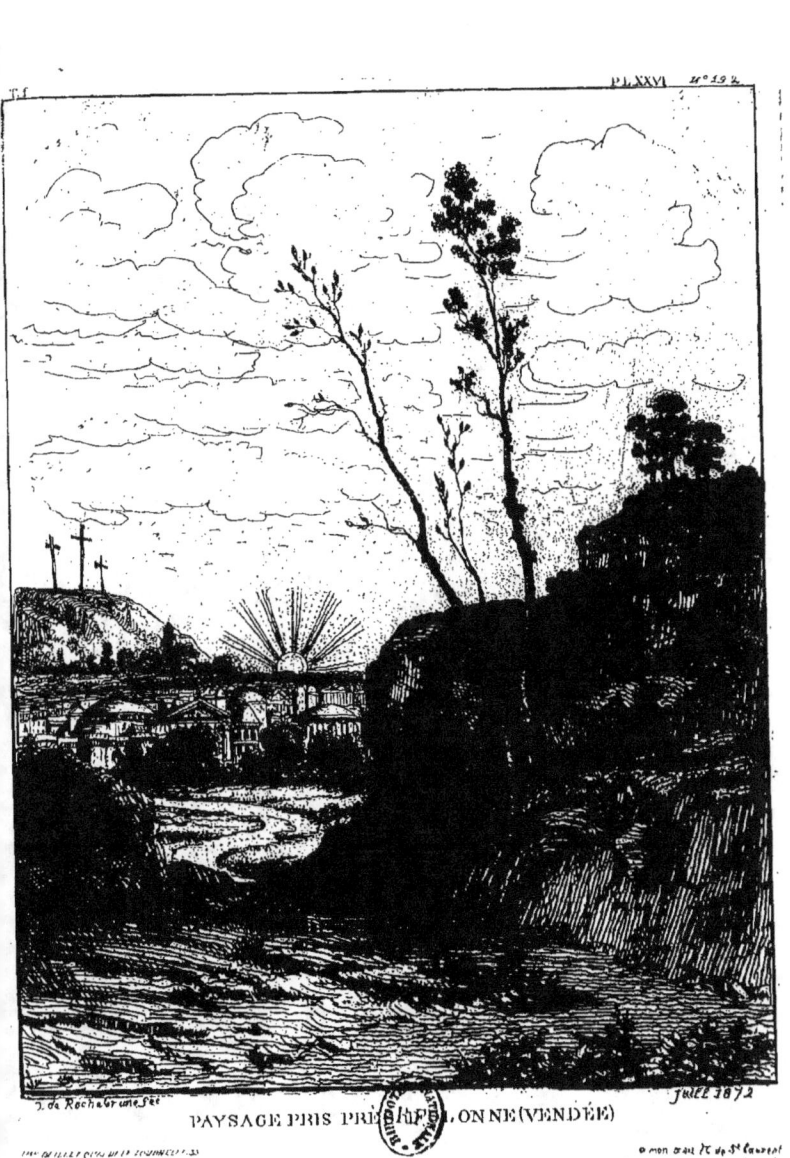

PAYSAGE PRIS PRÈS SABLONNE (VENDÉE)

venant chrétien, à n'aborder que de loin, et sous des formes conventionnelles, des beautés si vivement senties et si chaleureusement exprimées par les poëtes bibliques, par des âmes comme celles du séraphique saint François et de l'angélique Rose de Lima. La mesure qu'il doit y apporter, lui sera tracée par le ton même de ses œuvres. Sont-elles monumentales, il faut qu'il donne aux choses de la nature un accent qui participe de la solennité fixe d'un monument. Entre-t-il dans la voie du symbolisme, il les reproduira avec une gravité correspondante à la signification qu'il leur accorde. Tend-il à cet idéal de formes et de sentiments surnaturalisés, propre aux écoles mystiques, il devra les idéaliser proportionnellement.

Libre de toutes les exigences qu'il a pu s'imposer à lui-même, ou qui souvent lui sont commandées par la situation, le peintre pourrait, tout en se faisant paysagiste, apporter, dans l'étude et dans la traduction de la nature, un tel sentiment des pensées propres à l'Artiste divin, que son cœur fût habituellement élevé vers lui, et que les traits de son pinceau fussent comparables aux strophes d'un hymne, et par l'intention et par l'expression. Claude Lorrain, sans aller jusque-là, nous donne l'idée de quelque chose de semblable. S'il ne vous enlève pas jusqu'à la contemplation de Celui qui a créé cette nature noble, vaste, sereine, il vous facilite certainement les moyens d'aller à lui, pour peu que vous y soyez disposé. Voulez-vous, au contraire, chercher dans la nature ces jouissances qui enivrent, au détriment de l'âme : ce n'est pas lui, à coup sûr, qui sera accusé de vous y avoir porté.

Cependant le paysage, traité comme genre à part, ne peut guère se classer dans l'art chrétien, si ce n'est à ce titre où toute occupation honnête mérite d'être appelée chrétienne dès lors qu'on s'y livre pour Dieu. L'art chrétien a plus directement pour but l'expression des vérités de la foi, des aspirations de l'espérance, des affections de la charité : aussi ne rangeons-nous le paysage que parmi ses accessoires. Il faut alors qu'il soit entendu et choisi en vue du sujet et des personnages ; il faut qu'il leur emprunte son caractère, et qu'il serve par ce caractère même, autant qu'il peut s'en imprégner, à mettre en relief l'impression spéciale qui doit ressortir. Le paysage d'une *Nativité* sera frais et riant ; celui d'un *Crucifiement*, austère et souvent désolé. C'est là un soin devenu vulgaire, tant il semble naturel. On se demande s'il n'y aurait pas, soit à faire une étude plus approfondie de l'aspect réel des lieux où se sont accomplis ces mystères, soit à leur donner tout au moins une couleur orientale, ou bien encore à interpréter tout autrement la physionomie qui convient au sujet.

La Nativité peut, par exemple, être envisagée sous le rapport du dénûment où le Fils de Dieu voulut naître, et de la vie plus pénible que riante des pauvres bergers appelés à s'agenouiller les premiers au pied de son humble berceau. Le Crucifiement peut apparaître sous le jour que les chrétiens des hauts temps voulaient lui donner, lorsqu'ils faisaient de la croix une tige féconde, d'où s'épanouissaient d'innombrables fleurs. Tout dépend de la teinte que l'artiste entreprend de donner à son sujet, selon qu'il le prend, plus ou moins strictement, par son côté historique, selon qu'il se propose ou de toucher ou d'instruire.

III.

ARCHITECTURE.

Le lieu de la scène change : la voici qui se passe dans un temple ou bien au milieu de la cité, et le peintre, en quelques traits de son pinceau, élève comme par magie de somptueux édifices. Se faisant architecte, sans être astreint ni au temps, ni aux dépenses, ni aux rudes labeurs qui seraient nécessaires pour construire, il doit cependant s'assujettir aux lois essentielles de la construction, faire des colonnes qui se tiendraient debout, des voûtes proportionnées à leurs supports. L'architecture d'images n'est bonne nulle part, pas même sur les images où on la tolère.

Nous ne sommes plus au temps de ces hommes prodigieux qui embrassaient tous les arts dans leur puissante activité ; nul artiste cependant ne saurait acquérir de la supériorité dans le sien, s'il demeure étranger à tous les autres. Il ne suffit pas au peintre de bien dessiner des monuments qu'il aurait sous les yeux, de leur donner de la saillie, de l'enlevée, d'en ouvrir les arceaux et d'y faire circuler la lumière : il faut qu'il possède suffisamment les divers styles pour ne pas les confondre; qu'il évite ce que feraient de mauvais architectes qui détruiraient l'harmonie pour se donner le mérite d'inventer, qui suivraient leurs fantaisies au lieu des règles du bon goût.

L'exactitude de la couleur locale est de convenance dans les monuments, au même titre et au même degré que dans les costumes. A ce point de vue, il est à propos que le peintre se fasse une idée juste et précise des principaux genres d'architecture qui se sont succédé, selon les temps et les lieux, au moins quant à leur physionomie, s'il ne possède avec plus d'étendue les lois diverses de leurs constructions.

Généralement l'architecture des peuples primitifs tend aux grands effets, par la puissance des masses simples et solides : elle ne craint pas d'être lourde; elle devient facilement colossale. L'architecture égyptienne réunit ces caractères au plus haut degré. Ils n'excluent pas chez elle une certaine recherche d'ornementation, surtout dans les couronnements ; les hiéroglyphes qui recouvrent toutes ses parois, les vives arêtes de ses hauts obélisques, ses statues et ses sphinx gigantesques achèvent de lui donner une physionomie tout à fait à part.

Les découvertes de MM. Botta et Layard sont venues attester l'importance de l'architecture chez les Assyriens, et en révéler les principales dispositions. Les recherches de MM. de Saucy et Melchior de Vogué autorisent à croire que celle des Israélites, au temps de Salomon, ne devait pas beaucoup s'en éloigner : elle aurait donc tenu également une sorte de milieu entre l'architecture égyptienne et celle des plus beaux temps de la Grèce. A considérer les sculptures qui la décoraient et tout ce que nous en savons par le texte des saintes Écritures, on voit que les figures emblématiques de taureaux tenaient, de part et d'autre, une place considérable. Ces données admises comme base, rien n'interdit d'attribuer aux magnifiques constructions du fils de David, toute la perfection de style que comporte le genre.

Cette perfection, la civilisation grecque l'atteignit dans le sien : non pas, comme on l'a cru trop longtemps, dans la régularité élégante des ordres définis et classés par Vitruve, où la svelte colonne et les riches feuillages des chapiteaux corinthiens sont l'objet de trop faciles préférences, mais dans les puissantes assises et les vigoureuses saillies du vrai dorique primitif, de celui qui fit l'honneur du siècle de Périclès, et dont le Parthénon a consacré le type. Comparez ce style aux monuments égyptiens, vous y trouverez de la grâce ; comparez-le aux monuments grecs des époques postérieures, vous serez surtout frappé de ses qualités fermes et solides.

De l'architecture grecque est dérivée celle des Romains : non plus lorsque la Grèce se distinguait par ses qualités mâles et héroïques, mais lorsque, conquise, elle conservait encore un empire sur les esprits par l'atticisme et la culture de la forme, par la finesse et la pénétration de l'intelligence. Deux choses cependant demeurent spécialement propres aux Romains, en architecture, alors même que la main des artistes grecs se ferait sentir dans l'exécution de leurs monuments : chez eux, l'arceau prend naissance, et ils élèvent ces grandes constructions civiles et industrielles, dont leurs aqueducs et leurs arènes, le Colysée surtout, qui en est le géant, nous donnent encore aujourd'hui une si puissante idée. Ces deux choses se tiennent, car c'est précisément dans les monuments civils et romains que l'arc commence à régner, se substituant aux architraves et aux plates-bandes, seules usitées au sein de toutes les civilisations antérieures.

L'influence chrétienne commence à se manifester, en architecture, par l'importance et le développement accordés aux basiliques. Devenue par excellence le lieu de la réunion pour les fidèles, la basilique en prendra le nom : on l'appellera l'*église*. Ce qui la caractérise en architecture, outre l'étendue de l'espace à l'intérieur, — en opposition aux limites étroites imposées à la *cella* dans les temples antiques, — c'est son partage en longues nefs, par des rangées de colonnes. L'arc et la plate-bande y vivent d'ailleurs en bonne intelligence, sans laisser prévoir d'abord l'antagonisme qui aura pour résultat de détrôner complétement la seconde au profit du premier.

Quand l'architecture, de latine qu'elle était, devient ou byzantine avec ses coupoles, ou romane avec ses voûtes en berceau, la révolution est accomplie. Alors aussi se fait vivement sentir, pour la pensée chrétienne, le besoin de s'élever ; et de cette tendance, combinée avec la nature des matériaux, avec la nécessité toujours subsistante des vastes enceintes, avec le goût de la solidité, qui lui fait préférer partout la pierre aux charpentes, naissent les nouvelles combinaisons qui atteignent leur plus haut degré de perfection dans l'architecture ogivale au XIIIe siècle. La voûte d'arête et le contre-fort, au moyen desquels on jette au dehors les points d'appui les plus importants, en sont le principe ; l'arc aigu n'en est que la conséquence. Néanmoins c'est cet arc, sous le nom d'ogive, emprunté au système des supports, qui, par la vive originalité de sa forme, en est promptement considéré comme le signe caractéristique.

Française par son origine, l'architecture ogivale éprouve quelques modifications, en passant chez les autres nations de la chrétienté. En Italie surtout, elle prend une physionomie tout exceptionnelle : au plus fort de son règne, le plein cintre et même la plate-bande survivent, et se mêlent à ces arcs aigus venus du Nord, qui seront bientôt rejetés comme barbares ; les décorations en mosaïques et les incrustations de marbre établissent, au dehors même des édifices, comme une lutte de prééminence entre la couleur et la forme. Venue tard, abandonnée de bonne heure, elle ne passe guère par ces profondes modifications qui distinguent chez nous le style du XIIIe siècle, avec ses formes pleines, ses lignes simples et rationnelles, sa ferme sobriété, du style flamboyant avec ses trop grêles arêtes et ses abondantes fioritures.

De même l'architecture de la Renaissance italienne, l'architecture de

Palladio et de Bramante, retour plus direct aux préceptes de Vitruve, rajeunis par Vignole, ressemble peu à celle de la Renaissance française : sorte de compromis entre l'art du moyen âge dégénéré, dont on se détache sans tout à fait l'abandonner, et l'art antique dont on s'éprend sans tout à fait l'adopter. Ce qui s'était fait en Italie au xvie siècle, s'accomplit cependant chez nous au xviie ; mais de telle sorte que, de part et d'autre, les différences de temps et de lieu se font toujours sentir, comparativement aux monuments de l'ancienne Rome, et encore plus de l'ancienne Grèce. Saint-Pierre du Vatican n'a-t-il pas une originalité qui lui est propre? Le dôme des Invalides n'a-t-il pas aussi la sienne? A Paris comme à Rome, on sent quelque chose que ne pouvaient pas avoir les monuments antiques : le souffle de la pensée chrétienne.

Observez tous ces mouvements, tous ces élans, tous ces retours, auxquels se prête successivement l'art de bâtir : ils répondent à la disposition des esprits, aux caractères des peuples, à leur situation. Que le peintre en saisisse bien les traits caractéristiques : il nous transportera plus facilement dans le milieu même où il faut que nous soyons placés, pour bien voir et sentir tout ce qu'il entend nous dire et nous montrer.

IV.

DIFFÉRENCES QUANT A LA MANIÈRE DE TRAITER L'IMITATION DE LA NATURE ET CELLE DE L'ARCHITECTURE.

La rigidité des lignes, dans les monuments construits de main humaine, exige une exactitude mathématique dans l'application des lois de la perspective ; il est impossible, sans une rigoureuse précision, de représenter leur élévation, leur profondeur, leur saillie, impossible de les faire tenir debout. Les œuvres qui sortent immédiatement de la main divine, n'ont pas une semblable inflexibilité de contours. Tout s'y tient réglé, mesuré, pesé avec une sagesse et un à-propos dont aucune de nos vues, aucun de nos traits ne saurait jamais approcher : mais tout s'y presse, tout s'y pénètre, tout s'y combine ; souvent, faute d'avoir le mot, nous dirions que tout s'y heurte et s'y combat. Nous le dirions en jugeant selon les apparences, nous laissant impressionner par notre connaissance superficielle des choses, et parce que nous les envisagerions comme nous pourrions imaginer de les faire. Jamais de nous-mêmes, si le pouvoir nous en était donné, nous n'aurions fait le chêne tel que l'a fait le Créateur ; jamais, voulant qu'il s'élance dans les airs, avec la vigueur que nous lui voyons, nous n'aurions assujetti ses fibres à tant d'inflexions ; jamais nous ne lui aurions donné son écorce rugueuse. Nous parlions de combat, nous reprenons le terme : il y a un combat, en effet, entre toutes les forces de la nature, mais un combat qui les règle et les pondère, qui les provoque, les excite, et ne les arrête pas. Sous l'impression d'un air qui passe, d'une vapeur qui s'exhale, d'un insecte qui les ronge, d'un gravier qui leur pèse, les cellules encore tendres de l'arbre fléchissent et dans sa racine et dans la tige qui lui correspond ; mais la courbe qui en résulte n'exprime que mieux la puissance de sa force ascendante, et, triomphant de tous les obstacles, la cime du chêne ne s'en étalera pas moins vigoureusement sous le ciel.

La conséquence, au point de vue de l'artiste, c'est un certain laisser-aller, un abandon plein de charme dans la fusion des contours. Les masses seules sont distinctes, et le sont fermement : ici, elles ont toute leur force ; là, il n'en est plus de trace ; mais on ne saurait marquer le point précis où elles commencent, celui où elles finissent. Quant à la perspective, il résulte de ce plus ou moins, auquel se prêtent si facilement les lignes de la nature, que certains écarts, dans la représentation, peuvent avoir pour seul effet de montrer les objets sous un aspect autre qu'on ne se l'était proposé : plus ou moins éloignés, plus ou moins inclinés, plus ou moins séparés, mais d'une manière possible encore, et quelquefois non moins heureuse. Le goût, l'observation, les souvenirs, ont pu alors même guider le pinceau et lui donner le charme de l'imprévu, en lui évitant des fautes qui choqueraient le regard.

La règle et le compas, ou du moins une rectitude équivalente dans le coup d'œil, acquise par l'habitude, sont toujours nécessaires, au contraire, pour dessiner les lignes géométriques des œuvres humaines. Ajoutons qu'un tableau, comme tout objet d'art, rentre dans cette catégorie : il sera donc soumis lui-même, quant à son squelette fondamental, aux lois géométriques et statiques des proportions et de l'équilibre, sur lesquelles repose le travail de l'architecte. L'on dit avec raison, dans ce sens, que tout tableau est lui-même une œuvre d'architecture. C'est donc toujours un bien de réduire tout tableau projeté à ses lignes architecturales, lignes vives et arrêtées alors, et de les soumettre avec rigueur à toutes les épreuves auxquelles un édifice doit être en état de résister, sous peine de ne pouvoir rester debout. En deçà des limites qu'il se sera ainsi tracées, l'artiste pourra se livrer sans risque à la liberté de ses inspirations, et rendre d'autant mieux la nature, non pas qu'il l'aura plus exactement mesurée, mais qu'il l'aura plus vivement sentie.

ÉTUDE X.

DU CLAIR-OBSCUR.

I.

DU TON ET DE LA TEINTE.

On entend par clair-obscur, l'art de distribuer dans un tableau la lumière et les ombres. On devrait dire : l'art du clair et de l'obscur; l'usage a prévalu de dire, par abréviation, le clair-obscur. Il serait plus exact encore d'appeler simplement cette partie de la peinture, l'art d'imiter les effets de la lumière : art qui embrasse tous ces effets, soit qu'ils se produisent sur les surfaces les plus éclairées ou sur celles qui le sont le moins; sur les plus éclaircies de teinte, comme sur les plus sombres. Mais il suffit de s'entendre, et le terme de clair-obscur, compris comme il doit l'être, dira tout ce qu'il doit dire.

Les effets de la lumière dépendent de bien des conditions : d'abord de la nature, de l'étendue, de la proximité ou de l'éloignement du foyer lumineux; de la nature, de la position, de l'inclinaison de la surface éclairée, par rapport à ce foyer ; de ces mêmes circonstances dans les objets environnants; des absorptions, des rejaillissements, des reflets, des réfractions qui en résultent; de l'état de l'air que traversent les rayons de lumière, soit pour atteindre les objets, soit pour aller des objets à l'œil du spectateur; de la situation enfin de cet œil lui-même, de sa distance, de sa direction.

Toutes ces conditions déterminent la perspective aérienne, ou les degrés d'intensité apparente que doivent prendre, sur les objets représentés, les clairs et les ombres. En théorie, elles peuvent être soumises à des calculs d'une précision mathématique, comme ceux de la perspective linéaire, et ces calculs sont à peu près les mêmes dans les deux cas. L'artiste se mettra en état de les comprendre et de les faire; jamais il ne les négligera entièrement dans la pratique : mais l'application en est délicate, et en ce point plus encore qu'en matière de perspective linéaire, ils ne sauraient lui suffire, incapables qu'ils sont de suppléer au sentiment des choses et à la finesse de l'œil. Les effets dans ce genre sont variés, nuancés à l'infini; il serait facile de se laisser égarer par leur complexité. Mais la grande latitude accordée au choix par cette variété même, peut devenir très-profitable à la liberté d'allures; et le goût, une fois maître des connaissances théoriques, a plus à faire que la science elle-même.

Parmi les effets de la lumière, il faut compter les couleurs tout autant que le clair-obscur; cependant, dans l'étude de l'art, il importe de distinguer entre le coloris et le clair-obscur.

Le clair-obscur se rapporte au ton, c'est-à-dire au degré d'intensité de la lumière, en prenant pour termes extrêmes, dans la nature, l'éclat du plus grand jour et l'obscurité; dans l'art, les moyens les plus approximatifs dont l'artiste puisse disposer pour les rendre. Nous donnons, au contraire, le nom de teinte à ces autres degrés qui dépendent des mélanges de couleurs, en prenant pour extrêmes les couleurs primitives, qui ne sont susceptibles d'aucune décomposition. On confond facilement la valeur de ces deux expressions : le ton et la teinte; il importe pourtant de les distinguer, pour conserver une idée nette des deux choses auxquelles elles se rapportent, choses toujours différentes, quoique de proche parenté.

On représente les objets, sans l'aide des couleurs, par le seul effet des clairs et des ombres. Enluminez une gravure : vous n'en changez pas le ton en lui appliquant, selon la variété des objets, des teintes uniformes. Une couleur est uniformément répandue sur une surface. Qu'il arrive un plus vif rayon de jour, qu'il passe un nuage sombre, que vous incliniez cette surface, que vous la redressiez : sa couleur ou sa teinte n'ont pas changé; elle change d'aspect cependant : ce changement est un changement de ton.

Telle est néanmoins la connexité des effets produits par le clair-obscur et le coloris, que, difficilement, on coloriera un dessin ombré, sans en modifier quelque peu le ton, par la raison que les substances matériellement employées à cet effet ont elles-mêmes d'avance chacune un ton qui lui est propre; et ce ton se modifie suivant le plus ou moins d'épaisseur ou de légèreté de la couche colorante. Le rouge et le vert sont plus ou moins foncés de ton, indépendamment des modifications que peuvent produire, par exemple, sur le premier, l'addition d'un peu de bleu, qui le ferait tourner au violet, sur le second un surcroît de jaune, qui en éclaircirait la teinte.

Nous nous servons à dessein de ce terme d'*éclaircir*, par rapport à la teinte, pour montrer qu'il y a effectivement deux sortes d'éclaircissements : l'éclaircissement du ton, qui va du noir au blanc, et se produit par l'accroissement du jour, ou sa réflexion plus facile ; et l'éclaircissement de la teinte, qui va du violet, extrémité évanouissante de la gamme chromatique, au jaune qui en est le centre ou le sommet.

Le vert s'éclaircira et s'obscurcira de teinte par une addition de jaune ou de bleu, de même que le rouge s'obscurcirait par une addition de bleu, que le violet s'éclaircirait par un excédant de l'une ou de l'autre de ces couleurs. Le jaune primitif ne peut plus s'éclaircir que de ton, en passant au blanc ; le violet, formé par l'équilibre parfait du bleu et du rouge, ne peut plus s'obscurcir également que de ton, en passant au noir.

La clarté ou l'obscurité de la teinte est du ressort du clair-obscur, car elle contribue à son effet général, et doit être calculée en conséquence. Pour la rendre dans une estampe, un lavis ou toute autre peinture achromatique à laquelle on donne précisément, en usant d'une synecdoque, le nom de clair-obscur, on ne saurait recourir à d'autres moyens qu'aux degrés du ton lui-même. C'est une traduction dans une autre langue où, le mot propre manquant, on lui substitue le terme de la signification la plus voisine. La distinction du ton à la teinte reparaît aussitôt que l'on revient au coloris.

En ce moment où nous étudions spécialement le clair-obscur, nous n'aurions pas encore à nous occuper de la teinte, si le clair-obscur n'avait pour objet que les clairs et les ombres déterminés par l'action accidentelle de la lumière et la position des choses éclairées. C'est là, en effet, ce que se propose principalement cette partie de l'art : mais elle doit s'étendre à tout ce qui paraît plus ou moins clair, plus ou moins assombri, à un titre quelconque. Dans tous les cas, ces effets tiennent aux conditions de vérité, d'agrément visuel et de convenance morale, auxquelles le clair-obscur doit viser pour sa part dans l'imitation de la nature, combinée selon l'économie des seuls moyens dont il puisse disposer pour la représenter.

S'il en résulte que le clair-obscur paraît mal contenu dans les limites qui lui seraient exclusivement propres, d'un autre côté les effets d'un jour plus ou moins vif, plus ou moins direct, se produisent simultanément sur les objets environnants, et ils sont susceptibles de déterminer de leur part des rejaillissements et des reflets eux-mêmes colorés, de nature à modifier la teinte, en même temps que le ton de la lumière, sur la surface donnée.

Il arrive assez fréquemment que l'on considère comme de grands coloristes, des peintres dont le mérite tient principalement à l'entente du clair-obscur et à la distribution de la lumière. Le clair-obscur et le coloris n'atteignent l'un et l'autre toute leur puissance que par un accord réciproque.

Il n'est pas moins nécessaire de les séparer abstractivement pour les besoins de l'étude, et ce n'est qu'après nous être occupé du premier, que nous reviendrons au second.

Nous allons donc essayer de voir comment le clair-obscur du peintre peut lutter de vérité et de charme avec la nature ; comment il lui appartient de rendre le relief des formes, de faire sentir les espaces, et de déterminer les distances ; comment il doit produire une sensation attrayante, par une distribution harmonieuse de la lumière, et enfin se prêter à cette beauté significative des choses, que nous ne cessons de considérer comme le but principal de l'art.

II.

DISTRIBUTION DE LA LUMIÈRE.

Il n'est aucune autre partie de l'art, dont l'étude fasse aussi bien sentir que celle du clair-obscur, combien il serait prétentieux et illusoire de serrer de trop près la nature, en voulant l'imiter. Avant la découverte toujours admirable de Daguerre, il eût semblé, en voyant les ombres se poser et agir sous la lentille d'une chambre obscure, qu'on obtiendrait un tableau parfait, si l'on pouvait les fixer : la photographie aujourd'hui les fixe et ne fait que des tableaux médiocres. Il arrive même que les meilleurs de ses produits ne sont pas ceux que l'on prend directement sur la nature : elle réussit bien mieux lorsqu'elle se contente de reproduire une œuvre où l'art, c'est-à-dire la pensée de l'homme et l'intelligence de la nature, a déjà apposé son cachet. La raison en est simple : c'est que, dans un calque de la nature, par quelques procédés et avec quelque exactitude qu'il soit obtenu, les rapports sont changés, par cela seul qu'ils sont fixés, et fixés sur une simple surface. Nous disons de certains tableaux que l'air y circule, que la lumière s'y joue entre les objets, qu'elle y jaillit de l'un à l'autre : c'est ce qui se passe dans la nature ; mais ces expressions, appliquées aux œuvres de l'art, ne sont plus que d'indulgentes métaphores.

Les couleurs, les lignes de l'artiste, en réalité, reçoivent toutes le même jour ; l'air ne circule pas dans son œuvre, il n'y a point de rejaillissements entre les parties qui la composent. Ce n'est plus la lumière, la vraie lumière, qui forme les clairs et qui, tout en s'obscurcissant, pénètre encore les ombres : c'est du blanc, du noir et du gris. Et si, avec des ressources d'un ordre aussi inférieur, on peut cependant soutenir la comparaison, faire mieux encore, et, non content de marcher d'égal à égal avec la nature, aller jusqu'à la surpasser, c'est que la peinture n'est pas un art d'illusion. Même à la prendre par son moindre côté, c'est-à-dire comme une aimable interprète des choses visibles; quand on ne songerait pas à lui faire exprimer les choses qui se disent et ne se voient pas, il lui appartient de donner l'idée des choses plutôt que de les montrer. Et cette idée, elle la donne par des rapports proportionnels, où tous les effets sont atténués, pour demeurer équilibrés et vraisemblables. Ce n'est pas rabaisser l'art que de lui interdire certains effets de la nature, certains effets lumineux spécialement, qui, par leur vigueur et leur éclat, outre-passeraient trop tous les procédés d'imitation. Comme pensée, l'art peut tout aborder; il peut donner l'idée de la lumière directe du soleil; il peut représenter le soleil lui-même; il peut aller plus loin, en élevant l'âme jusqu'à la conception d'une lumière plus brillante que l'astre du jour : cette lumière que laisse épancher le corps glorifié du Fils de Dieu, et qui, transmise, à titre de participation intime, à tous les corps glorieux, produit ces splendeurs des Saints dont le souverain Juge aimera à s'entourer comme d'autant d'astres distincts, au jour de son triomphe éternel.

Bien en deçà de ces hautes sphères, pour représenter seulement l'éclat ordinaire du jour, le peintre s'apercevra qu'il ne peut élever ce peu de matière amassée sur son pinceau, au diapason du clair qu'il voit, en réalité, briller sous ses yeux. Pour obtenir un effet d'une même vivacité continue, il aurait besoin d'une lumière dont l'éclat demeurât toujours identique. Il lui faut calculer le jour moyen auquel son tableau sera exposé, et faire en sorte qu'il n'ait pas trop à perdre, soit par un midi trop vif, soit aux lueurs baissantes du crépuscule. Le jour change, le tableau ne change pas, et l'impression qu'il est appelé à produire ne doit pas changer. On peut, par des oppositions vives et tranchées du clair à l'obscur, accroître dans un sens et dans l'autre leurs effets permanents; mais ces sortes d'oppositions, si elles étaient trop crues, ramèneraient facilement l'esprit à la pensée du noir et du blanc qui les produisent; elles s'éloigneraient beaucoup, par conséquent, de la sensation que fait éprouver l'éclat de la lumière opposé au vif tranchant de l'ombre, sur un objet réel. Ces variétés d'apparence ne nuisent pas ordinairement, dans la nature, à la perception de l'objet et de son identité soutenue; elles n'empêchent pas qu'on le juge tel qu'il est de teinte et de ton, dans l'ensemble de ses parties, et non pas tel qu'il paraît dans quelques-unes. Elles ne font pas supposer qu'il soit ou jaspé, ou tranché, ou troué, comme il arriverait dans un tableau, par des tentatives maladroites pour donner aux clairs plus de jour, plus de saillie, en fonçant les ombres; pour fortifier, par le contraste, une couche insuffisante de brun, et lui donner de la suite, de la profondeur, en jetant près d'elle des clairs plus vigoureux que nature.

En général, les clairs, les ombres, les demi-teintes ou plutôt les demi-tons, dans les produits de l'art, doivent être graduellement et harmonieusement diminués d'intensité. Cela ne veut pas dire que l'art doive s'interdire les coups de vigueur ; mais il est tenu de les mettre en rapport avec le milieu où ils se produisent. Il lui appartient parfaitement de fortifier l'effet d'un ton par le contraste d'un ton opposé, pourvu qu'il le fasse avec modération. Voici un site : tour à tour il est éclairé d'un rayon de soleil, puis un nuage passe et le jette dans l'ombre. Il est certain que l'effet le plus sensible de l'éclat lumineux se traduit par l'opposition des clairs et des ombres, dans la première circonstance ; et, bien que les parties les moins éclairées alors le soient plus, en réalité, qu'elles ne vont le devenir dans la seconde, le peintre aura besoin d'en abaisser le ton, plus que ne le demanderait l'effet d'un jour à la fois terne et plus uniforme.

Dans tous les cas, l'un de ses premiers soins sera de déterminer la manière d'éclairer son tableau. L'inondera-t-il de la lumière d'un soleil éclatant? Adoucira-t-il cette lumière en la voilant ? Devra-t-il recourir à la seule réverbération du jour dans une enceinte fermée ? Se proposera-t-il un effet du soir ou de la nuit? La scène se passera-t-elle à la simple lueur de la lampe? Les illuminations de l'autel, les flammes d'un incendie, le feu paisible du foyer, peuvent fournir autant de centres lumineux, aux effets très-différents. Le choix dépendra du sujet et de ses circonstances, mais aussi du caractère que l'on entend donner à son œuvre. Prétend-on à une grande approximation d'imitation naturelle : on évitera les jours trop vifs, se souvenant que les effets d'une lumière tempérée sont plus favorables à l'imitation des formes, au relief du modelé. Nous avons dit que l'art peut tout aborder, et nous le maintenons, mais dans ce sens qu'il en peut donner l'idée, et non pas dans cet autre sens qu'il puisse tout imiter sans discernement. Quand l'idée doit l'emporter sur la sensation, il faut que le spectateur en soit averti par un mode soutenu, qui doit se retrouver dans toutes les parties de l'œuvre. A cette condition, il n'est personne qui ne se prête, avec grande facilité, à tout ce qu'on demande de lui.

Il n'est pas non plus indifférent de faire venir sa lumière d'en haut, d'en bas, de côté, de face ou de derrière. En général, la lumière venant d'en haut, non pas perpendiculairement, mais avec une suffisante obliquité, est la plus avantageuse aux effets sages et modérés. Le jour de côté peut tenter par ses effets de papillotage ; il est mieux de résister à ce genre de séduction. Le jour de face soulève des difficultés qu'il serait inutile et imprudent d'affronter, si ce choix n'était commandé par les convenances du sujet.

Le genre de lumière étant fixé, quant à son intensité, à son point de départ, à sa direction, il faut se rendre compte des effets lumineux et des obscurcissements relatifs qui doivent en résulter. En principe, la lumière s'affaiblit d'autant plus qu'elle s'éloigne de son foyer ; mais, s'il s'agit du soleil, cette observation demeure sans application, tant les différences sont minimes, comparées à l'éloignement où il est de nous. L'éloignement au contraire de notre œil ne fait pas que les objets soient moins éclairés, mais seulement qu'ils nous renvoient moins de lumière. En résulte-t-il, comme il le semblerait tout d'abord, qu'il faille les peindre proportionnellement d'autant plus clairs qu'ils sont plus rapprochés ? Cela n'est vrai que dans le cas où ils sont eux-mêmes plus clairs que le ton général de l'air remplissant l'espace qui nous en sépare : car s'ils sont au contraire plus obscurs, ils le paraissent moins en s'éloignant. C'est-à-dire que le ton de l'air constitue une moyenne, dont tous les clairs et les ombres tendent à se rapprocher d'autant plus qu'ils y sont plongés davantage ; et dans un plus grand éloignement, ils finissent par se confondre en un même ton. Ce n'est donc pas précisément par le plus ou le moins de clarté de ton que l'on peut faire sentir le plus ou le moins de distance : c'est par la distinction, l'affaiblissement ou la confusion des détails.

S'il s'agit d'une faible différence de distance, si l'on se propose de faire sentir le creux et la saillie, le ton de l'air n'est plus à placer en ligne de compte. Il ne faut pas croire cependant que la partie la plus en avant doive toujours alors paraître plus claire, et qu'il faille toujours, pour la représenter, recourir à un éclaircissement de ton. La surface la plus enfoncée peut demeurer proportionnellement la plus claire, si elle est d'ailleurs en de meilleures conditions pour réfléchir les rayons lumineux, si elle est plus polie, mieux inclinée.

L'inclinaison des surfaces, soit par rapport à la source de la lumière, soit par rapport à l'œil qui en est le but, aura aussi pour effet de faire subir à leur ton une altération apparente, et cela indépendamment des ombres qui en résultent, là où les rayons lumineux n'arrivent pas directement, par suite de quelque interposition. Vue obliquement, une surface claire paraît obscurcie, une surface brune paraît éclaircie, et les surfaces d'un ton moyen ne changent pas : c'est-à-dire que l'obliquité, par un effet semblable à celui de l'éloignement, tend à rapprocher tous les tons de celui de la moyenne où ils se confondraient.

Or, cette loi de la nature avertit le peintre de la marche qu'il doit suivre dans la répartition des tons réunis sur sa palette. Tous ces tons doivent rester relativement moyens, par comparaison avec les effets beaucoup plus montés ou abaissés qui se proposent à son imitation. Après s'être rendu compte du maximum de clair et du maximum de brun dont il peut en réalité et convenablement disposer, comme termes extrêmes, il établira ses tons intermédiaires dans un rapport correspondant avec ceux qu'ils auraient dans la nature. Puis il les diminuera moitié par moitié, quart par quart, de manière à obtenir un affaiblissement graduel de tous les tons, dans le sens de la moyenne, qui puisse répondre, en quelque manière, à l'effet réel produit, soit par l'éloignement, soit par l'obliquité. On comprendra d'ailleurs que ces mesures ne demandent qu'une exactitude approximative, appréciée par le coup d'œil plutôt qu'obtenue par le calcul, bien que le calcul ait été nécessaire pour régler le coup d'œil.

III.

EFFETS DU CLAIR-OBSCUR.

C'est au clair-obscur que sont dus entièrement, dans la peinture, le relief et le modelé. Sans la répartition des clairs et des ombres, sans l'adoucissement et l'exhaussement des tons, qui résultent de l'éloignement et de l'obliquité et qui constituent la perspective aérienne, les traits du dessin resteraient à l'état de silhouettes, et le coloris ne serait qu'une enluminure; les raccourcis et les projections de la perspective linéaire demeureraient inintelligibles. Si, avec un simple linéament tracé au crayon ou à la plume, on peut donner l'idée d'un membre saillant et d'un contour qui tourne et qui fuit, c'est par la vigueur et la ténuité alternative du trait, c'est-à-dire par un commencement de clair-obscur.

Telle est toutefois l'efficacité de cette simple indication, que souvent elle suffit pour résumer l'impression de tout un tableau : l'idée réveille chez le spectateur le souvenir de la sensation correspondante, et, bien averti, il voit ce qu'on lui dit en quelque sorte de voir, bien qu'on ne le lui montre vraiment pas. On peut donc obtenir le résultat d'une grande vérité d'imitation, sans imiter la nature avec une grande rigueur : l'essentiel, c'est de se tenir toujours dans la voie de la bonne imitation.

Sous l'influence des tendances modernes de l'art, portant à exagérer la valeur de l'imitation naturelle, et afin d'obtenir un succès d'illusion, beaucoup d'artistes ont forcé le clair-obscur pour obtenir plus de relief. Par ce moyen, on réussit, il est vrai, à faire des figures qui se détachent mieux de la toile, et au milieu desquelles on croirait réellement pouvoir circuler; mais la question est de savoir si on n'achète pas souvent ce mérite au prix d'autres qualités non moins importantes, quelquefois même aussi capables d'influer sur l'illusion que l'on s'est proposée pour but. Il se rencontre de ces jours où une lumière modérée, pénétrant sans s'éteindre dans un milieu généralement sombre, produit à la fois des oppositions très-senties et des effets très-fondus. Ces effets peuvent avoir du charme, et ils sont plus accessibles que beaucoup d'autres aux procédés de l'art. Que le peintre en fasse donc son profit, mais qu'il le fasse à propos. S'il lui arrive au contraire d'adapter à toute circonstance une gamme de tons ténébreux, les eût-il pris dans un coin de la nature, n'eût-il rien exagéré de ce qu'il a pu observer en elle, il n'est plus dans le vrai relativement à la généralité des cas. Ce qui demeure comme impression définitive de tout ce que l'on voit sous le soleil, c'est une vive distinction des objets, une franche individualité des contours, la netteté et la fraîcheur des teintes: ne les compromettez pas au bénéfice d'un seul des éléments de l'imitation.

Il serait possible que, dans les œuvres de Raphaël, à l'époque où il suivait les errements du Pérugin que l'on accuse d'avoir été trop crû de ton et trop tranchant de contours, on aperçût trop facilement le plat du mur ou du panneau, si l'idée n'y était aussi fortement mise en saillie. Evidemment, lorsque, dans la suite, le grand artiste changea sa manière, l'un de ses plus sensibles efforts eut pour but de rehausser, par la puissance du ton, le relief de ses figures. Qu'il y ait réussi, il serait inutile de le contester; mais, somme toute, est-il plus dans le vrai? Ne serait-on pas fondé à croire au contraire, en comparant ses dernières teintes avec la limpidité de ses teintes primitives, qu'il ne les avait point brunies autant qu'elles le paraissent aujourd'hui? On l'excuserait donc d'avoir outre-passé la nature, en disant que les procédés nouveaux imaginés pour se relever de ton avaient été ménagés avec plus de sobriété que ne le donnerait à supposer l'état actuel de ses peintures : le temps ayant, au delà de toute prévision, fait pousser au noir et au rouge beaucoup de teintes, celles des clairs principalement, auxquelles il avait voulu seulement donner plus de relief.

Où donc faut-il tendre? A une mesure telle que tous les effets de l'art étant poursuivis parallèlement, aucun ne soit monté en vue d'une perfection qui lui serait propre, et qui cesserait d'être favorable à tous les autres.

Il existe, pour le plaisir des yeux, des beautés qui sont spécialement propres au clair-obscur. Il y a une singulière poésie dans les mille jeux de la lumière, soit qu'elle scintille avec l'éclat du grand jour, soit qu'elle se glisse doucement et comme voluptueusement dans l'ombre. Pas d'objet si vulgaire, pas de tissu si grossier, pas de site si monotone, qui, observé et rendu au point de vue des effets toujours variés de la lumière qui l'inonde ou le caresse, ne soit susceptible de charmer. Rendre ces effets, leurs modulations, leurs rejaillissements, ou seulement les faire sentir en les rappelant, n'est jamais au-dessous de l'artiste chrétien, qui, au travers de ces manifestations sensibles, se propose le but supérieur d'exprimer de grandes vérités et d'exciter de nobles sentiments.

Il y a une entente de la lumière indispensable à toute bonne peinture, qui se confond dans l'ensemble des mérites qui la font telle, au point de ne provoquer aucune observation spéciale. Il y a aussi des maîtres qui doivent à des effets particuliers de clair-obscur, le rang qu'ils occupent dans l'estime des amateurs. Tels ont recherché avec succès des jeux accidentels de lumière ; tels ont si bien ménagé les transitions entre les contours, les tons, les teintes, que tout dans leurs tableaux semble avoir la douceur du velours. Une qualité plus généralement ambitionnée et dont même la poursuite directe est devenue de précepte dans tous les traités modernes de la peinture, c'est la pondération et l'équilibre des masses claires et des masses obscures.

Il est d'abord passé en principe que les clairs et les bruns doivent se répandre par masses, et non pas se disséminer en parcelles multipliées. Il faut comprendre dans les clairs et dans les bruns, tout ce qui demande à être représenté tel, soit que l'éclaircissement ou l'assombrissement dépende du plus ou moins de lumière reçue et reflétée, soit qu'ils tiennent au ton naturel des objets. Une masse comprend tous les objets ou parties d'objets qui, rapprochés de site et rapprochés de ton, paraissent former un ensemble lumineux ou obscur, relativement à un ensemble contraire. Ce contraste se produit nonobstant les clairs et les ombres partiels, nécessaires, dans chaque groupe, aux nuances et à la distinction des objets ; nonobstant les demi-teintes qui préservent d'une transition trop brusque entre les masses claires et les masses sombres.

Dans un tableau bien ordonné à ce point de vue, il doit y avoir une masse claire, ou obscure, ou intermédiaire de ton, qui soit dominante. A cette masse dominante, doivent plus ou moins se subordonner d'autres masses secondaires et analogues, de manière à rapporter l'effet général à ce ton dominant : c'est ce qui constitue l'unité du clair-obscur. Elle n'exclut pas, elle suppose au contraire d'autres masses opposées ou distinctes, de telle sorte que, si les masses claires prédominent, elles soient cependant entrecoupées de masses brunes, entre lesquelles on en distinguera une principale. Une masse brune très-rapprochée d'une masse claire, sans intermédiaire ou avec peu d'intermédiaire, produit un effet de vigueur ; l'interposition des masses intermédiaires donne de la suavité au ton. Généralement, la masse dominante doit peu s'éloigner du centre ; si cette masse est claire, il y a une raison de plus à l'observation de cette règle : c'est qu'il est fort à propos de jeter la lumière la plus vive sur le groupe ou le personnage, ou seulement l'objet qui joue le rôle principal dans la composition, et se trouve lui-même, à ce titre, appelé vers ce point culminant. De cet arrangement il peut résulter, si l'on veut ménager de l'espace pour les demi-teintes, quelque embarras pour disposer convenablement la masse brune; mais ce sont des difficultés dont on triomphe d'autant mieux, que, dans ces règles, il n'y a rien d'absolu. L'homme de goût, une fois averti, en sentira par lui-même la justesse, et il saura s'en servir, tout en évitant de se river des chaînes.

Ne serait-on pas tenté, au contraire, de se demander pourquoi on se crée des entraves que la nature ne semble pas commander? Observez-la, dans les villes, dans les champs, dans l'intérieur de nos demeures ou de nos lieux de réunions publiques : la lumière, les ombres, les clairs, les bruns, s'y trouvent distribués de toutes les manières imaginables. Pourquoi donc s'astreindre à des distributions artificielles, par rapport à une partie de l'art que jusqu'ici nous voyons uniquement consacrée à rendre des effets naturels? C'est qu'un tableau est un choix, et il est une œuvre artificielle, double face comprise, en effet, dans le terme même d'*art*, qui s'entend à la fois de la recherche d'une beauté peu commune, prise dans la nature, et de moyens pour l'exprimer, dus à la seule invention de l'homme. Tout sera trouvé beau dans la nature, pourvu qu'on sache envisager chaque chose d'un point de vue qui lui soit favorable : les effets d'ombre et de lumière, particulièrement, sous quelque forme et en quelques circonstances que se présentent les objets, se pénètrent et se fondent toujours avec une harmonie et une beauté qui leur est propre. Leur imitation, quand elle est heureuse, y ajoute un mérite et en quelque sorte une beauté de plus, car elle en suppose l'intelligence, puis elle la développe. Tout est beau dans la nature; mais tout ne l'est pas également, tout surtout ne l'est pas d'une manière également accessible aux procédés de l'art, et qui réponde aussi bien aux points de vue commandés par le sujet. Autant de motifs pour nécessiter un choix. Et quant à l'artifice du moyen, le mérite n'est pas de l'éviter, puisque cet artifice est dans l'essence de la chose, mais de faire qu'on ne l'aperçoive pas, ou qu'on l'oublie pour ne songer qu'au but où l'artiste doit vous conduire.

Puisque tout l'effet des clairs et des bruns, dans un tableau, dépend beaucoup moins de leur intensité matérielle que de leurs rapports proportionnels, il est fort concevable qu'un mode de distribution soit plus favorable à l'imitation naturelle et à l'harmonie des tons, que ne le serait aucun autre. Or, l'observation nous a appris que la distribution par masses, avec prépondérance de l'une d'elles, réunit ces conditions. Autant donc serait à blâmer l'artiste qui lui sacrifierait des choses plus essentielles, autant doit être encouragé celui qui fait servir les meilleures combinaisons du clair-obscur au charme de ses œuvres.

IV.

SIGNIFICATION DU CLAIR-OBSCUR.

Avoir été trouvé vrai, avoir plu aux yeux, avoir charmé, séduit, ravi les sens, n'est pas avoir suffisamment réussi, si l'on n'a été jusqu'à l'âme, jusqu'au cœur, au profit de quelque bonne vérité, de quelque sentiment honnête. Nous n'aurions rempli que la bien moindre partie de notre tâche, si, ayant parlé de la distribution de la lumière et des ombres, nous ne disions rien de ce qu'elles peuvent signifier.

La lumière, c'est le bien ; les ténèbres, c'est le mal. Cependant le bien ici-bas demeure dans l'ombre : on l'ignore, on le méconnaît, on l'oublie, et lui-même il se cache volontiers. Par contre, l'ostentation, qui recherche le grand jour, n'en est pas moins une des formes du mal, et il n'est pas rare que la fausse science, la fausse vertu, la fausse grandeur réussissent à s'entourer d'un éclat extérieur. Mais ces accidents ne changent rien à la vérité des rapports que l'Esprit-Saint a consacrés dans son divin langage. Le mal ne brille que sous couleur de bien ; l'obscurité du bien tient à ce qu'il est considéré et se considère lui-même, dans l'homme vertueux, comme n'étant pas. Son jour doit venir : alors, non-seulement il sera mis en lumière, mais il brillera de son propre éclat. Dès à présent, il est vraiment lumière, et la lumière luit dans les ténèbres, mais les ténèbres ne la comprennent pas. Toutes ces pensées, ces figures peuvent s'exprimer et se traduire dans la langue de l'art.

Tout tableau devant avoir un but, un objet moral, qui soit l'essence de son sujet, il faudrait toujours qu'il représentât une bonne action, ou qu'il mît sous les yeux un personnage digne d'être rappelé. Dans l'art chrétien, ordinairement, la pensée, l'action, le personnage s'élèvent dans le bien jusqu'à la sainteté ; ou si, exceptionnellement, le sujet principal du tableau est une mauvaise action, on ne la représente que pour en exciter l'horreur ou l'éloignement, pour en exprimer la réprobation, en appeler la réparation ou le châtiment : la pensée est ainsi ramenée au bien.

Dans un tableau où l'idée du bien se présente, il est toujours à propos qu'il paraisse de la lumière : elle sera vive, abondante, prépondérante, si le bien se manifeste hautement, largement, incontestablement; elle ne sera quelquefois qu'une lueur, comme celle de l'aurore, annonçant le jour, mais ne l'étant pas encore, si le bien se fait si humblement qu'il soit censé inaperçu, comme un *à part* du théâtre, entendu des galeries et réputé ne pas l'être sur la scène.

Quand le tableau met le bien en évidence dans l'action principale, il n'y a aucune difficulté. La distribution significative de la lumière n'a qu'à suivre les seules lois de son agencement pittoresque, applicables au cas des clairs dominants. Il va de soi-même que tous les objets, les personnages ou réunions de personnages, représentant des puissances contraires, seront rejetés dans les masses obscures. Veut-on marquer qu'il est en eux un faux reste de vertu, un dehors capable de faire illusion? on peut les mettre dans une demi-lumière, tout en faisant en sorte que cette lumière paraisse plutôt blafarde, que d'un ton franc et arrêté. La nature offre elle-même quelquefois des modèles de ces effets, au moyen d'un nuage qui passe ou de certains reflets. On les obtiendrait plus facilement encore, si, au lieu d'être éclairée par la lumière directe ou indirecte du soleil, la

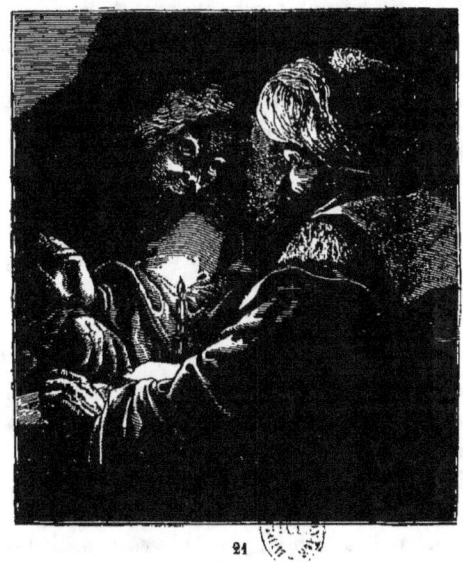

Entretien de Notre-Seigneur avec Nicodème, d'après F. Chiliang.

scène, se passant de nuit, était soumise à l'effet simultané de diverses lumières artificielles, les unes fermes dans leur intensité, les autres vacillantes et voilées.

Les effets de nuit ont été recherchés, dans certaines écoles particulièrement, pour ce qu'ils ont de mystérieux. Jésus naît à Bethléem : le monde ignore que cet enfant est son Sauveur et qu'il est Dieu. Il va bien au mystère de cette naissance d'avoir lieu au milieu de la nuit, et c'est une heureuse pensée que celle du Corrége, dans sa *Nuit*, d'avoir éclairé l'étable par le seul rayonnement lumineux qui émane du divin Enfant. Ce n'est pas non plus sans bonheur que Fabrice Chiliang, peintre saxon du XVIIe siècle, a saisi la circonstance de la première visite que Nicodème fit à Notre-Seigneur, en se couvrant des ombres de la nuit. La lumière d'un flambeau, qui se projette sur la figure du Christ, avec quelque rejaillissement sur celle de Nicodème, sans dissiper d'ailleurs l'obscurité, exprime, aussi bien que le comportait le genre spécial du peintre allemand, le mystère de cette mission dont la connaissance déposée alors comme un germe dans l'âme du docteur, pour l'inviter à renaître, ne brillera que bien plus tard à ses yeux dans tout son éclat.

Si le Fils de Dieu voulut paraître obscur, dans la plus grande partie de sa vie, il consentit à subir sur la croix un bien autre obscurcissement. Alors il ne fut pas seulement confondu avec le commun des hommes, il fut traité comme un criminel et le dernier des hommes. Alors aussi, toute la nature, en deuil de son auteur, se voile de ténèbres; et l'on est autorisé, à la fois par la signification de cette obscurité et par l'histoire sacrée, à peindre sous le jour le plus sombre la scène déicide du Calvaire. Cependant, au milieu de ce spectacle désolant, la Victime doit demeurer lumineuse, ou d'un rayon du ciel, ou de son rayonnement propre, au choix du peintre; et quelques rejaillissements de cette lumière, qui peut être pâle, mais qui sera toujours pure et sentie, iront se reposer sur le groupe de Marie et des Saintes Femmes.

Le grand coup est porté : la lumière peut graduellement s'étendre, le centurion est éclairé, Longin et bien d'autres le sont également, et les ennemis obstinés sont rejetés dans une ombre plus éloignée. Sans s'écarter des données historiques, toute la sainte montagne peut s'éclairer d'une clarté dominante, quoique modérée. Veut-on aller plus loin, et, s'affranchissant de toutes les conditions de temps, montrer dans le Christ sur la croix la lumière qui éclaire toutes les nations, et le soleil de justice? alors, aucun jour ne saurait être trop vif, dans ces compositions où les astres du jour et de la nuit ne sont appelés que pour faire cortége à leur Seigneur et Maître.

Toutes ces situations, très-diverses relativement à la distribution du clair-obscur, ont cela de commun, que le Christ s'y montre toujours le plus lumineux, soit qu'il luise dans l'ombre, soit qu'il domine l'éclat du midi. A son exemple, les Saints, et plus généralement tous ceux qui sont représentés sous couleur de vertu, ont droit à une distinction analogue. Les circonstances demandent-elles qu'ils soient écartés de la partie la plus éclairée du tableau: il est facile de projeter sur eux assez de lumière pour les faire ressortir avec avantage, au moins de la masse obscure ou demi-obscure où ils se trouveraient plongés. Au contraire, met-on le mal en évidence : on peut faire en sorte que ce qui se caractérise le mieux comme lui appartenant, la tête ou le visage d'un coupable, par exemple, soit assombri par rapport à la masse claire où se passe l'action.

Au moyen de ces combinaisons, on trouve toujours moyen d'attacher au bien et au mal quelque peu des idées de lumière et d'ombre qui leur conviennent. On peut diriger l'attention vers un point du ciel ou de la terre, où se trouvent indiquées l'espérance ou la menace nécessaires pour faire tourner à la pensée du bien une œuvre qui, sans ce correctif, tomberait dans le pire des réalismes, ne donnant que l'image de la faute sans retour ou de la souffrance sans compensation. Après avoir abandonné, comme trop archaïques, les procédés abondants en pensées usités au moyen âge, l'on s'est servi assez volontiers pour y suppléer, dans les écoles modernes, de cette autre sorte de procédés iconographiques empruntés à des effets naturels de lumière, particulièrement pour marquer l'intervention divine, pour indiquer l'auréole de gloire qui appartient aux Saints. Il est assez ordinaire aussi d'éclaircir ou d'embrunir la carnation de ses personnages, suivant que leur rôle se dessine en bien ou en mal. Il y a en effet, dans le bien, une sève virginale propre à conserver la fraîcheur du sang; mais il faut prendre garde qu'une délicatesse trop efféminée n'ôte à certains caractères ce qu'ils doivent avoir de viril et souvent d'austère, pour affronter les difficultés de la vie. Les effets de lumière, avec ce quelque chose d'immatériel qu'on leur accorde, auront toujours plus d'élévation que des moyens si voisins des régions où se rencontrent les plus grandes faiblesses de la matière et des sens. D'ailleurs, il n'est rien, de part et d'autre, qui, employé convenablement, ne puisse s'accorder et marcher de concert au but commun. La couleur des vêtements et de tout ce qui concourt à produire le clair ou l'obscur, doit aussi entrer en ligne de compte, quant à leur distribution au point de vue de ce qu'ils peuvent signifier, comme par rapport à leur agencement et à leur valeur d'imitation. Cette partie de l'art avait été, plus qu'aucune autre, envisagée presque uniquement à ces points de vue plus matériels : c'est une raison pour nous de la faire remonter au niveau des autres, dans des études qui ont pour but de les porter toutes vers leurs sommets moraux.

V.

COMMENT LE CLAIR-OBSCUR DEVIENT SIGNIFICATIF.

Dans l'ordre seul des impressions sensibles, le clair-obscur est susceptible de prendre une signification d'élévation ou de simplicité, d'énergie ou de grâce, de gaité ou de mélancolie ; et l'artiste n'emploiera pas indifféremment les diverses combinaisons qui peuvent produire des impressions si variées. Sous un ciel pur, la lumière du milieu du jour est pleine de magnificence ; les grâces, la gaîté sont les dons du matin, selon que le jour est voilé de légères vapeurs ou qu'il pétille d'un naissant éclat. Le soir devient gracieux à son tour, quand il amène les tons à se fondre en s'affaiblissant ; s'ils viennent à s'affaiblir un peu plus, si la distinction des formes, des contours et des teintes tend à s'effacer, si elle s'efface plus vite sous le voile d'un nuage, l'esprit se sentira porté vers une douce mélancolie, et les accents de l'élégie retentiraient facilement dans l'âme. Un ciel nébuleux porte décidément à la tristesse. Est-il entremêlé de nuages sombres et de vives déchirures, par où pénètre la splendeur du soleil ? il en naîtra ou un vague sentiment de terreur ou une disposition indéterminée au courage, suivant que l'âme est plus ou moins trempée pour affronter un orage.

Imitant l'Auteur de la lumière, nous allumons nos lampes et nos flambeaux, et leur jour produit des sensations analogues. L'illumination de l'autel est favorable aux saintes ivresses ; et celle des fêtes profanes contribue, de son côté, à l'enivrement des sens. Le recueillement s'entretient à la lueur de la lampe ; et la joie circule rapidement autour du foyer, si dans l'âtre la flamme est brillante.

Dans un tableau, la distribution des clairs et des ombres ne dépend pas seulement de l'heure du jour, de la nature et de la direction de la lumière : on fait des bruns et des clairs, on détermine leurs formes, leur étendue, par le choix seul et la disposition des objets. C'est par l'emploi simultané de tous les moyens dont il dispose, que l'art donnera à chacune de ses œuvres le caractère et le mode qui lui convient. Si le sujet demande de l'énergie, il l'obtiendra par la rapidité et la vigueur des contrastes : les portant, au besoin, jusqu'à la rudesse du choc, il fera que les masses claires et les masses brunes non-seulement se heurtent, mais qu'elles se pénètrent brusquement et comme par déchirures. Nous supposons ici qu'il s'agit d'inspirer de l'effroi, ou de remuer d'une manière violente :

circonstance exceptionnelle, tandis qu'une grandeur soutenue doit être habituelle dans l'art chrétien. Elle demandera moins de bruit, et il faudra, pour l'obtenir, retourner à l'emploi des grandes masses très-prononcées, mais fondues par de larges demi-tons et se pénétrant par des lignes largement ondulées.

Un plus grand adoucissement des contrastes peut aller jusqu'à la mollesse, ou s'arrêter à une certaine langueur trop susceptible de plaire aux sens pour s'accorder avec aucun sentiment solidement chrétien. Il vaut mieux, dans le genre doux, s'arrêter à des tons plus fermes. Le Beato Angelico, qui, dans l'expression des sentiments, est allé au dernier terme de la suavité, s'est fait apprécier pour la fermeté douce de son clair-obscur. Sa lumière est touchée, on peut le dire, avec une propreté exquise, et c'est ce qui la fait trouver si gaie, si pure, si riante, qu'un critique, fort étranger d'ailleurs à notre manière de voir, s'est écrié en parlant du pieux artiste, à propos de cette partie même de la peinture : « Quand il essaie de « peindre le séjour céleste, rien n'est lumineux, n'est joyeux comme le « ton de ses images [1]. » Le même auteur reproche au contraire au Guerchin d'avoir représenté les anges, lorsqu'ils apparaissent sur les nuées du ciel, comme s'ils étaient éclairés de la lumière d'un cachot.

Dans la circonstance où le peintre angélique est cité, il s'agit de joie, c'est-à-dire de celui de tous les sentiments qui s'accommode le mieux de tons vifs et dégagés; et ce qui s'y mêle de douceur, sert à faire paraître cette joie plus intime encore qu'elle n'est expansive. Des exemples puisés à la même source témoigneraient qu'il est possible également de voiler ses tons, pour les mettre en rapport avec des âmes inclinées vers le recueillement ou la douleur, sans leur laisser rien de mou, d'énervé ou d'indécis.

En un mot, le clair-obscur étant envisagé par rapport au sens moral dont il est susceptible, il sera permis de lui appliquer, comme on l'appliquerait à toutes les parties de l'art, ce que l'on dit de la vertu : qu'il se tienne éloigné de tous les extrêmes, non par voie absolue d'exclusion, mais en les accordant tous, dans ce qu'ils ont de bon, et de manière à ne point entraver la spontanéité des visées originales, ni fixer de bornes dans les voies de la perfection.

---

1. Montabert, *Traité de la Peinture*, T. VI, p. 193.

ETUDE XI.

DU COLORIS.

I.

CONSIDÉRATIONS GÉNÉRALES SUR LE COLORIS.

En parlant du clair-obscur, nous avions à considérer les effets de la lumière, par rapport à leur plus ou moins d'intensité. Le coloris, dont nous devons maintenant nous entretenir, est l'art d'imiter les couleurs dont cette même lumière revêt les objets.

Dans les parties de la peinture qui constituent comme son corps, la couleur est le complément de la forme ; de même que, dans celles qui tiennent de plus près à son âme, l'expression est le complément de la composition. On s'est demandé ce qu'il fallait préférer, d'un dessin réunissant toutes les conditions de la vérité et de la beauté, ou d'un coloris harmonieux et attrayant. La question étant ainsi posée, le clair-obscur se trouve mis hors de concours, par la raison qu'il tient de l'un et de l'autre des concurrents : il sert à déterminer les formes, ou il donne le ton à la couleur ; s'il entre en lice, ce ne sera que pour partager la fortune de celui des deux vers lequel il aura penché.

Relativement aux apparences sensibles qui seules sont en cause, la forme constitue leur essence, la couleur n'est que leur revêtement. Les beautés de la première sont fondamentales, et les esprits dont le goût est cultivé et l'observation pénétrante leur donneront toujours la préférence ; mais la couleur est une parure, et, comme toute parure, elle est faite pour plaire : elle exercera sur l'enfant un entraînement bien plus vif, et de même sur toute nature neuve, qui, à l'exemple de l'enfant, obéit à la spontanéité de ses premières impressions.

Du Nord au Midi, vous trouverez aussi une différence sensible dans l'appréciation de la couleur. Si vous avancez vers les contrées que le soleil éclaire toute l'année de ses rayons les plus éclatants, vous la verrez régner sans conteste. C'est là que les oiseaux, les insectes, les fleurs, se parent de toutes ses richesses. C'est aussi chez les peuples méridionaux que vous observerez, dans les monuments, le plus grand luxe de marbres, de dorures, de mosaïques ornementales. Au contraire, tout est habituellement terne et presque dépourvu de couleur, sous les brouillards des régions polaires ; et le goût s'inspirant du spectacle que la nature met journellement sous les yeux, un Walter Scott préférera les vues nébuleuses de sa pittoresque Écosse aux sites colorés de la brillante Italie.

Quand nous avons commencé à goûter nos admirables cathédrales, avant d'en bien connaître l'histoire, les voyant ou dépouillées par les ravages du temps et des révolutions, ou badigeonnées de marbres factices, nous avons cru que rien n'était plus propre à faire valoir la majesté et l'élégance de leurs formes, que le gris mat et solennel de la pierre. En cela, nous nous montrions gens du Nord : le goût méridional ne se serait jamais résigné aussi facilement à considérer des murs décolorés comme une condition de beauté. Aujourd'hui, nous savons qu'à l'époque où l'on construisit nos grands monuments religieux, loin de les laisser à dessein dans un état de nudité sévère, on les peignait généralement dans toutes leurs parties, et quelquefois avec exagération de couleur. Nous voilà donc maintenant en balance : d'un côté, nous n'avons pas perdu le sentiment de la beauté bien réelle attachée aux lignes fermes et pures qu'aucune décoration secondaire n'interrompt, dont rien ne vient distraire; de l'autre, l'esprit d'imitation, soutenu par le mouvement des études archéologiques, nous porte à colorier comme on coloriait au xiiie siècle ; et il est véritablement de bons modèles qui mettent en voie, si l'on sait choisir, d'ajouter un charme de plus aux monuments de cette époque.

Au sein de la civilisation chrétienne, il n'y a pas eu besoin d'attendre la facilité des communications modernes, pour établir, dans la sphère des arts et de la pensée, des rapports qui lient dans une vaste solidarité toutes les nations de l'Europe. Les différences que nous venons de signaler subsistent; mais elles ne sont pas exclusives, et généralement elles ne se manifestent qu'à titre de nuances. Rubens était un homme du Nord. Partout on comprend, si l'on cherche à comprendre, que la beauté de la forme peut se passer de la couleur, et que, au contraire, la beauté de la couleur qui se passe de la forme, n'est plus de l'art. Mais la couleur ajoutée convenablement à la forme est nécessaire à sa parfaite beauté, dans l'art comme dans la nature ; elle est nécessaire à la beauté vivante, ou qui veut le paraître, la beauté de la forme sans la couleur étant une sorte d'abstraction.

Les qualités d'un bon coloris sont avant tout la vérité et l'harmonie : la vivacité et le brillant des couleurs ne viennent qu'en seconde ligne. A ce sujet, cependant, on voit se continuer les mêmes divergences qui se manifestent dans l'appréciation de la forme et de la couleur. Nous ne voulons pas parler des esprits sans culture, qui ne voient rien au-dessus d'une enluminure éclatante. Mais il en est de vraiment avancés dans le sentiment de l'art, qui, se contentant de trouver réunies, à un moindre degré, les qualités de la pensée, de la composition, du dessin, indispensables pour donner un rang au-dessus du vulgaire des artistes, distribueront leurs préférences entre les grands maîtres de la peinture, comme d'autres le feraient entre divers compositeurs, en les classant selon la sonorité de leur musique.

Rubens, assurément, avait de l'âme ; il portait, dans toutes les parties de l'art, une vigueur, une fougue capable de surprendre, quelquefois d'entraîner. Cette vigueur demeure quelque chose de grand et de fort, aux yeux même de ceux qui se sentent plus portés vers des spectacles qui, visant moins à secouer, pénètrent davantage. Toute la valeur de son coloris n'est pas dans l'éclat : on voit qu'il s'est formé à l'école de Venise, où le Titien se proposait principalement de rendre le sien vrai et harmonieux. Mais si on lui accordait le premier rang, ne montrerait-on pas qu'on est sensible par-dessus tout à son coloris éclatant ?

Sans lui contester le double mérite de rivaliser avec les maîtres vénitiens, et de demeurer original tout en les imitant, la supériorité de ceux-ci, en fait de coloris, est plus généralement réputée chose jugée. Chez eux non plus, l'éclat ne manque pas ; et les plus heureux sous ce rapport participent de cette vérité, de cette harmonie, de ce fondu des teintes, qui valent à leurs émules, comme à eux-mêmes, tant d'admirateurs. On ne se hâtera pas d'en conclure que la voie suivie par le Titien, Giorgione, Paul Véronèse, pour l'emploi de la couleur, voie où l'on rencontrera successivement toutes les qualités qui les distinguent, soit la seule qui mérite de demeurer ouverte. Ces grands peintres ne sont, dans leurs œuvres, que bien faiblement chrétiens : serait-ce à dire que leur coloris cependant, s'il enrichissait des œuvres qui, sous ce rapport essentiel, sont plus faites pour les âmes, leur donnerait un prix de plus, au profit des pensées qu'elles suggèrent et des sentiments qu'elles excitent?...

Disons le mot : le coloris des Vénitiens est sensuel ; et si le Titien, pour mettre au jour tout son talent, eut besoin de peindre des Vénus, c'est-à-dire de belles femmes nues, qui n'ont rien d'ailleurs de la déesse, on est fondé à craindre que ce coloris eût convenu médiocrement au Beato Angelico pour peindre une Vierge.

Parmi les choses visibles, le corps humain est le chef-d'œuvre de la création : il l'est par ses formes ; et, lorsque le goût s'est développé à l'école de l'art, on ne verra rien, en fait de couleur, qui égale la douceur ou la mâle fermeté de ses teintes.

Peindre des chairs, faire sentir leur velouté, leur transparence, les rendre vivantes, faire en quelque sorte apercevoir le sang qui les arrose, doit sembler l'art suprême du coloriste. La passion les pâlit ou les anime : il en rend les effets, et il prête à l'expression l'un de ses plus puissants secours. Mais ces chairs, ce sang, ce sont eux principalement qui ont reçu le stigmate de la chute. La forme en a été moins atteinte : on peut se sentir fortement incliné vers elle, et demeurer encore assez haut, dans une région voisine du pur domaine des esprits. Le nu, dans la mesure où l'artiste chrétien doit se l'interdire ou tout au plus en user avec une extrême réserve, est moins à craindre, si la pure fermeté des lignes y prend résolûment le dessus sur la vérité palpitante que l'art du coloriste peut donner à la chair. A-t-on compris, au contraire, que la nudité est toujours un écueil pour les sens, est-on attentif à la restreindre dans ses bornes les plus étroites : on n'aura le plus souvent à peindre de carnations que celles du visage et des mains. Dans tous les cas, il faut comprendre que l'art, en se mettant au service des idées chrétiennes, pour parcourir un espace sans limites, reçoit des ailes à la condition de régler ses pas ; il lui sied, jusqu'à un certain point, de spiritualiser les formes : il lui appartiendra alors également d'idéaliser la couleur.

Voyez quel était le coloris des peintres qui précédèrent la brillante époque des coloristes vénitiens, comme des dessinateurs florentins. Un peu par inexpérience, un peu par instinct sympathique, mais sans calcul, ils avaient adopté un mode de coloration qui, moins vrai d'imitation naturelle, moins savant, répond mieux à l'idée spontanée qu'on se fait de la distinction des couleurs. Chez eux, les couleurs se fondent moins, mais elles sont plus vives, et la ligne s'y fait mieux sentir ; plus légères de ton et de teinte, on les dirait plus immatérielles, non pas comme une vapeur qui s'échappe, mais plutôt comme une pensée facile à saisir.

Sans méconnaître les progrès que le coloris avait à faire, comme beaucoup d'autres parties de la peinture, sans refuser aux modifications qui prévalurent ce titre de progrès, on doit regretter que des qualités faites pour rendre la peinture à la fois plus spiritualiste et plus populaire, n'aient pas été ménagées davantage ; d'autant plus que les moyens employés pour obtenir plus de vigueur dans le ton, plus de chaleur dans la teinte, — notamment l'emploi enthousiaste de la peinture à l'huile, de préférence aux anciens procédés, — se sont trouvés moins favorables à la conservation des couleurs. On ne citera aucune œuvre postérieure aux peintures murales du Pinturicchio, dans la sacristie de la cathédrale de

Sienne, qui, exécutée pendant les deux siècles suivants, ait conservé la fraîcheur et l'éclat qu'on leur voit aujourd'hui.

Comparativement au coloris qui devint classique au xvi⁰ siècle, le mode de distribution des couleurs employé dans nos vitraux du xiii⁰ siècle, se présente comme un extrême opposé, dont participent, dans une situation intermédiaire, tous les genres de peinture, antérieurement au triomphe des idées naturalistes qui ont prévalu sous le nom de la Renaissance,

Ces vitraux, en effet, se distinguent eux-mêmes principalement par une entente de la couleur qui, de l'avis des meilleurs juges, n'a jamais été surpassée depuis, dans le genre spécial où ils dominent. De part et d'autre, l'harmonie des teintes est le but et la condition de tout légitime succès ; mais tandis que, là, cette harmonie est étudiée et poursuivie dans les combinaisons aussi multiples que variées qui surgissent de toutes les circonstances de la vie, ici on semble se proposer de la ramener à ses éléments primitifs, tels qu'on les aperçoit dans l'iris avant qu'ils n'aient touché la terre.

II.

RAPPORTS NATURELS DES COULEURS.

Le spectre solaire, lorsque la lumière est décomposée par un prisme ou de quelque autre façon, nous offre sept nuances bien distinctes ; mais si l'on considère que deux de ces nuances sont des variétés de bleu, les sept se réduisent à six, qui, elles-mêmes, en s'isolant, ne forment plus que trois couleurs primitives : le rouge, le jaune et le bleu, — les trois couleurs secondaires étant le résultat des premières, combinées deux à deux en égale proportion. Le rouge et le jaune donnent naissance à l'orangé ; du jaune et du bleu réunis provient le vert ; et le violet naît de la combinaison du bleu et du rouge. Toutes les nuances de couleur, qui peuvent s'obtenir par milliers, moyennant l'alliance des couleurs primitives, ne sont que des variétés, en des proportions d'une diversité indéfinie, de ces associations élémentaires.

Un léger mélange de jaune avec le bleu ne fera que rendre le bleu plus clair ; de même, un léger mélange de bleu avec le jaune produit un jaune plus foncé. Dans l'un et l'autre cas, on verra poindre une tendance au vert ; mais pour que la sensation du vert prévale, soit dans le sens du jaune, soit dans celui du bleu, il faut que ces deux couleurs se contrebalancent ou à peu près. Il en sera de même des combinaisons formées du jaune au rouge ou du rouge au bleu, soit pour produire des nuances plus claires ou plus foncées dans la sphère des couleurs primitives, soit des nuances qui se classent sous le nom de couleurs intermédiaires.

C'est ainsi que chacune des couleurs primitives peut produire, avec chacune des deux autres, autant de nuances que l'on peut imaginer de divisions dans un nombre toujours divisible ; mais jamais ces trois couleurs ne peuvent s'accorder pour former une nuance qui participe de toutes les trois. Aucune des combinaisons formées de l'un des côtés d'une couleur primitive, — du jaune dans le sens du bleu, par exemple, — ne s'accommode d'une alliance contractée de l'autre côté avec le rouge. Ces deux combinaisons s'annulent réciproquement et s'achromatisent, c'est-à-dire qu'elles font disparaître toute sensation de couleur. Le vert et l'orangé, l'orangé et le violet, le violet et le vert ne ramènent aucunement, si on les fond ensemble, ni au jaune, ni au rouge, ni au bleu, qui les séparent dans le spectre solaire ; ils ne produisent pas non plus une couleur nouvelle : mais il en résulte un gris qui tend plus ou moins au blanc, plus ou moins au noir, selon le degré de la lumière. De même, si l'on mélange une couleur primitive avec la couleur secondaire formée de la réunion des deux autres, avec lesquelles elle serait susceptible de former les deux couleurs secondaires opposées, on conçoit qu'un achromatisme en soit également la conséquence.

Dans tous les cas, les couleurs ne sont neutralisées que dans la mesure où elles rencontrent les couleurs opposées dans le mélange, de telle sorte que, la lutte accomplie, s'il leur reste un excédant de force, cet excédant se manifeste ; et c'est ainsi que l'on obtient ou des gris ou des bruns légèrement teintés de couleur, ou des couleurs tendant plus ou moins de ton vers le brun ou le gris, selon l'intensité des effets achromatiques.

Des couleurs qui se combinent, proviennent les variétés de teintes ; de celles qui se neutralisent, résultent des variétés de tons qui concourent, avec les effets plus immédiats de la lumière et des ombres, à former le domaine du clair-obscur.

Les couleurs qui se détruisent, quand elles sont confondues, se surexcitent et s'exaltent réciproquement, si elles sont seulement rapprochées. Veut-on donner de l'intensité à une teinte, il n'y a pas de plus puissant moyen que de lui juxtaposer la teinte opposée. Suivant la mesure, l'effet sera énergique : il pourrait l'être trop. Le rouge et le vert s'accordent facilement. Le rapprochement du jaune et du violet est sujet à plus d'écueils : il nous souvient d'une verrière où ils se heurtent de la manière la plus désagréable, en deux masses principales. Le résultat serait tout autre, si les masses et les teintes avaient été mieux distribuées. Prenez une fleur, la pensée, par exemple : ces deux couleurs tranchent vivement l'une sur l'autre sans se nuire.

La présence d'une couleur va jusqu'à faire jaillir autour d'elle des teintes de la couleur opposée, dans un endroit où l'on ne croyait pas en avoir mis, où l'on ne soupçonnait pas qu'il s'en trouvât une parcelle. Un gris paraîtra vert à côté d'un empâtement de rouge; un bleu tournera au violet par le rapprochement du jaune. Il peut arriver même que cet effet soit très-vif; et de cette loi de la nature, suivant que l'artiste en tire profit ou qu'il la laisse tourner contre lui, dépendra en grande partie la qualité de son coloris.

Les couleurs forment entre elles une sorte de gamme dont on pressent l'analogie avec la gamme des sons. Il n'a pas été possible, jusqu'à présent, de préciser la communauté de lois, de nombres et de rapports que ces deux gammes ont certainement ensemble; mais ne semble-t-il pas que le sentiment des uns se confonde avec le sentiment des autres, dans une même faculté, tant on a toujours vu les habiles coloristes avoir d'aptitude pour la musique?

Dans la gamme des couleurs, il y a des hauts et des bas. Le violet est certainement au plus bas; entre le bleu et le rouge qui concourent à le former, l'élévation de teinte n'est cependant pas la même. Il faut dix fois plus de lumière au bleu qu'il n'en faut au jaune pour se manifester au même degré de coloration; le rouge, sous ce rapport, tient le milieu entre eux.

Il est assez naturel de comparer l'éclat de l'écarlate au son éclatant de la trompette; mais l'écarlate n'est pas le rouge primitif, il y entre du jaune, et il est, d'un autre côté, des sons plus perçants que celui de la trompette; d'où l'on voit que l'éclatant et l'aigu ne doivent pas se confondre. Le jaune est au sommet le plus élevé de l'échelle chromatique; il semble cependant qu'il gagne en éclat en allant au rouge. Ce qu'il y a de sûr, c'est qu'il ne suit pas la même marche, soit qu'il s'en rapproche ou qu'il tende au bleu : dans le second cas, l'abaissement de la teinte est sensible; dans le premier, si elle ne s'élève pas, on ne peut pas dire qu'elle s'abaisse au même degré. N'y a-t-il pas, dans un sens, plus de distance du jaune au bleu, entre lesquels le vert tranche d'une manière si distincte, que du jaune au rouge, où l'orangé semble toujours ou une espèce de jaune ou une espèce de rouge? Le vert est une couleur qui repose la vue, le rouge une couleur qui l'excite. Ce n'est pas sans raison que le vert, étant la couleur de la végétation, se trouve répandu avec tant de profusion dans la nature, tandis que les fleurs, au milieu de leur tendre feuillage, s'enrichissent de toutes les teintes qui courent en sens inverse, par le rouge, du jaune au bleu : de telle sorte que, par la culture et des accidents de climat, elles passent facilement de l'un à l'autre, par gradation, mais sans aucun enjambement large. Une fleur jaune devient rouge, une rouge devient bleue. Cependant l'on trouve le jaune et le bleu rapprochés dans des espèces très-voisines d'un même genre, comme dans les gentianes, les iris. Cette substitution d'un bleu qui tire ordinairement sur le violet, et plus fréquemment encore du violet lui-même au jaune, dans des conditions végétales probablement très-analogues, indique une harmonie particulière entre ces couleurs : justement réputées ennemies, puisque, confondues, elles se détruisent, elles peuvent aussi, sous d'autres rapports, être réputées amies, puisque, rapprochées, elles se font valoir. La similitude de substance entre la topaze et l'améthyste se prête, parmi les pierres précieuses, à la même observation.

Toutes les couleurs s'harmonisent dans la nature et doivent s'harmoniser dans l'art : il s'agit seulement, quant à la manière de les associer, de les écarter et, au besoin, de saisir les conditions et les proportions qui leur conviennent.

Aux abords d'une seule masse principale, une légère interférence de teinte neutre ; la prompte juxtaposition d'une ou plusieurs autres teintes qui viennent, quoique très-distinctes, faire corps, en quelque sorte, avec la teinte d'une masse secondaire, dans une seule sensation ; une simple modification de nuance, ou bien encore le seul effet de l'encadrement ou de la régularité des formes, peuvent rendre agréable à la vue telle association de couleurs qui, tout à l'heure, vous eût blessé par son effet criard, ou bien vous eût déplu par sa fadeur.

III.

DE L'EMPLOI DES COULEURS.

Nous ne parlons plus des mélanges formés sur la palette, ou sur le tableau lui-même par l'empâtement des couleurs. Si vous vous approchez jusqu'à pouvoir les toucher, vous reconnaîtrez des teintes isolées et demeurées parfaitement distinctes ; mais, à une faible distance, elles se fondent en partie pour la vue, et chaque couleur ne paraît plus telle qu'elle serait, prise isolément, mais modifiée dans son aspect par l'effet de toutes les autres.

« Voyez, » dit Watelet, cité à ce sujet par Montabert, « voyez le grand
« artiste prendre, avec la brosse ou le pinceau, une teinte dont son intel-
« ligence éclairée a pressenti l'effet. Cette teinte, examinée seule, dans

« l'intervalle qu'il met à la porter de la palette sur la toile, paraît sou-
« vent si peu convenable à l'objet auquel vous voyez qu'elle est destinée,
« que vous croyez ce choix une erreur de l'artiste; cependant sa main
« intelligente et sûre la place, et dans l'instant, par un effet vraiment
« magique, les couleurs qui environnent cette teinte lui dérobent ce qui
« semblait devoir blesser vos regards, ou cette teinte leur donne elle-
« même ce qui semblait leur manquer [1]. »

Lorsque nous avons des formes à dessiner, ce ne sont pas, nous l'avons vu, les lignes mêmes qui les circonscrivent que l'on prétendra transporter sur la surface plane d'un tableau, mais les projections qui en résultent selon la différence de leurs aspects et les lois de la perspective. De même, ce serait n'avoir pas la première idée du coloris, eût-on à sa disposition les couleurs mêmes qui appartiennent aux objets, que de s'imaginer pouvoir jamais se contenter d'en peindre uniformément les représentations.

Ces couleurs arrivent à notre vue, nuancées de mille manières, selon les jours, les reflets, les oppositions, les rapprochements; elles se fondent, s'harmonisent et traversent l'espace, de manière à ne faire en quelque sorte qu'une sensation, là où notre esprit discerne des objets multipliés. Il importe donc fort peu que la quantité de rouge, de bleu et de jaune dépensée par l'artiste, réponde proportionnellement à la mesure où ces couleurs sont effectivement réparties sur les choses qu'il veut représenter, pourvu qu'il réussisse à donner l'idée de leurs véritables teintes.

En voyant l'énergie de coloration obtenue et conservée dans certaines peintures, on serait tenté de l'attribuer au choix des matières colorantes; mais il n'en est rien, et toute cette vigueur de teinte est le résultat d'un habile emploi des contrastes.

Il y a des couleurs qui, rapprochées, se soutiennent; d'autres qui se fondent, d'autres qui se repoussent.

Considérons, dans leurs effets, les rapprochements des nuances d'une même couleur : ceux des couleurs primitives les unes avec les autres, ceux des couleurs primitives avec les couleurs secondaires opposées.

Les nuances d'une même couleur sont de trois sortes : — ou elles ne diffèrent que d'intensité de ton : ainsi en est-il d'un jaune plus ou moins éclairé; — ou elles diffèrent de teinte dans une seule direction, par le plus ou moins d'admission de la même couleur primitive : ainsi deux jaunes plus ou moins mélangés de rouge; — ou elles en diffèrent en

---

1. Montabert, *Traité de la Peinture*, T. VII, p. 408. Nous rectifions, dans cette citation, une confusion entre le ton et la teinte.

deux directions opposées, par l'admission de deux couleurs primitives différentes : ainsi deux jaunes mélangés, l'un de bleu et tendant au vert, l'autre de rouge, comme ci-dessus, et tendant à l'orangé.

De toutes les associations de couleurs, ce sont ces dernières qui sont les plus difficiles à mettre d'accord, et peut-être les seules qui aient entre elles une antipathie radicale. Les couleurs ne forment pas une gamme unique, mais une multitude de gammes : gammes de teintes intermédiaires, maintenues de degrés en degrés dans les mêmes rapports que les couleurs primitives et secondaires. L'emploi simultané, le rapprochement de deux teintes comme de deux notes empruntées à des gammes différentes, est de nature à produire un désaccord, une dissonance fâcheuse, et il la produit en effet, s'il n'est corrigé par la proximité de quelques autres teintes qui changent les conditions d'harmonie. Ainsi prenez deux rouges divergents, l'un dans le sens du bleu, l'autre dans celui du jaune : placés à côté l'un de l'autre sans correctif, ils se nuiront nécessairement ; il n'en est plus comme des contrastes qui s'accordent dans leurs oppositions mêmes.

Les teintes que nous appellerons convergentes, sont propres, au contraire, aux douces et suaves transitions ; elles ne se salissent par aucun achromatisme ; mais il ne faut pas leur demander des effets vigoureux, et il peut arriver qu'employées quand ces effets seraient nécessaires, elles s'amortissent les unes les autres fort à contre-temps.

Les modifications que le plus ou moins d'éclaircissement de ton fait éprouver à une même teinte ou à des teintes voisines dans l'échelle chromatique, sont également susceptibles de se nuancer par les voies les plus douces, mais aussi de former de fortes oppositions, car elles peuvent différer comme du noir au blanc ; elles le peuvent encore du vif au pâle, par l'intensité de la couleur proportionnellement à l'étendue des surfaces, selon qu'elle est répandue avec abondance, ou comme un lavis léger.

Le rapprochement d'un objet vivement coloré a pour effet d'éteindre les trop faibles nuances de couleur analogue semées à l'entour, tandis qu'elle relève les teintes opposées qui passaient inaperçues sur la même surface ; et c'est ainsi qu'un même objet, sans changement intrinsèque, peut paraître, par des effets successifs, très-diversement teinté. Si cependant la disproportion n'est pas trop grande entre la couleur vive et son analogue tendre, et que la situation soit favorable, il est possible que des reflets de la première réchauffent la seconde au lieu de l'écraser.

Les circonstances font aussi que la fusion de deux couleurs primitives, sans modifications intrinsèques, en une nuance intermédiaire, sur les limites de leurs masses, est trouvée d'une douceur harmonieuse ou d'une indécision désagréable. Jetez indifféremment des figures jaunes sur un fond bleu : on ne sait où finit le bleu, où commence le vert, où reprend le jaune ; les objets seront mal déterminés, le fond sera comme sali, et l'œil péniblement affecté. Que votre jaune soit de l'or, il en sera tout autrement : par son poli, par son achromatisme, la couleur du métal se sépare vivement du fond sur lequel il repose; il ne se produit plus de vert, et il n'est pas d'association de couleurs qui soit plus heureuse. Vous obtiendrez un effet analogue si, au lieu d'or, employant une simple couleur jaune, vous l'empêchez de se confondre avec le bleu, par l'interposition de traits vifs, noirs ou bruns.

Suivant qu'ils sont bien ou mal ménagés, les contrastes entre des couleurs opposées produisent ou de la dureté ou de la vigueur. Quelquefois ils s'harmonisent de la manière la plus suave, et nous avons vu comment il dépend d'eux souvent de donner la vie à des teintes douces qui s'animent par leur présence et qui sans elle se seraient évanouies.

Lorsque les trois couleurs primitives se rapprochent de très-près dans toutes les directions, sans se confondre, une irisation en résulte dans certaines conditions de lumière. Mais comme il suffit, pour déterminer un achromatisme, que ces couleurs se confondent à la vue, il arrive que l'irisation ou l'achromatisme dépendent de la vivacité du jour, de l'inclinaison, de la proximité du regard.

Le jaspé nous donne l'idée d'un effet intermédiaire ; quelquefois cet effet va très-loin entre deux couleurs faites pour s'achromatiser, mais qui restent distinctes en si petites parcelles qu'on serait tenté de désigner comme provenant d'une seule couleur la sensation qui résulte. Il semblerait, par exemple, qu'il y a des verts rougeâtres et des rouges verdâtres. Dans les produits de l'industrie humaine, il sera cependant facile, d'ordinaire, de vérifier la distinction : mais une telle finesse existe dans les œuvres de la nature, qu'il devient impossible de saisir tous les points de transition dans les teintes vertes trempées de rouge d'un jeune feuillage. Aussi n'appartient-il pas à la peinture de chercher à rendre de pareils détails, et, dans cette partie de l'art comme dans toutes les autres, il faut voir si la sensation obtenue répond à l'idée qui demeure des choses, plus qu'aux effets immédiats de cette vue, analysés tout physiquement.

La vérité d'imitation des couleurs dépend de trois conditions : il faut les bien voir, les bien juger et les bien rendre. Ces trois conditions sont distinctes, car autre chose est *ce qu'elles paraissent*, autre chose *ce qu'elles sont*, autre chose *ce qu'elles deviennent*.

En disant « ce qu'elles sont », nous ne nous préoccupons pas de leur nature intrinsèque, comme le ferait un physicien partagé entre le système de Newton, celui de Descartes, ou telle autre théorie vers laquelle le feraient pencher des observations plus modernes. Il s'agit, pour le peintre, de savoir quelle est la réelle et habituelle couleur des objets, indépendamment des circonstances du jour naturel ou artificiel, de l'inclinaison, de la proximité ou de l'éloignement, des rejaillissements de toute sorte qui peuvent en modifier l'aspect : car c'est de cette couleur qu'il doit en définitive donner l'idée, et c'est pourquoi il importe qu'il sache bien en juger, au travers de toutes les illusions et de toutes les modifications d'optique.

Ce ne serait pas assez non plus de bien la connaître, s'il ne se rendait compte de ce qu'elle paraît, ou dans un enfoncement, ou dans une partie fortement en relief, sous l'influence d'une sorte de lumière, ou sous celle de l'air environnant et de sa coloration. Une rigoureuse justesse de représentation demanderait qu'il rendît tous ces effets ; mais elle ne saurait lui interdire le choix du jour, de l'aspect, de l'air, de la position, où la couleur naturelle est accidentellement le moins défigurée.

Une plus grande difficulté naît de la situation des couleurs sur le tableau. Leur jour, leur inclinaison, l'air qui les entoure ne sont plus les mêmes que dans la nature. On donnera des règles mathématiques pour déterminer les modifications précises qu'une couleur doit éprouver, soit dans la réalité par rapport à la situation de l'observateur, soit dans la représentation relativement aux conditions d'optique d'une surface plane. Il est bon de les connaître et utile de s'en servir ; mais rien ne peut suppléer au sentiment supérieur à toute analyse, par lequel l'artiste éminent et l'observateur de goût se rencontrent dans le vrai des couleurs, comme dans le vrai de toutes choses, nonobstant l'infirmité des moyens de communication.

C'est ce sentiment qui, vivifiant tous les artifices du métier, transporte dans les esprits et jusque dans les sensations, les impressions qui seraient produites par la réalité des objets naturels.

La loi des masses est d'ailleurs la même pour la distribution des couleurs que pour les draperies et le clair-obscur : il faut préférer l'ampleur des grandes divisions au miroitage qui résulterait de la multiplicité des petites ; les masses semblables n'excluent pas la variété des nuances ; leurs oppositions n'empêchent pas les transitions qui les adoucissent. Il faut aussi que, dans un tableau, une couleur se fasse sentir comme dominante, mais de telle sorte que les autres couleurs la soutiennent et n'en soient pas écrasées ; et le tout doit être calculé principalement, de manière à ménager, dans les chairs, la vérité, la vie et l'expression.

IV.

DE LA CARNATION.

Toutes les couleurs se rencontrent dans les chairs, mais adoucies et voilées sous la demi-transparence de la peau. Cette enveloppe elle-même est plus ou moins teintée de jaune; le rouge du sang artériel répand la vie dans les moindres vaisseaux; associé au blanc des parties grasses, il forme cette sorte de rose qui devient le fond ordinaire de la carnation. Les veines ont quelque chose de bleu; mais le rapprochement du rouge fait qu'elles répandent plutôt des teintes violettes, qui, légères, donnent du ton et de l'action au visage, sans détruire sa fraîcheur. Enlevez ces teintes, vous le rendez pâle, et tel est l'effet produit par la proximité d'un vêtement vivement violet. La délicatesse des teintes est si grande dans les chairs, qu'il faut particulièrement prendre garde à tout ce qui en approche. Des rapprochements intempestifs peuvent rendre des chairs vertes, rouges, jaunes ou bleues, sans que l'artiste l'ait ni voulu ni prévu, et leur donner contre son gré l'aspect de la maladie, de la passion ou même de la mort.

Il est des teints, dans la nature, qui, sous l'empire réuni de la jeunesse et de la santé, se montrent dans un si heureux équilibre de fraîcheur et de force, qu'aucun parallèle ne leur devient désavantageux. Une couleur qui pâlit fait ressortir leur blancheur sans faire disparaître l'activité du sang qui les arrose; ils prennent plus de couleur par l'effet d'un rapprochement, et n'ont pas à craindre cette chaleur lourde et mate qui annonce dans le sang une circulation difficile.

Dans la circonstance opposée, on apprend, par l'art de ces mêmes rapprochements, à dissimuler les écarts de la constitution et les ravages du temps. Un teint a jauni : le bleu et le rouge en feraient ressortir le défaut; un jaune plus vif pourrait lui être défavorable par ses rejaillissements. Prenez du vert : il ravivera les teintes inaperçues de rose, qui survivent dans la carnation. Que ce vert soit foncé de ton et tirant sur le bleu, il sera en même temps plus éloigné du jaune pâle que vous voulez combattre.

Il ne s'agit plus du jaune décoloré qui annonce la langueur, mais de ce une briqueté qui est plutôt l'indice de la fatigue et des années. Alors, il est possible que les reflets clairs d'un jaune paille lui soient favorable; et si ce teint jauni est plus foncé, on lui conseillera le noir mêlé de rouge et de blanc.

Le blanc éclaircit les teintes pourprées et trop rouges, et il réussira mieux encore s'il est associé lui-même à du rouge.

Le peintre fera son profit de ces sortes d'observations, mais il s'en servira surtout pour apprendre à beaucoup observer lui-même, car les effets, dans ce genre, sont aussi variés que les cas sont divers.

Le teint varie selon l'âge, le sexe, la race ; selon la condition et les habitudes qui en sont la conséquence; selon les dispositions de l'âme et du corps. Il suffit souvent d'une impression qui passe, pour en modifier sérieusement la couleur.

Le premier effet des passions est généralement d'exciter le sang, et par conséquent de rougir ; mais il arrive souvent aussi qu'elles en arrêtent le mouvement, et alors elles pâlissent. Quelquefois le rouge du sang, violemment rejeté à la surface, y demeure fixé par une contraction : alors, il s'altère, il devient d'un gros violet, et il semble qu'il est bleu ; ou, lorsque le rouge se retire, ce qu'il reste de bleu mêlé avec le jaune, produit un vert blafard, surtout s'il survient un épanchement de bile. Quelquefois aussi alors, le teint prend un aspect livide. L'orgueil rougit toujours, l'envie pâlit habituellement ; mais ces deux passions s'enchaînent et s'engendrent réciproquement, et il n'est pas rare de voir la pâleur de l'envie passer sur un visage monté au rouge de l'orgueil.

La colère rougit d'abord ; en s'accroissant, elle devient bleue ; élevée à son paroxysme, elle est pâle.

Les passions qui portent aux plaisirs des sens, commencent par soulever la rougeur modérée du désir, difficile à distinguer des couleurs que suscitent les impressions vertueuses : à ce degré, les nuances qui les diversifient sont extrêmement délicates. Mais quand ces passions, suivant leur pente naturelle, sont descendues dans les profondeurs du vice, elles fixent sur les teintes du visage leurs stigmates dégradants.

La multiplicité simultanée des couleurs et la rapidité de leurs changements sont devenues proverbiales, relativement aux effets de la crainte, selon qu'elle passe de la surprise à la peur, à l'effroi, à la terreur, à l'épouvante.

Sans aller jusqu'à ces vicissitudes violentes, la chair s'anime ou se flétrit dans l'espace d'un clin d'œil. Vous faites un portrait, fait observer Diderot ; le modèle pose, vous avez saisi sa teinte : le temps de la fixer sur la toile, l'ennui a décoloré ce visage ; dans le même intervalle, un joyeux souvenir l'aurait pénétré d'un vif incarnat.

Rien n'est pur, rien n'est calme, rien n'est clair comme une carnation virginale, demeurée à l'abri du trouble et des passions. La souffrance n'a fait que l'effleurer, le temps ne l'a pas encore entamée. Toutes les couleurs s'y associent avec la plus parfaite harmonie: sans se fondre entièrement dans le blanc, elles en approchent assez pour en avoir l'éclat; elles prennent du rouge une douce chaleur, le bleu la tempère en se voilant lui-même; ce qui perce du jaune est comme un reflet doré, avec la souplesse et le velouté de la vie substitué au poli glacé du métal.

La période des développements s'est accomplie, et la maturité approche. Bientôt l'air, le soleil, les soucis, la succession des jours ont fait sentir leur poids et remué en toutes manières le sang et les humeurs. Les couleurs qui montent à la surface du corps, en reçoivent tous les contre-coups; elles s'agitent, elles se heurtent, elles se mêlent, selon la loi ordinaire des achromatismes; le teint se brunit, mais sur une gamme plus forte; l'harmonie se relève, et un teint viril est lui-même plein de beauté.

Les années se pressent, les passions s'amortissent. Heureux le vieillard qui, désabusé des mille objets de nos convoitises, trouve dans la paix du soir la première récompense des travaux du jour! Vous le reconnaîtrez à la sérénité de son regard, mais aussi quelquefois à celle de son teint. Ce teint s'est éclairci plus encore qu'il n'a pâli; les chairs ont fléchi sur elles-mêmes plus encore qu'elles ne se sont ridées, et de telle sorte que, dans ces affaissements de la nature, il se retrouve une nouvelle fraîcheur où le rosé des joues se relève sur la blancheur du fond.

Les approches de la décrépitude cependant se font plus souvent sentir par des teintes de plus en plus terreuses, sans même laisser voir dans leur conflit l'énergie de la lutte. Cette vie va finir, il est temps d'en commencer une autre.

V.

COLORIS LE MIEUX APPROPRIÉ AUX COMPOSITIONS DE L'ART CHRÉTIEN.

Lorsque la lumière descend du ciel et que ses rayons brisés se répandent en couleurs avant d'avoir touché la terre, ces couleurs sont vives, pures, et cependant douces et claires de ton : tellement que le mot de *céleste* semble fait pour leur aspect comme pour leur origine.

Divisées, au contraire, en mille manières, selon la variété des surfaces qu'elles rencontrent ou qui les réfléchissent sur la terre, elles ont rarement la même limpidité, et il est à remarquer qu'elles prennent ordinairement une teinte d'autant plus terreuse que les objets ont plus vieilli sous la forme où la lumière les rencontre : témoins, la couleur du sol, celle des rochers, l'écorce des arbres, ou seulement la différence des teintes d'automne, des teintes de l'âge mûr, comparativement à celles du printemps, à celles de la jeunesse.

A l'exception de quelques substances devenues précieuses à raison même de leurs qualités inaltérables, ce n'est qu'à la faveur d'un renouvellement continuel que les couleurs, dans la nature, apparaissent vives et fraîches : les fleurs durent peu, et le feuillage sorti de ses bourgeons brunit bien vite.

Tel est l'effet des achromatismes qu'engendre rapidement le choc des forces de la nature; tout se fane, tout se détruit, tout meurt dans les choses terrestres, et, pour conserver la vie, il faut une sorte de création continuelle.

La beauté cependant, la vigueur, l'harmonie ne sont pas exclusivement le partage des choses qui naissent ou qui recommencent. Il est des forces qui se développent dans la lutte, comme des caractères qui se trempent et se dessinent au milieu des difficultés; il est des tons magnifiques au milieu du jour, et c'est à son déclin et vers celui de l'année qu'apparaissent, dans les teintes, les contrastes les plus faciles à saisir et surtout les plus faciles à peindre. Mais voyez ce qu'il faut d'ombres, ce qu'il faut de mélanges, d'atténuations, ce qu'il faut de terreux enfin dans les couleurs, pour rendre les effets de la nature comme l'ont fait et ont dû le faire, en se conformant à ce qui tombait sous leurs sens, les peintres les plus célèbres sous ce rapport; puis transportez-vous, au contraire, dans un monde exempt des altérations de celui où nous vivons : vous comprendrez qu'il faut s'y représenter les couleurs avec la fraîcheur et la sérénité du matin, plutôt qu'avec les tons lavés et brunis du soir; et mieux encore imaginer qu'elles y prennent la douce et vive clarté de l'arc-en-ciel.

Admettez maintenant une école de peinture très-portée, par ses inspirations chrétiennes, à spiritualiser la nature en l'élevant vers ses destinées éternelles. Elle ne choisira pas tous ses sujets dans la cité des élus, à l'exclusion de tous ceux qui prendraient pied sur la terre; mais elle verra un peu toutes choses comme on les verra de là-haut, très-distinctement, très-réellement, non pas comme dans un lointain indécis et vaporeux, comme elles auraient pu apparaître dans les ombres de l'élysée païen, mais plus dégagées de formes et de couleurs qu'elles ne nous apparaissent journellement.

De degrés en degrés, on arrive ainsi à comprendre, dans l'art chrétien, que les couleurs comme les formes puissent s'élever au-dessus des conditions absolues d'imitation naturelle, suivant le milieu où se transporte la pensée du peintre, et où il est appelé à transporter celle du spectateur. Non-seulement elles le peuvent, mais elles le doivent dans certains cas.

On comprend aussi dans quel sens la netteté des teintes, leur limpidité, peut s'appeler de l'élévation.

Vous me rendez les choses présentes, au point que je m'en croirais le témoin oculaire ; elles ont revêtu, dans la représentation, tout le charme qui s'attache, dans la réalité, à la couleur, à la lumière, à la vie. Eh bien ! il ne faut pas craindre de le dire : de tels succès ne sont que grossiers, si on les compare à la mission à laquelle le peintre peut prétendre. Ne me contraignez plus de voir les choses d'aussi près ; au besoin, sacrifiez un peu de relief. Je ne m'y tromperai pas : ce n'est qu'une peinture, j'aperçois le panneau, le mur se fait sentir. Et cependant je verrai mieux, si, voyant les choses de plus haut, je les vois dans leur substance, dans leur principe, dans leur enchaînement et leurs conséquences, dans leur moralité et leur signification, un peu comme Dieu les voit, comme nous les verrons auprès de lui, nous qui sommes faits à son image.

Mais n'est-ce pas bien se monter que de développer, à propos de coloris, des considérations qui sembleraient ne devoir pas sortir du domaine plus intellectuel de l'invention et de la composition, et tout au plus s'arrêter sur les sommets de la région du dessin ? Ce n'est pas au coloris, en effet, qu'il appartient d'élever ainsi quelque sujet que ce soit ; mais nous parlons du coloris le mieux approprié aux sujets portés d'ailleurs, par la manière dont ils sont traités, à un semblable degré d'élévation.

L'appropriation du coloris au sujet et à la manière de le traiter peut se faire déjà dans de larges proportions, par un heureux choix des effets de la nature. Parmi les associations de couleurs, il y en a de gaies, il y en a de sombres, il y en a de graves, il y en a de sévères : on ne les adoptera pas indifféremment dans la seule vue de leurs résultats pittoresques ; on aura égard à ce qu'elles signifient. Chaque école, chaque peintre, pourra ainsi maintenir son coloris en rapport avec le caractère de son talent, la direction habituelle de ses idées.

Un peintre chrétien comprenant bien sa mission et suffisamment porté à voir de haut trouvera, dans le cercle de ses observations, certaines de ces teintes qui secondent les meilleures aspirations de l'âme, et dont l'harmonie est comme une brise dont la fraîcheur épure l'atmosphère, ou dont la douce chaleur favorise dans le cœur la flamme des saints désirs.

Vienne cependant cette école très-mystique dont nous parlions tout à l'heure : une école qui ne peigne les choses d'en bas qu'avec les pensées d'en haut. Nous comprendrons, si nous-mêmes nous ne sommes pas trop de la terre, qu'elle affectionne des couleurs qui ne se rencontrent guère dans les choses représentées, où trop d'accidents les ternissent, mais qui se rencontreraient dans les conditions de leurs harmonies les plus pures, et sont réellement telles qu'on peut se les figurer, les corps qui les reflètent étant supposés aussi immatériels que possible.

Plus le peintre s'écarte, par le mode, par le sujet ou par la direction du sujet, du genre de l'annaliste, plus il lui est loisible de prendre une couleur qui, toujours puisée dans la nature, le soit moins dans le terre-à-terre des choses. Un sujet symbolique lui donne plus de liberté qu'un sujet historique ; la peinture murale, plus qu'un tableau de chevalet.

Le rôle d'ornementation solennelle qui appartient alors à l'art dont nous nous occupons, mérite aussi d'être pris en considération, en faveur d'un coloris plus frais, plus ferme et plus dégagé. Et pour qui en possède l'intelligence, rien ne s'accorde si bien que ce côté par lequel la peinture semblerait descendre, avec la mission morale qui la fait monter.

N'oublions pas la peinture sur verre, car, plus que pour aucune autre, la couleur est de son essence : on la traite trop habituellement comme un genre accessoire, et aujourd'hui, au milieu de sa vogue nouvelle, beaucoup de fabriques de vitraux la feraient trop facilement descendre au rang de métier. Simple décor à son origine, elle ne doit jamais, il est vrai, perdre son caractère décoratif. Elle est appelée à flatter la vue par un riant accord des couleurs : couleurs destinées à se montrer toujours vives et brillantes, puisqu'elles sont en contact immédiat avec la lumière, ou plutôt parce qu'elles deviennent la lumière même pour l'édifice éclairé par leur intermédiaire. Mais dans cette situation, relativement aux couleurs pas plus que relativement au dessin et aux formes qu'elle comporte, il n'est rien dont ne puisse s'accommoder l'artiste le plus éminent et le plus sérieux. Au contraire, il y a quelque chose de particulièrement propre à élever au-dessus des sens tout en les saisissant, dans ces figures à la fois si distinctes et déchargées de tout poids corporel. Aussi rien ne ressemble plus à un contre-sens que ces teintes neutres multipliées dans les verrières, pour obtenir les effets d'un tableau proprement dit. Il faudrait exclure de la peinture sur verre toute couleur qui ne paraîtrait pas venir du ciel ; la vive opposition des plombs suffit pour ôter toute mollesse et toute confusion. Les anciens peintres verriers l'avaient bien compris : aussi les teintes répandues par eux dans l'édifice sacré ont-elles, avec l'éclat, la douceur de l'harmonie de ce signe céleste que Dieu nous a donné comme un gage de paix.

Ainsi la toile, le mur, le verre doivent avoir leur gamme particulière de couleur ; il faut adapter à chacun des manières spéciales pour leur donner de la douceur ou de la force. L'artiste doit les varier, selon qu'il veut parler aux sens, à l'esprit, au cœur. Suivant les genres, les couleurs prendront dans leur accord la noble gravité du plain-chant ou les grâces d'une symphonie, et il en sera du peintre comme de l'écrivain qui change la couleur de son style selon qu'il veut être philosophe, historien, orateur ou poëte.

VI.

SIGNIFICATION DES COULEURS.

De tout temps on s'est plu à attacher une signification aux couleurs. Cette signification n'est point purement arbitraire; elle repose, au contraire, sur un fonds d'observations et d'idées commun à tous les peuples. Il arrive aussi cependant que diverses couleurs prennent, en certains temps et en certains lieux, une signification puisée à des sources accidentelles.

Ayant soin de maintenir la distinction qui doit toujours subsister entre le noir et le blanc, d'une part, et les couleurs proprement dites, de l'autre, on observera qu'une signification absolue repose sur les premiers, plus encore que sur les secondes.

La signification du blanc et du noir est celle de l'affirmation et de la négation, de la lumière et des ténèbres, du bien et du mal, de la propreté et de la souillure. Celle des couleurs est due, en général, aux choses auxquelles on les voit habituellement attachées : le bleu est la couleur du ciel, le rouge est celle de la flamme et du sang, le jaune est celle de l'or, le vert celle du feuillage.

On comprend, en conséquence, que le blanc ait été généralement pris pour un signe de paix. M. Victor Gay [1] a fait observer qu'Homère, César, Ammien, Tacite le prennent dans ce sens ; que Virgile le fait considérer à Enée comme étant de bon augure ; que Tamerlan l'arborait pour inviter à une soumission pacifique les villes qu'il assiégeait; que les Juifs, d'après saint Epiphane, lorsqu'un certain diamant porté par le grand-prêtre prenait une teinte couleur de neige, y voyaient la promesse d'une série de jours heureux.

Le blanc est plus universellement un signe de joie. C'est presque partout la couleur des habits de noces, et la robe nuptiale du chrétien

---

1. *Ann. arch*, T. IV, p. 363, article sur les vêtements sacerdotaux.

admis à s'asseoir au festin du céleste Epoux doit être certainement d'une blancheur éclatante; l'ange de la Résurrection était vêtu de blanc ; et les élus, en présence de l'Agneau divin, apparurent en robes blanches aux yeux de saint Jean.

Le blanc est par-dessus tout l'emblème de l'innocence, le signe de la pureté, le symbole de l'innocence baptismale, celui de la pureté virginale.

L'Église l'emploie, pour ses vêtements liturgiques, dans toutes les fêtes qui ont l'un de ces trois caractères de paix, de joie ou de pureté : à Noël, à Pâques, à l'Ascension, aux fêtes du Saint Sacrement, à toutes celles des Saints où elle ne se propose pas de célébrer la gloire ensanglantée du martyre.

Le blanc cependant peut exceptionnellement être pris comme signe de deuil et en mauvaise part : il indique alors l'étiolement et l'absence de toute couleur. Il semblerait que la robe blanche dont Hérode fit revêtir dérisoirement Notre-Seigneur, avec intention de le traiter comme un insensé, avait cette signification. De même pour le cheval blanc monté par la peste, dans l'Apocalypse.

Quoi qu'il en soit, c'est bien plus proprement au noir qu'il appartient de signifier le deuil, la tristesse, mais aussi une sainte tristesse : celle de la pénitence, de l'exil de ce monde. Dans nos usages modernes de la vie civile, il est pris comme ayant un caractère exceptionnel de gravité et de bonne tenue, à l'opposé des couleurs éclatantes, qu'une réaction du goût, peut-être exagérée en haine des oripeaux, a fait exclure chez nous du costume des hommes.

Le noir n'a guère d'autre signification, dans l'usage habituel qui le consacre, en s'appuyant sur des motifs plus solides, comme seul convenable pour les vêtements ordinaires du clergé. Mais comme couleur liturgique, depuis qu'il a cessé d'être usité pour tous les temps de pénitence : — l'Avent, le Carême, les Quatre-Temps, — il n'exprime plus que les sombres tristesses de la mort.

Par un changement de ton du clair au sombre, les mêmes couleurs ou des couleurs différentes participent quelquefois de la signification attachée au blanc et au noir. C'est ainsi que Guillaume Durand, dans son *Rational*, considère le vert, employé en tant que couleur liturgique, comme un intermédiaire entre ces deux extrêmes : expliquant ainsi l'usage qu'on en fait dans les cérémonies du cours ordinaire de l'année.

C'est plus expressément, comme étant la base de l'échelle chromatique, la plus sombre des couleurs, que le violet a remplacé le noir dans les offices des temps de pénitence que nous venons de nommer; c'est aussi à ce titre qu'il est devenu la couleur des évêques, et plus absolument un signe de deuil mitigé. Mais le fait d'être porté particulièrement, quoique non exclusivement, par les évêques, dans les usages ecclésiastiques, tend à le relever dans cet autre sens où les couleurs sont réputées exprimer l'idée des choses auxquelles on les voit plus généralement appliquées.

Le rouge est, de toutes les couleurs considérées à ce point de vue, celle dont la signification est la mieux déterminée dans la symbolique chrétienne : comme couleur de la flamme, il exprime la charité et ses saintes ardeurs; comme couleur du sang, il symbolise le martyre et ses généreuses effusions. C'est à ce dernier titre qu'il figure toujours parmi les vêtements liturgiques, pour les fêtes des Apôtres et des Martyrs. La rose, parmi les fleurs, doit aux teintes qu'elle lui emprunte la signification qu'on lui accorde à elle-même, comme emblème, ou du martyre, ou de la charité. De même, parmi les pierres précieuses, le grenat, l'escarboucle, la chalcédoine, la sardoine, en raison de leur éclat, de leurs nuances plus ou moins rouges, sont comptés comme des emblèmes de la charité.

C'est une des merveilles de la pensée chrétienne que d'avoir pris en bonne part l'effusion du sang. Mais partout où l'on ne rencontre pas la sainteté du sacrifice héroïquement accepté, la couleur du sang doit être considérée avec un sentiment d'horreur : c'est le signe de la guerre envisagée comme l'un des fléaux dont Dieu se sert pour châtier les hommes. On se rappellera le drapeau que Tamerlan déployait, pour menacer les villes qui ne se rendaient pas à l'invitation de soumission pacifique exprimée par son drapeau blanc : ce second drapeau, c'était la guerre, et la guerre poussée jusqu'aux extrémités lamentables annoncées par son troisième drapeau, qui était noir. Mais on se rappellera surtout la couleur de celui des quatre sinistres coursiers de l'Apocalypse qui portait ce terrible fléau.

L'effusion du sang étant ou le plus grand des crimes de la part de celui qui l'opère, ou la plus haute des réparations de la part de la victime qui l'accepte, la couleur du sang exprime tour à tour les pensées les plus sinistres et les plus saintes. Mais l'azur du ciel ne semble fait que pour donner des idées consolantes, et faire songer à l'éternel séjour de la béatitude, dont il est la figure. Souvent l'atmosphère est ternie par des vapeurs et elle se voile de nuages : mais quand le ciel se dégage, qu'il se découvre et qu'il se montre de ce beau bleu à la fois si brillant et si doux, est-ce que l'âme ne se sent pas comme élevée de la terre et transportée dans ces régions sereines où l'on s'affranchit des passions et des agitations de ce monde? Voilà pourquoi la couleur bleue a été prise pour symbole de l'espérance : de cette espérance que les peintres chrétiens du moyen âge aimaient à représenter avec des ailes, se soulevant du moins vers la couronne immortelle qu'elle ne pouvait encore atteindre.

Le bleu est proprement le signe des choses d'en haut, et il s'applique à l'espérance chrétienne, parce que cette vertu se porte vers les choses supérieures. Nous verrons que l'espérance plus vulgaire des satisfactions de ce monde serait plutôt exprimée par le vert.

Ce bleu céleste est aussi un signe de pureté, de cette pureté que l'on acquiert précisément en se dégageant jusqu'à la racine de tout ce qui peut souiller ici-bas : pureté plus parfaite que celle même de la blancheur. C'est à ce titre que le bleu est la couleur de Marie : le bleu avec le blanc, pour dire qu'elle réunit tous les genres de pureté.

Pour signifier ces choses, il ne faut pas prendre un gros bleu, lourd et tendant au noir, mais le bleu du ciel, le bleu tendre du saphir. Quand Dieu apparaît à Moïse et à Aaron, ses pieds reposent comme sur une parure de saphirs, comparable au ciel le plus serein [1], et c'est aussi de saphirs et d'émeraudes que sont construites les portes de la Jérusalem céleste [2].

Dans les rares occasions où le bleu est pris dans un sens peu favorable, il est toujours supposé moins vif et plus chargé. Nous le prenons ainsi assez volontiers aujourd'hui pour cette situation intermédiaire où l'on n'est ni blanc ni noir : emblème assez facilement accepté par des esprits qui prétendent arriver à la sagesse en évitant tous les extrêmes, sans s'apercevoir que le bien est à l'extrême opposé du mal, et le vrai à l'extrême opposé du faux.

Le jaune est la couleur de l'or, et sa signification est généralement absorbée par celle de ce précieux métal : signification d'excellence absolue, applicable à tout, sans ordinairement se particulariser dans une signification plus spéciale. Le jaune, considéré d'ailleurs uniquement comme couleur, n'a pas, à la différence des autres couleurs primitives, de signification très-déterminée.

Le vert acquiert, sous ce rapport, l'importance que le jaune laisse échapper. Par là même qu'il est la couleur du feuillage, il devient celle du printemps, et *reverdir* devient synonyme de *renaître*. Au retour de la belle saison, il promet les moissons de l'été et les fruits de l'automne : rien n'était plus naturel que de le considérer conséquemment comme le signe de l'espérance. Cette idée est admise par Hugues de Saint-Victor; mais M. l'abbé Texier, qui le cite, fait aussi remarquer que le vert, couleur de la palme, était à ce titre considéré lui-même comme

---

1. Exod., XXIV, 10.
2. Tob., XIII, 21.

un symbole de la victoire et du triomphe [1] particulièrement promis au martyre. C'est un nouveau point de vue plus exclusivement chrétien, en vertu duquel la pensée, en s'élevant vers les choses divines, ne se servira plus du vert, signe des espérances terrestres, mais du bleu céleste, pour exprimer la seconde des vertus théologales. Le vert n'y perd rien, car alors il devient le signé de la foi. C'est pourquoi l'émeraude « senefie la très grant verdor de la foy de la Trinité », est-il dit dans un manuscrit de la Bibliothèque nationale, cité par Mᵐᵉ Félicie d'Ayzac; et le jaspe aussi, à raison de ses teintes vertes, est considéré comme désignant la foi : « *Fidem designat quæ semper viridis et immarcescibilis est* », dit saint Brunon d'Asti [2]. Plus directement, le vert, dans cet ordre d'idées, signifie l'incorruptibilité, et, par déduction immédiate, l'immortalité, la contemplation [3], les choses incorruptibles, les vérités qui sont l'objet de la foi, et qui éternellement seront contemplées par l'âme fidèle, quand la foi elle-même, aussi bien que l'espérance, aura été absorbée dans l'océan de la possession, qui ne laissera subsister des trois vertus théologales que l'éternelle charité.

Ainsi, tout bien examiné, il demeure clair, quelles que soient d'ailleurs les autres significations du vert, du bleu et du rouge, que lorsqu'il s'agit des vertus théologales, ces trois couleurs doivent exprimer la Foi, l'Espérance et la Charité, dans l'ordre où nous venons de les nommer. C'est donc par méprise, nous le reconnaissons aujourd'hui, que l'on a pu considérer comme les exprimant, les trois couleurs dont le Dante a revêtu sa Béatrix : le voile blanc, le manteau vert, la robe rouge. « Couronnée « d'une branche d'olivier sur un voile blanc, une femme m'apparut, « vêtue, sous un manteau vert, d'une robe couleur de flammes [4]. »

Dans le blanc, le vert et le rouge de Béatrix, ce type de l'âme béatifiée, si heureusement adopté par Raphaël dans la salle de la Signature, pour représenter la théologie, il faut plutôt reconnaître les symboles de la pureté, de l'immortalité et de la charité, qui demeureront à jamais le partage des élus.

Aucunes couleurs ne s'adaptent aussi heureusement au symbolisme des quatre vertus cardinales. Le pourpre, l'écarlate, le byssus, l'hyacinthe, que Mᵐᵉ Félicie d'Ayzac donne, sur de solides témoignages, comme pou-

---

1. Texier, art. sur les émailleurs du moyen âge, dans les *Mémoires des Antiquaires de l'Ouest*, 1842, p. 472. — Hugues de Saint-Victor, II, 294.
2. Mᵐᵉ Félicie d'Ayzac, *Revue de l'art chrétien*, 1863, p. 106. — *Id.*, *Annales archéologiques*, T. V, p. 228. — *C'est le Livre des Pierres*, Manuscrit de la Bibliothèque nationale. — S. Brunon d'Asti, *Præf. Apocal.*, c. 21, L. VII.
3. Durand, *Rationale*, L. I, c. III, § 39.
4. *Purgatoire*, chap. XXX.

vant représenter la justice, la force, la tempérance, la prudence, n'ont pas des nuances parfaitement déterminées. Le pourpre convient à la justice, parce qu'il est la couleur des rois ; mais il varie de plusieurs teintes du rouge au violet. L'écarlate convient à la force, comme étant un rouge vif, propre également à exprimer le martyre, où se déploie la force par excellence. Le byssus, c'est-à-dire la couleur du lin, n'est autre que le blanc, qui, dans cette circonstance, est considéré, à raison de sa simplicité, comme excluant la pompe, la recherche en toutes choses. La couleur hyacinthe est, dit-on, celle de l'air, et sa transparence vaporeuse la rend plus indéterminée qu'aucune autre ; cependant nous ne voyons pas qu'on puisse mieux faire que de fixer sa teinte perle, douce, brillante, et quelque peu azurée, pour l'attribuer à la simplicité, à la pénétration, à l'élévation qui doivent être le partage de la prudence.

Quelques essais aussi ont été faits pour déterminer les couleurs qui peuvent le mieux convenir aux nimbes de chacun des ordres de Saints. Quant aux martyrs et aux vierges, il n'y a pas d'équivoque : en toute circonstance, le rouge est la couleur des premiers, le blanc celle des secondes. Le vert convient assez bien aux docteurs, comme étant la couleur de la foi. Durand, parlant des ornements sacrés, signale, mais non pas comme étant général, un usage qui attribuerait aux confesseurs le jaune de safran[1], et Mme Félicie d'Ayzac confirme ce témoignage par celui d'Innocent III. On peut d'ailleurs constater, comme l'a fait M. l'abbé Bourassé dans le manuscrit de l'abbesse Herrade[2], des intentions personnelles à plusieurs artistes, dans la répartition des couleurs qu'ils ont attribuées à diverses catégories de Saints ; mais il nous a été impossible d'apercevoir aucun usage qui, à cet égard, ait pris assez de consistance pour être donné comme un commencement de loi.

Les nations, les familles, les partis et quelquefois les idées ont leurs couleurs : on se plaît alors volontiers à les relever, chacun dans son sens, par quelques-unes des notions de symbolisme général que nous venons d'exposer ; mais ordinairement, l'origine de ces couleurs repose sur des données purement historiques. Tel il en fut des roses blanche et rouge d'York et de Lancastre, des croix de Bourgogne et d'Armagnac, comme des bleus et des verts de Constantinople, des blancs et des noirs de Florence.

Il n'en est pas moins vrai, tout esprit de parti à part, qu'une couleur consacrée par l'histoire comme exprimant tout un héritage de gloire,

---

1. Durand, L. III, cap. XVIII, § 8.
2. *Dictionnaire d'Archéologie*, art. Gloire.

d'honneur, de patriotisme, de fidélité, de nobles et bonnes traditions de toutes sortes, est précieuse à conserver entre les choses les plus précieuses. Il en est comme de certains mots qu'on ne peut ou délaisser ou détourner de leur sens légitime, sans témoigner d'un abandon déplorable des vérités ou des vertus dont ils étaient devenus la vive expression.

Dieu nous donne de bien choisir notre couleur, puis de vivre et de mourir à l'ombre de notre drapeau !

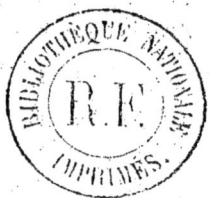

FIN DU PREMIER VOLUME.

TABLE DES MATIÈRES

CONTENUES DANS LE PREMIER VOLUME.

Pages.

Préface. VII

INTRODUCTION.

I.	L'art biblique et l'art chrétien.	1
II.	Origine de l'art chrétien.	4
III.	Comment l'art chrétien se dégage de l'art du paganisme. . . .	7
IV.	L'art dans les catacombes.	13
V.	L'art dans les basiliques.	18
VI.	L'ordre des faits et l'ordre des idées.	23
VII.	Évolutions de l'iconographie chrétienne, du ve au ixe siècle. . .	30
VIII.	Style byzantin.	35
IX.	Situation de l'art depuis l'invasion des barbares jusqu'au xiiie siècle.	39
X.	Le xiiie siècle et saint François.	44
XI.	Le cycle de la Nouvelle-Alliance.	50
XII.	Développement des personnalités et statuaire de nos cathédrales.	56
XIII.	Impulsion dans le sens moderne en Italie.	61
XIV.	Le naturalisme en France, au xive siècle.	66
XV.	Le mysticisme de l'art au xive siècle.	70
XVI.	Le mysticisme au xve siècle.	75
XVII.	Michel-Ange.	81
XVIII.	Raphaël, ses élèves et ses rivaux.	86
XIX.	L'art allemand, flamand, etc., du xve au xviie siècle. . . .	90
XX.	L'imagerie pendant la même période.	94
XXI.	Immobilité de l'art chez les Grecs modernes.	100
XXII.	L'art et l'archéologie du xviiie au xixe siècle.	103
XXIII.	Suite.	108

PREMIÈRE PARTIE.

RÈGLES GÉNÉRALES DE L'ART CHRÉTIEN.

Pages.

Exposé préliminaire. 115

ÉTUDE Ire.

DOCTRINE DE L'ÉGLISE RELATIVEMENT AUX IMAGES.

I.	Un mot de théologie.	121
II.	Du deuxième concile de Nicée.	122
III.	Restrictions primitives ; en quoi elles consistaient.	125
IV.	Perpétuité des images dans l'Église.	129
V.	Concile de Trente.	134
VI.	De l'utilité et de la nature des images.	138
VII.	De la beauté des images.	143

ÉTUDE II.

DU BEAU.

I.	Nature du beau.	146
II.	Beauté native et sa dégradation.	151
III.	Réhabilitation.	155
IV.	Beauté dans l'ordre de la pensée.	160
V.	Beauté dans l'ordre visible.	163
VI.	Différents genres de beauté.	167

ÉTUDE III.

DE L'INVENTION.

I.	Qu'est-ce que l'invention ?	170
II.	Choix du sujet en général et sa détermination absolue. . . .	173
III.	De l'appropriation et de l'association des sujets dans une église.	176
IV.	De la subordination du sujet à un but.	182
V.	De l'usage des sources authentiques.	186
VI.	Des sources d'authenticité douteuse.	189
VII.	De l'iconographie comme source d'information.	191
VIII.	Application au mariage de la Vierge de Raphaël.	192

ÉTUDE IV.

DE LA COMPOSITION.

		Pages.
I.	Qu'est-ce que la composition ?	199
II.	Unité de la composition.	201
III.	Vérité de la composition.	207
IV.	De la clarté et des autres qualités de la composition.	209
V.	Distinction entre les compositions symboliques et historiques.	212
VI.	Application au sujet du crucifiement.	215
VII.	Composition dans la peinture murale.	219
VIII.	Composition dans la peinture sur verre.	222

ÉTUDE V.

DE L'EXPRESSION.

I.	Des types.	225
II.	Vérité de l'expression.	228
III.	Intensité d'expression.	230
IV.	Beauté de l'expression.	236
V.	Convenance d'expression.	239
VI.	Des attitudes.	242
VII.	Du geste.	244
VIII.	De la physionomie.	250

ÉTUDE VI.

DU DESSIN.

I.	Règles générales du dessin et des proportions.	255
II.	Qualités du dessin.	259
III.	Du choix des formes.	263
IV.	Notions de perspective.	265
V.	Pratique de la perspective et des raccourcis.	270
VI.	Licences en perspective.	272

ÉTUDE VII.

DU NU.

I.	Historique du nu.	277
II.	Règles pour exclure le nu.	282
III.	Signification du nu en bien.	289
IV.	Signification du nu en mal.	295
V.	Étude du nu.	301

TABLE DES MATIÈRES.

ÉTUDE VIII.

DES VÊTEMENTS.

		Pages.
I.	Des vêtements et des draperies en général.	304
II.	Vêtements élémentaires.	308
III.	Vêtements chez les anciens.	310
IV.	Vêtements ecclésiastiques.	315
V.	Vêtements monastiques.	320
VI.	Vêtements séculiers.	322
VII.	Signification des vêtements.	327

ÉTUDE IX.

DES FIGURES ACCESSOIRES.

I.	Des animaux.	331
II.	Plantes et paysages.	334
III.	Architecture.	338
IV.	Différences quant à la manière de traiter l'imitation de la nature et celle de l'architecture.	341

ÉTUDE X.

DU CLAIR-OBSCUR.

I.	Du ton et de la teinte.	343
II.	Distribution de la lumière.	346
III.	Effets du clair-obscur.	350
IV.	Signification du clair-obscur.	354
V.	Comment le clair-obscur devient significatif.	358

ÉTUDE XI.

DU COLORIS.

I.	Considérations générales sur le coloris.	360
II.	Rapports naturels des couleurs.	364
III.	De l'emploi des couleurs.	367
IV.	De la carnation.	372
V.	Coloris le mieux approprié aux compositions de l'art chrétien.	374
VI.	Signification des couleurs.	378

TABLE DES PLANCHES.

		Pages.
I.	Bon-Pasteur (fin du 1ᵉʳ siècle).	frontispice.
II.	Voûte de la crypte de Sainte-Lucine.	11
III.	Figures des Catacombes.	13
IV.	Mosaïques de Saint-Cosme et Saint-Damien (vɪᵉ siècle).	20
V.	Partie d'un sarcophage du musée de Latran (ɪvᵉ ou vᵉ siècle).	25
VI.	Boîte à Eulogies en ivoire (Musée de Cluny, vᵉ ou vɪᵉ siècle).	27
VII.	Mosaïque de Saint-Venance (vɪɪᵉ siècle).	38
VIII.	Souverain Juge, partie centrale du tympan de la cathédrale de Poitiers (xɪvᵉ siècle).	51
IX.	Loi divine, le paradis ou l'enfer (Miniature du xɪɪɪᵉ siècle).	52
X.	La sainte Vierge et le vieillard Siméon, statues de la cathédrale d'Amiens.	59
XI.	Nativité de Notre-Seigneur, bas-relief du baptistère de Pise (xɪɪɪᵉ siècle).	63
XII.	Saint Jean enlevé au ciel (École de Giotto).	71
XIII.	Crucifiement mystique (Peinture de Fra Angelico).	77
XIV.	Transfiguration du Pérugin, salle du Change, à Pérouse.	87
XV.	Le Christ et deux apôtres de la Transfiguration, d'après un dessin original de Raphaël.	88
XVI.	Christ de Martin Shongauer, Vierge de Hubert Van Eyck.	91
XVII.	Quatre scènes de l'Histoire évangélique, tirées d'un tableau russe moderne.	103
XVIII.	Descente aux limbes, dessin de V. Orsel.	109
XIX.	Sainte Germaine Cousin passant le ruisseau.	110

Pages.
XX.   La Présentation de Marie, fresque de Thadée Gaddi. 202
XXI.   La Présentation de Marie, fragment du tableau du Titien. . . 202
XXII. Groupe de femmes écoutant la prédication de saint Étienne,
       d'après Fra-Angelico. 233
XXIII. Dessin du Pérugin, pour la Descente de Croix de la galerie Pitti. 261
XXIV. Figures de perspective élémentaire. 267
XXV.   Toge et chasuble, armures et vêtements civils du vi° au
       xvi° siècle. 317
XXVI. Paysage pris près d'Olonne (Vendée). 336

TABLE DES VIGNETTES

GRAVÉES SUR BOIS.

		Pages.
1.	L'Église accueillie, la Synagogue repoussée (Miniature du XIIIe siècle).	52
2.	L'Altéré de Giotto.	65
3.	Crucifix d'après le gaufrier du musée de Cluny (Fin du XIIIe siècle).	68
4.	Vierge prise sur un tryptique d'ivoire (XIVe siècle).	69
5.	Création de l'homme (Michel-Ange).	84
6.	L'âme attachée à la croix à l'image du Sauveur (Vignette du XVIIIe siècle).	99
7.	Saint Paul étudiant les saintes Écritures (Miniature du XVe siècle).	113
8.	La Théologie de la Salle de la Signature (Raphaël).	120
9.	Auditeurs dans la Dispute du Saint Sacrement (Raphaël).	121
10.	La Poésie de la Salle de la Signature (Raphaël).	146
11.	Ange président au mouvement céleste (Raphaël).	172
12.	Proportions du corps humain.	257
13.	Proportions d'un enfant de 3 ans.	258
14.	Anges du Jugement dernier de Michel-Ange.	280
15.	Anges du Jugement dernier d'Orcagna.	281
16.	Ange couronnant sainte Cécile et saint Valérien (Fresque de Saint-Louis-des-Français, à Rome).	285
17.	Même sujet par Chiodarolo (Fresque de la chapelle de Sainte-Cécile du Bentivoglio, à Bologne).	286
18.	Armures du XIe siècle (Fragment de la tapisserie de Bayeux).	325
19.	Brebis caressée par le Bon Pasteur (IVe ou Ve siècle).	333
20.	Bœuf de la vision d'Ézéchiel (Raphaël).	333
21.	Entretien de Notre-Seigneur avec Nicodème, d'après Fabrice Chiliang.	355

ERRATA.

Page 7, ligne 18, *une période pratique,* lisez *une période de pratique.*
Page 49, ligne 32, *appelait,* lisez *appela.*
Page 139, ligne 34, *les honneurs,* lisez *ces honneurs.*
Page 267, note 1, ligne 3, *h e g c,* lisez *a e g c.*
Page 336. La note de cette page était imprimée lorsque le paysage de la pl. xxvi a été dessiné, c'est pourquoi elle n'a pu en relever le vrai caractère. Les arbres, à la manière du Pérugin, d'une venue rapide et d'un aspect aérien, étant plus rares dans nos contrées qu'en Italie, M. de Rochebrune a préféré s'attacher à un autre idéal. Il a choisi des arbres et des rochers, qui expriment l'idée du détachement sous une couleur austère, mais avec la perspective riante de la cité bénie. Allez ! le sentier y mène ; la croix sera votre guide, et déjà au-dessus d'elle s'est levé le soleil qui vous éclaire !

Poitiers. — Typographie de Henri OUDIN, rue de l'Éperon, 4.

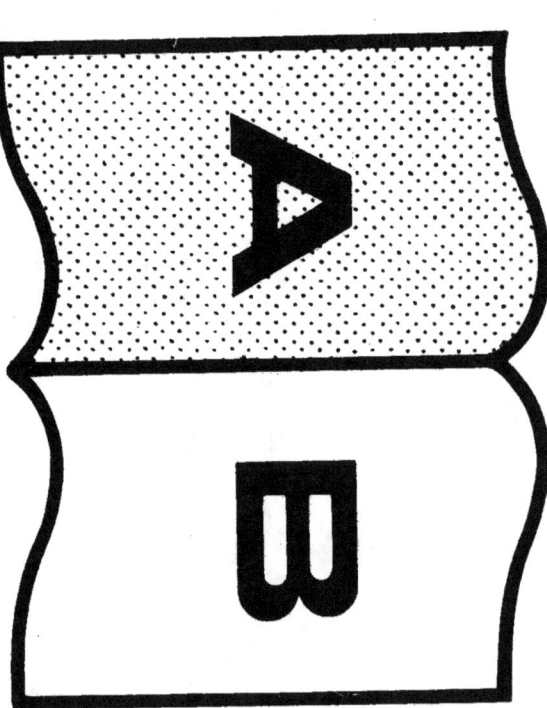

Contraste insuffisant
NF Z 43-120-14